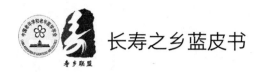 长寿之乡蓝皮书

中国长寿之乡发展报告

Development Report on the
Longevity Area in China (2021)

（2021）

长寿之乡绿色发展区域合作联盟
中国老年学和老年医学学会

中国农业出版社
北 京

图书在版编目（CIP）数据

中国长寿之乡发展报告 . 2021 / 长寿之乡绿色发展
区域合作联盟，中国老年学和老年医学学会编 . —北京：
中国农业出版社，2022.6

ISBN 978 - 7 - 109 - 29618 - 3

Ⅰ.①中… Ⅱ.①长… ②中… Ⅲ.①区域经济发展
－研究报告－中国－2021②社会发展－研究报告－中国－
2021 Ⅳ.①F127

中国版本图书馆 CIP 数据核字（2022）第 114286 号

中国长寿之乡发展报告（2021）
ZHONGGUO CHANGSHOUZHIXIANG FAZHAN BAOGAO (2021)

中国农业出版社出版
地址：北京市朝阳区麦子店街 18 号楼
邮编：100125
责任编辑：王庆宁　吕　睿
版式设计：王　晨　　责任校对：吴丽婷
印刷：中农印务有限公司
版次：2022 年 6 月第 1 版
印次：2022 年 6 月北京第 1 次印刷
发行：新华书店北京发行所
开本：787mm×1092mm　1/16
印张：24
字数：545 千字
定价：98.00 元

Development Report on the
Longevity Area in China (2021)

《中国长寿之乡发展报告(2021)》

编委会

Development Report on the
Longevity Area in China (2021)

《中国长寿之乡发展报告(2021)》

主　　编　姚　远
执行主编　吴郁郁　朱雪飞
副 主 编　杜　鹏　王先益　虞江萍　翟静娴　刘光烁　孙鹃娟　王莉莉
　　　　　陈光炬　林源西　朱土兴　刘志龙　柯乐芹　陈　昫　马军辉
　　　　　郑沁彤　齐白鸽　张　蓓　牛志宁　陈　静　刘升兵　邓秀丽
　　　　　王迎庆　金盛标　郑福谦
执 笔 人（按章节先后排序）
　　　　　孙鹃娟　吴海潮　王五一　姚　远　王先益　朱雪飞　刘光烁
　　　　　杜　鹏　吴赐霖　赵宝华　虞江萍　陈光炬　林源西　王莉莉
　　　　　李清和　朱土兴　刘志龙　李　硕　柯乐芹　蒋武雄　于新水
　　　　　熊　勇　李征初　李　伟　周吉省　李爱贤　郑晓鑫　胡家国
　　　　　刘群灵　别道旭　王运贵　聂兰欢　王洪彦　杨志业　黄　平
　　　　　张　楠　凌爱玲　屈广法　汤　微　陈　昫　张秋霞　欧阳铮
整 理 人（按附件先后排序）
　　　　　王五一　朱雪飞　刘光烁　周星汝　翟静娴　张兵兵　李树桂

序 言 一

珍惜长寿资源　与时俱进做到锦上添花

邬沧萍

中国人民大学一级荣誉教授

自人类开始懂得生产和有意识地劳动以后，长寿就成为人类追求美好生活的重要体现。最初，由于生产力低下，人类平均寿命很短，而且个人的寿命长短听天由命。人类进入农耕时代后，生存和生活主要依靠自然生态环境和地理条件，即山、水、田、林、湖、沙以及原生环境温度、湿度、日照、气压等气象条件和地形、地貌、水质、矿物质等地质条件。有的地方土地肥沃，宜林宜农；有的地方山林或草原茂密；有的地方水质优良，被称为鱼米之乡；但是也有的地方穷山恶水、交通闭塞，生产困难重重。在不同的环境和生存条件下，人类寿命产生很大差别是可以理解的，环境比较好的地区出现长寿之乡是可能的。

古今中外，不论是历史还是传说中，都有追求长寿的事情。在中国，秦始皇曾派徐福带3000童男童女去寻找长生不老之药；西方也有寻找甘泉以延长寿命的故事。显然，在不同的地理条件下，人的寿命是有差距的。20世纪，在世界上有著名的五大长寿地区——俄罗斯的高加索、巴基斯坦的罕萨、厄瓜多尔的卡理、中国新疆的南疆和广西的巴马。20世纪六七十年代，进入工业化社会以后，人们把发达地区的北欧国家以及荷兰称为"70岁俱乐部"，这里男性的平均寿命达70岁，女性平均寿命达75岁，可见长寿与地区的地理环境和经济发展水平有密切关系。随着生产力的发展，进入后工业时代、信息化时代，地理环境对寿命的影响慢慢让位于生产力以及科学技术水平的高低，特别是各种社会关系构成的生产方式及上层建筑，诸如法律、政治、文化教育、道德、生态文明、社会、家庭等，对寿命长短影响更大。但地理环境和一些资源禀赋对寿命的影响仍是存在的。因此，长寿之乡的研究具有一定的科学价值，特别是长寿之乡长期形成的文化风俗和人文环境凝聚成的物质文明、精神文明、制度文明对人的长寿所产生的重要影响，更是值得研究。因此，长寿之乡研究既要挖掘寿乡独特的资源禀赋和良好的自然生态的优势，与时俱进地利用现代的科学技术，保护长寿之乡的资源；更要赋予长寿科学的内涵，使对长寿资源的研究和使用更上一层楼，做到锦上添花，推广到各地，更好地发挥长寿资源和社会资源的优势。

绿水青山就是金山银山，但这并不意味着可以坐享其成，还要充分爱护、保护和科学地利用长寿之乡的独特资源，通过科学开发使得资源永续可用，造福千秋万代，绝不能杀鸡取卵。因此，长寿之乡建设和发展，不能依靠对自然生态资源的滥用和无序开发，必须充分发挥社会物质文明、精神文明和制度文明的力量，创造良好的政治、经济、社会宏观环境；在科学知识的指导下，创造宜居环境，保证人类健康的生活方式和行为方式。这就是为什么在世纪之交，国际老龄科学界一再提出要创造老年人友好环境；在第二次世界老龄大会的政治决议中把"建立对老年人有利的环境"作为一个优先条件。

中国老年学和老年医学学会*对长寿之乡已经进行了15年的研究，取得了很多有理论有实践的成果。其中一个成果就是中国老年学和老年医学学会把老年友好社会具体化为"要创建宜居、宜游、宜业等的良好的社会环境"。当今，中国城镇化发展很快，长寿之乡的研究实际上是对县城和中小城市的老年人宜居环境的研究。在研究宜居城市时所指的长寿之乡的"寿"，首先是健康长寿，而不仅仅是寿命延长，不能简单追求世界纪录上的个人长寿，应该致力于让广大老百姓能高质量生活并健康长寿。不能自理、长期卧床不起、带病亚健康存活，甚至是失能、失智的老年人，是否应包括在长寿老人之列呢？可见，对长寿之乡不能单纯以百岁人数或高龄人数来评价，应该按照群体的健康平均预期寿命来评判。目前全世界还未有公认的健康预期寿命的衡量指标；现在公布的人类发展指数所采用的是平均预期寿命。15年来，许多地理学家、老年医学家、社会学家、经济学家和人口学家等参与了中国长寿之乡研究项目，他们研究长寿之乡的老年人时对长寿指标的选择，还有待进一步的科学探讨；应该考虑到，我国的长寿之乡的研究主要针对农村的老年人；在健康预期寿命的指标

---

　　* 中国老年学和老年医学学会原名中国老年学学会，2014年11月正式改为中国老年学和老年医学学会。——编者注

上，老年人应有生活自理能力、思维能力、使用一些工具的能力，具有从事自认重要的、有意义的事情的功能，从而能够减少对社会和家庭的依赖。我们在研究农村老年人的健康预期寿命的评价指标上还有很长的路要走，特别是在中国共产党第二个百年征程中，长寿之乡研究任重而道远。

值此百年交会，本书出版具有现实意义和参考价值。是为序。

序 言 二

推进新时代长寿之乡的发展

刘维林

中国老年学和老年医学学会会长

认定长寿之乡和推动其发展是中国老年学和老年医学学会的一项重要工作。这项工作已经开展了15年。从2006年创建第一届长寿之乡认定标准和方法以来，在学会领导和地方政府高度重视下，截至2021年，学会已经认定了90个长寿之乡和一个全域长寿市。随着长寿之乡认定数量的增多和对地方发展的影响力的提升，长寿之乡建设和发展取得的标志性成果也在增加。一是将长寿之乡认定标准从学会标准提升为国家标准化管理委员会认可的团体标准，使长寿之乡认定活动更加规范、科学和统一；二是推动长寿之乡认证从区域现象成为绿色发展模式之一，充分体现出以人民为中心，积极融入国家"五位一体"总体布局、"四个全面"战略布局和积极应对人口老龄化国家战略的特点；三是创新形成长寿产业、长寿产业经济、长寿产业集群，推动长寿之乡在大健康产业和实现高质量绿色发展方面的理论探索和实践创新；四是在中国老年学和老年医学学会指导下，建立了长寿之乡绿色发展区域合作联盟，积极推进了长寿之乡发展。

15年来，长寿之乡发展取得了一些有影响的成果，但限于多种原因，长寿之乡发展还存在许多不足，也面临着困难和挑战。主要问题是：长寿之乡政府对长寿之乡成为推动绿色发展重要载体的认识还有待提升；积极挖掘，利用长寿之乡的资源禀赋和特色优势的自觉性还不高；推动长寿之乡发展的创新性还不强；长寿之乡转向高质量发展的应对办法还不多。所有这些都是推进长寿之乡高质量发展必须解决的问题。

党的十九大以来，我国进入中国特色社会主义发展的新时代。坚持新的发展观，以人民为中心，创新、协同、绿色、开放、共享，融入新发展格局，适应社会主要矛盾的变化，推动高质量发展，是实现中国第二个百年奋斗目标、实现中华民族伟大复兴梦想的必由之路和必然选择。作为一种适合中国国情的绿色模式和文化模式，长寿之乡也要根据自身特点，全面落实新时代的发展要求，创新发展、高质量发展，成为经济社会发展的新动能、新形态。

第一，强化长寿之乡发展是"一把手工程"的观念。长寿之乡发展必须坚持党的领导、政府主导。党委、政府直管主抓，长寿之乡发展就搞得好，否则就会停滞。长寿之乡发展涉及各个部门和多个方面，只有将推动长寿之乡发展真正做成"一把手工程"，才能整合资源、融入大局，充分发挥体制优势，实现长寿之乡的高质量发展。

第二，强化长寿之乡发展能体现人民为本的思想。长寿之乡发展的本质是人民利益至上，充分满足人民健康生活的需要。长寿之乡是一个综合概念，包括宜居环境、健康长寿、生活富足、心态良好等。推动长寿之乡发展，就是要使广大人民群众的健康需求、生活需求以及家庭和谐美满的愿望都得到满足，从根本上提高人民群众的生活质量。

第三，强化长寿之乡发展与国家发展大局、地区发展大局的融合。对长寿之乡可以有多种表述。从一般概念来看，长寿之乡是一个具有特色文化特征的地理区域；从发展角度看，长寿之乡建设是发展大局中的一个有机部分。由于长寿之乡立足于"人""健康""长寿"等基础，所以长寿之乡发展可以与国家、地区发展的各个阶段、各个方面、各个项目结合起来。长寿之乡发展既可以成为新发展观、"五位一体"总体布局、乡村振兴等的抓手，又可以成为实现共同富裕、第二个百年奋斗目标的切入点。能否主动地融入发展大局，关系到长寿之乡能否进入高质量发展的阶段，成为发展大局中的一个特色发展模式。

第四，强化长寿之乡发展中特色产品、特色产业、特色产业集群的建设。长寿之乡的特点是人均预期寿命高、高龄老人多、百岁老人多。影响一个地区人口寿命的要素是多方面的。除了自然生态环境、社会事业发展、历史文化积淀、人的生活方式等共性原因以外，长寿之乡拥有的特色资源和物产也是值得关注的。这些特色资源和物产可以转化为特色产品，并进一步发展为特色产业和形成特色产业集群。总结长寿之乡发展的经验可以看到，凡是特色资源找得准并转化得好的，长寿之乡就发展得快、发展得好，成就也较大。因此，长寿之乡高质量发展，首先需要找准本地的特色资源并科学地挖掘和建设。

第五，强化中国老年学和老年医学学会、长寿之乡绿色发展区域合作联盟的指导组织作用。随着我国经济社会发展，区域合作和一体化发展逐渐成为推动地方发展的新模式。单个的长寿之乡，其能力和发展推动力都是有限的，而长寿之乡合作和抱团发展，可以形成1＋1＞2的效果，大大提高长寿之乡的品牌效力和转化效力。因此，加强中国老年学和老年医学学会、长寿之乡绿色发展区域合作联盟的指导组织作用，使这两个社会组织与长寿之乡政府密切联系交流、优势互补、共建共享，将是促进长寿之乡实现高质量发展的重要路径。

我国已进入新时代，开启新征程。长寿之乡发展一定能够在习近平新时代中国特色社会主义思想指引下取得更好更大的成绩！

目　录

实　践　篇

借　鉴　篇

总报告

ZONGBAOGAO

中国长寿之乡发展 15 年：回顾、思考和展望

发展长寿之乡，是我国经济社会发展中的一个有中国特色的特有路径。自中国老年学学会 2007 年认定第一批中国长寿之乡起，已经历了 15 年。15 年来，在国家发展理论、"两山"理论指导和地方政府大力推动下，我国长寿之乡从一种单纯的人口现象上升为具有广泛影响力的社会现象，从一种仅仅关注百岁老年人的现象上升为实现绿色发展和绿色生活的现象，从一种历史的、文化的现象上升为能够进行科学认定及规范化发展、标准化实施的现象。在这个过程中，中国长寿之乡建设取得了一系列令人瞩目的成果：第一，认定长寿之乡。截至 2021 年，长寿之乡认定标准进行了 3 次调整并认定了 90 个中国长寿之乡和 1 个全域长寿市。第二，推动长寿之乡标准化建设。注册了"寿"字商标，建立了《长寿之乡认定准则和方法》团体标准，建立了中国长寿之乡"名优产品"、特色服务业示范城市、康养示范基地等 10 个团体标准。第三，扩大了长寿之乡的社会影响和社会认知，有关长寿之乡活动的报道频频出现在传统媒体和各种新媒体上。第四，推出了一批有较大影响力的长寿产品品牌和知名企业，注册了一批长寿之乡名优特色产品商标。第五，形成了一批反映我国长寿现象和长寿之乡发展的理论研究成果。第六，长寿之乡发展日益融入国家和地方发展大局，成为地方经济社会文化发展的新引擎、新路径。

在所有这些成果中，对长寿之乡的发展定位和价值判断是最重要的。纵观长寿之乡的发展历程，横向观察不同地区的长寿之乡发展状况，可以归纳出长寿之乡发展的五个重要特征。第一，长寿之乡发展具有发展载体"五位一体"的综合性，可以与国家和地区发展大局的方方面面挂钩。第二，长寿之乡发展具有"一把手"工程特性。党委重视、政府主抓是实现长寿之乡发展和质量提升的关键要素，能够体现出社会主义体制优势和社会治理的执行力。第三，长寿之乡发展是以百岁老人、高龄老人和人均预期寿命为基础的，充分体现出满足人们追求健康长寿的美好愿望和以人为本、人的生命健康至上的执政理念。第四，长寿之乡发展以优质的生态环境为依托，在推进生态文明建设方面具有明显的优势。第五，长寿之乡拥有丰富的特色资源，具有构建和发展特色老龄产业的优势[1]，有利于促进银发经济和健康产业、文旅产业、中医药产业、康养产业、养老服务产业的发展。

尽管 15 年来长寿之乡发展取得了一系列重要成果，但是这些发展成果与国家发展、社会发展、人民对美好生活的追求还有很大距离。特别是党的十九大以来，我国已进入中国特色社会主义新时代，社会主要矛盾已经转化为人民日益增长的美好生活需要和不平衡不充分的发展之间的矛盾，国家已经从高速度发展转向高质量发展。基于这些新形势新阶段，如何认识长寿之乡已有的发展成绩和不足，如何确立长寿之乡今后的发展方向和主要路径，是摆在所有长寿之乡面前的重要问题。能否回答这些问题，直接关系到我国长寿之乡的未来发展。

本报告拟对 15 年来长寿之乡的发展进行全面的回顾总结,既阐释背景、特征、成就和经验,也分析成果和面临的挑战,最后对发展方向和路径提出建议。

一、中国人口的长寿水平和长寿化趋势[*]

健康长寿是人类永恒的追求,关系到千家万户的幸福。随着现代化进程不断加深,人类社会的营养供给水平与医疗技术不断提高,婴儿死亡率持续下降,疾病风险大大降低,从而使得人类平均预期寿命明显延长,高龄老人、百岁老人所占人口比例大大提高。人类正在进入长寿时代。

根据中国老年学和老年医学学会 2019 年发布的《长寿之乡认定准则和方法》,衡量一个地区的长寿水平应以人口平均预期寿命、百岁老年人口占总人口的比例和 80 岁及以上高龄人口在 60 岁及以上老年人口中的比例为核心指标。区域内人口平均预期寿命超过全国平均水平 2 岁及以上,区域内户籍人口中健在的实足百岁及以上老年人口占总人口的比例达到 11/10 万,80 岁及以上高龄老年人口占 60 岁及以上人口的比例超过 15%,是认定该区域为长寿地区的三项核心标准。

但是,中国进入长寿时代较晚,国内对于"长寿"这一主题的研究还较为薄弱,鲜有研究从三个核心指标出发,对中国目前的长寿水平和未来的发展趋势进行讨论。然而,这是开展长寿研究最基础也是最关键的一步。中国人口的长寿水平现状和趋势,不但是反映我国人口健康水平的基础信息,对于推动长寿地区的进一步发展、促进我国医疗卫生事业和老龄事业也具有重要意义。

本章分为三个小节,重点对中国人口的长寿水平和长寿化趋势进行分析。数据主要来源于第五次、第六次全国人口普查,2015 年 1% 人口抽样调查以及联合国人口司发布的《2019 世界人口展望》。第一节从历史发展和国际比较的视角分性别、分省份对中国人口平均预期寿命的现状和历史变化进行阐述,并进一步讨论健康预期寿命。第二节以预测数据为基础,从人均预期寿命、高龄人口占老年人口比例和每 10 万人中百岁老人的数量三个维度对中国人口长寿化趋势展开分析,并概括了中国人口长寿化的主要特点。第三节从中国长寿之乡的数量与长寿之乡长寿化水平的变化出发,阐释何为进入长寿时代:长寿之乡发展是长寿时代的一个标志,长寿时代将促进长寿之乡的增长与发展。

(一)中国人口平均预期寿命的增长

平均预期寿命(Life Expectancy)又称"生命期望值"或"平均余命",是假定当前的分年龄死亡率保持不变,同一时期出生的人预期能继续生存的平均年数。它以当前分年龄死亡率为基础计算,但实际上,死亡率是不断变化的,因此,平均预期寿命是一个假定的指标。该指标是衡量一个国家或地区人民健康水平的基础指标,

─────────────

  [*] 作者:孙鹃娟,中国人民大学人口与发展研究中心、老年学研究所教授;吴海潮,中国人民大学社会与人口学院博士生。

可以综合表达各个年龄人口的死亡率水平，反映国家或地区每一成员未来存活年龄的平均值。

平均预期寿命不仅受每个个体遗传因素、生活方式的影响，也与医疗卫生条件、社会经济水平、环境等因素息息相关，因而平均预期寿命也可以在一定程度上反映一个国家或地区人们生活质量的高低。

不同时期、不同社会里、人口的平均预期寿命有很大差别。根据2019年联合国经济和社会事务部发布的《2019世界人口展望》（World Population Prospects 2019），世界人口的平均预期寿命由1950—1955年的46.96岁提高到了2015—2020年的72.28岁，增幅达53.92%。有研究表明，自1840年以来，全球人口的预期寿命每年增长3个月，每10年增长2～3年[2]。可见第一次工业革命后全球人口平均预期寿命在缓慢而稳定地提高。但发达地区和欠发达地区、最不发达地区的人口在平均预期寿命上有很大差距。那么，我国人口的平均预期寿命发展状况究竟怎样？

1. 二十一世纪以来中国人口平均预期寿命的发展　2016年我国颁布的《"健康中国2030"规划纲要》（以下简称《纲要》）中指出，2015年我国人均预期寿命已达76.3岁；而国家卫生健康委发布的《2019年我国卫生健康事业发展统计公报》则显示，中国居民人均预期寿命由2018年的77.0岁提高到2019年的77.3岁。可见近年来我国人口的平均预期寿命在稳步提高。按照《"健康中国2030"规划纲要》设定的战略目标，2030年我国人均预期寿命应达到79.0岁，并且人民身体素质明显增强。这意味着我们不但要进一步提高人口的预期寿命，也要重视人均健康预期寿命的提升。

从2000年以来的发展情况来看（表1），我国人口的预期寿命始终处于不断上升的态势，由2000年的71.40岁快速增长至2019年的77.30岁，近二十年的增幅高达8.26%。

表1　2000—2019年中国人口平均预期寿命

单位：岁

年份	人口平均预期寿命	年份	人口平均预期寿命
2000	71.40	2015	76.34
2005	72.95	2019	77.30
2010	74.83		

数据来源：第五次、第六次全国人口普查，2005年、2015年全国1%人口抽样调查以及《2019年我国卫生健康事业发展统计公报》。

2. 中国人口平均预期寿命的性别与省际差异　由于男性和女性的死亡率存在差异，男性和女性的预期寿命也不同，通常女性人均预期寿命要高于男性。但在我国，二者间的差异究竟多大？分性别进行分析可以发现（表2）：进入21世纪后，随着生活质量的提高，我国居民健康状况不断改善，男女平均预期寿命都有很大程度的提高。在2000—2015年的15年间，男性人均预期寿命由2000年的69.63岁提高至2015年的73.64岁，增幅达5.76%；女性人均预期寿命由2000年的73.33岁提高至2015年的79.43岁，增幅达8.32%。从二者的差值变化来看，过去15年，女性的平均预期寿命增长幅度总体上要大于男性。

表2　2000—2015 年中国男性、女性人口平均预期寿命

单位：岁

年份	男	女	差值
2000	69.63	73.33	3.70
2005	70.83	75.25	4.42
2010	72.38	77.37	4.99
2015	73.64	79.43	5.79

数据来源：第五次、第六次全国人口普查以及 2005 年、2015 年全国 1% 人口抽样调查。

受自然地理因素和社会经济发展因素等的影响，人均预期寿命在各地区之间也存在显著差距。本文采用 2000 年第五次人口普查数据、2010 年第六次人口普查数据来比较这 10 年间我国各省（自治区、直辖市）平均预期寿命的情况。"五普"和"六普"的数据显示，按东中西部来比较，东部地区人均预期寿命由 2000 年的 73.75 岁提高到 2010 年的 76.71 岁，增幅为 4.01%；中部地区人均预期寿命由 2000 年的 71.31 岁提高到 2010 年的 74.93 岁，增幅为 5.08%；西部地区人均预期寿命由 2000 年的 69.23 岁提高到 2010 年的 73.35 岁，增幅为 5.95%。总体而言，我国人均预期寿命由东部向西部递减，但增幅却相反。

10 年间，我国各省人口平均预期寿命普遍得到提高，但各省排名有所变动。其中，上海、北京、天津与浙江在两次普查中一直位列前四名。就排名变动来看，河南、河北两省排名下降幅度较大，分别由第 17 名、第 12 名下降到第 22 名、第 16 名；广西壮族自治区排名上升幅度较大，由第 18 名上升到第 14 名（表3）。

表3　2000 年和 2010 年我国各省（自治区、直辖市）人口平均预期寿命及排名

单位：岁

省 （自治区、直辖市）	2000 年		2010 年	
	人口平均预期寿命	排名	人口平均预期寿命	排名
上海	78.14	1	80.26	1
北京	76.10	2	80.18	2
天津	74.91	3	78.89	3
浙江	74.70	4	77.73	4
山东	73.92	5	76.46	7
江苏	73.91	6	76.63	5
辽宁	73.34	7	76.38	8
广东	73.27	8	76.49	6
吉林	73.10	9	76.18	10
海南	72.92	10	76.30	9
福建	72.55	11	75.76	12
河北	72.54	12	74.97	16

（续）

省 （自治区、直辖市）	2000 年		2010 年	
	人口平均预期寿命	排名	人口平均预期寿命	排名
黑龙江	72.37	13	75.98	11
安徽	71.85	14	75.08	15
重庆	71.73	15	75.70	13
山西	71.65	16	74.92	17
河南	71.54	17	74.57	22
广西	71.29	18	75.11	14
四川	71.20	19	74.75	19
湖北	71.08	20	74.87	18
湖南	70.66	21	74.70	20
宁夏	70.17	22	73.38	25
陕西	70.07	23	74.68	21
内蒙古	69.87	24	74.44	23
江西	68.95	25	74.33	24
甘肃	67.47	26	72.23	27
新疆	67.41	27	72.35	26
青海	66.03	28	69.96	29
贵州	65.96	29	71.10	28
云南	65.49	30	69.54	30
西藏	64.37	31	68.17	31
全国	71.40		74.83	

数据来源：根据第五次、第六次全国人口普查数据计算所得。

通过对比可以发现：首先，2010 年我国各省（自治区、直辖市）人口平均预期寿命均在 68 岁及以上。其次，2010 年新增两个人口平均预期寿命在 78 岁及以上的直辖市——北京市和天津市，此前仅有上海市人均预期寿命在 78 岁及以上。最后，在这两次普查间，江西、贵州和新疆三个省份的人口平均预期寿命增幅最大，分别增长了 5.38 岁、5.14 岁和 4.94 岁；而上海、河北与山东人均预期寿命增幅最小，分别为 2.12 岁、2.43 岁与 2.54 岁。

3. 中国人口的健康预期寿命 随着生活质量的提高，人们逐渐由仅仅追求寿命延长进一步发展到追求健康水平的综合提升，仅用人口平均预期寿命来代表健康已经远远不够了。健康预期寿命（Healthy Life Expectancy）是一个能够较好反映健康状态下预期寿命情况的指标，代表了在某一年龄点上处于特定健康状态下的预期余寿，能同时综合反映死亡率和患病率，并能有效地反映生命质量[3]。

根据全球疾病负担研究（Global Burden of Disease Study，GBD）的结果，2015 年中

国居民的健康预期寿命为 68.0 岁，比全球平均水平高 5.2 岁，其中男性为 65.8 岁、女性为 70.8 岁，分别比全球男性和女性平均水平高 4.8 岁和 5.9 岁。1990—2015 年，中国健康期望寿命增加了 8.4 岁，男性增加了 7.6 岁，女性增加了 9.6 岁。李成福等人采用健康预期寿命年均增加法和健康预期寿命和预期寿命差值法，推算出 2030 年中国健康预期寿命为 70.9 岁左右（70.6～71.2），其中男性为 69.1 岁左右（68.8～69.4），女性为 72.7 岁左右（72.4～73.1）[4]。陈鹤使用生命表技术估计了 1990 年和 2013 年的出生时预期寿命，利用苏利文方法计算了两个时点的出生时健康调整期望寿命，发现 1990—2013 年，中国出生时健康调整期望寿命从 60.51 年上升为 67.90 年，增长了 7.39 年[5]。此外，我国不同人口特征的老年人健康预期寿命呈现显著差异，男性、城市和东中部地区老年人健康预期寿命状况明显好于女性、农村和西部地区老年人。

（二）中国人口长寿化趋势和主要特点

通过上文可知，中国人口平均预期寿命一直在稳步增长。而长寿化趋势不仅表现为人口平均预期寿命的延长，还意味着高龄老人、百岁老人人口数量和比例的不断增长。因此，本部分进一步采用高龄人口占老年人口的比例和百岁人口占总人口的比例两个指标来审视我国人口长寿化的趋势和特点。以《2019 世界人口展望》和全国人口普查数据、各年份抽样调查数据为基础，描述中国高龄人口和百岁人口比例在 2000—2020 年的发展状况，探讨三大核心指标在 2020 年后的发展态势，并总结中国人口长寿化呈现的特点。

1. 2000 年以来中国高龄人口和百岁人口的增长　随着总和生育率的持续下降和人口平均预期寿命的增长，中国 80 岁及以上高龄老年人口占老年人总人口的比例、每 10 万人中百岁老人的数量也在持续上升，这些指标的变化标志着中国不但已经进入长寿时代，人口的长寿化趋势还在持续。采用第五次、第六次全国人口普查数据以及各年份抽样调查数据计算发现：中国 80 岁及以上高龄人口规模由 2000 年的 1 199.11 万人持续增长至 2020 年的 3 580.08 万人，高龄人口占老年总人口的比例由 2000 年的 9.23% 波动上升至 2020 年的 13.56%。同时，每 10 万人中百岁老人的数量也由 2000 年的 1.44 人持续上升至 2015 年的 3.54 人，增幅达 145.83%，详见表 4。

表 4　2000—2020 年中国 80 岁及以上高龄老人与百岁老人的规模和比例

年份	80 岁及以上老年人口情况		百岁老年人口情况	
	人口规模（万人）	占老年人口的比例（%）	人口规模（万人）	每 10 万人中百岁老人数量（人）
2000	1 199.11	9.23	1.79	1.44
2001	1 336.24	9.23	—	—
2002	1 444.13	9.60	—	—
2003	1 501.22	9.62	—	—
2004	1 609.21	10.04	—	—
2005	1 753.10	10.51	3.74	2.93
2006	1 805.51	10.33	—	—

（续）

年份	80 岁及以上老年人口情况		百岁老年人口情况	
	人口规模（万人）	占老年人口的比例（%）	人口规模（万人）	每 10 万人中百岁老人数量（人）
2007	1 904.56	10.57	—	—
2008	2 022.21	10.86	—	—
2009	2 069.19	10.70	—	—
2010	2 098.93	11.82	3.59	2.70
2011	2 174.94	11.76	—	—
2012	2 244.16	11.57	—	—
2013	2 419.34	11.94	—	—
2014	2 554.38	12.01	—	—
2015	2 617.32	11.79	4.87	3.54
2016	2 755.32	11.93	—	—
2017	2 880.22	11.96	—	—
2018	2 955.61	11.84	—	—
2019	3 066.79	12.08	—	—
2020	3 580.08	13.56	—	—

数据来源：根据第五次、第六次全国人口普查数据以及各年份抽样调查数据计算所得。

2. 中国人口长寿化的趋势估计 与发达国家相比，中国进入长寿时代的时间较晚，但长寿化趋势非常明显。本文通过对《2019 世界人口展望》中的相关数据进行汇总和计算，得到了 2020—2100 年中国人口平均预期寿命、80 岁及以上高龄人口占老年人口比例以及百岁人口占总人口比例的变化趋势。在《2019 世界人口展望》中，联合国人口司使用贝叶斯分层概率预测方法，首先基于人口转变理论对中国过去较长时间内的生育、死亡和迁移参数分别建模，得到每一参数的概率分布，即先验分布。然后根据中国当前人口转变阶段与上述参数的变化轨迹来推断其未来轨迹，即后验分布，以此获得未来总和生育率、出生时预期寿命、死亡率等指标的预测结果。

使用此方法得出的指标预测结果服从概率分布，即在某一概率区间内，指标的变化轨迹会有无穷多个。因此，联合国人口司采用 80% 概率区间和 95% 概率区间表示某一指标的预测区间。为便于描述，本文将 95% 概率区间的上限称为高方案，80% 概率区间的上限称为中高方案，预测轨迹的中位数称为中方案，80% 概率区间的下限称为中低方案，95% 概率区间的下限称为低方案。

（1）**数据来源**。《2019 世界人口展望》提供了中国 1950—2020 年的总和生育率和年龄别生育率数据，其来自 1982 年至 2017 年的历次生育率抽样调查或由《中国统计年鉴》中历年出生数推算的总和生育率、由《中国卫生统计年鉴》中相关年份住院分娩数推算的总和生育率、由中国疾控中心颁布的相关年份 0 岁组婴儿免疫接种数推算的总和生育率等。

在死亡率数据方面，出生平均预期寿命参考国家统计局在统计年鉴上公布的数据以及其他调整过的调查数据，特别是中国疾控中心的疾病监测数据和死因监测数据。2010 年及之后年份的年龄别死亡率数据主要参考调整后的中国疾控中心死因监测项目中的数据。2010 年之前年份的年龄别死亡率数据主要通过死亡间接估计方法对普查数据或其他相关调查数据进行调整后获得[6]。

（2）2020—2100 年中国人口长寿化趋势。根据联合国《2019 世界人口展望》报告的预测，中国人口平均预期寿命将由 2020—2025 年的 77.47 岁提高至 2095—2100 年的 87.61 岁左右（81.37 岁~93.14 岁），增幅达到 14.34%左右（6.20%~21.56%），详见表 5 和图 1。

表 5　2020—2100 年中国人口平均预期寿命

单位：岁

年份	人口平均预期寿命				
	低方案	中低方案	中方案	中高方案	高方案
2020—2025	76.62	76.62	77.47	78.66	79.34
2025—2030	76.56	76.84	78.31	79.94	80.81
2030—2035	76.58	77.29	79.13	81.12	82.14
2035—2040	76.81	77.74	79.94	82.18	83.26
2040—2045	77.05	78.23	80.73	83.22	84.39
2045—2050	77.32	78.72	81.52	84.14	85.25
2050—2055	77.65	79.21	82.28	84.92	86.13
2055—2060	77.87	79.70	83.02	85.60	86.95
2060—2065	78.34	80.23	83.72	86.33	87.78
2065—2070	78.72	80.75	84.36	87.08	88.50
2070—2075	79.15	81.36	84.96	87.83	89.33
2075—2080	79.53	81.92	85.52	88.57	90.09
2080—2085	79.98	82.42	86.04	89.23	90.94
2085—2090	80.48	82.91	86.56	89.85	91.66
2090—2095	80.93	83.41	87.08	90.60	92.34
2095—2100	81.37	83.91	87.61	91.24	93.14

数据来源：United Nations. World Population Prospects：2019 ［Z/OL］. https：//population. un. org/wpp/.

我国 80 岁及以上老年人口占老年人总人口的比例将由 2020 年的 10.66%上升至 2100 年的 37.52%左右（30.29%~42.03%），增幅为 251.97%左右（184.15%~294.28%）。每 10 万人中百岁老年人数量相应地由 5.21 人上升为 427.42 人左右（128.17~999.39 人），2100 年预估每 10 万人中百岁老年人数量将是 2020 年的 82.04 倍左右（24.60~191.82 倍）。见表 6、图 2 及表 7、图 3。

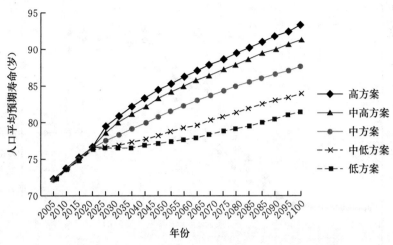

图1　2000—2100年中国人口平均预期寿命增长趋势

数据来源：United Nations. World Population Prospects：2019［Z/OL］. https：//population. un. org/wpp/.

表6　2020—2100年中国高龄人口占老年人口比例

单位：%

年份	人口占比				
	低方案	中低方案	中方案	中高方案	高方案
2020	10.66	10.66	10.66	10.66	10.66
2025	10.31	10.31	10.51	10.80	10.96
2030	10.74	10.83	11.35	11.95	12.28
2035	13.19	13.52	14.47	15.56	16.14
2040	14.57	15.14	16.59	18.18	19.02
2045	17.13	17.97	19.99	22.16	23.26
2050	19.85	21.02	23.75	26.49	27.80
2055	21.95	23.54	27.00	30.31	31.82
2060	21.39	23.25	27.31	30.97	32.73
2065	22.07	24.19	28.65	32.44	34.38
2070	26.67	29.20	34.16	38.08	40.05
2075	26.34	29.21	34.66	38.88	40.95
2080	24.85	28.12	33.77	38.31	40.52
2085	24.38	27.65	33.03	37.38	39.55
2090	25.56	28.82	33.68	37.41	39.46
2095	28.11	31.28	35.66	38.92	40.69
2100	30.29	33.43	37.52	40.51	42.03

数据来源：United Nations. World Population Prospects：2019［Z/OL］. https：//population. un. org/wpp/.

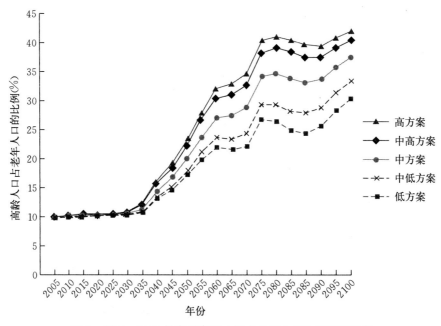

图 2　2000—2100 年中国高龄人口占老年人口比例增长趋势

数据来源：United Nations. World Population Prospects：2019 ［Z/OL］. https：//popula-
tion. un. org/wpp/.

表 7　2020—2100 年中国每 10 万人中百岁老人的数量

单位：人

年份	每 10 万人中百岁老人的数量				
	低方案	中低方案	中方案	中高方案	高方案
2020	5. 21	5. 21	5. 21	5. 21	5. 21
2025	7. 39	7. 39	7. 55	7. 90	8. 07
2030	10. 11	10. 19	11. 06	12. 21	12. 98
2035	13. 34	13. 97	16. 22	19. 31	21. 23
2040	15. 94	17. 39	21. 74	27. 85	31. 98
2045	18. 59	21. 01	28. 48	39. 57	46. 92
2050	25. 35	29. 93	44. 28	66. 17	80. 80
2055	38. 04	47. 21	75. 86	120. 06	149. 59
2060	43. 61	56. 19	95. 20	155. 67	196. 83
2065	54. 28	74. 41	138. 19	231. 48	297. 44
2070	72. 04	104. 59	205. 64	352. 14	454. 46
2075	82. 45	122. 31	249. 43	429. 18	552. 46
2080	85. 19	126. 15	252. 55	437. 02	563. 09
2085	90. 20	142. 90	297. 01	521. 13	670. 22
2090	111. 37	194. 96	425. 89	759. 06	997. 75
2095	125. 10	202. 79	419. 92	748. 94	987. 48
2100	128. 17	208. 27	427. 42	762. 09	999. 39

数据来源：United Nations. World Population Prospects：2019 ［Z/OL］. https：//population. un. org/wpp/.

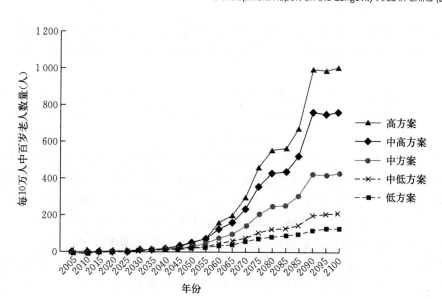

图 3 2000—2100 年中国每 10 万人中百岁老人数量的增长趋势

数据来源：United Nations. World Population Prospects：2019［Z/OL］. https：//population. un. org/wpp/.

可见，从当前到 22 世纪初，我国的长寿化趋势是十分明显的。人口平均预期寿命持续提升，80 岁甚至百岁老人的人口数量和在人口中的比例将快速增长。80 岁以上人口将成为一个在数量上相当突出的群体，高龄老人甚至百岁老人将不再是极少数，人们活到百岁以上的概率较之过去大大增加。

3. 中国人口长寿化的主要特点 作为世界第一人口大国，中国拥有世界上最多的老年人口。改革开放以后，我国经济取得了飞速发展，人民的物质生活水平得到极大提高，医疗与营养条件也在不断改善。以联合国的预测数据为基础，结合老年人口的特点，中国人口在长寿化进程中呈现以下几个主要特点：

（1）长寿人口基数庞大。中国既是世界上人口数量最多的国家，也是老年人口规模最大的国家。根据第五次、第六次和第七次全国人口普查数据，以 65 岁作为老年人口的划定标准，2000 年，中国的老年人口规模为 8 821 万人，老年人口占比 7.0%，中国开始进入人口老龄化社会；2010 年老年人口规模上升至 11 894 万人，占总人口的 8.9%；2020年，中国老年人数量为 19 064 万，占总人口数量的 13.5%。根据《中国发展报告 2020：中国人口老龄化的发展趋势和政策》预测，到 2050 年中国 65 岁及以上的老年人口将达3.8 亿，占总人口比例近 30%；60 岁及以上的老年人口将接近 5 亿，占总人口的比例超过三分之一。

庞大的老年人口基数是我国未来将迎来大规模长寿人口的基础和前提。根据《国家应对人口老龄化研究总报告》的预测，到 2050 年，我国高龄老年人口数量将相当于所有发达国家的高龄老年人口数量之和。结合《2019 世界人口展望》可知，从绝对数量来看，2000 年至 2020 年，我国 80 岁及以上老年人口由 1 278.14 万人上升至 2 661.81 万人，并将在 2100 年达到 1.5 亿人左右。百岁老人也由 2000 年的 0.89 万人提高到 2020 年的 7.47万人，2100 年将会增长至 455.22 万人。2020—2100 年，中国人口平均预期寿命将由

77.47 岁提高至 87.61 岁左右。预期寿命的延长和庞大的老年人口基数使得我国未来将迎来大量的长寿人口。这是我国社会经济取得巨大进步、人民生活质量提高的一个鲜明体现。

（2）中国长寿化水平呈现阶段性上升的趋势，且三大核心指标各不相同。首先，人口平均预期寿命在进入 21 世纪后持续增长，且根据中方案预测结果，2020—2100 年，人均预期寿命继续呈现缓慢上升的态势。其次，进入 21 世纪后，高龄人口占老年人口的比例大致呈现四个发展阶段，若采用中方案预测结果，则表现为：2000—2025 年，高龄人口比例波动上升，且起伏很小，年均变动绝对值仅为 0.44%；2025—2075 年，高龄人口比例迅速提升，年均增速高达 12.98%；2075—2085 年，高龄人口比例反而由 34.66% 下降到 33.03%；2085—2100 年，高龄人口比例重新开始提升。最后，2000—2100 年，每 10 万人口中百岁人口数量发展大致呈现三个阶段（预测同样采用中方案）：2000—2045 年为缓慢提升阶段，每 10 万人口百岁人口数量平均每年增加 0.60 人；2045—2090 年为快速提升阶段，每 10 万人口百岁人口数量平均每年增加 8.83 人；2090 年之后增速突然放缓，甚至在 2090—2095 年出现了下降。

（3）女性比男性更为长寿，但二者的差距随着时间推移不断缩小。首先，就人口平均预期寿命而言，2000—2100 年女性人均预期寿命一直高于男性，但自 2020—2025 年开始二者差距会不断缩小。其次，女性高龄老年人口占老年总人口的比例一直高于男性，但二者间的差距会从 21 世纪中叶开始逐渐缩小，从 2055 年的 3.90% 逐渐缩小至 2100 年的 0.99%。最后，每 10 万人中女性百岁老年人口数量在 21 世纪一直多于男性，且二者差距自 21 世纪末开始才逐渐缩小（表 8）。此外，在同期数据中，男女高龄人口规模的差距也会随年龄的提高而不断缩小，如图 4 所示。

表 8　2000—2100 年分性别高龄老年人与百岁老人的情况

年份	高龄老人占老年总人口的比例（%）			每 10 万人中百岁老人的数量（人）		
	男性	女性	差值	男性	女性	差值
2000	3.84	6.03	2.19	0.13	0.56	0.43
2005	4.00	6.17	2.17	0.20	0.92	0.72
2010	4.14	6.22	2.08	0.32	1.36	1.04
2015	4.06	6.17	2.12	0.54	2.45	1.91
2020	4.24	6.42	2.18	0.89	4.30	3.41
2025	4.18	6.30	2.16	1.24	6.34	5.09
2030	4.49	6.85	2.36	1.86	9.22	7.36
2035	5.81	8.66	2.85	2.80	13.44	10.65
2040	6.71	9.88	3.18	3.95	17.79	13.83
2045	8.23	11.76	3.53	5.41	23.05	17.64
2050	9.97	13.78	3.82	8.80	35.46	26.66
2055	11.54	15.40	3.90	16.39	59.44	43.05
2060	11.81	15.49	3.68	22.06	73.10	51.04

（续）

年份	高龄老人占老年总人口的比例（%）			每10万人中百岁老人的数量（人）		
	男性	女性	差值	男性	女性	差值
2065	12.65	16.00	3.35	35.07	103.12	68.05
2070	15.53	18.62	3.09	56.02	149.63	93.61
2075	16.07	18.59	2.53	72.30	177.16	104.86
2080	15.88	17.89	2.00	76.09	176.46	100.36
2085	15.70	17.27	1.51	93.50	203.52	110.01
2090	16.31	17.37	1.06	139.73	286.19	146.46
2095	17.39	18.27	0.89	140.23	279.67	139.44
2100	18.26	19.26	0.99	146.16	281.28	135.12

数据来源：United Nations. World Population Prospects：2019 ［Z/OL］. https：//population. un. org/wpp/.

注：预测方案为中方案。

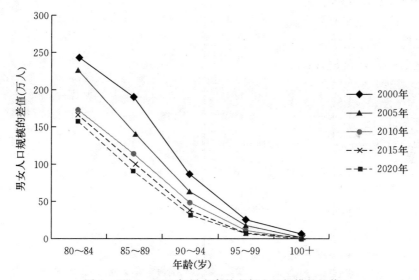

图 4　2000—2020 年男女高龄老年人口规模的差值

数据来源：United Nations. World Population Prospects：2019 ［Z/OL］. https：//population. un. org/wpp/.

　　（4）长寿化城乡、省份差异明显。我国特有的城乡二元特征在长寿化过程中也有所体现：使用 2015 年 1‰人口抽样调查数据考察高龄老人和百岁老人在城市、镇和乡村中的占比时发现，2010 年城市、镇和乡村高龄老人在老年人总人口中的占比分别为 12.48%、11.38%与 11.56%；每 10 万人中城市、镇和乡村百岁老年人数量分别为 2.67 人、3.77 人与 4.08 人。随着城市化进程的不断推进，大量劳动年龄人口从乡镇涌入城市，稀释了城市高龄老年人以及百岁老年人所占比例。

　　长寿化的省际差异在人均预期寿命、高龄老年人占比和百岁老年人占比这三个核心指标中的表现也不尽相同：通过上文可知，人均预期寿命总体呈现从东部地区向西部地区递减的趋势。而对 2015 年 1‰人口抽样调查数据进行梳理可以发现，各省高龄老年人占本省老年人总人口的比重也由东部地区向西部地区递减；百岁老人占比没有明显的东中西部差异，排名前五的省（自治区、直辖市）为广西、海南、上海、北京、四川，每10万人中百岁老人数量分别为10.98、9.18、8.02、5.36与4.93，详见表9。

表9 2015年各省（自治区、直辖市）高龄老人与百岁老人情况

省（自治区、直辖市）	高龄老人占老年总人口的比例（%）	排名	省（自治区、直辖市）	每10万人中百岁老人数量（人）	排名
上海	17.39	1	广西	10.98	1
海南	16.71	2	海南	9.18	2
广东	14.81	3	上海	8.02	3
浙江	14.43	4	北京	5.36	4
北京	14.27	5	四川	4.93	5
广西	14.17	6	广东	4.82	6
福建	13.79	7	江苏	4.20	7
江苏	12.86	8	湖南	3.88	8
安徽	12.78	9	重庆	3.63	9
山东	12.34	10	安徽	3.56	10
辽宁	12.00	11	山东	3.46	11
湖南	11.74	12	贵州	3.27	12
云南	11.63	13	河南	3.18	13
江西	11.35	14	河北	2.86	14
天津	11.13	15	黑龙江	2.70	15
四川	11.11	16	福建	2.68	16
重庆	11.09	17	云南	2.57	17
湖北	10.59	18	辽宁	2.50	18
河南	10.52	19	浙江	2.33	19
山西	10.51	20	湖北	2.20	20
贵州	10.42	21	青海	2.18	21
西藏	9.77	22	天津	2.09	22
内蒙古	9.69	23	陕西	2.04	23
新疆	9.61	24	西藏	1.97	24
河北	9.58	25	江西	1.97	25
陕西	9.56	26	新疆	1.90	26
吉林	9.28	27	吉林	1.87	27
宁夏	9.04	28	山西	1.23	28
甘肃	8.82	29	甘肃	0.99	29
黑龙江	8.78	30	宁夏	0.96	30
青海	8.10	31	内蒙古	0.77	31
全国	11.79		全国	3.54	

数据来源：根据2015年1%人口抽样调查数据计算所得。

（三）长寿时代的长寿之乡发展

受气候、生态自然环境、社会经济条件、生活方式等多种因素的综合影响，长寿人口在区域上具有群聚性的特点，这一特点在国际上也已得到共识。这种群聚性，可以体现为地区间人口平均预期寿命的差异性和高龄老人、百岁老人分布的不平衡性[7][8][9]。那些人口平均预期寿命高、高龄老人和百岁老人分布密集的地区被称为长寿地区或长寿之乡。2007—2017年，中国老年学和老年医学学会按照《中国长寿之乡认证标准》与《中国长寿之乡认证办法》评选了78个"中国长寿之乡"。2018年，学会获取了国家团标的制定资格，并于2019年完成制定并实施了新版《长寿之乡认定准则和方法》（以下简称"准则"）。此后，学会依照新版准则，评选四川西充县、广西浦北县、广西合浦县、广西乐业县和广西藤县等15个县（市）为"长寿之乡"。截至2021年12月，学会共公布确认了91个"长寿之乡"（包括76个中国长寿之乡，14个长寿之乡，1个全域长寿市）。长寿之乡的大量涌现是我国进入长寿时代的重要标志。

我国的长寿之乡在区域上有如下特点：首先，"中国长寿之乡"集中在18个省（自治区、直辖市），按照数量高低，这17个省（自治区、直辖市）分别为广西壮族自治区、广东省、江苏省、浙江省、山东省、贵州省、河南省、四川省、海南省、福建省、安徽省、江西省、湖南省、湖北省、上海市、重庆市和云南省。其次，拥有"中国长寿之乡"的省份集中分布于山东丘陵、华北平原南部、四川盆地、云贵高原东北部、东南丘陵以及长江中下游平原。并且，长寿之乡数量大致呈现由中心向四周增加的特点，见表10。最后，广西壮族自治区是我国的长寿大省。一方面，在91个"中国长寿之乡"中，广西占据36席，占比高达39.56%；另一方面，在2007—2016年年初的评选中，除去2009年、2016年，广西每年均有县/市被认定为"中国长寿之乡"。在2019年后新认定的15个"长寿之乡"中，广西占据11席。

表10　2000年和2010年中国长寿之乡高龄老人占老年总人口的比例

长寿之乡	2000年	2010年	差值	长寿之乡	2000年	2010年	差值
永福县	10.79%	14.51%	3.72%	凤山县	14.37%	11.78%	−2.59%
彭山县（现眉山市彭山区）	12.28%	13.09%	0.80%	万宁市	12.44%	18.45%	6.01%
麻阳苗族自治县	8.54%	12.64%	4.09%	桐庐县	8.52%	13.63%	5.12%
巴马瑶族自治县	14.90%	12.88%	−2.02%	丰城市	8.15%	11.59%	3.44%
夏邑县	12.54%	15.24%	2.70%	启东市	13.76%	15.93%	2.16%
如皋市	11.90%	15.13%	3.23%	蒙山县	12.77%	15.23%	2.46%
都江堰市	11.08%	12.06%	0.98%	丽水市	10.21%	15.23%	5.03%
钟祥市	10.68%	12.52%	1.84%	梅县（现梅州市梅县区）	13.77%	18.39%	4.62%
佛山市三水区	16.37%	16.57%	0.20%	恭城瑶族自治县	9.05%	12.12%	3.07%
澄迈县	11.18%	16.80%	5.62%	丰顺县	12.24%	16.77%	4.53%
莱州市	15.42%	16.12%	0.70%	大新县	12.50%	13.79%	1.29%

（续）

长寿之乡	2000 年	2010 年	差值	长寿之乡	2000 年	2010 年	差值
连州市	10.26%	13.09%	2.83%	诏安县	10.73%	15.70%	4.97%
太仓市	12.49%	15.93%	3.44%	封丘县	13.80%	12.99%	−0.81%
文登市（现威海市文登区）	11.91%	15.03%	3.12%	富川瑶族自治县	8.09%	12.62%	4.53%
东兴市	14.16%	15.64%	1.48%	天等县	11.35%	12.43%	1.08%
崇明县（现上海市崇明区）	15.09%	16.60%	1.50%	高密市	11.23%	14.46%	3.23%
如东县	13.28%	15.49%	2.21%	宜州市（现河池市宜州区）	11.21%	13.86%	2.64%
溧阳市	11.51%	15.22%	3.70%	天峨县	10.50%	10.56%	0.06%
蕉岭县	13.46%	16.37%	2.91%	赤水市	9.68%	11.24%	1.56%
昭平县	12.44%	15.45%	3.01%	钟山县	8.81%	13.53%	4.73%
谯城区	10.26%	12.30%	2.03%	文成县	12.00%	18.31%	6.31%
金秀瑶族自治县	11.67%	14.41%	2.75%	信宜市	10.65%	15.11%	4.46%
铜鼓县	11.12%	11.49%	0.37%	龙州县	10.75%	11.68%	0.92%
乳山市	12.66%	13.91%	1.25%	马山县	11.79%	13.39%	1.60%
永嘉县	12.77%	16.37%	3.59%	大化瑶族自治县	13.19%	14.46%	1.27%
重庆市江津区	11.14%	12.89%	1.75%	金寨县	7.67%	7.83%	0.17%
石阡县	7.22%	7.69%	0.47%	徐闻县	11.05%	15.84%	4.80%
印江土家族苗族自治县	7.93%	8.76%	0.84%	罗甸县	8.91%	8.62%	−0.29%
永城市	11.32%	14.98%	3.66%	象州县	11.45%	14.31%	2.86%
淮阳县	11.55%	13.25%	1.70%	仙居县	9.76%	13.55%	3.79%
岑溪市	12.81%	15.77%	2.96%	兴仁县	8.80%	10.36%	1.56%
上林县	13.18%	13.51%	0.33%	青州市	9.82%	12.94%	3.12%
泉港区	11.50%	17.03%	5.53%	大埔县	12.65%	19.09%	6.44%
柘荣县	10.58%	18.59%	8.01%	西充县	8.89%	11.70%	2.81%
资阳市雁江区	9.32%	12.65%	3.33%	浦北县	12.17%	14.65%	2.48%
修武县	10.60%	12.53%	1.93%	合浦县	13.98%	16.86%	2.89%
大埔县	12.65%	19.09%	6.44%	乐业县	9.56%	10.55%	0.99%
容县	11.36%	14.27%	2.92%	藤县	11.92%	15.87%	3.95%
扶绥县	12.40%	13.89%	1.49%	金平苗族瑶族傣族自治县	7.65%	11.95%	4.30%
凌云县	10.79%	13.45%	2.66%	贺州市平桂区	—	—	—
东兰县	15.02%	11.28%	−3.75%	贺州市八步区	—	—	—
文昌市	12.71%	19.82%	7.11%	寿宁县	10.98%	18.03%	7.05%
单县	11.44%	15.84%	4.40%	东台市	10.30%	12.89%	2.60%
阳朔县	11.57%	15.51%	3.94%	苍梧县	10.48%	14.20%	3.72%

数据来源：根据第五次、第六次全国人口普查数据计算所得。

随着长寿时代来临，我国长寿之乡也得到了进一步发展。首先，就长寿之乡数量而言，2007年首次评选"中国长寿之乡"至今，我国已有91个地区获得此称号，平均每年增加约6个长寿之乡，且增长势头不减。其次，从人口学角度出发，长寿之乡的长寿化水平总体呈现上升态势。通过计算、对比第五次、第六次全国人口普查中长寿之乡数据可知，"中国长寿之乡"中高龄老人占老年总人口的比例上升和下降的数量分别为81个和6个（平桂区等区级行政单位的人口数据无法获取），见表10。而笔者获取的部分长寿之乡"七普"数据，可以更好地说明这一上升态势，如2020年广西上林县高龄老人占比为16.71%，较2010年上涨3.2%；2020年浙江永嘉县高龄老人占比为17.32%，较2010年上涨0.95%。

最后，在长寿时代，长寿之乡的经济发展也会迎来新的机遇。一方面，长寿时代自动化技术的创新和普及可以有效缓解劳动力不足的问题[10]，并且有研究表明长寿会对技术进步产生积极影响[11]，"长寿—技术进步—经济发展"之间可以形成良性循环。另一方面，在长寿经济概念下，老年人既是消费者，还是生产者，甚至基于自身积累的知识、技术和经验，老年人还能成为创新者和创业者，可以从需求、供给与发展三方面推动经济增长。总之，长寿之乡发展是长寿时代的一个标志，长寿时代也会促进长寿之乡经济与社会的全面发展。

二、长寿之乡分布和形成的中国特点[*]

我国社会经济发展迅速，人民的健康水平有了很大提高，但就区域环境—健康与发展而言，仍存在着诸多问题，特别是老龄化进程的加快提出了新挑战。我国地域辽阔，地理环境类型各异，社会经济发展不平衡，其健康影响也不一致，加之全球环境变化、城市化以及全球化对健康的影响日益加剧，需要全面认识我国区域环境—健康与发展状况，通过全社会共同努力，应对环境—健康—发展进程中的挑战。对我国区域长寿的深入研究以及"中国长寿之乡"的认定活动，就是促进各地方政府实现本地区环境—健康—发展和谐共进的创新性举措。

当前，"中国长寿之乡"的发展进入了全面提高质量的新阶段，分析长寿之乡的主要特征对认识所面临的新挑战，为各长寿之乡采取优先措施，协调发展、环境与健康的关系，促进全面和谐发展具有重要意义。

（一）长寿之乡的地理分布特征

百岁是寿命与健康达到理想与现实完美结合境界的标志。众所周知，长寿不仅受遗传因素影响，还受生理、心理、社会经济和自然环境等的影响。而我们发现中国存在明显的区域长寿现象，即长寿老人的分布有地理聚集性，以百岁及以上人口为标志的长寿老人，其分布受区域自然和社会环境因素的影响非常明显。

1. 长寿之乡的地理分布呈明显的区域聚集性特征 通过考察发现，长寿之乡地理分

---

* 作者：王五一，长寿之乡绿色发展区域合作联盟理事长，中国科学院地理科学与资源研究所研究员。

布的聚集性主要表现在六个方面，其一是百岁及以上老人多分布于我国南方地区，基本分布在我国南北气候分界线秦岭—淮河一线以南的区域；其二是多呈条带集中分布，在长江三角洲、珠江三角洲地区、东南沿海、川渝地区和中原地区明显聚集，而不是孤立存在；其三是多在河网密布的江河流域分布，特别是大江、大河，如长江、珠江流域；其四是多分布于大的岛屿，如崇明岛、海南岛、台湾岛；其五是多分布于海拔1 500米以下，中、低山丘陵及冲积、洪积平原地区；其六是多分布在地方病较少流行或没有流行的地区。就省级行政单位来看，广西的长寿之乡数量最多，达33个，占全国长寿之乡数的比例高达33.08%。

2. 长寿之乡大多分布于自然环境温暖适宜的区域　各长寿之乡处于多种不同气候带及其亚型之间，主要有：①暖温带半湿润大陆性季风气候区黄淮平原及山东半岛的长寿之乡，如夏邑、封丘、文登、乳山等。年降水量在800毫米以下，年积温为3 200～4 500℃。②北亚热带湿润区的苏北平原、长江中下游平原及大别山与浙北气候区的长寿之乡，如钟祥、启东、金寨等。北亚热带气候的基本特征是热量条件较优，水热同季，四季分明。日均气温稳定≥10℃时期达220～240日，其间积温为4 500～5 100℃。年平均温度约为14～17℃，年平均降水量多为800～1 500 mm。③主要分布在中亚热带湿润区的江南山地、湘鄂西山地、贵州高原山地、四川盆地气候区的长寿之乡，如丽水、彭山、江津、印江、兴仁等。该区日均气温稳定≥10℃的日数多为240～285天，其间积温多在5 000℃以上、6 500℃以下，但云贵高原多数地区仅有4 000～5 000℃；中亚热带无霜期多超过260天；大部分地区年平均气温为12～19℃，最冷月平均气温约为4～10℃，最热月平均气温东部地区多在28℃以上；这里的降水量也较为丰富，但因受不同地形影响，最多的地区年降水量可达1 800 mm以上，最少的地区则仅有800 mm左右。④主要分布在南亚热带湿润区的闽粤桂低山平原的长寿之乡，如巴马、柘荣、大埔等。南亚热带日均气温稳定≥10℃日数为285～365天，其间积温多为6 000～8 000℃；南亚热带的无霜期多在350天以上。年平均气温为18～23℃，其中多数地区最热月平均气温多超过29℃。最冷月平均气温多可达13～15℃；受季风降水和台风影响，雨量丰沛，大部分地区年降水量为1 100～2 200 mm。⑤主要分布在边缘热带湿润区的琼雷低山丘陵气候区的长寿之乡，如澄迈、文昌等。边缘热带气温较高，降水充足，但水热条件存在较明显的东西差异。雷州半岛、海南岛中北部的日平均气温稳定≥10℃日数均为365天左右，其间积温达8 000～9 000℃，年平均温度为22～25℃，最冷月平均温度15～18℃，最热月平均温度为28～29℃。雷州半岛位于沿海湿润区，年降水量为1 400 mm左右。海南岛雨量充沛，年降水量多达1 600 mm以上，且干湿分明，其中每年5～10月是多雨季，雨量占全年降水量的70%～90%。

可见，长寿之乡集中分布地区总体上的特点是：多属于气候条件相对较好的温暖适宜区，多年平均气温均为8.6～24.9℃；降水较丰沛，空气相对湿度较高，大多在68%以上；年均日照时数较高，大部分地区在821.5小时以上；植被覆盖指数高；空气清新，水质优良；多为气候、健康危害的低风险区；多为环境脆弱性低的地区。

3. 多分布在经济欠发达地区　各长寿之乡大多处于农村地区，约70%的长寿之乡是曾经的国家和省重点扶持贫困县，整体上经济发展水平较低。这提示我们，从现实角度来看，长寿之乡努力发展经济任重道远；而从不远的将来来看，发展到高水平的长寿之乡将具有长寿与富裕的双重优势。

（二）长寿之乡的中国特色

与发达国家和地区比较，我国长寿之乡的特色明显，主要表现在：

1. 长寿地区的自然环境类型最多样 世界上大多数长寿国家，多位于北纬40°以上的地区，多为温带气候类型。还有少数长寿国家属地中海气候类型。而我国的长寿地区处于热带、亚热带、暖温带及其亚型等十多种不同气候带，自然环境类型最多样，几乎涵盖了世界上各长寿国家所具有的各种自然环境类型。

2. 百岁及以上老人的地理分布呈明显的区域差异 从数据来看，我国长寿老人分布的区域差异较大。2010年全国第六次人口普查表明，海南省百岁及以上人口比例为全国之最，达8.75/10万，其次为广西7.80/10万、四川4.21/10万、台湾地区4.62/10万和广东3.65/10万，而有些地区还不及1/10万。虽然2020年全国第七次人口普查关于高龄老人的数据还没有公布，但回顾过去，历届人口普查显示这种分布格局一直没有大的变化，具有延续性。因此，我们预计这种区域差异性的格局会保持下去，即便有新的数据变化，我国长寿之乡分布的区域差异特征也不会有根本性的改变。另外，通过检索、收集各地政府老龄机构发布的数据，我们发现，自2010年以来，各省市区的百岁及以上老人数都有了较大增长。据不完全统计，海南省百岁及以上老人与总人口比例仍最高，为22.56/10万，其次为上海，是20.787/10万，广西为10.536/10万，居第三。而东北、西北地区有些省区的百岁及以上老人数与总人口数比例在2/10万左右，有的甚至不到1/10万，差异较大。这也为佐证长寿老人分布的区域差异性提高了重要参考。

世界上百岁及以上老人比例高的国家主要有日本、美国、英国、德国、法国、意大利、斯堪的纳维亚诸国等，但这些国家百岁老人分布的差异不如我国明显。虽然意大利的萨丁岛、日本的冲绳有许多百岁及以上老人，但无论从地域幅员还是从人口数量规模上与我国相比，差异均不明显。至于中亚和南美有些地区被称之为长寿区，细究起来，均缺乏严格的人口统计和科学的认定依据。

3. 经济条件对百岁长寿没有显著影响 与发达国家一样，我国不同省区的人口平均预期寿命与经济（GDP）的相关性很显著，说明经济越发达，人口平均预期寿命越长。因为越是经济发达的地方，越注重健康投入，医疗条件相对而言也比其他的经济欠发达地区要好很多。

但与发达国家不同，我国百岁长寿状况与经济发展的关系并不紧密，用全国各省市区的百岁及以上老人比例与人均GDP的数据来分析两者的相关关系，得出的公式是：

$$百岁及以上老人比例（10万人口）=0.153GDP（人均/万元）+2.562$$
$$R^2=0.023\,3, P>0.05$$

显著性检验$P>0.05$，说明百岁及以上老人比例与人均GDP两者之间没有统计学上的显著性，显示经济条件对长寿没有显著影响。这说明对于长寿来说还有其他更重要的影响因素，而长寿之乡本身的优越自然环境和文化也有可能产生重要的影响作用。

4. 长寿地区生态环境的绿水青山指数明显高于全国水平 绿水青山指数，由区域内生物量的丰富程度、植被覆盖率的高低、水资源的丰贫、土地利用强度、主要污染物等五个指标组合而成。评价各长寿之乡的环境状况，结果显示"长寿之乡"的生态环境质量处于"优"级的比例约为全国平均状况的 2 倍，处于"良"级的比例也比全国平均状况高近 8 个百分点。

根据历年生态环境部发布的中国生态环境状况公报，2020 年全国地表水水质排序前 30 位的地区中，有长寿之乡分布的地区达 11 个，占 36.7%，且位次较稳定；2020 年全国空气质量排序前 20 位的地区中，作为长寿之乡的丽水市位列第 7，而且十几年来一直位居前十之列。这不仅显示各长寿之乡具有优质的生态环境，而且提示我们，保护好生态环境对长寿之乡发展至关重要。

5. 我国爱老、敬老、孝老的文化传承久远 中华文明五千年，爱老、敬老、孝老的传统一直在全社会传承。它既是文化理念，又包括制度礼仪。从敬养上讲包括了敬亲、奉养、侍疾、立身、谏诤、善终。孔子在《礼记·中庸》说"仁者，人也，亲亲为大"，其思想的核心"仁"，是人性根源，也是人行为的准则，还是社会遵循的普遍原则。

我国长寿老人家庭几世同堂，儿孙甚至曾孙辈的悉心照料使老人不仅得到物质生活上的充分保障，而且精神上得到了最好的慰藉。养老、敬老的观念既是家庭行为又是社会规范，世代相传。而且邻里相互帮助，关系和睦，使老人在物质和精神上都得到满足，这还促进了社会和谐。

6. 我国整体的健康长寿水平与发达国家还有较大差距 我国整体的健康长寿水平与发达国家的差距主要表现在如下几个方面：

（1）百岁及以上老人数量占总人口比例仍较低。联合国 2020 年报告的数据显示，全世界总人口 78 亿，百岁及以上老人总数达 57.3 万，占总人口比例为 7.346/10 万。据日本厚生省 2020 年报告，日本百岁及以上老人数与总人口比例为 63.278/10 万。美国人口普查局 2019 年报告显示，该比例为 30.586/10 万。2019 年该比例在意大利是 24.839/10 万，在德国是 27.292/10 万，在法国是 22.388/10 万。

我国第七次人口普查关于百岁及以上老人的数据至今尚未正式公布，如前文所述，据我们分别查阅各省、区、市的数据统计，总数约为 71 390 人，按此计算，全国百岁及以上老人数与总人口的比例约为 5/10 万，比世界平均数还约低 2.3/10 万；而与多数发达国家 20/10 万以上的比例比较，还相差很多。

（2）人口平均预期寿命需进一步提高。据 WHO（World Health Statistics，世界卫生组织）2018 年报告，人均预期寿命位列全球最高前三位的国家分别是日本（84.2 岁）、瑞士（83.3 岁）、西班牙（83.1 岁）。英国是 81.4 岁，位列第二十二；美国是 78.5 岁，位列第三十四。我国目前是 77.3 岁，虽然提高很快，但与上述国家相比仍有差距。

（3）健康预期寿命尚待改善。健康预期寿命是指可期望生活在"完全健康状态"的平均年龄，生命周期内没有重大疾病和失能、失智的状态。2018 年我国的健康预期寿命为 68.7 岁，与 2018 年人口平均预期寿命 77 岁比较，差距 8.3 岁，表明平均带病生存时期有 8 年多，而且进入患病老年期的时间早、带病时间较长。与日本比较，其健康预期寿命为男性 72.14 岁、女性 74.79 岁，比我国长约 4～6 岁，这提示我们，需要进一步提高我国的健康预期寿命。

但是，就人口健康预期寿命与平均预期寿命的差距而言，2019 年，中国是 9.2 岁，日本是 11.5 岁，美国是 13.7 岁，世界平均水平是 10 岁。这表明我国在快速老龄化和经济迅速发展的状态下，健康预期寿命与平均预期寿命的差距与老龄化程度最重的日本和经济最发达的美国相比都较小，也比世界平均水平低。它提示我们，不仅要找到形成这一中国特点的各种影响因素，还要研究随着年纪变化，在世界范围内健康预期寿命与平均预期寿命的差距逐步增大这一全球性趋势的原因，特别要关注未来，努力缩小我国健康预期寿命与平均预期寿命的差距。

我们分析中国长寿之乡分布和特点，并从中得到有益的启示，就是要努力促进每一个长寿之乡在绿色生态、经济发展、老龄照护、健康长寿等多方面都得到高质量的全面发展，同时对其他地区也起到榜样和带动作用。

三、长寿之乡建设在国家和地区发展中的地位及作用[*]

长寿之乡认定是中国老年学和老年医学学会的一项已经持续 15 年之久的品牌活动。这项活动能够取得一系列成果和广泛的社会影响力，是和长寿之乡在国家和地区发展中的地位和作用是分不开的。

（一）长寿之乡对国家和区域发展影响的理论说明

长寿之乡是指高龄老年人在该区域总人口中所占比例超过平均水平而处于较高水平的一个地理区域。虽然长寿之乡是一个地理概念，但是由于长寿之乡是以高龄老年人口为主要特征的，而高龄老人又涉及人的生存和发展，特别是生活、长寿和健康等多个方面，所以长寿之乡既是"乡"的区域概念，包括生态环境和自然资源，更是"人"的生命概念，包括物质、精神、文化等的综合，也包括从出生到终结的全生命周期过程。

国家和区域发展是指一个国家或一个区域由小到大、由简单到复杂、由低级到高级的变化。国家和区域发展既包括经济发展，也包括社会进步，最重要的是发展理论、发展思想、发展目标的变化。

长寿之乡对国家和区域发展的影响主要是对特色地理区域和多层次发展状况之间关系的说明。一方面，两者是属于不同范畴的。长寿之乡属于地理学和人口学范畴，国家和地区发展属于经济学和社会学范畴，两者各有各的特点和工作重点；另一方面，两者是相互联系的。长寿之乡是国家和区域发展的组成部分，是落实国家和地方发展规划、发展目标和发展理念的具体机构，而国家发展目标和方针以及地方发展规划又是长寿之乡建设和发展的指导，两者在大局上有着有机的联系；再一方面，两者反映了不同的发展层次。长寿之乡属于具体的可体验的微观层次，国家和地区发展属于大局的宏观层次。因此，长寿之乡对国家和区域发展的影响主要表现为一种地理区域的机构建设在落实国家和地区发展规划、发展理念、发展目标方面的具体实践。

长寿之乡对国家和区域发展的具体影响有两种基本路径。

---

* 作者：姚远，中国老年学和老年医学学会副会长，长寿之乡绿色发展区域合作联盟副理事长，专家委员会主任。中国人民大学老年所教授。

第一种路径，长寿之乡通过整体形态参与和影响国家和省市地区的发展。大多数长寿之乡是县级地理机构，对于国家各部委或所属上级省市领导机构颁布的各项指示、方针、规划、目标等均要切实执行。这种执行基于下级机构对于上级领导机构的服从、遵循，是以县的整体形态推进的。对于国家部委和上级省市厅局的指示，虽然有时是县级相关部门具体执行，但从接受指示和执行指示角度来说，无论是应对还是落实，都基于县的整体行政机构。

第二种路径，长寿之乡通过要素或部门形态参与和影响国家和省市地区的发展。长寿之乡在执行国家发展精神和上级领导机构指示时，除了采取整体形态外，还会采取要素形态或部门形态。部门形态是长寿之乡对应上级省市机构的各个部门，要素形态是长寿之乡对应上级省市工作要求的一种综合性对接工作。有时部门形态会包括要素形态，有时要素形态包括多个部门形态。

这两种影响路径在国家发展和当地省市发展上的效果是有差异的。对于国家发展来说，长寿之乡作为一个基层区域，主要是执行和落实国家的相关规划和方针，将长寿之乡发展尽可能纳入国家发展的大盘之中；对于省市发展来说，长寿之乡是推进当地发展的一个抓手或一个切入点。面对相同的发展要求和发展机遇，长寿之乡与非长寿之乡的最大区别在于，长寿之乡发展有一个更高层次、更有吸引力的抓手，可以将长寿之乡的生态环境、特色资源、人文历史、产业发展、社会进步、文化提升等要素统归在长寿旗帜之下，形成一个以人为中心的发展共同体，而非长寿之乡发展则缺乏这个统合点和提升的抓手。

（二）长寿之乡建设在国家发展中的地位和作用

长寿之乡是百岁老人在区域总人口中占有较高比例的一种人口状况。由于人的寿命会受到基因、心理、家庭、社会、环境、经济、医疗、生活方式等多种因素的影响，所以长寿之乡既是对当地长寿水平的反映，也是对当地经济社会文化发展状况的反映。所以，在探讨长寿之乡在国家发展中的地位和作用时，需要更多地关注与长寿之乡发展有关的国家经济社会文化发展状况，或者说，长寿之乡建设能够参与的国家经济社会文化发展。

长寿之乡建设和发展与我们国家的发展进程是密切相连的。2007 年是党的十七大召开之年，也是中国老年学学会以第一届长寿之乡认定标准开始认定实践之年。2012 年党的十八大召开，中国老年学学会在次年即 2013 年制定了第二届长寿之乡认定标准。2017年党的十九大召开，中国老年学和老年医学学会在次年即 2018 年启动"长寿之乡认定准则"团体标准的制定工作，并在 2019 年 1 月正式发布《新一届长寿之乡认定准则和方法》团体标准。从长寿之乡发展与国家发展关系来看，长寿之乡及其发展既紧跟国家发展步伐并一路沐浴着国家发展的阳光雨露，又是能够反映国家发展进程的一个成果和侧影。这种关系清晰地折射出长寿之乡建设在国家发展进程中的地位和作用。

长寿之乡建设是对国家发展方针的全面落实。党的十七大报告提出包括发展、以人为本、全面协调可持续和统筹兼顾等在内的科学发展观。党的十八大报告制定了全面落实经济建设、政治建设、文化建设、社会建设、生态文明建设的五位一体总体布局。党的十九大报告提出新时代中国特色社会主义思想，强调创新、协调、绿色、开放、共享的新发展理念。各长寿之乡在申请认定长寿之乡和推动长寿之乡发展时，均以上述思想为指导，制定规划和推进相关工作，并将区域发展与长寿之乡发展密切相连。第一届长寿之乡广西扶绥县明确提出，申报长寿之乡就是为了满足"推动县域经济加快发展、打造西部经济强县的需要和建设广西首府后花园、打造中国乐养之都的需要"。"如果我们成功申报'中国长寿之乡'，将有利于进一步强化'山美水美，上风上水——广西扶绥'名片，有利于提升扶绥县的知名度、美誉度和综合竞争力，有利于塑造'美丽扶绥、幸福扶绥、健康扶绥、乐养扶绥'的对外开放形象"。第二届长寿之乡海南万宁市在申报时指出，"'中国长寿之乡'品牌是我市走向全国、走向世界的一张金色名片，同时对于促进经济发展、社会和谐及建设'生态岛''健康岛''长寿岛'也将起到积极的推动作用"。新一届长寿之乡云南金平县则在长寿之乡发展规划中要求"以申报'长寿之乡'为契机，立足于本县区位优势、资源优势，以健康、快乐、长寿为主线，以脱贫攻坚和乡村振兴为推手，做好长寿文章，做大健康长寿产业，促进长寿文化和长寿经济的协调发展，更好地造福全县人民"。新一届长寿之乡四川西充县则指出，"创建'长寿之乡'，坚持以提高人民生活质量和生命质量为目标，把长寿事业作为一项重大社会事业来发展，深度挖掘和利用长寿文化资源，营造'养老孝老敬老'的社会环境，建设'健康西充'；将西充'生态、有机、长寿'优势转化为'生态、有机、益寿'产业，努力打造'有机西充、康养福地'的长寿之乡品牌"。这几个长寿之乡规划的长寿之乡发展蓝图，均是基于国家发展方针，以自身特点去落实科学发展观和新发展观。

长寿之乡建设成为国家发展的特色实践。党的十九大以来，国家发展进入新时代，在绿色发展、民生为本、积极应对人口老龄化等方面，长寿之乡成为具有特色的发展实践。正如前述，长寿之乡是一个综合性概念，构成了一个人、物、生态、政策、制度、文化、体制等的共同体，因此在国家发展中适应性很强、参与度很高，能够与国家发展中的各项任务和目标有机融合。进入新时代以后，健康中国建设战略、绿色发展战略、积极应对人口老龄化国家战略等都成为国家发展的重要指导方针。长寿之乡具有绿色发展、促进健康、实现美好生活的优势要素，所以很自然地成为国家相关发展政策的承载地。重庆市江津区在落实习近平总书记对重庆提出的"两点"定位、"两地""两高"目标、发挥"三个作用"和营造良好政治生态的重要指示中，充分发挥长寿之乡的特点和优势，着力打造促进健康长寿的生态、宜居、怡情、养生、创业等五大环境，引导全民共建、共享高品质生活。在黄河流域生态保护和高质量发展国家大战略下，河南省封丘县依托文旅强省的方针和长寿之乡的品牌，秉承绿色为基、民生为本的发展理念，以文旅产业融合发展助推封丘黄河流域生态保护和高质量发展。

（三）长寿之乡建设在地区发展中的突出地位和特色作用

长寿之乡作为地区经济社会文化发展的抓手，有四个特点。一是综合性。长寿之乡不是单一的人口学现象，而是包括人口学、社会学、经济学、环境学、地理学等多个学科的综合体。二是基础性。地区发展是多方面的，而长寿之乡也是多方面的，所以长寿之乡是地区发展的基础之一，能够承接地区发展的多个方面。三是区域性。长寿之乡形成有一定的条件，不是所有地区都可以成为长寿之乡。从目前对长寿之乡的研究来看，依山、依水、依一定纬度产生长寿之乡的可能性相对较大，所以长寿之乡是区域性的。四是独特性。长寿之乡的生态、土壤、水质、农产品、历史文化等都各有差异，形成不同于其他地方的自身特色。这四个特点决定了长寿之乡在地方或区域发展中的地位和作用。

长寿之乡是区域发展的新的抓手和切入点。从目前已完成的三届长寿之乡认定情况看，在第一届长寿之乡认定时，申报县只是希望获得一个称号，对于长寿之乡称号会促进当地经济社会发展的影响力还体会不深。但随着部分长寿之乡因长寿之乡品牌而取得经济发展的实际成果，积极申报长寿之乡成为达到长寿之乡认定标准的县市的强烈愿望，他们看到了长寿之乡是地方发展的新的抓手和新的切入点。广西壮族自治区凤山县在申请报告中提出，"为发挥长寿资源对县域经济发展的助推作用，我县近年来严格按照'中国长寿之乡'各项指标要求，大力发展益寿经济，挖掘长寿文化品牌，抓好长寿老龄事业，有效促进全县经济、社会、人口、资源、环境协调可持续发展"。云南红河州金平苗族瑶族傣族自治县在申报材料中写道，"以申报'长寿之乡'为契机，立足于本县的区位优势、资源优势，以健康、快乐、长寿为主线，以脱贫攻坚和乡村振兴为推手，做好长寿文章，做大健康长寿产业，促进长寿文化和长寿经济的协调发展，更好地造福全县人民"。广西壮族自治区金秀瑶族自治县在申请报告中写道，"我县县委、县政府高度重视'中国长寿之乡'申报工作，把申报工作列入全县重点工作来抓。县委、县政府发展老年人事业，打造长寿品牌，发展长寿经济得到了区、市两级党委、政府和老龄工作委员会的支持。县委书记韦佑江、县长赵贵坤多次召开会议，对如何做好'中国长寿之乡'申报工作做了详尽的部署，专题研究'中国长寿之乡'申报工作，为申报工作提供了坚强的组织保证"。

长寿之乡成为区域发展的新引擎和改革创新。党的十九大报告指出，我国已从高速发展进入高质量发展阶段。新动力和改革创新是转向高质量发展的重要路径。在区域发展中，长寿之乡建设的提出既成为发展的新引擎，也体现了一种创新精神。丽水市自2013年获评"中国长寿之乡"以来，通过"中国长寿之乡"品牌建设，推动了经济社会全面发展。从丽水市委确定的"生态立市、工业强市、绿色兴市"发展战略，到深入践行"两山战略"指导思想，推进"绿色发展、科学赶超、生态惠民"，努力打造"两山"样本，争当"双区"示范，打造"美丽环境、美丽经济、美好生活"，实现美丽幸福新丽水的目标，从而推动丽水发展站上了一个新台阶，真正打开"绿水青山就是金山银山"的转化通道。一是把"长寿之乡"作为丽水市区域定位的重要内容，整体打造"秀山丽水、诗画田园、养生福地、长寿之乡"区域品牌。通过各级各类媒体、各类网络、门户网站、立体广告、影视、歌曲、专题片、文学创作，以及重大政务、商务、社会活动，联动开展"长寿之乡"区域品牌宣传，央视新闻综合频道黄金时段连续多年每天播出"秀山丽水、养生福地、长寿之乡"的广告，把丽水区域品牌影响力扩大到全国。二是重视挖掘、梳理和丰富长寿之乡元素，弘扬长寿文化。在高速公路丽水沿线以及市区出入口设立了中国长寿之乡标识，出台了百岁老人颁发证书和按月补贴制度，在市区街道建立了百岁老人墙，组织了最美百岁老人评比，编印出版了《百人万岁》画册，在报纸、电视、网站开设了百岁老人专栏，讲述百岁老人故事，举办了长寿之乡摄影比赛及摄影展，并在2012年、2015年分别在全市评选认定了"丽水十大养生长寿村"和"丽水十大长寿村"。同时积极创建省老年友好城市，2017年成为浙江省第一个老年友好城市。三是编制中国长寿之乡品牌推广规划。2016年丽水市老龄办和气象局、发改委共同编制了《丽水市"中国长寿之乡""中国气候养生之乡"品牌推广利用规划（2016—2020）》，促进农、林、水等传统产业的转型升级，提高其诸多产品的长寿附加值，积极探索如何把品牌优势转化为产业优势。四是把"长寿之乡"品牌建设列入丽水市经济社会发展规划，提出围绕"秀山丽水、养生福地、长寿之乡"的区域定位，加快国际生态旅游名城和国际生态养生旅游目的地建设。2018年，丽水市成为全国首个生态产品价值实现机制改革试点市、首个国家公园设立标准试验区。随着交通条件、区位条件、发展条件进一步改善，丽水市必将融入国家战略和全省大局，实现加快发展、跨越发展、高质量发展。

长寿之乡建设推动长寿之乡资源向长寿之乡产业发展。长寿之乡拥有诸多独特的资源，包括人口资源、生态资源、社会资源、经济资源等。这些资源都是非常宝贵的，是发展相关产业的重要基础。长寿之乡称号之所以受到地方政府的欢迎，就是因为资源的独特性、高质量性和转化为绿色产业的便捷性。随着国家制定了经济国内大循环和国内国际双循环方针，长寿之乡以资源转化产业成为打通"绿水青山就是金山银山"通道的重要路径。

重庆市江津区以富硒资源推动绿色富硒特色农业发展。具体路径为：首先，科学验证资源。中科院地化所检测证实：江津90.21％的土壤富硒。其次，提出"富硒富民"战略。以"多品种、小规模、高品质、好价钱"为导向，坚持富硒产业"绿色化、组织化、科技化、品牌化、融合化"发展。第三，发掘资源价值。设立中国农业大学重庆江津教授工作站、重庆市营养学会硒与人体健康研究院。第四，建立品牌。实施1+8+N江津农业品牌计划，打造"一江精彩"农产品区域公用品牌，注册"一江津彩"公用品牌图形商标21类，登记图形版权保护18项。第五，加强管理。在重庆设立全国首家富硒产品认证第三方机构，建立富硒产业服务平台、富硒产品追溯管理平台、地市级农产品质量安全检验检测中心。第六，形成产品和基地。创建富硒产业示范基地50个，新认证富硒产品36个，2019年实现富硒产业产值80亿元、增长17.6％。第七，加强宣传。连续举办中国·重庆（江津）富硒产业发展大会，成功申报创建国家现代农业产业园、国家农村产业融合发展示范园。水土富硒更为市民健康注入了天然的长寿"基因"。

安徽亳州谯城区素有"中华药都"之称，拥有宝贵的药材资源，是全国重要的中药材贸易中心、中药材饮片加工基地和中药材规范种植基地。其优势有：第一，丰富的中药资源。谯城区是全国白芍、菊花、丹皮、板蓝根、白术、桔梗等药材的主产区。中药材种植面积分别占全国药材种植面积的3.87％和全省的46.36％，是全国平原地区连片种植最集中、面积最大的种植基地。白芍、牡丹、白术、菊花、丹参、知母等6个品种种植面积超过5万亩*。第二，中药产业联合体快速发展。谯城区培育以中药龙头企业为核心、专业大户和家庭农场为基础、专业合作社为纽带，以契约形成要素、产业和利益紧密联结，集生产、加工和服务为一体化的现代农业产业化联合体。从2015年最初的5家试点企业发展到15家，涵盖龙头企业15个、农民合作社60个、家庭农场182个，谯城区联合体积极发展的基本态势已经形成。第三，形成中药集群产业态势。2020年规模以上药业工业

---

* 亩为非法定计量单位，1亩≈666.7平方米。——编者注

企业 83 家，实现产值 209.6 亿元，3 家药业企业入选中华民族医药百强。9 家企业 3 个品种（亳芍、亳菊、丹皮）获批为"十大皖药"产业示范基地。全国中医药百强企业已有 57 家、全国医药 100 强企业中已有 43 家落户亳州谯城。连续 10 年每年均有 2 至 4 家企业位居"全国中药材及饮片出口十强"。已形成以协和成药业、济人药业、华佗国药等知名药企为龙头的现代中药制造产业集群。第四，科技创新水平较高。华佗国药股份有限公司、安徽济人药业有限公司、安徽协和成药业饮片有限公司 3 家企业获得国家"火炬计划"重点高新技术企业称号。中药领域新增申请专利 145 件，新增授权专利 182 件、有效发明专利 188 件。现有省级工程技术研究中心 10 家，其中药业企业 8 家；现有高新技术企业 23 家，其中 20 家为药业企业。济人药业"疏风解毒胶囊质量标准提升"项目获省科技进步奖一等奖、中国专利金奖。华佗国药"力源"牌保健酒被国家工商行政管理总局（现国家市场监督管理总局）认定为中国驰名商标。

长寿之乡建设推动区域从速度发展转向高质量发展。长寿之乡建设是依托原生态资源（绿水青山、富硒土壤、富矿水质、负氧离子空气、本地农产品、百岁老人、人文历史等）的一种发展，但随着国家经济社会的转型发展，长寿之乡发展也进入提速转型重质量的阶段，从而有力推动地方区域的高质量发展。第一，品牌化。品牌是指知名度广泛、影响力较大、社会认可度较高的产品品牌。长寿之乡的品牌提升基于三个因素，一是长寿之乡本身影响力的逐渐提升，长寿之乡申报增多、长寿之乡认定增多、长寿之乡认定需求增多，均是证明；二是长寿之乡发展推动相关产业和经济发展，提高了长寿之乡的价值；三是地方政府对借助长寿之乡建设推动县市发展。尽管各长寿之乡的品牌建设方向有所不同，但基本上集中在两个方面。一是长寿之乡本身的品牌建设，二是长寿相关产品的品牌建设。对于长寿之乡品牌，重在提高知名度和价值应用。具体包括建立联盟网站和微信公众号，持续发布长寿之乡信息，拓展宣传维度；制作并发布宣传视频，创新对长寿之乡的宣传方式；与中央电视台第七频道、中国农业电影电视中心合作，推出长寿之乡系列专题片，提升宣传能级；做好长寿之乡特色服务示范城市品牌认定工作。对于长寿之乡相关产品品牌，大力宣传、推介，不断扩大市场影响力。认定养生名优产品 89 种（系列）；借助中国国际老龄产业博览、丽水生态精品农博会、中国首届休闲度假大会等平台设立中国长寿之乡特色展区；与北京二商集团、上海尚耕等企业对接，设立长寿之乡养生名优产品形象展示中心；在淘宝、京东开设长寿之乡特色馆。第二，标准化。联盟对"寿"字商标进行扩注，完成 10 个团标的制定；重庆市出台涵盖 14 类 135 个产品的《富硒农产品》（DB50/T 705—2016）地方标准，制定富硒标准化生产技术规程，建成富硒农产品检验检测中心，富硒产品认证已达 52 个，富硒商标总数达到 112 件。河南封丘县产的金银花多次被评为河南省十大名牌农产品之首，2005 年封丘县被批准为河南省标准化示范区，2007 年被授予河南十大中药材种植基地称号。封丘县已建成青堆村树莓标准化生产基地、冯村标准化种植基地、赵岗辛庄标准化种植基地等 10 余个种植基地。种植基地湖南麻阳县建立的万亩冰糖橙精品示范园，实行"五统一"（统一规划、统一品种、统一培训、统一操作规程、统一品牌销售）品牌建设。同时，建立柑橘出口基地 11 个，总面积 3 万余亩，出口配额达85 000 吨，并与怀化市出入境检验检疫局签订了柑橘出口合作备忘录，柑橘出口到了俄罗斯、蒙古国、越南、日本、朝鲜等多个国家。第三，商标化。为了确保质量和扩大影响，很多长寿之乡农产品都注册了商标，通过商标实现从种植到销售的一条龙质量把控。丽水市委、市政府以品牌农业为丽水市农业发展的顶层设计，在品牌农业的基础之上定位为生态精品农业，坚持以品牌引领九个县（市、区）、九大农业产业的发展。所以，丽水市委托国内顶级品牌规划团队浙江大学 CARD 中国农业品牌研究中心从丽水山区资源、农耕文化、产业基础和农业规划等角度，对品牌命名、品牌定位、品牌理念、符号系统、渠道构建、传播策略等进行了全面策划，编制完成《丽水市生态精品农产品品牌战略规划》，并经由丽水市委市政府发文实施。完善了品牌发展的顶层设计，为"丽水山耕"商标的发展奠定了基础。贵州石阡县 5 家企业或合作社 5 个产品获得绿色食品证书，18 家企业或合作社 26 个产品获得有机产品（有机转换）认证。并且，石阡素有"中国苔茶之乡"国字号品牌，现有茶园面积 38 万亩，投产茶园 32 万亩，年产量达 3 万吨，实现综合产值 30 亿元，产品荣获"贵州三大名茶""国家地理标志产品保护""中国驰名商标"等殊荣，同时"石阡苔茶"获国家质检总局（现国家市场监督管理总局）、工商总局、农业农村部三个部委颁发的地标产品称号。

长寿之乡建设助推地方和区域全方位发展。长寿之乡是一个综合性概念和基础性概念。长寿之乡建设不仅推动长寿之乡方方面面的发展，而且能够推动地方和区域经济社会文化的全方位发展。在经济上，它推动特色农产品资源的开发和特色农村产业的形成和发展；在社会上，它推动乡村治理、乡村振兴的发展；在文化上，它强化人文历史资源的开发和利用，推进孝文化的延续和创新；在环境上，它有助于保护绿水青山和秉持绿色发展；在乡村建设上，它通过对百岁老人的爱护和提供福利，落实以人民为中心和健康至上、生命至上的原则。

四、长寿之乡发展的主要成果和基本经验[*]

（一）长寿之乡发展的主要成果

10 多年来，各长寿之乡牢固树立"绿水青山就是金山银山"的发展理念，始终坚持走生态优先、绿色发展之路，充分发挥长寿之乡优势，积极开发绿色产业，实现了绿色转型，推进了乡村振兴，为脱贫攻坚和全面建成小康社会作出了巨大贡献，成效显著。

1. "寿"字品牌产生显著经济和社会效益，有力促进了乡村振兴 自 2007 年开展"中国长寿之乡"评比申报以来，截至 2021 年 10 月，全国先后有 89 个市、县（区）获得这一称号。各长寿之乡充分认识到这一金字招牌的含金量，不断发挥长寿之乡品牌价值，打响"寿"字牌，积极开发生态产业，长寿之乡农业、旅游、康养等产业得到了快速发展。各地借助专业合作社、互联网等方式，使长寿之乡产品走出深山、走出乡村。绿色产业吸收了大量就业，提高了居民收入，促进了贫困人口增收和脱贫致富奔小康，助推了乡村振兴，长寿之乡的生产总值呈现快速增长趋势。重庆江津区发展富硒产业推动乡村振兴，2019 年实现富硒产业产值 80 亿元，成功创建国家现代农业产业园、国家农村产业融合发展示范园。贵州赤水市金钗石斛种植面积和产量已占全国 90% 以上，通过"公司＋

---

* 作者：王先益，浙江省民政事业发展促进会执行副会长兼老年学分会会长、研究员。

合作社＋农户"发展模式,带动 4 万余人参与产业发展。山东文登花饽饽特色产业撑起200 多家经营主体和一万多名农村妇女的生产与生活。青州市着力强化创新驱动和绿色发展,2020 年规模企业工业增加值同比增长 6.4%,完成工业总产值 854.6 亿元,实现营业收入 867.3 亿元,休闲农业与乡村旅游业吸纳 5.5 万农民就业。浙江永嘉县打造楠溪江乡村音乐慢都、楠溪江西门市集等项目,对 3 000 余名村民进行手工制作、本地美食再造等培训,提升了村民的知识技能素质,拓宽了村民的就业渠道,促进了山区共同富裕。江苏如皋市摸索出了一条内建生态产业、外拓多元市场空间的发展之路,长寿生态农产品生产销售呈现出稳定发展态势,在生产规模、市场开拓和品牌建设方面取得了良好成效,仅黑塌菜产业就带动农业劳动力 5 500 多人就业,全市年增收 1 300 多万元。广西东兰县加大特色产业发展推进力度,通过实施"户均一头牛、人均一头黑山猪、百只三乌鸡、一亩板栗、一亩核桃、一亩油茶"产业工程,基本实现特色产业贫困户全覆盖。江苏溧阳市建成了溧阳旅游一号公路和三级公交服务体系,串联起全市景区、景点和田园乡村,极大改善了城乡居民的生产和生活条件,使乡村振兴有了最可靠的基础。

2. 绿色生态环境得到更好保护和发展,长寿之乡更绿更美 长寿之乡的底色是绿色,绿水青山就是金山银山。各长寿之乡珍惜长寿之乡品牌的来之不易和重要价值,深刻认识到发展经济和保护生态之间的辩证关系,更加重视环境保护工作,不断加大投入,使得绿水青山更加美丽、生态环境更加优良。丽水市生态环境状况指数已连续多年位居浙江全省第一,空气环境质量连续 6 年位居全国前十,水环境质量稳居全省第一、全国前列。福建柘荣县强化"生态型城镇"理念,城镇绿化覆盖率达 40.66%,人均公共绿地面积达 12.3平方米,先后被评为"国家级生态县""省级园林县城"等,全县 9 个乡镇获得"国家级生态乡镇"称号。实施农村人居环境整治行动计划,完成建制村污水治理,实现生活污水治理全覆盖。河南封丘县提出高标准打好打赢蓝天、碧水、净土三大攻坚战役,多措并举,基本建成"横向到边、纵向到底、责任明确、监管严密"的环境污染防控体系,实现全域绿化。到 2019 年,完成造林 5 800 亩、森林抚育 4 000 亩,发展优质林果 1 万亩、花卉 1 500 亩、林下经济 3.5 万亩。青州市全年绿化不断线,域内河畅、水清、景美,实现河湖"长治",全面淘汰落后产能,加快新旧动能转换,扶持发展生态产业和绿色产业,生态环境和经济发展实现和谐共荣。广西龙州县实施生态环境优化工程,推动"美丽乡村"建设,涌现出一大批干净、漂亮、舒适的村庄,人居生活环境得到极大改善。广西东兰县全面实施了珠江防护林、退耕还林、"绿满八桂"等生态保护工程。

3. 积极开发长寿之乡特色产品,培育了一系列长寿之乡知名品牌 各地积极培育和推广长寿之乡产品品牌,注册长寿地域标识,重视发挥品牌效应。丽水市突出培育以"丽水山耕"为代表的生态精品农业,通过举办产品博览会等多种推广方式,打响了品牌。江津区实施了"1＋8＋N"江津农业品牌计划,打造"一江津彩"农产品区域公用品牌,注册"一江津彩"公用品牌图形商标 21 类,登记图版版权保护 18 项,富硒商标总数达到112 件。"江津花椒"入选中国农业品牌目录,品牌价值达 59.35 亿元,已成为江津区农业第一支柱产业。山东乳山市被授予"中国牡蛎之乡"称号并入选"首批山东省特色农产品(牡蛎)优势区","乳山牡蛎"被注册为中国地理标志商标,荣获"最具影响力水产品区域公用品牌""中华品牌商标博览会金奖"等荣誉,已初步形成牡蛎育苗育种、养殖、加工、销售、废弃物利用、包装辅料、文化旅游七大关键环节产业链，全产业链产值过百亿元。赤水市先后获得国家级金钗石斛生产基地、中国绿色生态金钗石斛之乡等9张国家级名片，"赤水三宝"金钗石斛、竹乡乌骨鸡、晒醋成为国家地理标志保护产品。如皋市坚持实施农业品牌战略，积极打造具有如皋特色的长寿品牌和生态品牌，"如皋黄鸡""如皋黑塌菜""如皋白萝卜"等产品成为国家地理标志保护产品，长寿生态农产品生产规模不断扩大，在上海成立了近10家"苏·皋长寿"农产品直营店，200多种农副产品销往上海、苏州等长三角区域，年销售额近50亿元。湖北钟祥市长寿研究会注册了湖北长寿园食品文化有限公司，和有关企业合作，生产的所有基地产品都使用湖北长寿园商标或是由长寿园监制，形成品牌效应。安徽金寨县研发注册了"长寿金家寨"商标，授予69家企业金寨长寿产品品牌使用权、48家企业"长寿金家寨"商标使用权，其产品全面入驻京东、淘宝等各大电商平台。龙州县打响了跨国红色、世遗左江、生态弄岗三大国际旅游品牌，左江花山岩画文化景观列入《世界遗产名录》，龙州乌龙茶获批为国家地理标志产品保护产品。广西昭平县坚持做好"茶"文章，先后荣获中国有机茶之乡、中国茶叶百强县、全国十大魅力茶乡、国家级出口茶叶质量安全示范区、全国十大生态产茶县等多项荣誉称号，昭平红、昭平绿入围2020中国品牌价值百强榜。文登全面整合产业资源，打造文登花饽饽文创产业，做大做强了文登花饽饽品牌。文登蚝获国家无公害产品认证、绿色产品认证、有机产品认证、获批为国家地理标志保护产品。

4. 积极开发生态农业，生态农业成为突出经济增长点　各地长寿之乡结合自身的生态特色资源和基础条件，创新发展生态农业，并逐步向规模化、连锁化发展，形成长寿产业链，产生显著的规模经济效益。封丘县围绕获得原产地认证的金银花、国家地理标志保护产品树莓等品牌深加工为主的新医药、新食品产业，整合县内外资源，以"公司+合作社+农户"模式加强金银花药源基地建设，形成了多环节利益共赢的产业链条，金银花茶、泡腾片、树莓酒、果汁、果片等一批具有地方特色的养生（养老）名优产品远销美国、俄罗斯、丹麦等国家。梅州市梅县区培育区级以上重点农业龙头企业155家、农民专业合作社913家、家庭农场1 477家，"三品"认证农产品134个，省农业名牌产品24个，初步形成金柚、水稻、茶叶和畜牧水产四大主导产业，南药、食用菌等新兴产业共同发展的现代农业发展格局。溧阳市积极开发以天目湖白茶、溧阳白芹、板栗、竹笋等为主的绿色食品链，以天目湖鱼头、长荡湖螃蟹、社渚青虾等为主的蓝色水产链，以天目湖啤酒、白露山饮料、矿泉水等为主的白色饮品链，特别是开发了以"长寿溧阳"为主题的乡土健康菜系和地产健康休闲食品，打响了溧阳美食品牌。钟祥市积极打造长寿食品基地、长寿旅游胜地、长寿养生福地，长寿园食品文化有限公司采取与公司或合作社共建的方式，先后建立了500亩有机大米生产示范基地、15 000亩生态优质米生产基地、万亩"双底"油菜生产基地、5万头有机猪基地，生产的农副土特产品元素健康、营养丰富、口感宜人，成为市场的紧俏货，畅销省内外，有机米每千克卖到了40元，富硒米每千克卖到了8元左右。赤水市充分利用林下闲散荒山荒地，创新采取林下自然栽培和垒石栽培方式，形成林药互生互促良性生长模式，探索出了"林中养鸡、林下种药、竹水养鱼"相互促进的林下经济产业发展体系，在健康旅游与养生美食的融合发展中打造出"种植基地+精深加工+消费市场"的产业链条，全市林下经济总产值达15.7亿元，林业总产业值达81亿元。龙州县利用边境贸易区位优势，大力发展坚果系列健康养生产品种植和加工贸易，成为全国最大的坚果进口、落地加工和交易基地。昭平县茶叶产值实现五连增，2020 年比 2015 年增长 82.08%，产量达到 1.51 万吨，产值达到了 17.5 亿元。海南澄迈县坚持质量兴农、绿色兴农、科技兴农、品牌兴农，桥头地瓜成为特色优势产业，种植面积达 4 万亩，年产值 4 亿多元，小地瓜种出了亿元大产业。如皋市拉长"地标"产品产业链条，成功开发出黑塌菜速冻技术，一年四季都能供应口感新鲜的黑塌菜，地理标志农产品已成为如皋市农民致富、农业增收的重要举措，带来显著的集群效应。柘荣县立足得天独厚的自然条件和产业基础，坚持把科技创新作为第一动力，持续培优做强生物医药产业，强化科技驱动和人才带动作用，加速推进科技成果转化，药业总量、新药注册量排名全省县域前列，"闽东药城"被列入全省千亿产业集群推进计划。

5. 积极开发生态旅游资源，旅游业和康养服务业快速发展　长寿之乡不仅具有森林覆盖率高、负氧离子含量高、水质优良等生态优势，而且传统文化深厚，古村落星罗棋布，具有康养、旅游业发展的独特条件。近年来各长寿之乡积极发展康旅、文旅业，不少长寿之乡在近几年疫情常态化的情况下旅游人数依然逆势上升，旅游收入呈稳步增长态势。赤水市将城市发展定位为建设现代生态宜居城市和国际康养旅游目的地，坚持"红色土地，绿色发展"，旅游业呈现井喷式发展，年游客量突破 1 200 万，接待床位增长到 2 万多张，3 年时间实现了 GDP 翻番。资阳市雁江区围绕生态宜居、健康养老幸福目标，开展医养结合新模式，打造健康养老新高地，启动了"十里沱江"特色小镇建设项目，打造宜居、宜游旅居生活示范区，建设经济、安全、舒适小户型用房近万套，实现游可走、住可留。柘荣县强化文化与旅游相融合，通过文旅项目建设、创建文旅品牌、挖掘乡村特色文化等，盘活全县旅游资源，打造全景化、全时段的旅游景区，推进全域旅游。2020年全县累计接待游客 85.6 万人次、实现旅游收入 7.19 亿元。浙江松阳县大力发展文创、艺术等多元经济业态，吸引近百名艺术家入驻乡村，常态化举办竹溪摆祭等百余场民俗节会和各类乡村艺术展，形成了一批画家村、摄影村、连环画艺术村，全县 203 个行政村 60% 以上植入了新业态，近 5 年乡村人口回流 6 400 多人，先后被国家列为中国传统村落保护发展示范县、全国传统村落保护利用试验区和"拯救老屋行动"整县推进试点县。"拯救老屋行动"工作被写入国家《乡村振兴战略规划》。如皋市坚持"把城市建成一个大景区"的全景区建设思路，结合资源优势和空间布局，重点打造"一核两区"即古城核心、长寿旅游度假区、长青沙旅游度假区。2019 年全市共接待游客 1 585 万人次，实现旅游综合收入 190 亿元，同比分别增长 18.22%、21.45%。浙江文成县创建了森林氧吧小镇，围绕"旅游度假、生态养生、健康养老、运动休闲"四位一体的细分领域，全力打造游客满意、产品丰富、市场接受度高的特色小镇，成功创成国家级 AAAA 级景区。截至 2020 年年底，小镇累计完成有效固定资产投资 30.84 亿元，其中特色产业投资占比 72.5%，2020 年完成主营业务收入 13.24 亿元，5 年累计旅游接待总人数达 924 万人次。永嘉县依托楠溪江丰富独特的旅游资源和优异的生态环境优势，植入音乐元素，发展多元文化，强力建设楠溪江乡村音乐慢都，积极打造国际、时尚、年轻旅游产品，逐步走出了一条以"音旅融合"引领文旅产业融合、助力乡村振兴的"永嘉路径"。楠溪江乡村音乐慢都被列入省文旅"金名片"培育名单，有效带动了旅游业发展和山区群众的增收致富。

2020年永嘉旅游逆势高位增长，接待游客1 862万人次、实现旅游总收入214.18亿元，同比分别增长19.61％、19.20％；2021年上半年共接待游客815.09万人次，实现旅游收入93.825亿元，与2019年同比分别增长25.78％、26.30％。湖南麻阳县积极开发以苗族文化为主体、盘瓠文化为核心、艺术文化为亮点的民族地域文化、民间文化，提出了实施"建设长寿旅游名县"的发展战略，成功举办了福寿文化节，开辟了长寿风光一日游等长寿之乡旅游活动，强化了长寿文化元素，吸引了省内外老人前来候鸟式养生。

6. 推进农旅融合，带动餐饮、民宿、户外运动、文化等多元特色产业共同发展 长寿之乡自然条件优越，生产的农产品具有天然、环保、富硒等独特优势，是促进健康长寿的生态产品。江津区充分发挥富硒资源优势，大力发展生态、观光、体验、创意农业，走富硒与旅游结合的特色农业发展之路。青州市建成省级农业旅游示范点3处、休闲农业与乡村旅游点145个、旅游农家乐320多家，获得"全国休闲农业与乡村旅游示范县"荣誉称号。金寨县围绕"养心金寨 长寿之乡"的旅游品牌定位，举办长寿养生文化旅游节，以节促销、农旅结合打造特色旅游线路，建成用于养生、休闲乡村游的农家小院、养生小院、茶谷小院等236家。规划建设"中国最长 华夏最美"登山健身步道600公里，2017年建成国家登山健身步道示范工程近200公里、在建60公里，已建成全省第一条山地自行车标准赛道、百佳摄影点5处。溧阳市发展精品民宿，推进户外体育运动发展，以曹山争创省级旅游度假区为契机，大力推广瓦屋山越野赛车、曹山山地自行车赛等户外拓展运动，以体育运动、竞技赛事为特色的户外旅游集聚区建设初见成效。丽水市坚持"以文化城"，培育新型文化业态，"印象山哈""古堰画乡""国际摄影展"成为创意文化产业的典范。柘荣县整合剪纸文化、信俗文化、孝德文化等柘荣独具特色的文化元素，整合运用"中国民间文化艺术之乡"的丰富资源，加快发展新兴文化业态，引进剪纸文化创意和民间艺术开发企业，做大了"海西柘荣剪纸基地"。永嘉县政府协调统筹提供基础设施和配套服务，打造滩地音乐公园，科学布置生态设施，积极打造"乐队＋美食＋市集"一体化服务，构建了"吃住行游购娱"旅游全产业链。

7. 充分利用现代信息技术，长寿之乡物流服务业和互联网经济获得新发展 各地不断加强长寿之乡品牌形象宣传和产品推广工作，长寿之乡特色消费市场获得新载体，网上订单成为长寿之乡农产品和旅游、民宿、餐饮等服务业快速、及时、高效的重要销售渠道，有力促进了长寿之乡物流服务业和互联网经济的发展。封丘县组织拍摄制作了《养生福地，长寿封丘》宣传片，与中央电视台原军事农业频道联合拍摄制作了《乡村振兴看中国——探寻长寿封丘奥秘》，增强了长寿封丘"养生福地、田园梦想"的宣传效果。金寨县成立安徽金寨长寿农特旅游产品开发有限公司，制作了"长寿金家寨"品牌宣传片。丽水市以"互联网＋"推动产业转型升级，遂昌以"赶街"农村电商模式架起了信息化高速公路，让农产品进城、消费品下乡，助推了中国农业生产和销售模式的变革。缙云的"北山狼"于网上专卖户外用品，带动村里众多农民成为家庭网商，创造了一个村的户外用品全国生意。广州连州区举办了水晶梨节带货直播，区水晶梨行业协会在开幕现场开设9个直播间，邀请9位网红主播在各大平台向广大网友推介连州水晶梨，短短一个多小时在淘宝、抖音、快手等平台吸引20多万人次，销售逾5 000千克。如皋市成功创建江苏省农业电子商务示范县，建成如皋市现代农业信息化管理服务平台以及寿都密码、"花名堂"、花木大世界网等电子商务平台,年纯线上各类长寿食品交易额近亿元。农产品出口成效显著,农产品出口创汇多年位居南通第一、江苏前列,建成省级农产品出口示范基地 2 家,长寿肉制品、如皋萝卜条、速冻黑塌菜等畅销日本、新加坡等 10 多个东亚、东南亚国家和地区。金寨县利用官方小程序、微博、微信、抖音公众号等新媒体平台加大对外宣传推广,扩大本县长寿产品的知名度。积极开拓合作平台,县电商主管部门主动与阿里巴巴公益进行资源对接,邀请一些知名网络带货主播扩大金寨长寿农特产品影响力,创下 5 秒销售 5 万罐金寨山核桃的惊人战绩,带动 514 户贫困户增收 189 万元。澄迈桥头地瓜线上、线下销量各占 50%,电商的销售比例逐渐提高。

8. 研究总结长寿经验,"两山"理论探索取得丰硕成果,促进高质量绿色发展 长寿之乡的基本表象是居民健康长寿,内在成因非常值得深入研究。对于长寿现象的基础研究和"两山"理论本地实践的应用研究,是真正端好"金饭碗"、挖掘长寿文化、开发长寿资源、做好品牌宣传、科学制定绿色产业发展规划、实现高质量绿色发展的前提。绝大多数长寿之乡都成立了老年学研究会等机构,开展了本地化长寿研究,取得了不少成果。钟祥市长寿研究会对长寿现象开展了深入研究,创办了《长寿研究》杂志,出版了《华夏寿乡探秘》等系列专著,承办了"中国长寿区域标准研讨会"。丽水市破解了"绿水青山"价值实现的三大难题:一是破解"绿水青山"可度量问题,以生态系统生产总值(GEP)核算为切入点,出台了全国首个山区市生态产品价值核算技术办法,建立了 GDP 和 GEP 双核算、双评估、双考核机制,率先完成全国首个乡级、村级 GEP 核算。二是破解"绿水青山"可交易问题,创新建立基于 GEP 核算的政府购买生态产品制度,培育发展"两山公司"173 家作为市场化交易主体,并组建"两山银行"作为生态产品交易平台,有效解决了公共生态产品谁供给、谁购买、购买多少等问题。三是破解"绿水青山"可变现问题,创新推出"生态贷""GEP 贷"金融产品,对"有形生态产品"进行价值量化并实现金融"变现",各类"生态贷"产品余额达 200.3 亿元。对"无形生态产品"如林业碳汇,在全省首个编制完成地方性碳汇方法学,并率先完成了全国首笔党政机关等公共机构会议碳中和交易。正是基于"两山"理论的高水平研究和绿色发展的科学规划,丽水市走出了一条发展与保护相统一的高质量绿色发展之路,成为创新实践"绿水青山就是金山银山"理念的全国样板。

(二) 长寿之乡发展的基本经验

长寿之乡的发展离不开"两山"理论的科学指导和深入贯彻,离不开长寿之乡党委和政府对绿色发展的高度重视和开拓创新,也离不开国家乡村振兴、扶贫开发等重要发展战略的支持,更离不开长寿之乡人民群众在脱贫致富奔小康美好向往下的艰苦创业、高标准打造长寿之乡产品、高质量发展长寿产业,多项因素共同促进了长寿之乡的跨越式发展,使我们取得了长寿之乡特色区域绿色发展的基本经验。

1. 深入贯彻"两山"理论,切实加强生态文明建设 长寿之乡大多山清水秀,森林覆盖率很高,空气新鲜,气候宜人,景点景区多,绿色生态是长寿之乡的第一资源。各地深刻认识到绿水青山这一宝贵资源,始终坚持生态保护与绿色发展并重,高度重视生态保护,在绿色发展中避免过度开发。丽水市提出"发展服从于保护、保护服务于发展"的理念，将全市 75.67% 的国土面积规划为生态优先保护空间，全市域、全形态、全链条推进水、气、土、废污染防治，全域推动"诗画浙江大花园"最美核心区建设，推动形成"天眼＋地眼＋人眼"的生态监测监管体系，促进生态保护从"单向治理"向"系统治理"转变、从"天生丽质"向"治理提质"跃升。确立了建设生态城市、宜居城市和旅游城市三个目标，全市行政村生活污水治理覆盖率达 75%，水质量位列全省第一，城区绿化率达 45%，获得了"国家园林城市"和"国家森林城市"称号。重庆市江津区着力打造健康长寿五大环境，实施山、水、气、城、企联动治理，走实生态产业化、产业生态化的绿色发展之路。山东省蒙阴县坚持"全域化＋全民化"构建生态保护体系，探索了生态立县、生态富民、生态强县"三步走"实践路径，构建起生态保护、生态产业、生态共享、生态管控四个体系，走出了一条"生态好、乡村兴、群众富、可持续"的"两山"转化之路，成为全省唯一拥有全国"两山"实践创新基地和国家生态文明建设示范县两块招牌的县区。该县探索形成了"生态净化、就地回用"等 5 种差异化农村污水治理新模式，70% 以上的行政村生活污水实现有效治理，水源地水质达标率连续 20 年保持 100%，在国家良好湖泊项目绩效考核中位列全国第一。

2. 立足长寿之乡品牌价值，科学制定绿色产业战略发展规划 凡是发展得比较好的地区，都充分认识到"长寿之乡"品牌蕴含的价值，不断强化长寿之乡品牌对发展的促进作用，树立绿色产业发展理念，积极制定具有长寿之乡特色、包含长寿文化元素的绿色产业发展规划，并将"长寿之乡"品牌建设列入本地经济社会发展规划。不少长寿之乡都成立了长寿办等专门机构，统筹规划、综合开发。丽水市围绕"秀山丽水、诗画田园、养生福地、长寿之乡"的区域定位，开展国际生态旅游名城和国际生态养生旅游目的地建设，提出把生态休闲旅游业培育成千亿级产业的目标。积极推进生态产品价值实现机制全国试点，把"中医药保健、健康养生、养老服务、运动休闲等大健康产业"作为丽水产业重点发展方向之一，积极引导社会资本发展中医药保健、健康服务、养生养老等大健康产业，在全国各长寿之乡中第一个编制了"中国长寿之乡"品牌推广利用规划即《丽水市"中国长寿之乡""中国气候养生之乡"品牌推广利用规划（2016—2020）》。江津区提出"富硒富民"战略，成立了富硒产业发展领导小组，专题研究部署富硒产业发展，出台《江津区富硒产业发展规划》《江津区富硒产业发展实施方案》等文件，建成运行富硒产业服务平台、富硒产品追溯管理平台、地市级农产品质量安全检验检测中心。钟祥市出台了《关于发挥长寿品牌效应推动经济社会发展的意见》，提出了建成全国"长寿食品基地、长寿旅游胜地、长寿养生福地"三大目标，绿色发展成为经济社会发展的主线。赤水市成立了康养与老龄事业服务中心，制定了《赤水市长寿经济发展规划（2019—2028 年）》。金寨县成立了长寿产业发展办公室，依靠健全的组织机构指导产业科学发展，采取多项有力措施狠抓工作落实。溧阳市围绕产业定位、功能布局，编制招商地图、建立招商目录、制定推进计划，实施精准招商。石阡县确立"温泉之城·长寿石阡"目标定位，倾力打造国际休闲养生旅游目的地，做活温泉文章，大力推动温泉康养产业，形成了以石阡古温泉和佛顶山温泉小镇为核心的康养示范基地建设。大埔县成立了大埔县长寿事业发展中心，制订了《大埔世界长寿乡事业融合旅游业发展 2019—2021 年营销推广战略策划书》。昭平县把茶产业作为三个百亿元产业之一来打造，出台了一系列奖补扶持政策，为茶农提供专业种植管理服务，全面提升茶叶生产和加工水平。松阳县围绕改革创新主基调，建立公益基金和当地居民共同出资修缮传统民居的有效制度，出台传统村落保护建设规范等系列规范，入选国家《文物建筑开放利用案例指南》，带动 1 200 多幢传统建筑实现挂牌保护。佛山市三水区对外发布《佛山市三水区推动"美食＋"工程打造湾区美食之都三年行动计划（2021—2023 年）》，以用产业思维打造湾区美食之都为主线，围绕推动"美食＋"工程打造湾区美食之都的目标，加快建立和完善推进美食与上下游产业融合发展的体制机制，全面助推旅游、餐饮、农业、健康养生等产业发展。

3. 充分融入国家和区域经济发展战略，为长寿之乡发展带来政策红利　各地针对长寿之乡多为山区、经济欠发达、生态资源丰富的特点，积极融入国家扶贫开发、乡村振兴、老区振兴等国家和区域经济发展战略，搭上了国家和地区发展的便车，加快了绿色发展。江苏如东、启东，浙江文成、永嘉、桐庐，山东文登、蒙阴，广西藤县、容县，四川雁江 10 个长寿之乡成功获批全国农民合作社质量提升整县推进试点单位（试点期限为 2021 年 8 月起至 2023 年 7 月），主要包括发展壮大单体农民合作社、促进联合与合作、提升县域指导扶持服务能力等 3 方面 13 项任务。松阳县抢抓国家支持革命老区振兴、浙江省支持山区县跨越式高质量发展等政策红利，积极探索"绿水青山"转化为"金山银山"的实现路径，创新三种发展模式，鼓励社会资本和村集体合作投资生态农业、特色文旅产业、公共服务等领域，推动乡村文旅产业深度融合、文旅经济提速发展，带动了村集体增收和村民致富，走出了一条以农民和村集体为主，各方主体共同参与、共同富裕的新路径，被省文旅厅列为全省首批文旅产业融合示范区。全县农民人均可支配收入年均增长 9.4％，从 2015 年的13 267元提高到 2020 年的 20 804 元。

4. 建立长寿之乡绿色发展区域合作联盟，推动长寿之乡协同发展　2016 年 4 月，丽水市牵头江苏溧阳、山东文登、贵州赤水共同发起，主导成立了由各长寿之乡、长寿养生企业和绿色产业专家学者组成的联盟，创造了一个彰显寿乡品牌价值的开放、包容、共享的合作平台，全国各地的寿乡从此走上了资源整合、协力同心、抱团发展的快车道。联盟先后推出了中国长寿之乡"名优产品认定""特色服务业示范城市认定""乡情体验基地认定""乡贤人物认定""康养示范基地认定"，以及"寿乡优质产品进北京""美丽中国乡村行——长寿之乡专题""医学专家寿乡行"等多个服务项目，搭建了宣传寿乡独特风采和发展成果的微信发布平台，经验交流和理论引领的年会平台，多种特色品牌培育、确认、推广的产业促进平台以及从供给侧推动产业转型升级的项目合作平台四个平台，连续多年组团参加"中国国际老龄产业博览会"，开辟"长寿之乡特色展区"，整合了越来越多的信息、技术、智力、资金等优势资源，把长寿之乡的环境优势、资源优势、文化优势变成产业优势、竞争优势、发展优势，有力促进了"绿水青山"转化为"金山银山"的绿色发展。

5. 重视长寿产品标准化工作，不断提高长寿产品质量　长寿之乡产品"天生丽质"，但只有走向市场、向产业化推进才能产生规模效益，而现代化生产的基本特征就是标准化。唯有实现标准化才能确保产品质量。各地长寿之乡政府要充分认识到长寿之乡产品标准化生产的重要性，不遗余力地开展标准化工作，不断提高产品质量。如皋市市场监管局联合专业协会对地理标志产品质量标准或种植规范进行监管，要求地理标志产品加工企业都建立健全质量管理体系，严格依照标准、管理规范和保护措施的要求组织生产经营，对地理标志产品包装进行规范化管理，指导行业协会和使用单位统一印制标牌、包装，累计认证无公害农产品、绿色食品、有机食品共226个，建成全国绿色食品原料标准化生产基地42.7万亩，绿色优质农产品占比达52.7%。海南省澄迈县摸索推广了一套严格的高端地瓜标准化种植体系，坚持统一种苗、技术、管理、品牌、销售，通过产销协会引领实现规模化、标准化生产，澄迈桥头地瓜产业做到了全程标准化管理，以高标准、高要求生产出符合高端市场需求的高品质地瓜，使其成为当地农民致富奔小康的"王牌"产业。澄迈桥头地瓜亩产只有1 500千克出头，远低于国内其他产区，亩产值却高达1.2万元，农民纯收益在1万元左右，户均年收入超过11万元。沙土村也成为海南第一个特色产业亿元村。

6. 注重长寿产品品牌保护，维护长寿产品品牌公信力 在特色产品初步取得品牌知名度后，各地长寿之乡十分注重品牌保护和推广工作，确保长寿之乡品牌产品的公信力，实现可持续长期发展。如皋市强化管理保护金字招牌，提出了"抓住一两个'地标'拳头产品做好做优，引领带动其他'地标'产品共同发展"的方案，出台了《加快推进如皋黑塌菜产业化发展的政策意见》，明确了具体的扶持激励政策和措施，培育出一批具有带动作用的龙头企业，先后涌现出"君和民"等几家大型黑塌菜种植和加工企业。金寨县制定了《金寨县长寿品牌保护使用管理办法》，委托高水平机构设计具有金寨特色的长寿品牌LOGO，注册长寿产品公用商标三个，长寿产品生产企业未经授权不得使用。聘请权威机构专家进行长寿产品认证、优化品种、确保品质，提高产品的可信度和知名度，严防假冒伪劣产品损害品牌的美誉。乳山市为了保护"乳山牡蛎"注册商标不被假冒侵害，维护乳山牡蛎消费者和销售商的切身利益，市牡蛎协会、山东履信思源防伪技术有限公司在《中国商报》和乳山市牡蛎协会官网发布《联合声明》，自2021年9月1日起分批组织实施乳山牡蛎地理标志产品防伪溯源管理，"乳山牡蛎"生鲜产品使用冠以履信公司注册商标的防伪标签。

五、长寿之乡发展面临的主要问题[*]

（一）对长寿之乡的作用、意义认识不足

从2007年起至今，中国老年学和老年医学学会共认定了91个长寿之乡，其中76个中国长寿之乡、14个长寿之乡、1个全域长寿市。获认定的各长寿之乡对长寿之乡品牌总体是重视的，分别以不同方式积极开展品牌建设和利用，努力发挥其效应，推动当地经济和社会发展，扩大了长寿之乡的知名度，提升了其美誉度，在当今社会形成了一种独特的影响力和发展力。但长寿之乡在时代发展潮流、国家发展战略中发挥的作用，当代社会长寿之乡发展所能起的效用，与各长寿之乡和社会各界对其的期望等相比，还不是很明显，力度不大、层次不高，缺乏实质性的进展和重大成果，有待挖掘和提升的空间还很大。具

* 作者：朱雪飞，长寿之乡绿色发展区域合作联盟常务副秘书长 浙江省丽水市卫生健康委员会副主任；刘光烁，长寿之乡绿色发展区域合作联盟秘书处干事，浙江省丽水市卫生健康委员会老龄健康与人口家庭发展处副处长。

体的问题有：一是对长寿之乡作为推动"绿水青山"向"金山银山"转化的重要途径、通道，践行"创新、协调、绿色、开放、共享"五大发展理念重要抓手、载体以及健康中国建设出发点和落脚点的作用和意义认识不足，将其和自身发展战略、发展规划统筹谋划得不够；二是除了少数长寿之乡，大多数长寿之乡没能制定长寿之乡品牌建设、利用规划，目标不很明确，没有清晰的思路，没能出台相应的政策予以支持，全国也没有相应的规划，甚至没有有深度、有质量，切合长寿之乡需要的专业课题研究，缺少顶层设计指导引导。长寿之乡涉及 17 个省、市、自治区的 90 多个县市区，在长寿之乡品牌利用上，各县市区基本上是各自为政、各取所需，品牌利用的统筹谋划，标准化、规范化建设，监督管理缺乏；三是缺乏有力有效的机制。长寿之乡品牌建设的实践表明，长寿之乡党政主要领导对其的认识和重视很重要，分管领导的积极性和统筹协调很重要，主管部门的运作水平和能力很重要。长寿之乡由于历史原因，一直由老龄部门主管、牵头，2019 年机构改革后，老龄部门整合进了卫健部门，长寿之乡有关职能跟着到了卫健部门，长寿之乡品牌建设和利用的领导体系和机制因此产生了很大改变。由于卫健部门是社会管理服务部门，培育产业不是其主要职责，加上其自身发展和改革的任务非常繁重，缺乏牵头协调长寿之乡品牌建设的意愿和积极性，这削弱了其调动和整合其他部门参与品牌建设的能力，局限了长寿之乡品牌建设和利用；四是部门共识度不高，氛围不浓，社会参与度不广。对长寿之乡品牌建设和利用，除了牵头的卫健部门，比较重视的只有发改、农业、林业、旅游等少数部门，参与相关工作的也主要是涉农涉林企业、康养机构等，有关研究部门、专家学者关于长寿之乡的研究也大多还停留在长寿之乡现象、成因挖掘和分析以及健康养生生活的倡导引导上，部分企业对长寿之乡目前仅是简单、粗浅地利用，关注的是现实直接的效益，缺乏对长寿之乡品牌和企业产品品牌建设、企业永久发展的长远谋划、不懈耕耘、持续投入，而且也由于长寿之乡品牌影响力、产业带动力的不确定性，有影响、有实力的企业参与不多；五是队伍建设不够，缺乏工作骨干和相应的人才。长寿之乡品牌建设和利用，需要有对长寿之乡有充分认识，同时又懂政策、会经济、善于抓发展的一支队伍。之前参与长寿之乡认定和品牌建设的，大多为原老龄部门和老年学会的有关人员，他们对老龄工作和长寿之乡很有感情，满怀热情，但因为年龄和机构改革等原因，基本上都不做这块工作了。机构改革后，目前承担有关工作的人员，对长寿之乡很多都了解不够，没有工作经验，对相应的产业、经济也不熟悉，缺少企业和企业家资源，有很多同志即便想把工作做好，也不知道怎么去做，缺乏相应的平台和资源，畏难情绪很大，缺乏信心，没有积极性。目前，政府、社会的各个层面都还缺乏善于把长寿之乡品牌建设和企业经营、产业发展很好地结合起来，把长寿之乡和绿色发展有机融合，使之相互促进、相得益彰的人，为之需要有大热情、大视野、大格局、大谋划、大投入，能持之以恒、坚持不懈的社会力量、有识之士。

（二）长寿奥秘探寻、长寿文化建设还比较粗浅

长寿是古今中外人们孜孜以求的目标。长寿之乡的长寿现象、长寿元素更是引人关注，吸引了有关机构、专家学者及其他社会力量去挖掘、研究，产生了许多积极成果，受到了社会的欢迎和关注。但在长寿及相关要素的挖掘利用上存在的问题也非常明显：一是

长寿现象上，突出了对存活的百岁老人的关注，对长寿之乡历史上的百岁老人、对其他高龄老人群体的长寿现象重视不够，缺乏对标志性百岁老人等高龄老人的挖掘整理宣传，对长寿之乡成因和长寿原因侧重于从自然环境、生活起居、社会文化上去挖掘寻找，而从生物医学、产业经济角度去研究。具体研究上，泛泛的、一般性的，似是而非、人云亦云的观点结论比较多，独到的、个性化的，具有相当深度、说服力强、能给人深刻印象的见解不多。研究方法上大多为一般的推理分析，缺乏严谨科学的论证，因此当前社会上诸多长寿现象、长寿成因、长寿要素的研究成果缺乏相应的新颖性、科学性、权威性。二是从全国来说，长寿之乡认定标准得以不断完善提升，也推出了"寿"字标的长寿之乡标识，同时建立了长寿之乡特色服务示范城市、养生名优产品、康养示范基地、乡贤人物等认定标准和办法，开展了相关认定，但是重认定，轻认定后的服务、管理和利用指导；重现象的研究分析，轻前瞻性引领性的理论创新；有面上的概括提炼，宏观的、规律性的阐述，缺乏分门别类地聚焦型的、个性化的"解剖麻雀"和针对性的具体指导。三是未能将对长寿现象、长寿元素、长寿之乡价值意义的研究推动形成真正意义上的长寿文化，未能将长寿及对其要素的挖掘和当地相关特色文化结合，进行深入研究，探寻独特性、个性化、有影响力和吸引力的长寿奥秘、长寿元素、长寿文化；四是长寿之乡除了主要对以县域为单位的认定和利用外，针对镇、村、家庭、个人的相关活动开展得不够；五是联盟开展了对长寿之乡品牌利用的总结、推广、交流，但长寿之乡品牌利用可资借鉴、可以复制的成功案例、最佳实践偏少，影响不大，产生不了预期的社会反响；六是对长寿之乡的认定存在质疑，长寿之乡认定后没有建立相应的监管机制，长寿之乡品牌建设中存在不当利用和炒作等，给长寿之乡和长寿之乡品牌建设造成了负面影响。

（三）缺乏对长寿之乡品牌建设有力有效的支持

长寿之乡是当今社会价值很高的综合性金名片，它与国家绿色发展、高质量发展、创新发展、共享发展等发展理念，以及区域经济、差异化发展、供给侧改革、乡村振兴等发展战略都高度吻合，更是对"绿水青山就是金山银山"、生态产品价值实现机制，积极应对人口老龄化、"健康中国"的积极践行和具体实践。因此，各长寿之乡政府大多给予了高度重视，对之寄托了很大希望。问题在于，长寿之乡是由主要从事老龄学术研究、为老人服务的中国老年学和老年医学学会牵头推动的，是老龄工作的衍生事物，是社会领域的，但在事实和效果上它又是综合性很强的金名片，它的价值和意义远超出老龄的概念和范畴，远超出社会领域。就当前来说，其最大的意义之一在于可以推动相应的健康养生类产业培育发展，以此为追求健康养生的人群做出独特贡献，同时以此独特的优势和竞争力推动长寿之乡绿色发展、加快发展，各长寿之乡最期盼的也在于此。因此，长寿之乡这张金名片在服务国家高质量发展、满足人民对美好生活向往，在践行"绿水青山就是金山银山"等绿色发展，积极应对人口老龄化国家战略、健康中国建设等方面都是可以大有作为，做出大的贡献的。但中国老年学和老年医学学会的主管部门先是民政部门，现在是卫健委，打响长寿之乡品牌、培育发展健康养生产业不是他们的主要职责，他们在构建康养医养相结合的养老服务体系、推进健康中国建设中，也没有把长寿之乡作为工作的主要抓手和载体。因此，一是长寿之乡品牌建设进不了主管部门工作职责，不能列入他们的工作计划和任务，各有关部门也都知道这事物好，但不是他们的工作职责，不承担相应的责任；二是长寿之乡未能编制相应的规划，也未能进入有关规划；三是缺乏相应的政策、资金、项目、人力扶持支持；四是缺乏相应的协调推进体系和机制，工作过程中碰到困难、问题不知找哪个部门找谁协调解决，难以建立推进工作、抓工作落实的措施、制度。长寿之乡和长寿之乡品牌建设尚未能进入国家甚至有关部委的视野，虽然浙江、广西等省（自治区）市领导对此很重视，努力采取措施推动该项工作，各长寿之乡政府也程度不同地开展了长寿之乡品牌推广和利用工作，但因为缺乏国家、部委层面的支持，地方政府推动推进的意愿和动力也打了折扣，大部分尚未能由政府主导，得不到最急需的资金、项目扶持，困难和问题的解决也难以得到机制和政策支持，如何融入发展大局还是一个非常现实和迫切的问题。

（四）长寿之乡品牌影响力和产业带动力还比较弱

人的长寿取决于各种因素的综合，一个地方能成为长寿之乡，也是自然环境、经济发展、社会生活、历史文化综合成就的结果。唯其综合，所以主因就不是很明确。与此类似，长寿产业或长寿经济也有一个困惑：到目前为止，它没有标志性产品、代表性产业。就目前长寿之乡绿色发展区域合作联盟认定的80多个中国长寿之乡养生产品来说，绝大部分是特色农产品和部分文旅景观产品，它们在其长寿之乡或某个区域是名特优产品，但相对于全国甚至相对于全省来说，其品牌影响力、规模、产值、研发能力等实力都是有限的，而且它们与长寿之乡、长寿元素有关，但也可以说和长寿之乡、长寿元素没有直接关系，它们可以完全独立于长寿之乡、长寿元素，也就是它们目前的品牌影响力、产品竞争力并非来自长寿之乡、长寿元素。其他有关长寿之乡的产品、产业更是这样，就其联系、关系来说，都和长寿之乡、长寿元素有关，都可以说是长寿之乡养生产品、产业，但深究起来，就其和长寿元素、长寿基因的直接因果，也可以说和长寿之乡、长寿元素又都没有关系，它们可以独立于长寿之乡元素而存在。利用长寿之乡、长寿元素研发的产品、发展起来的产业，或者发挥长寿之乡优势、用好长寿之乡品牌培育发展的产品，并因此产生相应效应、带来较好影响的产品、产业都还没有出现，长寿产业或长寿经济缺乏标志性产业、代表性产品。但不管怎么样，与健康长寿有关的、能促进健康长寿的产品或产业，都是长寿产业或长寿经济，它的标准应该更高，不只是无公害、无污染的，也不只是有机的、绿色的，而且应该是养生的、能促进健康的，它的门类也应非常广泛，凡是有益于养生、能促进健康的农林、旅游、文化、体育、生物医药、医养等都可以是长寿经济、长寿产业，它既可以是产业类的，也可以是服务业的；既可以是实体经济，也可以是商贸、流通、科教、金融类的，而这些都是目前所缺乏的，亟须引导有关市场主体投入参与，发挥其积极性和创造性，大力培育长寿之乡代表性产品、主导产业。

（五）联盟工作开拓创新提升水平任重而道远

长寿之乡基本上都是以县域为单位的，受限于县域基础、规模、资源、动员组织力等，以县域为单位的长寿品牌，其建设力量和影响力是有限的。2016年4月成立的长寿之乡绿色发展区域合作联盟，把长寿之乡品牌建设推向了新阶段，长寿之乡品牌建设因此由各长寿之乡孤军奋战、单打独斗进入到抱团合作、整合资源的阶段，从以一个县域为单位发展到以区域为单位，乃至从全国角度去谋划统筹，从某个长寿之乡及其相关人员的用心用力发展到可以争取更广人群、更高层面的关心支持。长寿之乡因此从开展认定、给予授牌的阶段，转向了实质性的品牌建设利用阶段，因此具有了从县、市、区走向区域、走向全国的意义，长寿之乡品牌建设利用展现出了美好的前景。联盟成立以来，奋发有为、开拓创新，紧扣打响长寿之乡品牌，积极把长寿之乡环境、资源、文化优势转化为产业、发展、竞争优势，把"绿水青山"变成"金山银山"，在宣传推广、理论研究、产业培育、推动交流合作等方面做了大量扎实有效的工作，取得了积极的成果，产生了良好的社会反响，长寿之乡和联盟的凝聚力、影响力初步产生。但联盟建设和发展也存在许多的困难和问题：部分长寿之乡重视不够，参与度积极性不高，支持力度不大；联盟性质定位还不是很明确，工作规划性、计划性还不强，聚焦长寿之乡、加盟会员需要的、更具针对性的、重点工作开展不够，服务于长寿之乡的载体、平台、项目的实效性还不强；联盟工作及其机制建设还不足以激发更多社会机构、社会力量参与支持，联盟工作的专业性、市场化水平、社会化程度还不高，对有实力有影响的社会资本、社会力量吸引力不大；缺乏调动各长寿之乡、加盟会员更加重视、更加积极主动、更富创造性地建设联盟、建设长寿之乡品牌的更多有效手段，联盟工作网络机制不健全，队伍建设力度不够，动员组织力偏弱；缺乏统一协调联盟和各长寿之乡的品牌建设，使之既充分发挥作用，又相互整合、形成合力的有效途径和方法；在与时俱进、开拓创新、攻坚克难，解决新情况、新问题，不断提升工作水平、开创工作新局面上，还需不断加强，等等。在国家全面完成小康建设，开启了全面建设社会主义现代化强国的第二个百年征程的新形势下，我们要按立足新发展阶段、贯彻新发展理念、构建新发展格局的部署要求，更大力度、更高水平加强联盟建设，更好地服务长寿之乡和长寿之乡的高质量绿色发展。首先，要加强完善优化联盟自身建设，不断提升工作水平和层次，增强影响力和凝聚力，吸引更多的长寿之乡、长寿之乡企业、社会机构、有识之士加盟联盟、参加长寿之乡品牌建设，吸引更多的社会力量关注联盟、支持长寿之乡品牌建设。其次，要突出加强和新发展理念、国家发展战略的衔接对接，加强和各长寿之乡发展战略、发展规划的衔接对接，积极争取支持，努力融入国家、各长寿之乡发展大局。三是加强与人民群众对高品质生活追求、对美好生活向往的衔接，加强与各长寿之乡、加盟会员需求的对接，进一步增强使命感、责任心，与时俱进、开拓创新，不断拓展新的服务内容，创设新的平台，探索新的形式，推动联盟工作和品牌建设更具针对性，为长寿之乡、加盟会员提供更精准更有效的服务，增强长寿之乡、加盟会员的获得感、成就感。四是要突出长寿之乡养生产品产业的培育和发展，拓展对长寿之乡养生、特色产品等品牌的认定，跟进加强对品牌认定后的利用监督管理，进一步推进相应合作，搭建有关平台，强化对长寿之乡品牌产品、品牌企业的宣传推介。五是要引导推动各长寿之乡对品牌建设的领导机制工作机制进行创新，要打破部门牵头的局限，由政府主导，充分发挥各长寿之乡、加盟会员的主体作用，激发他们的积极性、创造性，加强长寿之乡品牌建设。六是要积极对资本化、社会化建设和利用长寿之乡品牌进行探索，推动联盟工作、品牌建设的资本化、社会化，让市场机制、社会力量为联盟工作、品牌建设增加新的生机和活力。七是要突出加强长寿之乡元素的挖掘、长寿文化的弘扬，要优化提升对长寿之乡、长寿文化的宣传推介，讲好长寿之乡故事，宣传好长寿之乡高质量发展，要加强对长寿之乡品牌建设的统筹谋划、引导指导、监督管理，推动长寿之乡联盟工作、长寿之乡品牌建设规范化、标准化，改变长寿之乡各自为政、各取所需的状况，反对急功近利和庸俗化的开发利用，努力保持长寿之乡品牌纯洁性、含金量。要围绕长寿之乡品牌加强、深化对长寿之乡的建设，不断丰富提升长寿之乡内涵，提升长寿之乡知名度、美誉度。八是要加强长寿之乡品牌建设中的队伍建设，进一步健全网络、培育骨干，特别要加强企业家队伍和专家队伍建设，推动更多专家研究指导长寿之乡和品牌建设，推动有实力、有影响的企业家重视长寿之乡品牌，重视长寿之乡品牌利用。

六、长寿之乡高质量绿色发展的方向和路径 *

自 2007 年中国老年学学会依据科学标准开始评定"中国长寿之乡"，15 年来，随着社会经济的不断发展和人民生活条件的不断改善，越来越多的地区被认定为长寿之乡，这是我国实现历史性跨越发展的成果。长寿之乡的形成是生态环境、经济发展、社会建设和文化风气共同作用的结果。面对未来的高质量绿色发展之路，本章从长寿之乡的主要发展特点和发展优势出发，探讨厘清高质量绿色发展的内涵，明确长寿之乡高质量绿色发展的原则和方向，为长寿之乡实现高质量绿色发展探索路径。

（一）长寿之乡发展的主要特点和优势

1. 长寿之乡的发展是生态、经济和社会文化的协调发展　长寿之乡最突出的特点是区域性的普遍长寿，其背后蕴含的是长寿之乡生态环境、经济发展、社会文化的三位一体协调发展，此三者的和谐共生构成了长寿之乡发展的基本底色，经科学标准认定后的"中国长寿之乡"更是增添了品牌价值。

长寿既是个体的追求，也是社会经济发展的成果。作为人类的生活追求，对长寿开展的研究从古至今连绵不绝。根据学者们的研究，长寿主要受个人因素和环境因素两方面因素影响。个人因素方面，研究发现，遗传基因对于长寿具有较大影响，大多数百岁老人都有长寿家族史，此外个人的生活习惯、饮食习惯、性格脾气都会对个体的长寿产生影响。个体因素对于长寿具有影响，但并不具备决定性，研究表明，遗传对个体寿命的贡献率约占 20%～30%，而环境贡献高达 70%甚至更高[12]。环境因素又可分为原生环境、次生环境和社会环境三种，原生环境主要指居住地的温度、湿度、日照、气压等气象条件和地形、土壤微元素含量、水质等地质环境；次生环境指人类活动对自然环境进行改造所导致的非自然形成的环境，如人口密度极大的城镇地区，生产和生活大量废物排放导致的空气污染、水源污染等；社会环境包括政治环境、经济环境、科技环境、文化环境、卫生环境等个体在社会生活中会接触到的方方面面。

中国老年学和老年医学学会从 2007 年开始在国内评选"长寿之乡"，在十多年的评选

---

* 作者：杜鹏，中国人民大学副校长，老年学研究所所长，社会与人口学院教授；吴赐霖，中国人民大学社会与人口学院博士研究生。

经验基础上，于 2019 年编写出台《长寿之乡认定准则和方法》团体标准。这套标准考虑到了影响长寿的各方面因素，既有对人口平均预期寿命、百岁老人占比、高龄人口比例 3 项长寿人口代表性核心指标的考察，也纳入了生态环境建设、森林覆盖率、环境空气质量、地表水环境质量、收入公平、老年人优待和健康养老支持等 8 项环境因素支撑指标，这套评价体系是科学且全面的。根据中国老年学和老年医学学会的数据，目前我国已有 91 个市级行政单位和县级行政单位入选长寿之乡。这些地区代表了我国地区性长寿的最高水平，一定程度上实现了推动经济社会发展和满足人民美好生活需要的齐头并进。

2. 良好的生态环境是长寿之乡发展的最根本优势　长寿之乡优越的生态环境条件一方面是自然禀赋给予的先天优势，同时也有赖于后期的维护和保护，在积极推进"五位一体"总体布局和提倡"绿水青山就是金山银山"科学论断的今天，良好的生态环境是推动长寿之乡发展的最根本优势。

根据《长寿之乡认定准则和方法》，生态环境相关指标占据了 20% 的分值。被评选为"中国长寿之乡"的地区，其自然环境条件必然是优越的。各长寿之乡大多拥有极高的森林覆盖率，水质条件良好，空气质量极高，负氧离子含量远超平均值，生物资源和物产丰富，土壤富含对人体有益的微量元素（见表 11）。优良的生态环境一方面是天然形成的地理优势，另一方面也得益于未被破坏、未因经济发展而被污染。

关于环境与经济发展的关系，20 世纪 90 年代，美国经济学家格罗斯曼（Grossman）和克鲁格（Kruger）对环境质量和经济增长之间的关系进行了研究，提出"环境库兹涅茨曲线"。其通过对实际数据的分析提出，一国经济发展水平较低时，环境污染的程度较轻，但随着以人均收入为指标的经济增长，环境污染程度由低趋高；当经济增长到达某个临界点后，主要排放物会达到峰值，之后经济增长与环境污染之间的关系呈现负相关性。这条曲线是倒 U 型的，因而也被称为环境的"倒 U 型曲线"。

习近平总书记在浙江工作期间对"两山"理论进行了阶段性分析。第一阶段是牺牲"绿水青山"换取"金山银山"，代表只看经济发展、"唯 GDP 论"的粗放式发展理念，对应"环境库兹涅茨曲线"的左侧部分；第二阶段是既要"金山银山"又要保住"绿水青山"，这一阶段经济发展与环境恶化之间的矛盾凸显，是环境曲线的顶端部分，但对环境肆无忌惮的掠夺破坏，无法带来进一步的经济发展；第三阶段是认识到"绿水青山就是金山银山"，这一阶段生态优势与经济优势互相促进、融为一体，体现了科学发展观的要求和建设资源节约型、环境友好型社会的理念，对应环境曲线的右侧部分，经济的发展与环境的改善同步发生、同向而行。"两山"理论的核心思想就是加快高质量绿色发展，以"绿起来"带动"富起来"，进而加快实现"强起来"。

对应到长寿之乡的发展上，得益于国家整体经济实力的增强，长寿之乡实现了在保留良好生态环境的同时，跨越"环境库兹涅茨曲线"的左侧，走过"两山"理论的第一阶段，迎来了利用后发优势避免走"先污染后治理"老路的发展机遇。生态环境资源就是发展资本。在国家将生态环境保护放在重要地位的形势下，许多依靠牺牲环境资源换取经济发展的地区都面临沉重的环境保护和环境治理成本，环境曲线左侧越陡峭，环境治理的成本就越高。短时间的经济增长会以生态负债为代价，十分不利于经济的长期稳定增长。

在这一方面，长寿之乡地区是"无债一身轻"，既无生态负债，同时还拥有相对其他地区的生态环境比较优势，衍生出独特的生态产品优势，如特色食品、药品、水资源和自然景观等（表10）。但值得注意的是，虽然没有生态负债意味着在经济发展上可以"轻装上阵"，但也不可过度攫取生态环境资源，在保护和维护生态环境上需要持之以恒。将生态环境比较优势转化为经济发展竞争优势，需要合理保留、利用、开发、保护生态资源，维护生态服务功能，通过生态环境经济化、生态资源资产化、生态资产价值化与资本化、生态服务提供有偿化和生态补偿等途径来实现生态环境良好、社会福利提高、区域经济发展[13]。

表 10　长寿之乡的生态环境资源（部分）

长寿之乡	生态环境资源	长寿产品
广东省大埔县	国家重点生态功能区 6 个自然保护区 32 个森林公园	蜜柚、茶叶、蜂蜜、金针菜、中药材等
广西壮族自治区富川瑶族自治县	森林覆盖率 53.91% 每立方厘米负氧离子最高值达 8.1 万个	瑶药、茶叶、香芋、脐橙、富硒米、中药材等
广西壮族自治区上林县	森林覆盖率高 空气质量优良率 98% 土壤富含有益矿物质	富硒茶、富硒米等
江苏省启东市	空气优良率 91.3% 水质优Ⅲ比例均值 100% 海洋经济之乡	扁豆、利马豆、香芋、食用仙人掌、各类海产品等
浙江省永嘉县	2 个国家级森林公园 温泉	柿饼、茶叶、香柚、中药材
贵州省赤水市	森林覆盖率 82.51% 空气质量优良率 100% 国家级自然保护区 动植物种类丰富	竹笋、晒醋、龙眼、虫茶
浙江省文成县	负氧离子空气 森林覆盖率高 动植物种类丰富	蜂蜜、粮食、中药材

3. 发展老龄产业、大健康产业和医养旅游产业的"品牌"优势　在人口老龄化成为基本国情、社会经济持续稳定发展、健康中国战略全面实施的当下，不断扩大的老年人群体对于符合自身需要的产品和服务的需求持续增长，人民群众从单纯地追求物质满足转向渴望精神文化富足，同时对于健康的追求也在逐步提高。长寿之乡因其自身具备的"长寿""健康""养生"等属性，在发展老龄产业和医养旅游等产业时占据了天然的"品牌"优势，具有天生的广告宣传效应。

李克强总理在2021年两会期间会见中外记者时指出，中国的老龄人口已经超过两亿六千万，老龄产业是一个巨大的朝阳产业，带来了多样化的需求。2021年3月，习近平总书记在福建考察时表示，健康是幸福生活最重要的指标，健康是1，其他是后面的0，没有1，再多的0也没有意义。老龄产业和大健康产业极有可能成为未来我国经济增长的新动能，根据陈俊华[14]等研究者的预测，2020年我国老龄产业市场规模可以达到3.1万亿元。长寿之乡在发展老龄产业、大健康产业和相关的医养、旅游等产业时具备天然的"品牌"优势，"长寿之乡"称号背后隐含着的是高龄老人的聚集，最适宜人类生活的环境条件等与健康、长寿、养生相挂钩的事实情况，在信息高度发达的今天，健康长寿的百岁老人生活所在地生产的产品，其吸引力胜过广告推销的千言万语。"中国长寿之乡"品牌的根本支撑是各地得天独厚的自然禀赋，其次是乡土人情和社会文化，专业的评选标准又为品牌提供了科学性与公信力。

"中国长寿之乡"是推动老龄产业、大健康产业和医养旅游产业发展的金字招牌，同时老龄等产业也是筑牢"长寿之乡"根基的产业支撑。王莉莉[15]通过对新时期我国老龄服务产业发展现状进行研究，指出我国老龄服务产业存在地区差异、地区特色明显不足、中端市场仍未形成等问题。全国80多个长寿之乡遍布祖国大江南北，可以为老龄服务产业提供充足的多样性和地区特色，在老龄产业市场快速发展的未来，各长寿之乡要积极推动自身品牌影响力的塑造，突出产业"健康"和"长寿"元素，找准老龄群体需求点，凭借独特优势在老龄和大健康市场有所作为。

4. 联盟带来的资源整合与区域合作优势 2007年开始评选长寿之乡时，长寿之乡数量较少，地理位置分散，各长寿之乡之间交流合作有限。到2014年年底，长寿之乡数量达到60个，互相之间的交流合作日渐频繁，一个常态化的合作交流机制呼之欲出。2015年，在丽水市政府的牵头下，中国老年学和老年医学学会，溧阳、文登、赤水和广西老年学学会等单位共同发起成立了"中国长寿之乡绿色产业发展联盟"（现更名为"长寿之乡绿色发展区域合作联盟"）。联盟广泛吸纳各地长寿之乡政府、老龄和健康产业企业以及相关领域专家，遵循资源联合、合作共赢的原则，在开展长寿理论和绿色产业经济的研究、加强长寿文化和绿色产业的宣传、促进绿色产业发展、开展学习交流活动东和促进绿色产业产品跨区域和跨部门合作上广泛展开工作。

联盟的成立有效整合了长寿之乡资源，集中力量办大事。过去单独一个长寿之乡受限于经济实力、产业规模，在宣传推广和产业升级上较为乏力，抱团之后可集中资源进行统一宣传，将各长寿之乡整合为一个品牌和团体，向社会和市场推出，相较于过去的各自为战，既节省了成本又取得了良好效果。联盟成立以来善作善为，在推动长寿之乡发展上提供了极大助力。在宣传上搭建成立中国长寿之乡官方网站、"中国寿乡联盟"微信公众号等常态化对外宣传平台，与央视合作拍摄长寿之乡的专题片，举办各类长寿之乡相关征文摄影活动，出版多本长寿之乡相关书籍。在学术研究上举办"长寿之乡与金山银山"等高峰论坛，印发学术论文集，联合主办《长寿探秘》杂志。在产业发展上，联盟4次组织长寿之乡参加"中国国际老龄产业博览会"，多次举办长寿之乡名优产品展示活动，在多个推介会上宣传长寿之乡旅游、开展电商培训等。在品牌塑造和推广上，联盟广泛开展长寿之乡特色服务业示范城市、养生名优产品、乡情体验基地、康养示范基地和乡贤人物认定等工作，从 2018 年开始开展一年一度的长寿之乡品牌建设十大亮点工作评选，2019 年推出《长寿之乡认定准则和方法》团体标准，2021 年推出《中国长寿之乡子品牌认定和管理：通用要求》等 10 项团体标准。

联盟的存在将原本独立的各个长寿之乡联系为一个群体，降低长寿之乡之间交流沟通、互通有无的门槛与成本，在对外宣传和交流上充当各长寿之乡的传声筒和放大器，有效地促进长寿之乡政府、相关产业企业、学术组织和专业社会组织的有效合作，促进生态优势向产业经济优势的转化，促进区域合作和长寿之乡经济的转型升级。要发挥联盟的优势，需要各长寿之乡政府、相关企业、专业组织以及专家学者的通力合作，唯有最大限度地发挥联盟带来的资源整合和区域合作的平台优势，才能最大限度地推动长寿之乡发展。

（二）推动长寿之乡高质量绿色发展的原则和方向

1. 高质量绿色发展的内涵 "高质量绿色发展"是"绿色发展"与"高质量发展"的有机结合，是以"绿色发展"为基调，对"高质量发展"的全面贯彻。"绿色发展"是 20 世纪以来发展观从"以经济增长为核心"向"以人为中心"和"可持续发展"演进的成果之一。党的十八届五中全会提出了"创新、协调、绿色、开放、共享"的五大新发展理念，其中绿色发展理念以人与自然和谐共生为价值取向，以绿色低碳循环为主要原则，以生态文明建设为基本抓手。高质量发展理念在十九大被列为我国未来经济社会发展的主要方向，它抛弃了过去的"唯 GDP 论"，对社会经济发展提出更多维度、更高水平的要求，具体表现为发展方式由粗放式向集约式转变，产业结构由劳动力和资源密集型向知识和技术密集型转变，经济增长和社会发展动力由要素驱动为主向创新驱动为主转变，注重改善民生，关注自然资源存量与发展的关系，更多考虑人民的获得感。

绿色发展是实现高质量发展的必然要求，是我国从速度经济转向高质量发展的重要标志。但绿色发展并不代表高质量发展，不充分审视我国发展阶段和当前主要矛盾的"绿色发展"，非但不能提高人民的幸福感，反而可能激化社会矛盾[16]。绿色发展关注的生态环境保护和高质量发展强调的全方位经济发展是辩证统一、相辅相成的。绿色发展事关中华民族永续发展的千年大计，高质量发展是新发展阶段我国社会经济发展的主题，根本在于经济的活力、创新力和竞争力，两者的有机结合产生了全新的内涵：在保护不可替代自然资本的基础上，通过人力资本投资、技术和制度创新，促进全要素生产率提升，推动经济结构升级和经济高质量发展，实现国家总体的战略目标[17]。

2. 长寿之乡是高质量绿色发展的应有之义 党的十九大报告指出，我国社会的主要矛盾已经转化为人民日益增长的美好生活需要和不平衡、不充分的发展之间的矛盾。改革开放以来，人民的美好生活需要已经从低层次的温饱，上升为对于良好生态环境、优秀精神文化、充足社会服务的追求，推动高质量绿色发展的根本目的是为了不断满足人民的美好生活需要。2021 年 4 月 30 日，中共中央政治局就新形势下加强我国生态文明建设进行第二十九次集体学习。习近平主席指出，我国建设社会主义现代化具有许多重要特征，其中之一就是我国的现代化是人与自然和谐共生的现代化，注重同步推进物质文明建设和生态文明建设。

人与自然和谐共生最直接的体现就是人均寿命的延长和经济的持续高质量增长，人均寿命的延长是社会经济发展的成果，是人民幸福感和获得感上升的体现。在过去人均寿命较低的时期，还能依靠"黑色发展"无节制攫取自然资源所带来的单纯物质水平提高换取人均寿命的增长；但在人均寿命已然达到较高水平的今天，唯有依靠高质量绿色发展才能达到普遍的健康长寿。长寿之乡的形成不是简单的高龄老人地域集中现象，而是各年龄人民获得感、幸福感普遍提升达到一定水平的必然结果，长寿之乡称号的背后，隐藏着地方政府在高质量绿色发展理念指导下，推动经济、社会、文化和生态文明全方位发展的不懈努力。可以说长寿之乡的形成是高质量绿色发展成果的重要体现，也是高质量绿色发展的目标追求。

3. 推动长寿之乡向更高水平发展 随着社会经济的不断发展，"中国长寿之乡"的评价标准也在动态调整，过去对于100岁老人的比例要求是10万人中有7名百岁老人，《长寿之乡认定准则和方法》中这一标准已经提升到10万人中有11名百岁老人，这是在我国人民预期寿命更高、健康状况更好的前提下做出的调整。我国正在实施的"健康中国2030"规划将会进一步提升我国的整体健康水平和预期寿命。根据联合国人口司的预测数据，2020年中国、日本和美国的百岁老人数量分别为7.5万、7.9万和9.7万，基于我国人口基数，百岁老人的增长潜力还很大，国内还应该涌现出更多的长寿之乡，现有的长寿之乡也要向更高水平发展。

未来推动长寿之乡高质量绿色发展的基本原则应该是在保持现有生态水平基础上，因地制宜发展特色优势产业，通过产业升级，加强资本（人力和财力）和技术投入，实现全要素生产率提升，推动社会经济持续、稳定、发展，满足人民美好生活的发展需要。长寿之乡的发展决不能走先污染后治理、先破坏后恢复的粗放式经济发展道路，长寿之乡所具备的优良生态环境是宝贵的也是脆弱的，破坏起来很快，想要恢复就是难上加难了。经济发展是每个地方都想要的，但必须选择正确的方式方法。

从经济系统与自然系统的交互关系来看，两者正向的交互关系体现为：自然系统是经济系统的物质基础，为经济系统提供初级生产资料（能源、矿产资源、林木产品等）、生活必需品（水、粮食、畜产品、水产品等）和本体价值（河流便利水运、平原利于耕种、自然景观的经济价值等）；而经济增长有助于提高对自然系统的投入能力，进而对维持自然系统的功能维护和生产能力提供保障。例如，经济系统对植树造林活动的投入，有助于提升森林覆盖率，进而有助于维系生物多样性、土壤蓄水能力等；经济系统对荒漠化治理的投入，有助于保护生态脆弱地区的生态环境，进而对生态脆弱地区的经济系统产生积极的正面影响。两者的负向交互关系体现为：经济系统如果对自然系统过度攫取，或者经济系统对自然系统产生了过度的外部性而超出了自然系统的自然消解能力，自然系统将失去对经济系统的支持作用，甚至产生破坏作用。例如，如果为了短期经济利益而过度砍伐和破坏森林资源，将导致森林退化和生态退化，造成水土流失和土地生产力的降低，导致经济系统的粮食短缺。经济系统与自然系统之间形成何种交互关系，关键在于两个方面：其一，经济系统的运行处于自然系统的承载边界以下；其二，经济系统对自然系统实现有效投入，提升自然系统的承载边界[18]。长寿之乡在发展过程中要坚持以绿色发展推动高质量发展，促进经济系统与自然系统的良性互动，避免恶性循环。

长寿之乡的形成与发展，经济发展是基础、生态环境是根本、社会服务是保障、人文环境是底蕴。政府部门应该秉持高质量绿色发展的理念，从这四个方面着手，推动长寿之乡向更高水平发展。

在促进经济发展方面，长寿之乡应发挥后发优势，通过资本、人力和技术投资，提升全要素生产率，避免走单纯以资源换经济效益的粗放式经济发展老路。长寿之乡所具备的优良生态环境是最珍贵的自然资源。在"两山"理论的指导下，政府应通过技术创新与制度革新，因地制宜发展地方特色优势产业，促进社会经济的持续、稳定、高质量增长，推动资源的循环利用，发展循环农业、循环工业，通过政府投资引导开展绿色城镇建设，以绿色投资拉动经济增长。

在加强生态环境保护方面，政府应充分认识"绿水青山就是金山银山"的重大理论和实践意义，坚守生态环境红线，在设计城镇规划、研究经济发展计划时充分考虑对于生态环境的保护和维护，保证长寿之乡原有的良好生态环境不退步、不走样，认真解决存在的区域环境问题，强化环境监督管理，大力发展环境保护产业，加强宣传教育，提高民众环保意识。

在强化社会服务保障方面，政府的价值观应从管理型政府加快向服务型政府转变，突出政府公共服务职能，完善老年人收入保障体系，扩大养老保险覆盖面，提升养老金水平，发放高龄津贴等补助，稳步提升老年人的经济收入水平；建立健全全方位、全生命周期医疗服务保障体系建设，特别关注高龄老人的长期护理需求，通过多种形式提供居家、机构的长期护理服务，出台老年人医疗服务优待政策；加强公共服务场所无障碍环境设计，推动城镇房屋、村居适老化改造，建设老年友好型社区；加强政府治理能力现代化建设，提高基层治理能力，发挥基层活力，构建老年人的多方位社会服务支持网络，鼓励老年群体自发形成组织，开展互助活动；发展老年教育事业，健全终身学习体系，满足老年人的精神文化需求，推动老年人力资源的开发和提升。

在塑造人文环境方面，政府应加强人口老龄化国情教育，宣扬积极应对人口老龄化的观念，使全体社会成员充分认识老龄社会的基本特征、机遇和挑战、发展趋势及国家应对，引导全社会科学认识老年阶段、老龄社会、长寿时代，弘扬孝老等传统文化观念，推动形成养老、敬老、爱老的社会文化氛围，打造长寿之乡的长寿文化。

近年来长寿之乡的评选愈发规范科学，影响力逐渐增大，"中国长寿之乡"成了一张含金量很高的综合性社会名片，长寿之乡作为高质量绿色发展的成果体现和目标追求，在当今经济发展进入新常态和人们对高品质生活的追求成为主流的形势下，有着别具一格的独特影响力和竞争力，在积极应对人口老龄化国家战略、乡村振兴战略的大背景下，政府应在经济发展、环境保护、社会保障、精神文化领域善作善为，推动长寿之乡向更高水平、更深层次发展。

（三）长寿之乡高质量绿色发展的主要路径

高质量绿色发展的目的之一是实现国家整体的战略目标，要推动长寿之乡的高质量绿色发展，必须与其他国家战略紧密结合。近年来国家密集出台了一批国家战略、区域发展重大战略和区域协调发展战略，基本上所有长寿之乡都属于一个或多个发展战略的覆盖范围（见表12）。未来一段时间内，这些战略都将是我国社会经济发展的主要蓝图，长寿之乡想要实现绿色高质量发展，最主要的路径就是结合自身优势和战略要求，融入国家和地区发展大局，在更大的战略规划中找准位置、发挥作用、顺势而为。同时，我国的长寿之乡遍布17个省市区，分散在东中西部地区，长寿之乡之间的差异巨大，根据实际现状，长寿之乡可在三个发展阶段中明确自身发展侧重点。

表 12 主要国家和地区发展战略及其覆盖范围内的长寿之乡

战略	范围	范围内的长寿之乡
积极应对人口老龄化国家战略	全国	全体长寿之乡
乡村振兴战略	全国	全体长寿之乡
西部大开发	地区	广西 31 个长寿之乡 贵州 5 个长寿之乡 四川 4 个长寿之乡 重庆市江津区 陕西镇坪县
黄河流域生态保护与高质量发展	地区	山东 6 个长寿之乡 河南 5 个长寿之乡 四川 4 个长寿之乡 陕西镇坪县
长江三角洲区域一体化发展	地区	浙江 6 个长寿之乡 江苏 4 个长寿之乡 安徽 2 个长寿之乡 上海市崇明区
长江经济带发展	地区	浙江 6 个长寿之乡 贵州 5 个长寿之乡 江苏 4 个长寿之乡 四川 4 个长寿之乡 安徽 2 个长寿之乡 江西 2 个长寿之乡 上海市崇明区 湖北钟祥市 湖南麻阳苗族自治县 重庆市江津区
海南全面深化改革开放	地区	海南文昌市 海南万宁市 海南澄迈县
粤港澳大湾区发展	地区	广东佛山市三水区

1. 长寿之乡的三个发展阶段 不同地区长寿之乡之间经济发展和地理位置的差异决定了各长寿之乡的发展路径不是同质化的，而是分阶段、各有侧重的，本文将长寿之乡的发展分为三个阶段：

一是初级阶段。处于该发展阶段的长寿之乡大多位于经济欠发达地区，除本身的自然资源外，受限于地区整体发展水平，外部的产业外溢、技术外溢、人力资本外溢较为缺乏，绿色资源向经济收益的转化效率较低，要素生产率提升难度较大。在初级阶段期间，长寿之乡应加强对现有自然资源禀赋的保护和利用，保持和促进优良生态人文环境建设，擦亮绿色底色，筑牢高质量发展基础，把握乡村振兴、西部大开发等国家和区域性战略带来的发展机遇。

二是中级阶段。处于该发展阶段的长寿之乡大多位于经济相对发达地区，自身社会经济基础良好，同时具备优良生态环境，高质量绿色发展的基础雄厚、动力充足。在这一阶段，长寿之乡应积极融入国家和地区的发展战略，合理运用区位优势，促进人力、资本和技术等要素发展，提升生产率，加快将生态环境比较优势转化为社会经济发展竞争优势。

三是高级阶段。这一阶段的长寿之乡，其所处地区经济发达，自身经济、社会、文化发展达到一定水平，高质量绿色发展的机制成熟、路径明确。达到这一阶段，长寿之乡发展的更高目标应是促进共同富裕，不断满足人民群众对美好生活的需要，积极探索建设更为先进的社会保障和社会服务机制、更为公平的财富分配机制和更为高效的社会治理机制，着力缩小城乡差距，促进代际和谐，助力社会主义现代化强国建设。

2. 在国家战略大局中发挥长寿之乡特色 长寿之乡应成为积极应对人口老龄化的典范。十九届五中全会提出实施积极应对人口老龄化国家战略，长寿之乡作为人口老龄化水平较高、老年人口集中的地区，应该发挥积极应对人口老龄化的先锋示范作用。推动养老事业和养老产业协同发展，健全基本养老服务体系，发展普惠型养老服务和互助性养老，培育养老新业态，构建居家社区机构相协调、医养康养相结合的养老服务体系；扩大养老机构护理型床位供给，更好地满足高龄、失能、失智老年人的护理服务需求；逐步提升老年人福利水平，完善经济困难高龄失能老年人补贴制度和特殊困难失能留守老年人探访关爱制度；推进公共设施适老化改造；构建养老、孝老、敬老的社会环境，强化老年人权益保障；在开发老龄人力资源，发展老龄产业，促进银发经济发展等方面先行先试、敢作敢为，成为积极应对人口老龄化的排头兵。

理解和把握扎实推动共同富裕的战略部署。共同富裕是社会主义的本质要求，是中国式现代化的重要特征，其战略定位之一是城乡区域协调发展。长寿之乡应该充分利用这一战略发展机遇。虽然目前国家暂时只在浙江设立共同富裕示范区，但2021年10月习近平总书记在《求是》杂志发表的文章中指出：适应我国社会主要矛盾的变化，更好满足人民日益增长的美好生活需要，必须把促进全体人民共同富裕作为为人民谋幸福的着力点，不断夯实党长期执政基础[19]。同时提出要抓紧制定促进共同富裕行动纲领，未来中国的发展必然是共同富裕式的发展。在这一过程中，长寿之乡应该在城乡一体化发展中推动城乡交通、水、电、气、通信等基础设施建设，为乡村振兴和高质量发展打好基础；在完善分配制度中争取更多并合理用好财政转移支付；在区域协调发展中加强与经济发达地区的合作联动，探索多样化的合作方式，积极寻求智力支援、产业支援、资金支援、文化教育支援，化外部资源为己用，增强内生发展能力和实力；在促进基本公共服务均等化过程中，加强医疗、教育、生育和养老等公共服务体系建设，加快完善社会保障制度，扩大覆盖面，提升对弱势困难群体的保障力度。

在乡村振兴战略中实现高质量绿色发展。习近平总书记指出，促进共同富裕最艰巨、最繁重的任务仍然在农村。乡村振兴是实现农村共同富裕的重要手段。党的十九大报告提出乡村振兴战略，近年来中央相继出台《乡村振兴战略规划（2018—2022年）》《中共中央 国务院关于全面推进乡村振兴加快农业农村现代化的意见》等文件，2021年2月国家乡村振兴局正式挂牌，乡村振兴战略进入全面实施的新阶段。以乡村为主体的长寿之乡，有必要顺势而为，构建现代乡村产业体系，依托乡村特色优势资源，打造农业全产业链，立足地区特色，建设现代农学产业园、农业产业强镇、优势特色产业集群；开发休闲农业和乡村旅游精品绿线，完善配套设施；推进农村一二三产业融合发展，提高农业产业体系、生产体系、经营体系现代化水平；推进农业绿色发展；加快推进村庄规划工作，加强村庄风貌引导，保护传统村落、传统民居和历史文化名村名镇；加强乡村公共基础设施建设，着力推进公共基础设施往村覆盖、往户延伸，有效提升农村人居环境；提升农村基本公共服务水平，强化农村基本公共服务供给县乡村统筹，逐步实现标准统一、制度并轨。

3. 在区域发展重大战略中寻求发展机遇 把握区域一体化战略发展机遇，促进城乡区域全方位融合发展。长三角地区是我国经济发展最活跃、开放程度最高、创新能力最强的区域之一。长三角一体化已经基本具备高质量发展的多维特征，具体表现为经济增长、产业实力、绿色发展、普惠共赢、创新能力、对外开放等领域的协同并进[20]。该地区长寿之乡的经济实力也相对较强，在长三角一体化发展的战略大背景下，各长寿之乡应积极融入核心都市圈，提高一体化水平，合理利用地区良好的产业基础和市场容量，在区域协调发展新格局中推动绿色高质量发展。长寿之乡可以依托生态环境优势和地区特色优势，促进融合发展，提高城乡基础设施联通水平，推动城乡公共服务一体化，全面推进城镇化，提升乡村发展品质；强化生态环境共保联治，推进环境协同防治，推动生态环境协同监管；加快公共服务便利共享，推进公共服务标准化、便利化，培育养老从业人员专业化市场，支持民营养老机构发展；推动文化旅游合作发展，深化旅游合作，统筹利用旅游资源，推动旅游市场和服务一体化发展等战略主导方向，主动出击、顺风而行，特色鲜明地支持战略实施，在一体化发展中补齐短板、寻找发展机遇。

搭乘数字经济快车，拓宽发展模式与路径。随着互联网、人工智能、物联网、大数据等科学技术的蓬勃发展，"数字经济"已成为全球未来最为重要的产业基础、商业模式和经济形态，深入中国经济社会的方方面面，深刻影响人民生活和经济发展。我国目前在数字经济的国际竞争中同美国一起处于领跑地位，当前是继续巩固和扩大数字经济优势的重要机遇期。2019年国家出台《数字乡村发展战略纲要》，2021年多省出台数字经济"十四五"规划。在长寿之乡发展数字经济，能有效降低传统经济发展模式的门槛、拓宽发展路径。要搭上数字经济的快车，首先需要加快信息基础设施建设，大幅提升长寿之乡网络设施水平，加强基础设施共建共享，加快宽带通信网、移动互联网、数字电视网和下一代互联网发展。其次需要通过数字经济推进长寿之乡经济效率提升，依靠数字平台和物流网络解决农贸产品运输和渠道问题，使农产品对接全国市场、凝聚市场需求，激活生产潜力和动力，借助互联网平台扩大长寿之乡品牌、产品和生态旅游资源的影响力，扩大市场和客源，转换资源变现方式。最终通过数字经济实现长寿之乡产业质量变革，夯实数字农业基础，加快建设农业农村数字资源体系，推进农业数字化转型，推动数字技术在农业生产经营中的运用，促进数字技术与农林牧渔的全面深度融合，加速一二三产业融合发展，实现生态农业产品全产业链增值收益。

4. 在区域协调发展战略中补短板强弱项　自国家提出"西部大开发"已有 20 余年，2020 年中共中央和国务院印发《关于新时代推进西部大开发形成新格局的指导意见》，这是党和政府总结前期经验、针对新情况新形势，为西部地区发展建设制定的最新蓝图。新时代推进西部大开发形成新格局是实现西部地区高质量发展和现代化建设的重要举措[21]。西部大开发是覆盖最多长寿之乡的发展战略，80 多个长寿之乡中有 42 个位于该政策范围内。相对东部与中部地区的长寿之乡而言，西部地区长寿之乡的经济发展水平较低，各长寿之乡应充分发挥地区比较优势，找准自身定位和战略发展需求，多补短板、强弱项，推动农村一二三产业深度融合，促进农牧业全产业链、价值链转型升级，推进高标准农田、现代化生态牧场建设；发展生态集约高效、用地规范的设施农业；发挥生态、民族民俗、自然风光等优势，深化旅游资源开放，提升旅游服务水平，大力发展旅游休闲、健康养生等服务业，打造区域支柱性产业；助力美丽西部建设，筑牢国家生态安全屏障，大力发展循环经济，坚持在开发中保护、在保护中开发；稳步推进公办养老机构改革和建设，实施养老服务专业人才培养等工程。

（四）小结

站在建党一百年和全面建成小康社会的时间节点上，面向实现第二个百年奋斗目标的新征程，长寿之乡需要牢牢把握良好生态环境这一最根本优势，合理发挥发展老龄产业、大健康产业和旅游产业的"品牌"优势，充分利用联盟带来的资源整合与区域合作优势，在保护生态环境的前提下，促进全要素生产率提升，推动社会经济发展，推动经济建设、生态保护、社会服务和人文环境四个方面协调发展，根据自身发展阶段，充分融入国家和区域发展战略，实现高质量绿色发展。

分报告

FENBAOGAO

历程篇

长寿之乡标准的制定和认定实践[*]

中国长寿之乡的兴起，是我国进入长寿时代后经济社会发展的必然产物。中国长寿之乡的认定和发展是人们追求协调持续发展和幸福生活的探索过程。

一、制定长寿之乡标准的背景

长寿是人类不分种族、不分国家的共同理想，人类追求长寿的实践活动持续不断，已成为推动经济社会不断发展进步的内在动力，成为人类生活质量不断改善、提高的重要原因。

进入 21 世纪后，随着经济快速发展和人民生活质量的不断改善，我国人口寿命也不断增长。2000 年，60 岁以上人口占总人口比例已经达到 10%，我国由年轻型社会进入老龄化社会，人口预期寿命由 1981 年的 67.77 岁上升到 71.40 岁，百岁老人不断增多，一些地区出现了高龄人口和百岁老人集聚的现象，逐渐形成一些长寿地区，如巴马、彭山、如皋、都江堰等。

随着我国逐渐走进长寿时代，人们对健康和长寿问题越来越重视，对区域长寿现象和长寿规律越来越关注，一些长寿现象突出的地区要求认定长寿之乡的愿望越来越迫切。由于没有一个权威的认定评估组织，有的区域自称长寿之乡，有的区域是省政府命名，有的找科研机构挂牌，但都没有统一的科学评估标准，使"长寿乡""长寿县""长寿市"命名活动处于无序状态。

符合什么条件才能称"中国长寿之乡"？应由什么机构评审最合适？应该有什么程序来保障评审质量？这些问题都急需解决。

在此背景下，中国老年学学会根据自身职责和社会需求，对区域长寿现象作出理论说明，对长寿之乡标准作出科学界定，以此促进长寿之乡认定和命名活动走向健康和规范的轨道。

二、钟祥会议确定了长寿之乡认定标准的理论框架

2005 年 5 月，中国老年学学会第四次会员代表大会在四川省眉山市召开，大会确定

---

* 作者：赵宝华，原全国老龄办副主任，中国老年学和老年医学学会第四、五届理事会常务副会长。

了中国老年学学会今后 5 年的 10 项工作任务。新当选会长李本公要求，第四届理事会的一项重要工作，是开展区域长寿研究，制定现阶段中国长寿之乡标准，科学有序地开展长寿之乡评估工作。

为了把长寿之乡标准制定工作落实好，2006 年 4 月，中国老年学学会成立了以萧振禹研究员为主任的"区域长寿部"，同时组织成立"区域长寿标准专家委员会"。

2006 年 4 月 22—23 日，首届区域长寿标准专家研讨会在湖北钟祥市召开，会议由中国老年学学会主办、钟祥市人民政府协办、钟祥市长寿研究会承办，出席会议的有中国老年学学会常务副会长兼秘书长赵宝华、湖北省老龄委办公室主任郭义友、著名系统论专家于景元和人口长寿问题有关的多学科专家，应邀参会的还有如皋市、青岛市、都江堰市、彭山市、麻阳县老龄工作机构代表，以及钟祥市长寿研究会成员，总计 80 多人。会议由学会"区域长寿部"主任萧振禹主持，郭义友主任和章良华副市长到会祝贺。会议宣告成立中国老年学学会"区域长寿标准专家委员会"，由涉及老年人口学、老年医学、老年生物学、老年心理学、老年社会学、老年营养学以及环境科学、社会统计学的 27 名专家组成，于景元为主任委员，萧振禹、杜鹏和王鲁宁为副主任委员。

研讨会上，赵宝华常务副会长作了《关于区域长寿标准问题的若干思考》的专题报告，就开展区域长寿研究的背景、区域长寿标准专家委员会的任务、区域长寿标准的理论框架、开展评审工作的原则、工作进程安排等问题提出了意见。

经过讨论，会议在制定区域长寿标准的指导思想、基本原则和指标体系框架等方面达成了共识。会议认为，区域长寿标准，应该是一个以人口长寿为主要特征的科学指标体系，应以人口长寿指标为核心来设计，涉及人口、环境、经济、社会、文化等诸多领域，做到专业性与综合性结合。长寿之乡标准的指标体系包括三个层次：

第一个层次是前提条件，即区域人口数量必须达到一定规模。规模越大，长寿人口的稳定性越强，因此人口规模要有门槛。

第二个层次是核心条件，从人口发展的方向、空间、时间三个维度构建核心指标。一是人口长寿的代表性，即百岁老人占总人口的比例要高于全国平均水平；二是人口长寿的整体性，即区域人均预期寿命要高于全国平均水平；三是人口长寿的持续性，即 80 岁及以上老年人口占总人口的比例必须达到一定水平。

第三个层次是参考性指标，即支持和影响区域人口持续长寿的一些关键性因素，可从经济发展水平、自然环境、社会保障、文化环境等四个方面建立若干个数据便于统计和收集的指标。

会议还认为，在标准设计上有两个数据最重要。一是传统标准，即百岁老人占总人口的比例，反映了该地区的长寿水平；二是现代标准，即人均预期寿命，反映了该地区经济和社会发展的水平。长寿之乡标准应该是传统标准和现代标准的结合。

会议强调，制定长寿之乡标准，开展实际评审工作，是属于民间性、专业性、非永久性的科学研究和社会实践活动。

会议责成区域长寿部主任萧振禹会后组织专家委员会，根据会议共识、国际研究成果以及我国人口和经济社会发展实际，进一步优化长寿之乡指标体系、科学合理确定指标数值。

钟祥会议取得的研讨成果，为后续长寿之乡认定工作奠定了理论基础，具有创新性意义。

三、第一届中国长寿之乡标准及 7 年认定工作

钟祥会议后，在萧振禹同志组织下，专家委员会先后进行了多次讨论研究，征求了部分长寿地区的意见，经过了大半年的努力，完成了《"中国长寿之乡"标准》《"中国长寿之乡"评审办法》和《"中国长寿之乡"标准技术说明》等三个文件的起草工作，并经中国老年学学会第四届第七次常务理事会审议通过，于 2007 年 1 月向社会公布，开启了中国长寿之乡的实际认定工作。

《"中国长寿之乡"标准》规定：申报单位须是人口规模达到 10 万以上的县级人民政府，必达指标有三个：长寿的代表性指标，规定百岁老人占总人口的比例达到 7/10 万；长寿的整体性指标，规定区域人口平均预期寿命高于全国平均水平 3 岁；长寿的持续性指标，规定 80 岁及以上老人占总人口的比例要达到 1.4%。12 项考核指标中，要有 2/3 以上的项目达标。

《"中国长寿之乡"评审办法》规定了评审的指导思想、称号定位、评审原则、评审范围、评审程序、评审经费等多项内容，明确了评审工作的三条原则：一是自愿申报；二是委托专业机构核查；三是结论实事求是。

长寿之乡评定工作的程序是：1. 报送申请报告；2. 学会区域长寿部调查摸底；3. 委托中介机构核查；4. 组织 7 名以上专家赴申报地考察评审；5. 专家评审结果报常务理事会审议通过；6. 审议通过后向社会公示结果；7. 公示 10 天后，社会无异议，即公布命名文件；8. 根据申报单位需要，共同举行授牌仪式及新闻发布会。

第一届中国长寿之乡认定工作自 2007 年 7 月启动到 2013 年 7 月止，总共受理认定了广西永福县、湖南麻阳县等 46 个地区，其中地市级 3 个、县市级 43 个，分布在 14 个省市区，人口最多的丽水市 260 多万人，最少的柘荣县 10 万多人。从经济状况分析可以将这些地区分为三种类型，即富裕型（占 28%）、小康型（占 48%）和温饱型（占 24%）。经研究发现，评出的长寿之乡具有六个共同的特征：一是长寿指标居高，二是生态保护坚决，三是社会事业协调，四是经济后发优势明显，五是长寿文化厚重，六是社会心理平和。

实践证明，长寿之乡的认定工作发挥了四个积极作用：第一，中国长寿之乡称号，是重要的文化软实力，可以增强地区自身的魅力和吸引力，提升知名度和综合竞争力；第二，长寿之乡代表绿色生态、绿色生活和绿色发展，对各地落实科学发展观具有很强的示范作用；第三，可以丰富和发展我国的长寿理论和长寿文化，增强长寿之乡居民的健康意识和长寿意识；第四，可以增强长寿之乡居民的满足感和幸福指数。

长寿之乡评审工作，是中国老年学学会对学术研究工作与社会实践相结合的有益探索，是把长寿研究成果服务于地方实际需求的科学实践活动，从中可以获得四方面启示：

启示之一，中国长寿之乡百岁老人分布和生活状况呈现了明显的规律性。百岁老人大多聚集性地分布于我国南部的江河流域、丘陵山区、冲积平原，生活在傍山、依水、临海

的地方；80％左右的百岁老人是女性，说明女性具有明显的长寿优势；70％以上的百岁老人居住在经济社会不太发展的农村和边远山区；百岁老人的子孙普遍孝顺，许多家庭是五代同堂，十分和睦；百岁老人平均睡眠时间为每天9.6小时，心理平和，知足常乐。

启示之二，长寿之乡走的是绿色发展道路，其共同的经验是正确处理五个关系：正确处理人和自然的关系，保护环境，节约资源，努力实现人与自然生态的和谐；正确处理经济发展和社会发展的关系，努力实现经济与社会和谐发展；正确处理人与人的关系，坚持以人为本，重视民生与社会公平，关爱健康和生命，努力实现人与人、人与家庭、人与社会的和谐；正确处理当前利益和长远利益的关系，追求资源的可持续利用，实现当代和子孙后代的利益和谐；正确处理发展中的人口问题，促进人口长期均衡发展。

启示之三，中国同世界长寿大国还有很大的差距。纵观2010年全球各国长寿情况，美国百岁老人5.3万人，日本4.4万人，中国以3.6万人总量排名第三。但百岁老人占总人口比例却只有3/10万左右，同以34/10万的比例处于世界第一的日本相差10倍，中国距世界长寿大国，仍有很长的路要走。

启示之四，"长寿之乡"是长期形成的，是动态发展的，也要与时俱进。

四、第二届中国长寿之乡标准及3年认定工作

2013年年初，随着我国人口寿命的增长，符合长寿之乡条件的地区越来越多，2007年制定的长寿之乡标准明显偏低。为了控制数量、提高质量，学会李本公会长召开办公会议，决定暂停申报，提高长寿之乡标准。会后通过课题招标办法确定萧振禹和杜鹏负责起草升级版的新标准。

2013年7月，中国老年学学会为了推动长寿之乡建设向更高水平发展，公布了第二届中国长寿之乡《认证标准》和《认证办法》，同时进一步规范了中介机构的核查内容和核查要求，与中介机构签订了新的核查协议。

第二届中国长寿之乡《认证标准》，既保持了指标框架体系的一致性，又体现了指标优化和数值标准提升，主要变化是：一是前提条件的人口规模，由第一届的10万户籍人口提高到15万，增加了5万；二是存活实足百岁老人占总人口的比例，由第一届的7/10万提高到10/10万，提高了3个点；三是人口平均预期寿命底线规定为76.8岁，比第一届提高了2.4岁。

第二届长寿之乡认定工作进行到第三年时，根据民政部"长寿之乡认定工作属于评比达标活动，必须报请国务院批准"的纪检督察意见，学会决定在全国停止认定工作，于2016年1月发布了《关于停止受理第二届"中国长寿之乡"申报工作的公告》，至此，第二届共计认定了安徽金寨县等30个"中国长寿之乡"，两届合计共有76个"中国长寿之乡"。

综观76个"中国长寿之乡"，虽然有许多差别，但都拥有以下四个共同的优势：

1. 生态环境优良　大多数寿乡山清水秀，森林覆盖率较高，水资源丰沛而且洁净，空气新鲜，气候宜人，许多地方处于原生态；大多拥有景点景区，例如大新的德天瀑布、金秀的天堂寨、赤水的丹霞地貌、印江的梵净山、巴马的百魔洞、丰顺的温泉水城、阳朔的漓江泛舟、文成的红枫古道、永嘉的楠溪江、修武的云台山、丽水的仙都、乳山的银

滩、溧阳的竹海，等等。

2. 历史独特 长寿之乡大多拥有悠久的文明进程，有独特的历史遗存，留下了许多古镇、古村、古街、古屋、古泉、古码头、古驿站、古盐道、古石刻、古牌坊、古墓葬等历史文物，拥有丰富的民族民俗文化传统，人文底蕴深厚，例如大埔有千年古镇百侯，富川有"唐村、宋寨、明城"，桐庐有严子陵钓台，钟祥有明显陵，昭平有黄岩古镇，容县有"真武阁"，文成有刘基故里，等等。长寿之乡文化包含了农耕文化、山水文化、地质文化、山歌文化、品茶文化、楹联文化、民族文化、名人文化、科考文化、宗祠文化、海洋文化、华侨文化、慈善文化、民俗文化、长寿文化、敬老文化、红色文化等，反映了各自的特性和浓厚的人文精神。

3. 百姓安适 独特的地理环境和历史进程，孕育了长寿之乡人民热爱自然、善待山水、饮食绿色的生活习惯，孕育了善良纯朴、宽厚包容、孝亲敬老的优秀品质，也孕育了心态平和、乐观开朗、知足常乐的生活心态，大多数百岁老人过着顺其自然的慢生活。

4. 产业绿色 长寿之乡大多不以工业为主要发展方向，走的是一条绿色发展之路，保持了与环境的友好关系。此外，它们还普遍拥有渴望发展的政策优势、土地储备充足的资源优势，以及劳动力成本相对较低的优势，等等。

总结 10 年"长寿之乡"的认定实践，可以获得两条启示：

启示之一，区域人口长寿的根本原因是两个"方式"搞得好。个人微观视角是"生活方式"好，核心是心态好；地区宏观视角是"发展方式"好，坚持绿色发展、均衡发展、惠及民生的发展。

启示之二，发展是人口长寿的基础。从世界范围看，富裕国家人口更长寿。以中国目前的发展水平，距世界长寿大国还有一定的距离。

五、长寿之乡团体标准的制定和认定工作的新阶段 *

2019 年 1 月，中国老年学和老年医学学会第六届理事会依据健康中国战略和地方绿色发展的强烈要求，在全面总结前两届长寿之乡认定标准实践经验的基础上，制定和颁布了新一届长寿之乡认定准则和方法，在指标、体系、内容及其排序方面进行了一系列调整，凸显了科学性、规范性和延续性。

（一）新一届长寿之乡认定准则和方法的特点

1. 有明确的理论指导 新一届长寿之乡认定准则的理论指导和依托非常明确，主要有三个：一是习近平总书记有关生态文明建设、健康中国建设和绿水青山建设的重要指示；二是国家《"健康中国 2030"规划纲要》提出的方针和具体活动；三是地方政府发展康养事业和产业的需要。

2. 国家标准委正式认定的团体标准 前两届长寿之乡认定标准均是中国老年学学会创立的学会标准。随着国家经济社会发展和立标建标国内外形势的变化，国务院于 2015

＊ 作者：姚远。

年颁布了《深化标准化工作改革方案》的"13 号文件",将标准制定分为政府主导制定和市场自主制定两大类。政府主导制定的标准整合精简为 4 类,分别是强制性国家标准、推荐性国家标准、推荐性行业标准和推荐性地方标准;市场自主制定的标准分为团体标准和企业标准。在标准制定主体上,鼓励具备相应能力的学会、协会、商会、联合会等社会组织和产业技术联盟协调相关市场主体,共同制定满足市场和创新需要的标准;在标准管理上,国务院标准化行政主管部门组织建立全国团体标准信息平台,加强信息公开和社会监督。国务院标准化主管部门会同国务院有关部门制定团体标准发展指导意见和标准化良好行为规范,对团体标准进行必要的规范、引导和监督。国家质检总局(现国家市场监督管理总局)、国家标准委根据国务院"13 号文件"要求,于 2016 年制订了《关于培育和发展团体标准的指导意见》,明确了团体标准的合法地位,并于 2016 年 3 月将全国团体标准信息平台正式发布上线,2019 年 1 月将团体标准制修订公共服务平台正式发布上线。

中国老年学和老年医学学会作为国务院和国家标准委文件规定的合格的团体标准制定主体,依法依规依程序启动了起草长寿之乡认定标准的工作。2018 年 8 月 28 日,学会获得在全国团体标准信息平台发布团体标准的资格。9 月 4 日,会长办公会议决定启动《中国长寿之乡评定标准》申报团体标准立项工作;9 月 7 日,完成立项申报书。其后,又对标准的名称和指标进行多次讨论,并征求标准化专家的意见。专家的意见有四:一是将名称中"中国"去掉,二是将"标准"改为"准则和方法",三是对部分指标进行调整,四是按照团标报告书格式进行文件形式的调整。11 月 23 日,《长寿之乡评定准则和方法》征求意见稿在全国团标信息平台发布,广泛征求各界专家的意见。同时,又组织了一个包括部分长寿之乡领导在内的 6 人专家组,起草组和他们进行了一对一的意见征求。在征求意见截止后,起草组认真逐项研究了专家的修改意见,对准则的名称、内容和表述再次进行修改,于 2019 年 1 月 10 日完成了《长寿之乡认定准则和方法》送批稿。1 月 20 日,在中国老年学和老年医学学会召集多个领域专家组成的审定会上,经过严格审议和认真讨论,送批稿获得全票通过。1 月 24 日,《长寿之乡认定准则和方法》通过国家标准委审核,并在全国团体信息平台正式发布。

3. 凸显与时俱进的创新性 新一届长寿之乡认定准则不仅具有标准的延续性,更重要的是突出了创新性,主要体现在 5 个方面:一是指标框架更为简明,数据均具有可获得性。11 项指标中,在坚持 3 项核心指标基础上,支撑指标由原来的 12 项简化为 8 项,内容更加紧凑,指标更为明确,框架上连国家方针、下接地方实际,反映出对长寿之乡认定活动认识的跨越性提升。二是指标突出政府主体的理念。强调政府的相关责任、推动政府出台和完善相关制度政策是准则的一个特色。三是指标有创新性调整。缩小城乡人口收入差距是实现社会分配公平性的具体要求,以往标准主要通过分别考察城市和农村人均可支配收入与相应全国城市和农村人均可支配收入水平进行比较,而新一届长寿之乡认定准则强调了"经济收入及收入公平性",既要求考察"区域内平均收入水平达到或超过全国平均收入水平",又新增了"城乡居民人均可支配收入的差距小于全国平均水平",突出了对缩小区域城乡平均收入差距的关注,将促进社会公平纳入长寿之乡认定准则之中。另外,养老服务是长寿之乡认定的传统内容。前两届长寿之乡认定指标主要关注养老床位数和卫生技术人员数,而本次准则的相关内容增加了老年人健康管理和医养结合、智慧医养等新的养老服务视角。四是指标有新的提升。根据目前人口老龄化和高龄化发展以及人口平均预期寿命提高的整体趋势，原有指标已经不能体现当前长寿之乡的基本状况和水平，因此，指标提升势在必行。在核心指标中，人口平均预期寿命由第二届的 76.8 岁提高到 79.3 岁，百岁老人占总人口的比例由 10/10 万提高到 11/10 万；80 岁及以上高龄老人占 60 岁及以上人口的比例由 14％提升到 15％。五是指标突出了生态环境在整体指标中的重要地位，在 8 项支撑指标中有 4 项涉及生态环境质量。

4. 创建了规范化的实施细则　在建立新一届长寿之乡认定准则的同时，还拟定了规范化的实施细则。一是坚持认定工作规范化和向上级主管单位报批的制度。二是明确认定的自愿原则、公开原则、公正原则、规范原则等四个基本原则。三是认定过程更加突出专家的主导作用。对于申报资料是否合规、资料和数据是否完整可靠、实地情况是否真实、能否通过最终认定等均由专家组集体讨论决定。四是建立了取消长寿之乡申报资格的制度。对于提交虚假资料和数据的机构，将撤销申报资格且 3 年之内不得再次申报。五是建立了"助推长寿之乡发展计划"。包括整体打造长寿之乡品牌、发展康养产业、设计开发长寿之乡名优产品、开发康养旅游资源、建设长寿之乡博览园、举办论坛会议、挖掘长寿之乡文化、组织银龄行动等内容。

（二）新一届长寿之乡认定工作及对健康长寿发展的意义

新一届长寿之乡认定准则和方法公布后，经过 2 年多实践，总共认定了 14 个长寿之乡和 1 个全域长寿市。2019 年认定了 6 个长寿之乡：广西合浦县、广西乐业县、广西浦北县、广西藤县、四川西充县、云南金平县。2020 年认定了 5 个长寿之乡：福建寿宁县、广西贺州平桂区和八步区、广西梧州市苍梧县、江苏东台市，还认定全域长寿市 1 个：广西贺州市。2021 年认定了 3 个长寿之乡：广西贵港市港南区、广西防城港市防城区、广西来宾市武宣县。

健康长寿是一个多维度多层次的概念。新一届长寿之乡认定准则在思路上、框架上、内容上做了诸多创新性调整，有利于促进地区在健康长寿方面的发展。

1. 对国家发展的新时代理念进行一种落实　我国进入发展的新时代，新时代有许多新的发展思维，其中最重要的是明确指出我国社会主要矛盾已经转化为人民日益增长的美好生活需要和不平衡不充分的发展之间的矛盾，将维护人民的利益和满足人民的需求作为党和政府执政的最高要务。而人民对美好生活的渴望和追求表现在多个方面，既有对充裕的物质生活的需求，也有对丰富的精神生活的需求，更有对良好的生态环境、和谐的社会环境、公平的制度政策等的需求。新一届长寿之乡认定在准则中增加了对优良的生态环境、缩小城乡居民收入差距和满足老年人健康需求等方面的考察，是对新时代发展理念和方针的具体落实。

2. 与"健康中国"密切对接　《"健康中国2030"规划纲要》指出，健康是促进人的全面发展的必然要求，是经济社会发展的基础条件。实现国民健康长寿，是国家富强、民族振兴的重要标志，也是全国各族人民的共同愿望。

健康中国是一个综合性目标。实现健康中国，需要多方面、多专业、多领域的共同努力。长寿之乡认定工作恰恰是这样一个能够体现综合性和多专业的活动。新一届长寿之乡认定工作从人口学、社会学、经济学、老年医学、环境学、文化学等多个专业角度制定了综合性的准则，并通过强化政府主责、学会助推、产业发展、提升软实力等措施，将长寿人口、医疗服务、经济保障、环境建设、文化发展、康养经济融为一体，构建了一个以确保长寿健康为特质的，整体的、系统的、协调的支持体系。每一个长寿之乡认定，都是实现健康中国的一个环节，也是推动健康中国发展的有机组成部分。

3. 推动从长寿到健康长寿的转型 在三个长寿之乡认定标准的制定和考察过程中，可以清楚地看到，前两届基本是围绕长寿现象进行的。一是将百岁老人比例列为必达指标之首。二是参考指标基本上是围绕着维系长寿和百岁老人生存而设计的，比如经济保障的人均收入、恩格尔和基尼系数、百岁老人补贴等，医疗服务保障的养老床位和卫生技术人员数、生存的生态环境的森林覆盖率、环境空气质量、水质量等，以及是否在长寿之乡建立长寿研究机构等。

新一届的长寿之乡认定准则和考察，则既强调了长寿，更突出了健康。一是拥有全国推动大健康发展和促进康养产业发展的社会背景。二是核心三项指标中以人均预期寿命为首，反映了对群体寿命的关注，而群体寿命是群体健康的重要表征。三是支撑指标体系中以生态环境建设为首，而且强化了政府在制定制度和政策方面的作用，这就保证了对健康有重要影响的绿水青山的可持续发展。四是社会分配中强调城乡人均可支配收入的公平性，夯实为实现全民寿命提高和健康水平提升的经济基础。五是关注养老服务供给侧中的敬老孝老文化建设，满足老年人对健康心理的需求。六是加强医养结合和智慧医养建设，用现代养老理念和技术促进老年人健康水平和长寿质量。

从第一届长寿之乡认定标准和实践到新一届长寿之乡认定准则及实践的发展，是从注重长寿现象向注重健康长寿（长寿质量）的转型，是从长寿社会现象向健康长寿政府主责推动的转型，是从以好生活促长寿向以科学技术、科学管理实现健康长寿的转型，是从长寿的区域特征向健康长寿的大健康大发展的大局特征的转型，由此充分体现了新一届长寿之乡认定内涵的理论自觉和实践自觉。

4. 引导地方发展的新认识和新实践 中国长寿之乡认定活动自开展以来，在促进地方发展方面取得了比较丰富的成果，越来越获得地方政府的充分肯定。新一届长寿之乡认定准则发布并正式开展认定活动以后，这项活动在引导地方发展方面展现了完全不同于前两届认定的新认识和新实践。这个方面最具代表性的是长寿之乡认定活动与广西大健康产业发展的有机融合。一是长寿之乡认定活动第一次纳入省级行政机构发展规划之中，二是新一届长寿之乡认定准则的支撑指标构成了广西大健康产业"6＋N"的基础，三是33个中国长寿之乡成为广西大健康产业发展最具吸引力的名片。

新一届长寿之乡认定活动与广西大健康产业发展的有机结合，证明了长寿之乡认定活动可以突破县级而达到省级的新高度，健康长寿已然成为长寿的新标准，并可以融入大健康产业发展的蓝图之中。新的认识带来新的实践，新的实践带来新的发展，而新的发展必将为新一届长寿之乡认定活动的开展提供更好的环境和更大的机遇。

长寿之乡发展联盟的成立和发展[*]

第一届中国长寿之乡认定活动进行了 5 年后，30 多个获得长寿之乡称号的县市，都面临着共同的问题："长寿之乡"如何运用长寿之乡品牌不断提升知名度和竞争力，如何发展有地域特色的长寿文化和长寿经济？希望建立一个长寿之乡之间互相学习和交流合作的联盟平台的呼声越来越高。

一、联盟成立前的两次联席会议

（一）第一次长寿之乡联席会议

2012 年 4 月，山东省文登市首先提出建立长寿之乡发展联盟的建议，并起草了《联盟章程草案》，希望中国老年学学会支持，文登愿意做会议东道主。中国老年学学会研究决定，同意在文登召开一次长寿之乡联席会议。

2012 年 9 月 18 日，首届"中国长寿之乡"联席会议（简称"联席会议"）在文登市召开。中国老年学学会常务副会长赵宝华、秘书长翟静娴、文登市市长栾波、副市长姜进军以及来自全国 20 多个"中国长寿之乡"的代表共计 80 多人出席了会议，其中岑溪县（现岑溪市）、崇明县的主要领导参加了会议。

会议由姜进军副市长主持，栾波市长致辞。赵宝华常务副会长就建立联席会议制度的必要性、联席会议的主要任务、联席会议共识草案等问题进行了主旨发言，文登、夏邑、溧阳等市县陆续介绍了利用"长寿之乡"品牌促进发展的专题经验，随后，参会代表围绕创建"中国长寿之乡"联席会议的有关问题，展开了热烈讨论，提出了许多有价值的意见。

经过充分讨论达成六项共识：

1. "中国长寿之乡"活动价值　中国老年学学会组织开展的"中国长寿之乡"科学认定活动，增强了长寿地区公民的健康长寿意识和环境保护意识，提升了当地百姓的幸福指数，促进了当地长寿文化和长寿经济的发展，提高了申报地的知名度和综合竞争力，是推动科学发展的有效载体，受到了各地的热烈欢迎和广泛好评。"中国长寿之乡"已经成为含金量很高的社会品牌。

2. 设立联席会议　为了促进中国长寿之乡的持续发展，有必要设立"中国长寿之乡"

————————

＊ 作者：赵宝华，朱雪飞，刘光烁。

联席会议（以下简称"联席会议"）。联席会议的宗旨是，以科学发展观为指导，为发展长寿文化和长寿经济提供新鲜经验、宣传平台与合作机遇，为成员单位可持续发展注入新的活力。

3. 联席会议的主要任务 联席会议的主要任务是，交流发布区域人口长寿的研究成果和经验；提出加强中国长寿之乡相关工作的指导性意见；培育健康长寿文化的知名品牌；开展优质产品和服务的推介活动；促进资金、人才、技术的跨地区流通；讨论跨区域的合作计划与合作项目；举办专题论坛、政策研讨、项目推介、文化节庆、参观考察等多种形式的活动；创造条件开展长寿文化和长寿经济方面的国际交流与合作。

4. 联席会议的制度 联席会议实行成员单位志愿承办的轮值主席制度，不定期召开，"中国长寿之乡"代表和从事老年健康产业并有合作项目的企业单位自愿参加，按照"志愿轮值、民主协商、互利合作、共同发展"的原则和机制开展相关活动。轮值主席在自愿申报基础上按择优原则协商确定。

5. 联席会议承办方式 联席会议承办单位为轮值主席单位，中国老年学学会确定一名联席会议秘书长。会议期间各项事务原则上由承办单位负责，中国老年学学会配合。休会期间日常事务由中国老年学学会负责协调。

6. 联席会议支持工作 成员单位主要领导应切实重视联席会议工作，使其成为推动中国长寿之乡后续发展的重要依托；建议各成员单位成立长寿办公室，负责长寿文化和长寿经济发展的内外协调工作；长寿办公室可以单设，也可以设在老龄委办公室。

联席会议号召，各成员单位要珍惜"中国长寿之乡"称号，积极参加联席会议的各项活动，为促进中国长寿文化和长寿经济发展贡献力量。

（二）第二次长寿之乡联席会议

党的十八大召开后，为落实《联席会议文登共识》，中国长寿之乡第二次联席会议于2013年11月5—7日在浙江杭州桐庐县隆重举行。中国老年学学会会长李本公、全国老龄办副主任朱勇、浙江省人大常委会副主任姒健敏、浙江老年学学会会长徐鸿道、杭州市人大常委会副主任徐苏宾、浙江省老龄办主任苏长聪、杭州市市政府副秘书长赵敏、桐庐县委书记毛溪浩等，第一届"中国长寿之乡"的领导，各省（区、市）、计划单列市老年学学会代表，长寿文化和环境生态等方面的专家学者，《美丽中国与寿乡发展》优秀论文获得者，首届"百岁人生"书画摄影大赛获奖作者以及桐庐县各级部门领导380多人参加了会议。

李本公会长在开幕式中指出：第二次联席会议的目的是认真贯彻党的十八大精神，总结交流第一届长寿之乡发展的理论和经验，更好地开展第二届中国长寿之乡认定工作，推动生态文明和美丽乡村建设，促进长寿之乡可持续发展。

李本公会长指出：本次会议的主要议程包括三项内容，一是举办以"美丽中国建设与长寿之乡发展"为主题的高峰论坛，总结交流长寿之乡发展的经验；二是举办以百岁人生为主题的全国首届书法绘画摄影大赛获奖作品展览；三是出版发行《相约美丽与幸福》大型画册，让世界更多地了解中国长寿之乡，了解中国百岁老人的生活。

第二次联席会议开了两天，取得了五项重要成果：

1. 提升了对"长寿之乡"品牌价值的认知 会议发行的《长寿之乡与美丽中国》论文集和第一届中国长寿之乡名录《相约美丽与幸福》画册，以近百篇论文和400多张照片展示了第一届46个长寿之乡的美丽风貌、发展成果和特色经验。李本公会长在画册序言中指出"长寿之乡认证工作，是一项涉及人口、环境、资源、文化、经济等各方面的综合性指标，强调人的生活质量和幸福指数，体现了科学发展观的要求""'中国长寿之乡'称号是一张含金量很高的社会名片"。全国老龄办副主任朱勇要求，要加倍珍惜长寿之乡的品牌、加倍珍惜百岁老人、加倍珍惜长寿之乡的环境。

2. 经验介绍和专家报告 桐庐县、丽水市、修武县、溧阳市和大埔县做了经验介绍，丰富了各地推动长寿之乡发展的思路和方法。姚远教授和彭青教授分别做了《长寿之乡与幸福中国建设》和《长寿之乡旅游开发思考》的报告，扩宽了代表们的理论视野。

3. 形成了"长寿之乡如何持续发展"的初步共识 党的十八大提出了"加强生态文明"和"美丽中国建设"的战略任务，新形势下，长寿之乡如何持续发展？赵宝华常务副会长在总结报告中提出6点意见：第一，维护生态之美；第二，重视文化建设；第三，坚持城乡一体；第四，促进社会公平；第五，推动敬老惠老；第六，注重转变经济增长方式。

4. 首届"百岁人生"书画摄影大赛获奖作品展促进了发展长寿文化的意识 中国老年学学会于2013年年初启动了《"百岁人生"全国首届书法绘画摄影主题创作大赛》，收到来自各地的各类作品约1400多件，其中书法600多幅、绘画160多幅、摄影700多幅。反映中国长寿之乡的作品占了很大一部分。经专家评选，选出一、二、三等奖27名、优秀作品奖37名、百岁才艺奖9名，同时编辑出版了《百岁人生书画集》和《百岁人生摄影集》。大赛获奖作品在桐庐会议上展出，以绘画、书法和摄影的艺术形式反映了长寿老人的生命年华和我国改革开放的巨大进步和繁荣昌盛。

5. 增强了长寿之乡联席会议制度的凝聚力 这次联席会议规模大、内容丰富、报告有质量、代表收获多，增强了长寿之乡联席会议制度的吸引力，与会代表希望这个会议制度能够成为长寿之乡抱团发展的平台。

在文登和桐庐召开的两次联席会议，为正式建立长寿之乡绿色发展区域合作联盟奠定了思想基础和组织基础。

二、联盟筹备

丽水市是中国长寿之乡中唯一的地级市，人口、面积、经济的体量都比较大，2013年5月被授予"中国长寿之乡"称号后，市委市政府高度重视"中国长寿之乡"品牌的推广利用工作，把"中国长寿之乡"品牌作为走"绿水青山就是金山银山"绿色生态发展道路、推进"全国生态保护和生态经济发展示范区"建设的重要抓手，打造"秀山丽水 养生福地 长寿之乡"的新形象。

丽水市认为，要打响长寿之乡品牌，长寿之乡需要抱团发展。2015年年初，丽水市老龄办新主任朱雪飞获悉中国老年学和老年医学学会和有关长寿之乡酝酿成立长寿之乡联盟的信息后，建议由丽水牵头发起成立中国长寿之乡绿色产业发展联盟，并得到了副市长兼老龄委主任任淑女以及市委市政府主要领导的肯定和支持。

2015年7月10日，丽水市人民政府正式向中国老年学和老年医学学会发出《关于倡议建立中国长寿之乡绿色产业发展联盟的函》。信函中说"为了中国长寿之乡经济社会发展，丽水市拟联合贵会区域长寿研究分会、广西老年学学会、如皋市、文登市、赤水市、溧阳市等单位，共同发起建立'中国长寿之乡绿色产业发展联盟'，希望得到贵会的支持和指导"。信函还讲了"建立'发展联盟'的迫切性与可行性"和"建立'发展联盟'的框架"，最后提出三项请求："（1）请贵会同意作为发展联盟的指导单位，或者作为支持单位；（2）恳请李本公会长担任发展联盟的理事长，赵宝华常务副会长担任执行理事长；（3）请求贵会于2015年12月在丽水市举办'中国长寿之乡'第三次联席会议，同时举行中国长寿之乡绿色产业发展联盟成立仪式。"

7月15日，丽水市委书记王永康、市长黄志平和浙江省老年学学会会长徐鸿道分别致信李本公会长。王永康在信中表示"贵会同意把长寿之乡联盟秘书处设在丽水，是对我市坚决贯彻习总书记有关指示要求，坚定地走'绿水青山就是金山银山'绿色生态发展道路的高度肯定和极大鼓励，我们将在您和贵会支持下，积极努力，把联盟办好办出实效"；黄志平在信中表示"我们定当积极努力把'中国长寿之乡绿色产业发展联盟'办出实效，不负众望"；徐鸿道会长在信中强调"此事经济社会效益可期，意义重大，影响久远，我会全力支持，恳请予以玉成"。

2015年7月28日，中国老年学和老年医学学会在认真研究了丽水市报告和领导的信函后，正式复函丽水市："你们联合有关单位共同发起建立'中国长寿之乡绿色产业发展联盟'，是一件切中现实需求的倡议，对于在长寿之乡地区推动绿色发展和绿色生活，促进经济社会转型升级都具有重大意义。经研究，我们同意作为该联盟的支持单位，愿意以我们学会的专家资源和学术智慧为中国长寿之乡的持续发展提供帮助和服务。"复函同时明确："我们同意在丽水市召开'中国长寿之乡'第三次联席会议，同你们的'发展联盟成立大会'相结合，由你负责主要筹备工作。"

随后丽水市决定由任淑女副市长负责建立联盟的各项筹备工作，并成立了以市老龄办为基础的工作班子，于10月成立了以市长黄志平为组长、副市长任淑女为副组长的长寿之乡联盟筹备委员会，并召开了多次筹备会议，比较重要的有三次：

第一次筹备会议2015年8月16—17日在浙江丽水召开，发起单位浙江丽水、江苏溧阳、山东文登、贵州赤水及广西老年学学会负责人出席，同时邀请中国老年学和老年医学学会和浙江老年学学会负责人列席会议。会议由丽水市副市长任淑女主持，讨论议题有四项：（1）完善《中国长寿之乡绿色产业发展联盟章程（草案）》；（2）讨论联盟筹建工作实施方案；（3）联盟成立后的工作思路和计划；（4）研究联盟理事会的组织构架和成立后的工作制度及运行机制。经过充分协商讨论，达成了广泛共识。发起单位负责人共同署名向李本公会长致函，邀请其担任联盟理事长。

第二次筹备会议是中国长寿之乡部分代表座谈会，于2015年9月17日在杭州开元名都大酒店召开，邀请了浙江桐庐县、文成县，福建柘荣县，江西丰城市，广西河池市、宜州市、天峨县、巴马县、大化县、凤山县、凌云县、钟山县，贵州赤水市、印江县，山东乳山市、威海市文登区等17个中国长寿之乡的代表及中国老年学和老年医学学会常务副会长赵宝华、秘书长翟静娴，浙江省老年学会会长徐鸿道、秘书长王先益参加会议。座谈会由丽水市政府副秘书长廖永平主持，丽水市副市长任淑女致辞，并介绍了联盟筹建有关情况，随后听取了各长寿之乡对联盟筹备工作的意见和建议。

第三次筹备会议于 2016 年 2 月 26 日在北京浙江大厦召开，中国老年学和老年医学学会、浙江老年学学会以及广西老年学学会负责人、浙江省丽水市、江苏省溧阳市、山东省文登区、贵州省赤水市等 5 个联盟发起单位和江苏省如皋市、福建省柘荣县、湖北省钟祥市等 10 个拟任联盟常务理事单位政府分管领导和相关部门负责人、联盟专家咨询委员会和企业家委员会拟任负责人共计 50 多人参加了会议。会议由丽水市任淑女副市长主持，经过深入讨论，原则通过了 4 份草案：（1）联盟章程草案；（2）联盟专家咨询委员会、企业家委员会组织框架及人选建议名单；（3）中国长寿之乡第三次联席会议、绿色产业发展联盟成立大会暨"长寿之乡与金山银山"（丽水）高峰论坛方案；（4）联盟 2016 年重点工作安排。会议决定在 2016 年 4 月在丽水市召开联盟成立大会。

最后任淑女副市长在总结讲话中提出三点意见："一、抱团发展目标要更加坚定。我们搭建联盟这个平台，只是营造了环境，最终还是要以市场为主体；二、联盟筹建要群策群力，共建共享。共享的前提是共建，两者是相辅相成的，共建共享的路径更加清晰；三、工作谋划上要高要远要全，但落地要紧、要实、要快。当前联盟筹建阶段，要确定有限目标，突出重点。"

三、联盟成立

2016 年 4 月 12 日，中国长寿之乡第三次联席会议暨中国长寿之乡绿色产业发展联盟成立大会及"长寿之乡与金山银山"高峰论坛在丽水市举行，51 个长寿之乡、中国老年学和老年医学学会、浙江省老年学学会、广西老年学学会的代表，以及相关专家学者和企业家代表 350 多人参加会议。会上依次召开了三个会议：

（一）中国长寿之乡绿色产业发展联盟第一次会员代表大会

由丽水市委常委、宣传部部长陈建波主持，大会审议通过了联盟章程草案、联盟理事会组成方案、联盟 2016 年工作计划以及专家咨询委员会和企业家委员会组建方案，宣告正式成立"中国长寿之乡绿色产业发展联盟"（以下简称"联盟"），并表决通过了大会决议。

参加发展联盟的首批会员代表有 200 多人，通过举手表决产生了第一届理事会组成人员和负责人：徐鸿道、郑度、陈可冀担任名誉理事长，李本公任联盟理事长，赵宝华任执行理事长，任淑女任常务副理事长，夏国浩、张炜、刘晓庆、王五一、徐炳东任副理事长，王五一兼专家咨询委员会主任，徐炳东兼企业家委员会主任，廖永平任秘书长，朱雪飞任常务副秘书长。

江苏如皋、浙江桐庐、福建柘荣、江西丰城、山东青州、湖北钟祥、广东梅县、广西龙州、四川彭山、贵州罗甸、广西东兰、山东莱州 12 家长寿之乡为常任理事单位，其他加盟长寿之乡为理事单位，上述单位分管领导分别为常务理事、理事。

（二）中国长寿之乡绿色产业发展联盟成立大会暨"长寿之乡与金山银山"（丽水）高峰论坛开幕式

浙江省人民政府副省长黄旭明，中国老年学和老年医学学会常务副会长赵宝华，全国政协教科文体委员会委员、中国癌症基金会理事长赵平，浙江省政协原副主席、省老年学学会会长徐鸿道，中共丽水市委书记史济锡，市委副书记市长朱晨，市人大常委会主任虞红鸣，市政协主席陈瑞商，浙江省政府办公厅副主任蒋珍贵，浙江省民政厅副厅长老龄办主任苏长聪，丽水市委常委组织部部长胡侠，丽水市副市长任淑女以及江苏省溧阳市委常委、副市长夏国浩，山东省文登区人民政府副区长张炜，贵州省赤水市副市长刘晓庆，中国老年学和老年医学学会副会长、专家咨询委员会主任王五一，丽水市农发公司总经理、企业家委员会总干事徐炳东等出席开幕式。

开幕式由浙江省老年学学会会长徐鸿道主持，黄旭明副省长、史济锡书记和当选执行理事长赵宝华分别在联盟成立大会上讲话。随后，史济锡、朱晨、赵宝华、蒋珍贵、夏国浩、张炜、刘晓庆一起，共同按亮了联盟成立启动球，宣告长寿之乡发展联盟正式成立。

新成立的发展联盟有五个特色：

1. 联盟高举"绿水青山就是金山银山"的旗帜 执行理事长赵宝华在致辞中说"联盟要坚持'两山'理念，努力把长寿之乡的绿色生态资源、历史文化资源、特色产业资源转化为品牌优势、特色产业优势和市场优势，转化为别具一格的综合竞争力，转化为金山银山""我们支持丽水市成立联盟，意在从'实践创新'和'理论探索'两个层面促进长寿之乡的绿色发展和绿色生活"。

2. 联盟获得浙江省政府支持 浙江省副省长黄旭明在讲话中说"成立中国长寿之乡绿色产业发展联盟，是深入贯彻'绿水青山就是金山银山'科学论断和'五大发展理念'的生动实践，是推动中国长寿之乡发展的创新之举""希望绿色产业发展联盟创造性地开展服务工作，加强品牌建设，着力打造成为促进区域绿色产业发展的高水平合作平台，助推经济和社会转型升级"。

3. 联盟由丽水市委市政府主导 市委书记史济锡在成立大会上表示："作为长寿之乡绿色产业发展联盟的一员，作为联盟秘书处所在地，我代表丽水市委市政府在这里郑重表态：我们将以最大热情、尽最大努力做好联盟服务工作，与各长寿之乡兄弟城市亲密携手、精诚合作、齐心协力，把联盟建设成为推动绿色产业发展的平台和窗口。"

4. 政府、企业、专家共同参与 联盟是政府主导的、为产业转型升级而建立的、松散式非正式区域合作组织，有47个中国长寿之乡加盟，17位有全国影响力的专家受邀参加，近200家企业入联，是多方参与，互利合作，具有公益性、引领性和互利性的社会公共平台。

5. 依托正式注册组织合法合规运行 鉴于国家当时政策，联盟尚未能登记注册，为了联盟对外交往和财务管理等需要，联盟2016年4月暂时用"丽水中国长寿之乡绿色产业发展联合会"名义进行登记，对外交往及内部管理时，以"丽水中国长寿之乡绿色产业发展联合会"运行。

（三）"长寿之乡与金山银山"（丽水）高峰论坛

4月12日下午，"长寿之乡与金山银山"高峰论坛在丽水大剧院召开，会议由联盟副理事长王五一主持。论坛分为两段，上半段为长寿之乡典型经验介绍，丽水市市长朱晨、溧阳市副市长夏国浩、文登区副区长张炜、赤水市副市长刘晓庆、青州市副市长马雪莲、东兰县副县长吴艳华依次介绍了坚持绿色发展的创新做法和新鲜经验。下半段为专家讲演，中国科学院地理科学与资源研究所研究员张义丰讲了"寿乡生态经济与绿色产业发展"，清华大学教授杨燕绥讲了"中国养老服务供给规划问题"，中国社科院旅游研究中心李明德讲了"特色文化是寿乡旅游业发展的支撑"，经验介绍和专家讲演均受到与会代表的欢迎。

最后，中国老年学和老年医学学会常务副会长赵宝华做了总结讲话，他说：丽水市牵头成立"中国长寿之乡绿色产业发展联盟"，是长寿之乡抱团发展的一次创新，不仅符合经济发展的趋势，也符合中央协同发展的要求。长寿之乡牵手，合作发展，意义重大。同时他提出了办好联盟的五条意见：（1）搞好联盟定位；（2）把品牌建设作为联盟的核心内容；（3）探索多种合作形式；（4）重在服务；（5）希望长寿之乡主要领导重视和支持联盟。

四、联盟发展

联盟自成立以来，坚定践行"绿水青山就是金山银山"的发展理念，坚持抱团发展、整合资源，在不断探索创新中努力服务长寿之乡及其企业发展，打响长寿之乡品牌，走过了不平凡的5年历程。截至2021年5月，全国已有加盟的长寿之乡及有关单位63家，加盟专家40多人，加盟企业300多家。5年来，联盟从以下5个方面推进了工作。

（一）精心组织年会，共谋联盟发展

年会，就是每年一次的联盟理事会（扩大）会议。2016年4月11—13日，联盟在丽水召开第一次会员代表大会暨联盟成立大会，其余四次按照"重要会议、重大活动实行申办制"的机制确定承办单位和会议地点。每次会议都精心组织，认真分析经济社会发展形势和长寿之乡面临的问题，共谋联盟发展大计，解决重大问题，部署品牌建设工作，主题明确、内容丰富、贴近实际、具有地方特色，对长寿之乡发展发挥了促进作用。

1. 联盟第二次年会 2017年5月18—19日，联盟第一届理事会第二次（扩大）会议暨长寿之乡康养旅游高峰论坛在贵州省赤水市召开，全国16个省（市、自治区）56个长寿之乡市、县（市、区）主要领导或分管领导、部门负责人，有关专家学者，企业负责人，媒体记者约300人参加了会议。

会议以"共建共享，互利共赢"为主题。贵州省老龄办专职副主任皮宇飞，遵义市人民政府副市长廖海泉、赤水市委书记况顺航到会并致辞。会议听取和审议了联盟理事会工作报告、联盟财务报告，联盟专家委员会、企业家委员会、北京办事处2017年主要工作安排及关于品牌建设完善意见的报告，听取和审议了联盟理事变更、常务理事以及秘书处

有关人员增补报告，增补了重庆市江津区为联盟副理事长单位，浙江永嘉、山东单县、四川雁江、贵州兴仁为联盟常务理事单位，并吸收了广东三水区，广西上林县、永福县为联盟理事单位，安徽金寨金果乡猕猴桃合作联社等10家企业为联盟企业新成员。大会上，联盟与中央电视台七频道《美丽中国乡村行》栏目组签订了战略合作协议，举行了《美丽中国乡村行——探寻长寿之乡奥秘》系列专题片开机仪式；介绍了"一机游寿乡"智慧旅游平台建设及拟开展长寿之乡旅游合作有关情况。联盟第一届理事会第二次（扩大）会议之后，专家委员会、企业家委员会、北京办事处还分别举办了系列专题活动。

"长寿之乡康养旅游（赤水）高峰论坛"开得隆重而有质量。贵州赤水、河南封丘、广西昭平分别介绍了建设长寿之乡品牌、推动绿色发展的经验，赤水市月亮湖生态渔业有限公司、山东省单县大汉村汉文化特色小镇集团、缙云县轩黄农业发展有限公司等企业介绍了企业绿色发展的经验。随后，中国吉利大学乌丹星教授作了"全面开放养老服务市场的未来展望"的主题演讲，《中国旅游报》报社社长高舜礼作了题为"大众旅游时代的旅居养老"的演讲，北京大学人民医院心血管疾病研究所所长胡大一介绍了健康中国新理念和医学专家寿乡行公益服务项目。

联盟执行理事长赵宝华在年会总结讲话中提出六条意见：（1）依托长寿之乡优势大力发展新兴战略产业；（2）重视发展合作经济；（3）积极推广政府和社会资本合作的PPP模式；（4）从生产要素着手推进绿色产业的供给侧改革；（5）坚持推进产品和服务的品牌化；（6）以眼光和胸怀重视和参与长寿之乡联盟的互利合作。

大会期间还举办了联盟周年回顾展、长寿之乡养生名优产品展等，与会人员考察了赤水市的特色康养、旅游项目等。

2. 联盟第三次年会 联盟第一届理事会第三次（扩大）会议暨新时代长寿之乡绿色发展与美好生活高峰论坛，于2018年4月25—27日在江苏省溧阳市召开，涉及15个省（市、自治区）的41个长寿之乡，以及地级市长寿之乡丽水市。各县、市、区有关部门的代表，绿色产业专家学者及相关企业负责人270多人参加了会议。

常州市委副书记蔡骏、溧阳市委书记蒋锋、中国老年学和老年医学学会会长刘维林到会并在大会开幕式上致辞，开幕式上还举行了2017中国长寿之乡"品牌建设十大亮点工作"和"十大好信息"证书颁发仪式，联盟与上海尚耕农业科技发展有限公司、香港健商国际有限公司康养旅行社有限公司签订了合作协议。

联盟第一届理事会第三次（扩大）会议审议通过了联盟理事会工作报告，专家委员会、企业家委员会、北京办事处工作报告，2017年联盟财务报告；审议通过了联盟完善名称为长寿之乡绿色发展区域合作联盟的报告；审议通过了理事会人员变更、增补及联盟扩员的报告，同意李本公辞去联盟理事长职务，同意刘维林辞去联盟北京办事处主任职务；联盟执行理事长赵宝华在大会上当选联盟理事长，中国人民大学副校长杜鹏增选为联盟副理事长，丽水市政府副市长王小荣当选执行理事长，中国老年学和老年医学学会秘书长翟静娴当选北京办事处主任；新吸收海南省澄迈县为联盟新会员；审议通过并明确了联盟专家委员会、企业家委员会、北京办事处工作职责及工作机制。联盟有关合作单位保利锦汉展览有限公司、湖北长寿文化研究所、央视《美丽中国乡村行》栏目组推介了有关合作项目的情况。

"新时代寿乡绿色发展与美好生活"（溧阳）高峰论坛是年会的亮点，开得很有针对性和指导性。论坛围绕如何顺应新时代对发展的新要求，如何把握主要矛盾发生的变化，响应新时代人民群众对美好生活的向往，将长寿之乡所蕴含的生态环境、长寿文化、养生物产等资源禀赋，转化为产业优势、竞争优势，形成独具特色的长寿之乡发展品牌、实现绿色发展等问题进行了探讨交流。论坛上，江苏溧阳、河南封丘、贵州赤水代表就用好"中国长寿之乡"品牌、推动绿色发展进行了经验交流，溧阳市天目湖玉枝特种茶果园艺场、山东单县大汉集团等部分企业进行了交流发言。论坛特别邀请了清华大学中国农村研究院助理研究员苏毅清、"本来生活"总裁助理孙红、浙江大学中国农业品牌研究中心副主任庄庆超等专家，围绕乡村振兴战略与长寿之乡发展、农产品品牌建设、区域公共品牌建设等问题做了专题讲演。大会期间还举办了溧阳市养生名优产品展，组织与会人员考察了溧阳市的特色康养旅游、美丽乡村等项目。

联盟理事长赵宝华作了年会总结讲话，对各长寿之乡如何认真把握新时代社会主要矛盾变化的机会转变发展方式、如何大力发展高质量的现代服务业、如何抓住乡村振兴的历史机遇重建乡村文明、如何发展有特色的长寿之乡文化等问题，提出了意见和要求。

3. 联盟第四次年会 2019 年 5 月 27—29 日，长寿之乡绿色发展区域合作联盟第一届理事会第四次（扩大）会议暨"两山理念与寿乡高质量发展"高峰论坛在威海市文登区隆重举行。来自全国 17 个省（市、自治区）43 个县（市、区）的中国长寿之乡代表、绿色产业专家学者、媒体记者及相关企业负责人近 240 人参会，共谋把长寿之乡品牌优势转化为产业优势和发展优势，把长寿之乡的"绿水青山"转化为"金山银山"，实现高质量发展。

大会认真总结了 2018 年的工作，部署了 2019 年的重点工作。会议撤销了联盟北京办事处；同意赵宝华辞去联盟理事长职务的请求，由中国科学院地理科学与研究所研究员、联盟副理事长王五一接任理事长职务，同意聘任赵宝华为联盟名誉理事长；同意因地方人事调整，由联盟执行理事长单位丽水市现任分管副市长卢彩柳接替王小荣任联盟执行理事长，同意由联盟副理事长单位文登区现任分管副区长李惠静、江津区现任分管副区长熊伟分别接替孔军、杨永芳任联盟副理事长，同意徐炳东辞去联盟副理事长、企业家委员会总干事的请求，同意丽水市现任政府分管副秘书长吴郁郁接替林宇清任联盟秘书长；同意由联盟副理事长单位文登区、赤水市现任主管部门卫生健康局局长徐琳、陈静，副理事长单位江津区政府办公室副主任刘升兵分别接替刘丽、刘涛、胡兵任联盟副秘书长。会议同意联盟企业家委员会人事调整方案，主任暂缺，福建柘荣北京商会会长郑沁彤担任常务副主任，周岭、吴子敬、季建强、周其亮、张京维、陈彬、蔡家泽、于海先、林红、濮爱玉、袁德等担任副主任；上海尚耕农业科技发展有限公司总经理金盛标担任总干事。大会审议决定吸收江苏省启东市、山东省东明县、中国中央电视台农业频道《美丽中国乡村行》栏目组、广州市保利锦汉展览有限公司加入联盟，成为联盟理事单位。大会还审议通过了 2018 年理事会工作报告、联盟财务报告等。随后举行了"2018 中国长寿之乡品牌建设十大亮点工作""第三批中国长寿之乡特色服务业示范城市、乡情体验基地、康养示范基地、乡贤人物"以及"2018 年度联盟工作积极分子"颁发证书、授牌仪式。

会议期间，还举办了"两山理念与寿乡高质量发展"（文登）高峰论坛。中国人民大学老年学研究所教授姚远、中国科学院生态环境研究中心研究员徐卫华、北京师范大学基础教育内涵改革研究中心研究员张晗东等做了专题报告；山东文登、福建柘荣等长寿之乡代表进行了经验交流，威海金颐阳药业有限公司、重庆市麦腾农业开发有限公司等部分企业进行了交流发言。

新当选的联盟理事长王五一在论坛总结讲话中，分析了联盟工作以及长寿之乡发展所面临的新形势、新任务、新挑战，对加强联盟工作及各长寿之乡发展提出了希望和要求。

大会期间，还组织与会人员考察了文登区养老养生产业发展、美丽乡村、健康文登建设。

4. 联盟第五次年会 联盟第一届理事会第五次（扩大）会议暨"长寿之乡与健康产业"高峰论坛于 2020 年 10 月 21—23 日在重庆市江津区隆重举行。来自全国 18 个省（市、自治区）48 个县（市、区）的长寿之乡代表、绿色产业专家学者、相关企业负责人、媒体记者共 280 余人聚首江津参会。重庆市江津区委副书记、区人民政府区长毛平，重庆市卫生健康委副主任蒋志强参加会议并致辞。

这次年会审议通过了理事会工作报告，对联盟理事会相关组成人员进行了调整，同意联盟副理事长单位文登区现任分管副区长刘建方、溧阳市现任分管副市长陆慧琦分别接替李惠静、曹俊任联盟副理事长，同意联盟理事长王五一不再担任专家委员会主任；同意姚远担任联盟副理事长兼专家委员会主任，同意中国社会科学院地理科学与资源研究所高级工程师虞江萍担任联盟副秘书长兼任专家委员会总干事；同意北京大学教授王红漫、上海社会科学院研究员左学金担任专家委员会执行主任。大会同意湖南省麻阳苗族自治县、山东省蒙阴县成为联盟理事单位；审议通过了联盟财务报告等。

大会公布了"健康中国我代言——中国长寿之乡百位健康百岁老人"名单和活动组织奖名单，隆重举行了"2019 中国长寿之乡品牌建设十大亮点工作""第四批中国长寿之乡特色服务业示范城市、乡情体验基地、康养示范基地、乡贤人物、养生名优产品"授牌以及"2019 年度联盟工作积极分子"的表彰仪式。

在"长寿之乡与健康产业"（江津）高峰论坛上，中国工程院院士樊代明、中国社会科学院数量经济与技术经济研究所研究员李军、北京大学教授王红漫、浙江省民政事业发展促进会常务副会长王先益等专家，围绕长寿之乡健康产业发展进行了专题讲演。重庆江津、贵州赤水等长寿之乡政府代表等进行了交流发言。中国农业电影电视中心、人民网"人民健康"栏目、广州保利锦汉展览有限公司、上海尚耕农业科技发展有限公司、湖北长寿文化研究所《长寿探秘》杂志等多家单位介绍了与联盟合作情况。

联盟理事长王五一在总结讲话中强调，"全国 80 多个长寿之乡，每一个都有自己优越的生态环境、丰厚的自然资源、悠久的历史文化、独特的人文禀赋，就像一颗颗散落在各地的珍珠。长寿之乡绿色发展区域合作联盟就像一条串珠的链子，目的就是要共同打响长寿之乡的金字招牌。因此，联盟的使命崇高、责任重大，各成员单位应开放包容、创新发展，团结一心、凝聚智慧，携手推进长寿之乡绿色发展、跨越发展"。

会议期间举办了"一江津彩"富硒农产品展和富硒食材推介活动，并组织与会人员考察了江津区的健康养生产业。

（二）坚持理论引领，推动"两山"转化

理论是对客观事物本质和规律的探索和认知，可以提升人的眼界和格局，没有理论指引，工作就会失去方向。基于这样的认识，联盟从成立起，就高度重视理论研究和理念的更新。

1. 精心组织论坛　5年来，联盟紧扣新时代新发展理念和国家发展战略，根据客观形势和长寿之乡需求，通过广泛征求意见和精心筛选来确定每次年会的主题。2016—2020年先后组织举办了"长寿之乡与金山银山""中国长寿之乡康养旅游""新时代寿乡绿色发展与美好生活""两山理念与寿乡高质量发展""长寿之乡与健康产业"5个紧扣长寿之乡发展，从不同角度去研究探讨的高峰论坛。先后邀请了樊代明、杜鹏、杨燕绥、李明德、张义峰、李军、王红曼、乌丹星、高舜礼、胡大一、姚远、徐卫华、张晗东、庄庆超、苏毅清、孙红等一大批专家分别进行了专题讲演，提升了长寿之乡代表对"生态文明""长寿时代""两山理念""绿色产业""高质量发展""长寿文化""长寿产业""中国养老服务业""慢病防治""品牌建设""乡村振兴"以及"现代服务业"等诸多发展问题的认识，开拓了长寿之乡发展的思路和眼界。

2. 把长寿文化研究作为加强长寿之乡建设的重点　联盟先后于2018、2019年在湖北钟祥、广西贺州召开"长寿文化研讨会"，推动各地挖掘长寿现象、总结长寿经验、探索长寿规律，把长寿文化建设作为支撑长寿之乡发展的强大力量。两次研讨会都取得了重要成果，增强了长寿之乡和长寿文化的影响力。

3. 开展横向合作研究　联盟分别与中科院地理所、中国环境监测总站签订了合作研究框架协议，合作开展长寿之乡生态价值评估、高质量绿色发展、环境与人口健康长寿关系等方面的研究，以合作研究成果服务长寿之乡发展。同时，在合作研究中注意把长寿之乡品牌建设与国家发展战略、方针政策相衔接。与相关学会合作联合开展"中医药与健康长寿"研究。自2018年起，联盟还与湖北长寿文化研究所联办了《长寿探秘》杂志，探寻健康奥秘、弘扬长寿文化。

4. 组建高层次专家队伍　联盟成立时已组建了22人构成的专家委员会，之后陆续扩大，目前聘请的各学科专家已增加到41人，覆盖了社会学、人口学、生态学、经济学、护理学、地理学、医学、农学等多个学科。2021年5月，联盟聘请国际地理联合会健康与环境委员会主席托马斯·克罗夫特，加拿大女王大学地理学、公共健康科学教授马克·沃伦·罗森博格为联盟顾问，加强了联盟的国际专家力量。

（三）注重培育品牌产品，增强长寿之乡魅力

联盟认识到，长寿之乡高质量发展离不开品牌建设。联盟在品牌建设上重点抓了五个环节：

1. 搞好联盟品牌设计和标准制定工作　2016年联盟成立后，做的第一件事就是组织专家设计寿乡发展最需要的品牌。经过调查研究，陆续提出了长寿之乡"特色服务业示范城市""养生名优产品""康养示范基地""乡情体验基地""乡贤人物"等品牌概念，然后根据实际制定了具体标准，并力求条件简洁明确，指标易量化、好获取。经过半年多的酝

酿、起草、审定，很快付诸实践，这些"寿乡品牌"成为联盟服务会员的重要抓手。

2. 认真严肃地开展品牌申报和认定 截至 2020 年年底，按照"申报、考察、认定、公示、表彰"等程序，共开展了 5 次"寿乡品牌"实际认定工作，累计认定"中国长寿之乡特色服务业示范城市"16 个、"乡情体验基地"13 个、"康养示范基地"19 个、"乡贤人物"29 人、"养生名优产品"89 种（系列），努力将长寿之乡的环境、资源、产业优势进一步品牌化。

3. 积极做好长寿之乡品牌产品推介 联盟和丽水市联合于 2016—2018 年连续 3 年在杭州市成功举办"丽水生态精品农博会暨中国长寿之乡养生名优产品博览会"；联盟自 2018 年起每年均与保利锦汉展览公司合作，在广州中国国际老龄产业博览会上设立"中国长寿之乡特色展区"，展示推介各加盟长寿之乡、加盟企业的名优产品、旅游及养生养老产业。此外，联盟还借助丽水新春农博会、丽水（上海）生态旅游推介会、上海旅游节、中国首届休闲度假大会等平台，专门设置联盟展位，积极对各长寿之乡的旅游产品、名优产品进行宣传推介。

4. 推动长寿之乡品牌产品的供需对接 联盟与合作单位北京二商集团、上海尚耕等企业积极对接，努力帮助长寿之乡产品进入有关销售渠道。联盟协调上海尚耕公司在上海设立了长寿之乡养生名优产品形象展示中心，开发运营了"寿乡商城"，目前已有 400 多种产品上线。此外，还在淘宝上开设了"长寿之乡特色馆"，并与京东合作开创"京云直播·长寿之乡特色馆"，助推长寿之乡产品拓展市场。2021 年，联盟经过积极对接，与中国老龄产业协会建立了合作关系，与广东省居家养老协会就推进长寿之乡康养旅游达成了合作意向。

5. 开展长寿之乡品牌标准化建设 联盟对中国老年学和老年医学学会授权使用的"寿"字商标进行了多项扩注，实现了由社会领域类标志标识向产品、产业类的拓展，提升了长寿之乡标识的含金量。为了提升品牌建设工作的标准化水平，2020 年启动了长寿之乡品牌"团体标准"的优化提升工作，按照国家《团体标准管理规定》的有关规定，于 2021 年 5 月完成了《中国长寿之乡健康养生服务示范城市（县）认定规范》等 10 项团体标准的规范化，并于当年 9 月 1 日正式实施。根据《中国长寿之乡子品牌认定和管理通用要求》"认定的中国长寿之乡各子品牌使用期为 3 年"的有关规定，2020 年，联盟对 2016、2017 年认定的中国长寿之乡养生名优产品进行了复评。

（四）聚力宣传创新，扩大长寿之乡影响

联盟始终把宣传长寿之乡作为服务长寿之乡的一项重要任务。具体进行的工作内容如下：

1. 建立长寿之乡通讯员队伍 联盟秘书处由专人负责宣传工作，建立了通讯员名册，持续开展年度信息工作先进单位和优秀通讯员评比活动。

2. 不断拓展宣传内容 建立了联盟网站和微信公众号，宣传党和国家关于新时代的发展理念、发展战略、方针政策，系统介绍各长寿之乡的生态农业、生态旅游、健康养生、养老服务、教育卫生等方面的新政策、新举措和新成果；将绿色发展的成功案例、实践典型，以及各地关于绿色发展的新视角和新策略，推荐给各长寿之乡和加盟会员。同

时，根据运行情况和宣传需要，对联盟网站和微信公众号进行改版升级，不断改进宣传内容和形式，并通过各种线上线下活动提升关注度、扩大影响力。到2020年年底，累计发布信息12 800余条，受到加盟会员的广泛欢迎和好评。

3. 创新宣传方式 制作并发布了联盟建设回顾视频、长寿之乡宣传视频、长寿之乡养生名优产品视频等，在各类展会平台上高频次播放宣传。组织举办了丰富多彩的征文、摄影以及长寿之乡健康百岁老人推选、品牌建设亮点工作网络评选等主题活动，通过线上线下联动提升长寿之乡的关注度和宣传能级。与中央电视台第七频道、中国农业电影电视中心等单位合作，推出《美丽中国乡村行·探寻长寿之乡》系列专题片、《三农会客厅》访谈，以及"中国农民丰收节""美丽乡村我代言""美丽中国快乐行""美丽乡村博鳌国际峰会推介活动"等优质合作项目，利用央视网、人民网、腾讯视频、农视网、凤凰网、抖音、快手等，以媒体矩阵的方式为长寿之乡的好山好水好物打造宣传新高地。2021年，联盟与中康长寿之乡文化传媒（惠州）有限公司积极接洽，与之就拍摄《长寿密码》系列专题片建立了合作关系。

4. 突出宣传"'两山'转化"典型 每年一次的高峰论坛，除了邀请知名专家讲演外，都结合论坛主题精选一些践行"两山"理念的实践典型到大会进行经验介绍，5年来先后有贵州赤水、河南封丘、广西昭平、江苏溧阳、河南封丘、山东文登、福建柘荣、重庆江津和玉枝特种茶果园艺、威海金颐阳药业等几十个单位介绍了经验，助推了长寿之乡高质量发展。

5. 精心编辑出版联盟书籍 每年修订《长寿之乡绿色发展区域合作联盟手册》，编印《中国长寿之乡特色服务业示范城市、养生名优产品、乡情体验基地、乡贤人物和康养示范基地宣传画册》和《养生名优产品手册》，并编辑出版了《中国百名百岁老人传奇故事》《情牵长寿之乡征文作品集》等。

（五）优化工作机制，倾情会员服务

联盟秘书处是加盟会员的服务平台，搞好服务是秘书处的根本宗旨。5年来，秘书处从以下四个环节不断加强服务工作：

1. 畅通会员联络通道 联盟秘书处建立了与分支机构、各长寿之乡、加盟企业的日常联系联络，不断优化工作机制，动态调整联系名册，保持同单位会员和专家会员的信息畅通。

2. 动态跟踪收集加盟会员的各类发展信息 秘书处的工作包括为开展长寿之乡多项品牌建设收集情况、接收材料、梳理排序、分析筛选、组织考察、提出意见、依照程序报批等，工作量很大，加上长寿之乡人事经常变动，信息收集存在不少困难。但秘书处迎难而上，高效率地完成了多项信息收集和处理工作。

3. 运用有益信息服务会员 对长寿之乡品牌建设和企业绿色发展经验进行筛选整理，并通过编印成册、鼓励大会发言、刊发在网站和微信公众号上等形式进行推介，促进交流互鉴，以前瞻性信息引导推动加盟会员践行"'两山'理念"。同时，在长寿之乡品牌建设方面，既注意加强指导，又注意不断强化其获评后的管理服务。

4. 激发和调动各长寿之乡品牌建设的积极性、创造性 秘书处每年评选联盟工作积极分子。自 2017 年开始，每年开展长寿之乡品牌建设十大亮点工作评选工作。同时还积极支持各长寿之乡举办文化节庆等活动。加盟长寿之乡只要在活动组织、品牌建设、产品推介等工作上有需求，联盟秘书处都会积极支持，如连州菜心节、溧阳茶叶节暨天目湖旅游节、江津富硒产业发展大会等，秘书处都积极支持帮助，根据需要提供相应的服务。平日秘书处努力提供帮助、协调各长寿之乡门户网站、微信公众号，整合资源，合力宣传推介长寿之乡和长寿之乡发展，努力把联盟建设成竭诚服务的平台、共建的平台、整合的平台。

五、联盟换届

联盟自 2016 年成立，已经走过了 5 年历程。2021 年 5 月 24—26 日，经过精心筹备，长寿之乡绿色发展区域合作联盟二届一次会员代表大会暨"长寿之乡与高质量绿色发展"高峰论坛在浙江丽水隆重举办。

大会由长寿之乡绿色发展区域合作联盟主办，浙江省丽水市人民政府和浙江省卫生健康委员会承办，江苏省常州市溧阳市、山东省威海市文登区、贵州省遵义市赤水市、重庆市江津区、广东省梅州市大埔县人民政府以及广西老年学学会协办。中国老年学和老年医学学会、中华中医药学会、中国老龄产业协会、中国环境监测总站、联合国人口基金驻华代表处、中国人民大学、北京大学健康与社会发展研究中心、中国科学院地理所、中国社科院旅游研究中心等知名院校和科研机构的专家学者，浙江省政府有关部门领导，48 个长寿之乡的政府分管领导、主管部门负责人，联盟专家委员会、企业家委员会的有关专家和企业家共 360 多人参会，为联盟成立以来规模最大的一次会议。

5 月 25 日上午，大会开幕式顺利举行，全国政协人口资源环境委员会副主任王培安、联合国人口基金驻华代表处高级项目官员贾国平、中国老年学和老年医学学会会长刘维林、丽水市政府市长吴晓东、浙江省卫生健康委一级巡视员苏长聪到会并致辞；开幕式上，发布了长寿之乡"绿水青山"指数、中国长寿之乡特色服务业示范城市、康养示范基地、乡情体验基地、乡贤人物、养生名优产品认定团体标准；举办了丽水市人民政府、长寿之乡绿色发展区域合作联盟与中华中医药学会、中科院地理所、中国环境监测总站、中国老龄产业协会等多家单位开展合作的签约仪式；联合国人口基金、丽水市人民政府与阿里巴巴携手启动"数字化助老丽水样本"行动；此外，还举办了中华中医药学会中医药"健康产业服务站"授牌及聘任仪式，加拿大女王大学公共健康科学教授、国际地理联合会健康与环境委员会前主席马克·沃伦·罗森博格，国际地理联合会健康与环境委员会主席、荷兰马斯特里特赫大学公共健康教授托马斯·克罗夫特被聘任为长寿之乡绿色发展区域合作联盟顾问。开幕式上还隆重举行了 2020 中国长寿之乡特色服务业示范城市、康养示范基地、养生名优产品以及"2020 年度中国长寿之乡品牌建设十大亮点工作"授牌颁证仪式。

联盟换届大会产生了四个重要成果：

（一）大会产生了联盟第二届理事会

25 日下午，联盟二届一次会员代表大会召开。大会听取并审议了执行理事长卢彩柳代表联盟第一届理事会所做的工作报告，审议通过了联盟章程修改草案、联盟财务报告及吸收河南省修武县、四川省西充县、陕西省镇坪县为联盟新成员的报告，审议产生了第二届理事会，对专家委员会、企业家委员会相关组成人员进行了调整，确认徐鸿道、郑度、陈可冀、赵宝华为名誉理事长，王五一为理事长，丽水市为执行理事长单位，丽水市政府分管领导卢彩柳为执行理事长，溧阳市、文登区、赤水市、江津区、大埔县、广西老年学学会为副理事长单位，其分管领导陆慧琦、刘丽、郑玉兰、熊伟、张红梅、钟成林以及专家委员会主任姚远为副理事长，如皋市、桐庐县、永嘉县、柘荣县、丰城市、莱州市、青州市、单县、钟祥市、梅县区、东兰县、龙州县、彭山区、雁江区、兴仁市、罗甸县等16个县（市、区）为常务理事单位，其余加盟长寿之乡及有关单位为理事单位，丽水市政府副秘书长王凡为联盟秘书长。

（二）大会明确了联盟下阶段的工作任务

大会将联盟下阶段的工作任务定为做好五个"进一步"：①进一步加强联络对接，主动自觉把联盟工作和品牌建设融入国家发展大局，加强与各长寿之乡政府发展目标、发展战略，与各加盟会员需求，与人民群众对美好生活追求的衔接，使联盟工作更具针对性、前瞻性。②进一步加强和推进对长寿现象的研究、对长寿文化的弘扬，倡导和引领科学生活理念、健康生活方式，深入研究探讨将长寿之乡生态环境、生态资源、生态文化优势转换为产业、经济、发展优势的有效途径。③进一步积极拓宽宣传渠道，整合宣传资源，加强品牌宣传，不断扩大长寿之乡品牌的传播力和影响力。④进一步加强平台搭建，继续和有实力、有影响力的企业和机构开展合作，为各长寿之乡、加盟会员养生名优产品、长寿之乡品牌拓宽销售渠道和市场，探索加强健康养生、生物医药、文化旅游、养老服务等产业的融合发展。⑤进一步优化机制，加强理事会、分支机构建设，加强人员队伍建设，创新活动和工作载体，加强长寿之乡、会员单位及有关专家、企业间的联系，促进合作发展，提升联盟建设水平。

（三）大会深化了对"高质量绿色发展"的认识

大会开幕式后举办了"长寿之乡与高质量绿色发展"高峰论坛，中国人民大学副校长杜鹏、中国人民大学教授孙久文、中国社科院旅游研究中心特约研究员高舜礼、中国老龄产业协会会长曾琦等多名专家围绕长寿之乡与高质量绿色发展、区域经济、绿色康养、老龄产业等题目作了主旨发言。25日下午，大会举办了"中医药与健康长寿论坛"，对发挥中医药优势、为人民群众健康长寿服务进行了探讨，中国工程院院士、国医大师王琦，浙江省中医药学会会长范永升、浙江省名中医研究院院长肖鲁伟分别进行了精彩的演讲。

（四）大会发布了《长寿之乡高质量绿色发展丽水倡议书》

倡议书强调，"长寿之乡"是一张含金量很高的综合性社会名片，在我国经济已由高速增长阶段转向高质量发展阶段，建设好利用好"长寿之乡"品牌，是各长寿之乡践行"绿水青山就是金山银山"理念、实现高质量绿色发展的重要途径和抓手。大会对长寿之乡推进高质量绿色发展提出六点倡议：①"加强长寿之乡品牌建设，持续扩大品牌效应"。

②"推进联盟共同体建设，协同促进集约发展"。③"推动长寿之乡绿色发展区域合作联盟向产业联盟转型发展，在优势互补、更高水平合作方面提质升级"。④"打通特色长寿文化、服务和产业转换通道，促进长寿事业和长寿产业融合发展"。⑤"构建长寿之乡绿色产业行业标准，创建长寿之乡绿色产品统一标识"。⑥"更好地发挥政府主导作用，重视和支持长寿之乡绿色产业发展和品牌建设"。

大会期间，启动了《长寿之乡蓝皮书》编撰工作，举办了"联盟回顾展""中国长寿之乡养生产品展"，组织与会人员考察了丽水市的康养产业。

联盟理事长王五一在大会总结讲话中强调，新一届联盟应践行"努力成为促进长寿之乡绿色产业发展的高水平的合作平台、宣传窗口、服务智库和共享网络"的工作目标。针对联盟实际，王五一提出三点要求：一是希望各会员加强来往，相互学习借鉴，除积极参与联盟开展的活动和工作外，更要深度参与联盟的建设，形成人人关心联盟建设、建设联盟人人受益的良好工作局面；二是联盟作为一个组织，一方面自身要加强建设、推进改革，使自身的工作和服务更加符合各"长寿之乡"及其他会员的需求；另一方面，各会员作为联盟一分子，也要遵守联盟相关规定和制度要求，最基本的是要做到长寿品牌建设及联盟相关工作有人做、问题有人管、责任有人担；三是希望各长寿之乡都能在长寿之乡品牌建设上积极争取当地及上级政府、部门的重视支持，加大工作力度。

此次换届大会，回顾总结了联盟成立 5 年来的工作，根据新形势新要求对联盟今后的发展和下一步工作进行了研究部署，统一了思想，凝聚了共识，增强了信心，是联盟发展中一次承上启下的重要会议，对联盟未来发展具有重要的指导作用。

理论篇

第一章

长寿之乡发展的理论依托[*]

长寿之乡发展是一个过程，是一个从客观存在到主观指导的过程，是一个从自在现象到自觉发展的过程。在这个过程中，理论指导和理论依托是关键环节。正是在新发展观、"两山"理论、健康中国战略、积极应对人口老龄化国家战略等的引领下，我国长寿之乡才能持续发展，体现出新动力发展、创新发展和高质量发展的特征。

一、国家发展理念引领长寿之乡发展

重视理论构建和理论指导是我党历史发展上的重要经验。从中华人民共和国成立前的"枪杆子里面出政权""农村包围城市"到中华人民共和国成立后的邓小平理论、"三个代表""科学发展观"和习近平新时代中国特色社会主义思想，无不是从实践提升理论，用理论指导实践、推动发展。特别是面对新形势、新阶段、新格局、新问题，迫切需要理论的指导，回答问题、指出方向。

长寿之乡既是一个基于文化的老现象，也是一个基于发展的新现象。从文化现象转向发展方式，长寿之乡的地位和影响发生了根本性的质的变化。一是从人口寿命向人口健康的变化，二是从地区性现象向普遍性和普及性现象的变化，三是从生态资源向绿色产业的变化，四是从生活方式向发展方式的变化，五是从文化模式向文明模式的变化，六是从传统习惯向科学认定的变化。

在这个提升和变化的过程中，理论指导是长寿之乡发展过程的关键和核心。而其中最重要的是国家和地区的发展理念。"发展理念是发展行动的先导，是发展思路、发展方向、发展着力点的集中体现。发展理念是否对头，从根本上决定着发展成效乃至成败。"[22]长寿之乡的发展就是对国家发展理念的实践。

发展理念提升对长寿之乡的认识。长寿之乡是客观存在的，但对长寿之乡价值的认定和挖掘则是发展理念推动的结果。长寿之乡认为"长寿之乡是一个含金量很高的名片"，申报县市领导亲自参加汇报会和认定会，也是基于发展理念引导下对于长寿之乡发展价值和发展前景的憧憬与肯定。

发展理念决定长寿之乡发展思路。长寿之乡与一般地区的差别在于其特殊性，也就是围绕百岁老人所拥有的促进健康长寿的资源以及延伸的发展领域。从发展理念对长寿之乡

---

* 作者：姚远。

发展思路的指导来看，长寿→健康→绿色是长寿之乡发展的基本思路。长寿是核心，包括百岁老人及其生活的自然生态资源、社会家庭资源、人文历史资源和传统的、积极的生活方式；健康是质量，包括对长寿资源认定和推广的科学化、规范化、标准化、民俗化；绿色是发展，包括长寿产业、环境保护、人与自然和谐共生、以人为本等。从挖掘长寿资源到提升长寿健康再到形成绿色长寿产业，这是长寿之乡发展的基本思路和路径。

发展理念决定长寿之乡发展方向。长寿之乡的特点之一是其特色文化和特色资源。虽然长寿之乡有一定的共性，但不同地区长寿之乡的资源和文化还是有差异的。富硒土壤、负氧离子空气、富矿水质、土特产品、中医药、水果以及饮食、居住、劳作、交往等生活方式，还有不同的传统习惯和人文历史，都反映了长寿之乡的特色性和差异性。对于长寿之乡的发展来说，创新、协调、绿色、开放、共享的发展理念指出了长寿之乡发展的优势、特点、方向。人与自然和谐共生是长寿之乡的优势，特色资源和特色文化是长寿之乡发展的特点，满足人民对美好生活的愿望是长寿之乡发展的目标，绿色发展和绿色产业是长寿之乡发展的方向。发展理念和长寿之乡是指导和实践的关系，也是提升和基础的关系。有了发展理念，才能保证长寿之乡的发展。

发展理念决定长寿之乡发展的着力点。依托长寿之乡的特色资源和特色文化，长寿之乡发展在践行发展理念的过程中，将突出特色（本地）、绿色（有机）、共享（满足），以实现特色产业、绿色产业、基础产业的建设和发展目标。

发展理念决定长寿之乡发展的高质量转向。长寿之乡发展是区域的、本土的、特色的，在其过程中往往会受到视野的局限、思路的局限、技术的局限、市场的局限。而国家发展理论通过引导、组织、推动，能够打通这些局限，提高长寿之乡发展的融入水平，实现发展的高质量转向。

二、长寿之乡发展的主要理论依托

长寿之乡发展是将特色的、资源的地区发展板块融入国家发展大局或省市发展体系中的一种模式。这种模式下，无论是长寿之乡发展进入省市发展体系，还是省市发展体系引入长寿之乡发展，都是以更高层面上的发展理念和规划为指导的。因此，长寿之乡发展的主要理论依托有哪些，这些理论对于长寿之乡发展发挥了哪些指导作用，这些都需要做出回答。从我国目前情况来看，指导长寿之乡发展的理论观点主要有新发展观、"两山"理论、大健康理论、积极应对人口老龄化国家战略、乡村振兴、共同富裕、生态产品价值实现机制，等等。

（一）新发展观与长寿之乡发展

发展观是一个国家乃至全人类在一段时期内对发展方向和发展方式的总体看法和基本价值判断，它一方面是社会发展需求在思想层面的反映，另一方面也是指导社会进步和经济发展的理论指南。从党的十八大到十九大，逐步形成了基于新时代中国特色社会主义思想的新发展观。新发展观认为，发展是解决我国一切问题的基础和关键，发展必须是科学发展，必须坚定不移地贯彻创新、协调、绿色、开放、共享的发展理念。从长寿之乡发展层面来看，新发展观对于长寿之乡的发展具有重要的指导作用，主要集中在两个方面：

1. 宏观指导　长寿之乡发展是一个新事物，也是一个逐渐走入新时代的新现象，更是一个随着国家经济社会发展而发生质性变化的新过程。在这个变化的过程中，长寿之乡发展会出现许多理论和实践上的新问题，比如，如何认识长寿之乡，如何发展、怎样发展，如何促进长寿经济和长寿产业发展，如何处理发展中的各种关系和问题，等等。解决这些问题，不仅需要长寿之乡发展实践，更需要国家发展理论和顶层设计。新发展观提出了发展的基本原则和新发展的内涵，对长寿之乡发展具有直接的指导意义。长寿之乡各有各的特点，发展的路径和模式也有差别，但是长寿之乡作为以长寿现象为特征的区域进行发展，则是所有长寿之乡发展的共同点。运用新发展观指导长寿之乡发展，一是要确立发展而不是增长的主导方向。增长是量的变化，发展是质的提升；二是要坚持科学发展。以人为本、全面发展、协调发展、可持续发展构成科学发展的主要内核。长寿之乡发展本身是以满足人对健康长寿的需求为目标的。要实现这个目标，长寿之乡需要推进经济发展、社会进步、文化更新、环境保护、老龄社会治理等全方位建设，需要与全国大局和地区发展协调推进，更需要健康的、可持续的发展。

2. 确立原则　新发展观为长寿之乡发展建立了一些基本的原则。一是创新。长寿之乡的特点在于百岁老人和高龄老人较多，以及存在围绕长寿的各种生态的、环境的、社会的、经济的、生活的健康要素。充分利用这些不可多得的要素推进发展，本身就是一种发展创新；二是协调。协调发展重在解决发展不平衡问题和增强发展整体性问题。长寿之乡的特点是生态环境优美和经济发展相对滞后。解决发展中的这些问题，必须依据协调原则，推进"绿水青山就是金山银山"的转化，使长寿之乡发展成为国家发展大局和区域发展一体化的有机组成部分；三是绿色。绿色是指人与自然和谐共生的一种关系和状态。长寿之乡之所以拥有众多百岁老人和高龄老人，一个重要原因是拥有优质的生态环境，使人的生存、生活、生产与生态环境保护、提升形成了一种共生的、互补的、和谐的关系；四是开放。长寿之乡发展应该充分利用本身特点和优势，融入发展大局和地区发展体系，与外在发展构建成一个有机的整体；五是共享。长寿之乡是地区的，也是国家的，是民族的，也是全民的。只有基于这个视角，长寿之乡才能发展，才能有大的发展。

（二）"两山"理论与长寿之乡发展

自党的十八大以来，推进生态文明建设成为国家发展的重要目标之一。而习近平总书记提出的"绿水青山就是金山银山"则是对中央方针最简明、最生动的表述。

"绿水青山就是金山银山"经历了提出概念、明确关系、提高层次、顶层设计等阶段。

2005年8月15日，时任浙江省委书记的习近平在浙江安吉县余村调研时，首次提出"绿水青山就是金山银山"的著名论断。

2005年8月24日，《浙江日报》"之江新语"栏目刊登了《绿水青山也是金山银山》的文章，系统地阐释了绿水青山和金山银山的关系。一是在哲学层面，两者是统一的。绿水青山和金山银山既分属两个领域，又可辩证统一；二是在发展层面，绿水青山可带来金山银山。如果能够把生态环境优势转化为生态农业、生态工业、生态旅游等生态经济优势，那么绿水青山就变成了金山银山；三是在指导层面，绿水青山是基础的。绿水青山可带来金山银山，但金山银山却买不到绿水青山；四是在推进层面，应有所选择。在鱼和熊掌不可兼得的情况下，我们必须懂得计算机会成本，善于选择，学会扬弃，做到有所为、有所不为；五是在方向上，实现和谐。我们追求人与自然的和谐、经济与社会的和谐，通俗地讲，就是既要绿水青山，又要金山银山；六是在目标上，环境友好。建设人与自然和谐相处的资源节约型、环境友好型社会。2013 年 9 月，习近平总书记在哈萨克斯坦纳扎尔巴耶夫大学发表演讲时更加明确地指出，我们既要绿水青山，也要金山银山。宁要绿水青山，不要金山银山，而且绿水青山就是金山银山。

党的十八大报告初次将生态文明建设纳入"五位一体"总体布局，并提出建设美丽中国和中华民族永续发展的目标。"建设生态文明，是关系人民福祉、关乎民族未来的长远大计。面对资源约束趋紧、环境污染严重、生态系统退化的严峻形势，必须树立尊重自然、顺应自然、保护自然的生态文明理念，把生态文明建设放在突出地位，融入经济建设、政治建设、文化建设、社会建设各方面和全过程，努力建设美丽中国，实现中华民族永续发展。"

党的十八届五中全会则首次提出包括"绿色"在内的新发展理念。"必须牢固树立并切实贯彻创新、协调、绿色、开放、共享的发展理念。"

2016 年 9 月，习近平总书记在出席 G20 工商峰会时指出，在新的起点上，我们将坚定不移推进绿色发展，谋求更佳质量效益。

从"绿水青山就是金山银山"到"宁要绿水青山，不要金山银山"再到"绿色发展"再到"新发展观"，勾勒出"两山"理论的发展过程和在国家发展蓝图中的重要地位。"两山"理论已经成为我们党和政府的重要执政理念。2017 年 10 月，"必须树立和践行绿水青山就是金山银山的理念"被写进党的十九大报告；"增强绿水青山就是金山银山的意识"被写进新修订的《中国共产党章程》中。2018 年 5 月，在全国生态环境保护大会上，习近平总书记把"绿水青山就是金山银山"作为新时代推进生态文明建设必须坚持的"六大原则"之一进行了全面系统的阐述。

"两山"理论提升了对长寿之乡的认识。长寿之乡是以长寿老人和长寿现象为主要特征的区域。长期以来，长寿之乡作为一种人口现象，主要表现在社会和家庭层面上。"两山"理论提出后，各地政府在践行"两山"理论过程中提升了对长寿之乡及其本质特征的认识，将之从一种人口现象提升到社会现象，再升华为内在的生活方式和外在的发展方式，最终实现长寿之乡与地方新发展大局的有机融合，使长寿之乡发展成为践行新发展理念的新模式和新路径。

"两山"理论成为指导长寿之乡建设和发展的总引领。长寿之乡如何以其特色存在走向高质量发展是长寿之乡建设需要回答的问题。长期以来，长寿之乡主要是一种基于个人和家庭传统的缓慢发展模式。"两山"理论提出之后，长寿之乡建设有了方向和工作重点。一是在认识上，长寿之乡是一个综合性概念，包括以长寿和长寿老人为中心的生态环境、自然资源、生存方式、特色产品等；二是在模式上，长寿之乡是一个基于特色资源而发展和扩展的经济推进模式。从目前已有的长寿之乡发展经验来看，长寿之乡发展遵循着开发土特资源→形成特色产品→形成特色产业→形成特色产业体系→形成特色产业集群→实现高质量经济和社会发展的基本模式；三是在实践上，长寿之乡是一个能够践行新发展观的基地。对于长寿之乡发展来说，新发展观既推动长寿之乡践行创新、协调、绿色、开放、共享等五大理念，又推动长寿之乡在形成新动力、转向高质量、提升创新性方面的发展。

"两山"理论强化了基于生态环境的绿色发展。"绿水青山就是金山银山"的核心是生态保护和价值转化。从我国长寿之乡总体状况来看，拥有优质的绿水青山环境是其共同点。"两山"理论对于长寿之乡绿水青山生态环境建设的指导，一是使人们高度认识绿水青山建设的重要意义和价值所在；二是推动对绿水青山的科学保护；三是促进基于绿水青山相关产品产业的发展；四是强化以人民为中心的社会进步和社会保障。

"两山"理论推动长寿产业发展。长寿产业是指以长寿现象和长寿资源为核心所形成的产品产业以及产业体系和产业集群。"两山"理论的重要价值是打通"两山"通道、助推"两山"转化、实现"两山"价值。

"两山"理论构建和提升长寿品牌的影响力。长寿品牌既是对长寿产业和长寿经济高质量发展的引领，也是长寿产业和长寿经济高质量发展的标志。"两山"理论直接造就了长寿之乡及相关品牌，成为长寿之乡及相关品牌形成和产生影响的第一推动力。具体来说，一是扩大长寿之乡社会影响力并奠定了长寿及相关品牌形成的基础；二是提高长寿之乡政府对建立长寿品牌的认识和积极性；三是推动长寿品牌的建立和质量认定；四是将长寿品牌提升为国家团体标准。

（三）健康中国战略与长寿之乡发展

党的十九大作出实施健康中国战略的重大决策部署，强调坚持预防为主，倡导健康文明的生活方式，预防控制重大疾病。为加快推动从以治病为中心转变为以人民健康为中心，动员全社会落实预防为主方针，实施健康中国行动，提高全民健康水平。在健康中国战略推进过程中，长寿之乡建设既是落实健康中国战略的特色抓手，也是实施健康中国方案和推进健康中国高质量发展的一个点。

健康中国战略是长寿之乡打通"两山"转化通道的纲。"两山"转化需要通道和路径。只有确认了健康中国战略这个纲，才能纲举目张，顺利推动长寿之乡的"两山"通道建设，实现长寿之乡的价值。长寿水平是健康素质的重要标志，健康中国是长寿之乡发展和建设的目标，长寿之乡建设是落实健康中国战略的重要抓手，健康中国战略提升了长寿之乡的科学内涵，长寿之乡建设也体现了健康中国战略的中国特色。

健康中国战略推动长寿之乡成为积极应对人口老龄化的特色基地。积极应对人口老龄化国家战略是我国应对人口老龄化的方针和对策。积极应对人口老龄化的内涵之一是提高全民的健康水平和健康素质。在健康方面，积极应对人口老龄化国家战略和健康中国战略存在着有机的内在联系。长寿之乡依托优质的生态环境构建的康养基地，依托富硒富矿的土壤水质种植的农产品，以及符合中国人营养要求的膳食构成、科学的生活习惯、和谐的家庭关系都是促进全民健康的重要路径，并进而成为通过提高人民健康水平、实现积极应对人口老龄化国家战略的举措。

健康中国战略提升了对长寿之乡主要特征的认识。健康是一个综合概念，长寿是健康的重要标志。我国长寿之乡人均预期寿命均超过全国人均预期寿命2岁以上，在一定程度上反映了长寿之乡的健康水平较高，具有落实健康中国战略和推进健康中国战略的良好基础。但是，尽管我们已经进入长寿时代，但总体健康水平还有待于提高。从长寿到健康长寿、从长寿之乡到健康中国是不断进步的表现。

健康中国战略凸显长寿之乡综合要素的重要性。与国外长寿之乡相比，我国长寿之乡具有自己的特点。我国长寿之乡的发展，既得益于"人民生命健康至上"的社会主义制度，也得益于我国的医疗水平和社会保障水平，更是得益于良好的生态环境、传统的生活方式、和谐的家庭氛围、平和的心态等综合要素。所以，长寿之乡发展在健康领域有着宽广的前景。

健康中国战略使长寿之乡特色资源转化为健康产品和健康产业。长寿之乡拥有充满特色的优质的各种资源。富硒农产品、富矿饮用水、负氧离子空气、优质中药材等都有利于提高人们的健康水平。这些优质资源转化为产品是健康产品，转化为产业就是健康产业。健康中国战略中的健康优先等四原则提高了对长寿之乡特色资源的认识，加强了对特色资源转化为健康产品产业的推动。

（四）积极应对人口老龄化国家战略与长寿之乡发展

人口老龄化是我国在 21 世纪面对的重要国情之一。应对人口老龄化是党和政府高度关注的一项重要工作。经过进入老龄化社会 20 年的探索，中国特色积极应对人口老龄化的道路和方案日趋成熟和制度化。党的十九届五中全会将实施积极应对人口老龄化上升为国家战略；习近平总书记在 2021 年重阳节前夕作出重要指示，强调贯彻落实积极应对人口老龄化国家战略，让老年人共享改革开放成果、安享幸福晚年；2021 年 10 月 14 日，全国老龄工作会议召开。李克强总理作出重要批示，指出聚焦广大老年人在社会保障、养老、医疗等民生问题上的"急难愁盼"，满足老年人多层次、多样化需求，不断提升广大老年人的获得感、幸福感、安全感。韩正副总理和孙春兰副总理也分别进行了讲话；2021年 11 月 18 日《中共中央 国务院关于加强新时代老龄工作的意见》颁布，对各级政府的老龄工作作出具体指示和安排。积极应对人口老龄化国家战略和新时代老龄工作安排，既提出了应对人口老龄化的中国方案，也对长寿之乡建设和发展指明了工作方向。

长寿之乡的特点是高龄老人多、健康资源多、健康长寿产业多，具有全面落实积极应对人口老龄化国家战略的基础。同时，积极应对人口老龄化国家战略在长寿之乡的落地，也有利于进一步推动长寿之乡的建设和发展。

强化对老年人问题的关注。在新一届长寿之乡认定准则中，除了人口平均预期寿命、百岁老年人口占总人口的比例、高龄人口比例外，老年人优待和补贴制度、老年人健康支持与养老服务、养老孝老敬老的社会环境也是重要组成部分。积极应对人口老龄化国家战略的确立和践行，将会进一步引导地方政府对老年人问题加以重视，完善养老支持和服务政策体系，提升老年人优待补贴的力度，加强对老年人的健康管理和健康支撑，加强对居家养老的社区支持，鼓励子女与父母同住、履行养老孝老的责任，加强智慧养老和智慧助老，满足老年人对老年教育和老年文化的需求，解决老年人"急难愁盼"的民生问题，提升老年人的获得感、幸福感、安全感。

强化对应对老龄化问题的关注。人口老龄化应对问题，本质上是一个如何推动发展的问题。由于长寿之乡具有高龄、健康以及生态、乡愁、康养、文化等诸多要素，已经具备了推动绿色发展的条件和基础，所以长寿之乡发展将是落实积极应对人口老龄化国家战略的应有之义。党委领导、各方参与，系统谋划、综合施策，整合资源、协调发展，突出重点、夯实基层，既是践行积极应对人口老龄化国家战略的原则，也是长寿之乡发展的原则；构建老年友好型社会，积极培育银发经济，是践行积极应对人口老龄化国家战略、推动长寿之乡发展的共同路径。文件中提出的"鼓励各地利用资源禀赋优势，发展具有比较优势的特色老龄产业"为长寿之乡发展特色老龄产业、特色健康产业、银发经济指明了方向，增强了发展的底气和推动力。

虽然积极应对人口老龄化国家战略的关键词是人口老龄化，但是长寿之乡作为一个以高龄为特色的地区，将会在践行积极应对人口老龄化国家战略的过程中，迎来生态文明、社会进步、经济发展、文化繁荣的高质量发展。

三、推动长寿之乡发展的主要方法论

推动长寿之乡发展并取得实践成果，既要有理论指导，也要有方法论指导。从目前发展较好的长寿之乡实践经验来看，系统论、整体论、协同论成为引导长寿之乡发展的主要方法。

（一）系统论与长寿之乡发展

系统是指同类事物按一定关系组成的整体。系统论则是以系统为对象，从整体角度研究系统整体和组成系统整体的各要素的相互关系，从本质上说明其结构、功能、行为和动态，从而把握系统整体，达到最优化的目标。系统论具有三个主要观点：第一，系统是由相互联系的要素构成的。系统的各个组成部分既是独立存在的，也是相互关联的、相互依存的。第二，系统的整体性。系统的各组成部分不是可以分离的简单集聚，而是按一定规律、一定方式组成的整体。第三，系统的等级性。每一个系统都归属于一个更大的系统，而每个系统内部又存在着组成这一系统的分系统。

系统论是指导和推进长寿之乡发展的重要的方法论。其中，最重要的是系统论中的联系的观点、有机的观点和层级的观点。用这些观点解决长寿之乡发展问题，可以得出如下结论：第一，长寿之乡的标志是百岁老人和高龄老人，但长寿之乡发展不仅仅是一个简单的百岁老人问题。在长寿之乡内部，长寿之乡发展包括了人口发展、生态环境、生活方式、家庭文化、医疗支持、养老保障、政策构建等；在长寿之乡外部，长寿之乡发展包括了乡的发展、市的发展、省的发展以及国家的发展。所有这些方面都对长寿之乡的发展造成影响。第二，长寿之乡的发展与乡内发展和外部发展是有机的、互为影响的关系。只有乡内、外部各方面都发展了，长寿之乡才能发展；而且长寿之乡发展了，乡内和外部发展的基础才能更稳固。第三，长寿之乡的发展与外在发展是一种层级的关系。也就是说，在长寿之乡发展的内在关系和外部关系中，外部关系具有较大的作用。从长寿之乡发展来看，发展较好的长寿之乡常常是那些能够融入城市发展和省发展大局的，而发展较慢的长寿之乡则是那些过于局限在自身上的。如果说长寿之乡发展与外部发展条件是一对矛盾的话，那么外部发展条件是这对矛盾的主要方面。实践证明，融入发展大局，长寿之乡的发展才有方向和条件。

（二）整体论与长寿之乡发展

整体论是指研究整体行为的理论，它把行为作为一个整体而不是把行为分解为各种构成元素进行研究。该理论认为，行为所反应的环境刺激具有整体性，行为具有目的性、选择性和可教育性。整体论的主要观点是：第一，事物具有双重特性，既是局部的也是整体的；第二，要从局部思维进入整体思维；第三，进入整体思维需要主动性和能动性；第四，局部特性从属于整体特性；第五，注重整体思维是一种中华文化。

运用整体论研究长寿之乡发展问题，可以注意三个方面：第一，整体性是符合我们中华文化和体制特征的一种思维方式。所以，推动长寿之乡发展不是一个乡的问题，而是地方发展的需要。长寿之乡政府申报长寿之乡认定，由政府领导直接负责，反映了对长寿之乡整体性特性的认可。利用当地各方面的资源推动长寿之乡发展，也反映了长寿之乡发展的整体性特征。浙江省提出的构建全域长寿之乡建设，广西壮族自治区推动的大健康产业发展，都是对长寿之乡整体性特征的一种证明。第二，从双重性特征到整体性目标的转变。长寿之乡发展既有地方性特征，更有整体性特征。长寿之乡发展依赖于整体资源的支持，也反映了整体性发展的水平。所以，能够使用整体性思维推动长寿之乡建设是长寿之乡顺利发展的重要因素，也是长寿之乡发展成功的标志。第三，整体性思维是推动地方政府将长寿之乡发展融入大局的重要路径。大局意识、大局规划、大局发展都是长寿之乡发展的机遇，也是实现长寿之乡发展的有效路径。所以，将长寿之乡发展纳入大局规划是体现整体性特征的捷径。

（三）协同论与长寿之乡发展

协同论是研究不同事物共同特征及其协同机理的新兴科学。协同论的主要内容包括三个方面。第一，协同效应。协同效应是协同作用产生的结果，是指复杂开放系统中大量子系统相互作用产生的整体效应或集体效应。第二，伺服原理。伺服原理是指快变量服从慢变量，序参量支配子系统行为。第三，自组织原理。自组织是指系统在没有外部指令的条件下，其内部子系统之间能够按照某种规则自动形成一定的结构或功能，具有内在性和自生性的特点。

运用协同理论推动长寿之乡发展，其作用和形式主要表现在三个方面。第一，抱团发展。长寿之乡之间有差异性，更有共同性。长寿之乡通过学会和联盟的牵头组织，可以互补长短、强化共性、经验交流，使零散的长寿之乡成为一个关系密切的长寿之乡发展整体，产生长寿之乡发展的协同效益。第二，融入大局。长寿之乡协同发展，除了发挥各自特色之外，更重要的是要融入发展大局和国家推进的地区一体化发展，使长寿之乡成为地区和国家发展的有机组成部分。第三，协同发展并不是放弃各自特色，而是在发展过程中凸显各自特色和优势，在凸显各自特色和优势过程中实现协同发展，取得更大、更积极的成果。

第二章
长寿之乡发展的多元特征[*]

"长寿之乡"是人与物质世界和谐关系的集中体现。我们为发展经济、保护自然、社会和谐所做的一切努力，都是为了人的全面发展与健康长寿。2018年11月6日在上海嘉兴路街道考察时，习近平总书记对居民和社区工作者说，老龄问题是中央最关心的问题之一，健康长寿是我们的共同愿望。在人类的历史长河中，长寿一直是人类不断追求的目标，对长寿奥秘的漫漫求索，成为贯穿人类历史的共同行为。历史上记载长寿养生方法的书籍数不胜数，如公元前的《道德经》《黄帝内经》，三国时嵇康的《养生论》，齐梁时代陶弘景的《养性延命录》，明代时张景岳的《景岳全书》等；各种祝福长寿、吉祥健康的绘画作品也广泛流传，如齐白石的《双寿图》，吴昌硕的《松鹤》，朱宣咸的《人长寿》《寿桃》，娄师白的《多寿图》等。在一些长寿老人较多的地方，人们争相以长寿或带寿字的名称来进行命名，以示吉祥和增加地方的知名度，如重庆的长寿区，作为我国唯一以"长寿"命名的区（市、县），因其"东北有长寿山，居其下者，人多寿考"而得名，其长寿县的设置始自公元1363年；此外以"寿"字命名的还有安徽的寿县、陕西的永寿县、湖南的汉寿县等。以"长寿"或"寿"字命名的乡镇则更多，如湖北钟祥和湖南平江的长寿镇，广西永福的百寿镇，四川渠县、富顺县和安徽天长市的万寿镇等。由此可见，人们普遍希望自己的居住地是一个长寿的地方，长寿之乡的提出和发展实际上正满足了人们这种对区域性长寿的荣誉感和对长寿生活环境的追求欲。中国老年学和老年医学学会顺应这种需求，自2007年开始按学会标准认定长寿之乡，得到众多地方的响应，随着数量的逐渐增多，长寿之乡也越来越呈现多样性和多元化的特征。

一、长寿之乡概念：从人口学到多学科的变化

对长寿之乡一般的理解就是一定区域内人群的寿命较长，或者是长寿老人的数量及比例要相对比其他地区高，是基于长寿人口数量及结构来讨论的，主要采用人口统计学的方法来分析评价。众多的长寿人口是长寿之乡认定的基础，也可以说长寿人口是长寿之乡的主要资源。对人口数量及结构变化的研究是人口学的经典研究课题，因此，长寿之乡的认定首先是人口学方面的工作。但诸多的研究表明，区域人口的百岁老人多、高龄老人比例

---

[*] 作者：虞江萍，长寿之乡绿色发展区域合作联盟专家委员会总干事，中国老年学和老年医学学会健康长寿分会总干事，中国科学院地理科学与资源研究所高级工程师。

高和平均预期寿命长反映的只是一个区域的长寿现象，而这种现象是与区域的多种因素相关的。张子威等[23]基于中国 286 个城市的数据研究了预期寿命的相关影响因素及空间差异，结果表明：经济发展、教育条件和医疗设施条件对预期寿命有显著的积极影响，平均海拔和环境污染则具有负面影响；东南地区的经济发展对当地居民的预期寿命影响程度更高；东北和西南地区的医疗设施条件对其居民预期寿命促进程度更高；北部地区的教育条件对当地居民预期寿命影响比其他地区更高；平均海拔对西部地区居民预期寿命的影响最大；西北地区居民的预期寿命则更易受到环境污染带来的负面影响等。符宁等[24]基于 193 个国家的相关数据分析了经济因子、免疫相关因子、幼儿风险因子、死亡因子、健康水平因子及不良习惯因子等六个因子对人均寿命的影响，结果表明：经济因子对人均寿命的影响程度最高，而免疫相关因子对人均预期寿命的影响程度相对最低。龚胜生等[25]对中国 1990—2010 年市域、县域两个尺度的预期寿命与人均 GDP 的关系进行分析，发现人均 GDP 对预期寿命具有显著正向影响，但累积影响强于即时影响；人均 GDP 超过 3 000～5 000 元后，其对预期寿命的影响开始出现边际递减效应；人均 GDP 对预期寿命的影响强度在空间分布上自东向西增强，由于经济相对发达，在东部地区人均 GDP 对预期寿命的贡献率要低于经济相对落后的西部地区。研究者认为，东部地区应通过完善社会保障、优化卫生资源配置、倡导健康生活方式等途径进一步提高预期寿命，西部地区则应大力发展区域经济，努力提高生活水平，以尽快缩小与东部地区预期寿命上的差距。

中国老年学和老年医学学会在 2006 年、2012 年和 2019 年三次制定长寿之乡标准时，选定的核心指标都属于人口学方面的研究范畴，即百岁老人占总人口比例（体现长寿的代表性）、人口平均预期寿命（体现长寿的总体性）和 80 岁以上高龄老人占 60 岁以上人口的比例（体现长寿的持续性，第一次标准为 80 岁以上人口占总人口比例）。区别于以往对长寿之乡的一般认知和评价，老年学和老年医学学会的长寿之乡认定标准从第一次制定就加入了经济发展、社会保障、医疗条件、生态环境、养老政策等方面的要求，并作为核心指标外的参考性量化指标或要素指标，共同支撑长寿之乡的评审基础。标准的制定过程始终有中国人民大学、北京大学、中国科学院地理科学与资源研究所、中国社会科学院人口与劳动所、中国老龄科学研究中心以及北京医院等多学科单位的参与。从 2007 年 11 月认定中国长寿之乡开始，老年学和老年医学学会就强调评审委员会应由多学科方面的专家组成，以保证评审的科学性和可信性，整个长寿之乡的认定过程，包括前期的资料申报、中间的现场核查和后期的专家评审及学会审核，都体现了多学科参与和推动的特征，也得到了各长寿之乡的认可和推崇。10 多年的认定工作坚持了"专家主导、中介核查、信息公开、坚持标准、接受监督"，科学性强、程序和操作规范，得到社会各界的广泛欢迎和好评，也得到了学界的认可。

二、长寿之乡发展体现的多元化特征

改革开放 40 多年，我国发生了翻天覆地的变化，从经济濒临崩溃到经济总量跃升世界第二位，成为国际舞台举足轻重的经济大国，创造了中国奇迹，人民生活水平发生历史性变化。长寿之乡也正是伴随着这种变化发展起来的，从 2007 年湖南麻阳、广西永福和四川彭山的认定开始,截至 2021 年 12 月,共有 91 个长寿之乡获得了称号(包括 1 个全域长寿市),这 91 个县、区、市在经济发展、社会环境和自然条件等方面存在巨大差异,其经济社会的发展也体现了多元化的特征,具体可以归纳为以下几点:

(一)长寿之乡经济发展水平的多类型

通过对我国长寿之乡 * 的 2020 年国内生产总值(GDP)和人均 GDP 的分析(表 13),可以看出我国的长寿之乡与地区经济总量和人均 GDP 的相关性不大,虽然都是长寿之乡,但各自经济发展的阶段不同。2008 年,在长寿之乡广东省佛山市三水区的授牌仪式上,学会就将长寿之乡划分为富裕型、小康型和温饱型三种类型,并认为长寿之乡大多生态环境良好,三水区就走出了一条经济发展和生态保护协调发展的路子,是富裕型长寿之乡的代表。如果以 2020 年长寿之乡常住人口的人均 GDP 来大致划分,参考 2020 年全国人均 GDP 值 71 965 元,以小于 5 万为温饱型,5 万到 9 万为小康型,9 万以上为富裕型,则在 89 个长寿之乡中,属于温饱型的有 59 个,属于小康型的有 21 个,属于富裕型的最少,只有 9 个(表 13)。温饱型长寿之乡许多是原国家和省重点扶持贫困县,整体上经济发展水平较低;富裕型长寿之乡则基本位于我国沿海经济发达省份。89 个长寿之乡中,人均 GDP 最高的泉港区是最低的凤山县 12 倍多;9 个富裕型长寿之乡之间差异也较大,最高的福建泉州市泉港区,人均 GDP 为 207 296 元,最低的是山东威海文登区,人均 GDP 为 91 532 元,最高是最低的 2 倍多。这种现象充分反映了长寿之乡在经济发展水平上的差异性,也表明长寿之乡实现习近平总书记提出的共同富裕目标的艰巨性。自长寿之乡绿色发展区域合作联盟成立起,促进长寿之乡抱团共同发展就是其目的之一。5 年多来,联盟本着"自愿联合、民主协商、平等互利、合作共赢"的原则,以"创新、协调、绿色、开放、共享"五大发展理念为指导,高举"绿水青山就是金山银山"旗帜,通过加强品牌建设和创造性地开展各类服务活动,促进了长寿之乡政府、绿色产业企业和专业社会组织的有效合作,对长寿之乡经济的转型升级和高水平的绿色发展进行了很好的探索,也为不同发展阶段的长寿之乡相互学习和借鉴提供了一个很好的途径。

表 13　各长寿之乡 2020 年人均 GDP 情况

序号	长寿之乡	2020 年常住人口(人)	2020 年 GDP(亿元)	2020 年人均GDP(元)
1	广西凤山县	169 845	28.55	16 809
2	广西苍梧县	276 766	52.30	18 897
3	广西东兰县	219 549	44.90	20 451
4	广西大化瑶族自治县	365 001	75.07	20 566
5	广西河池市宜州区	549 359	123.21	22 428
6	广东丰顺县	478 731	110.23	23 025
7	广西乐业县	146 397	34.00	23 225

---

* 仅计算 2021 年 10 月的 89 个长寿之乡。

（续）

序号	长寿之乡	2020 年常住人口（人）	2020 年 GDP（亿元）	2020 年人均GDP（元）
8	广西马山县	38 2430	90.13	23 568
9	广西上林县	359 323	90.57	25 207
10	广西凌云县	188 194	48.60	25 824
11	广西昭平县	330 116	88.15	26 703
12	云南金平县	331 377	89.01	26 861
13	广西天等县	280 473	75.99	27 094
14	广东大埔县	330 948	91.10	27 528
15	河南周口市淮阳区	1 022 322	282.40	27 623
16	广西容县	654 916	182.93	27 932
17	广西岑溪市	724 364	205.15	28 321
18	四川资阳市雁江区	867 119	246.81	28 463
19	广西藤县	795 612	226.60	28 481
20	湖南麻阳县	313 305	91.39	29 170
21	广西象州县	281 846	83.28	29 548
22	广西贵港市港南区	516 598	153.55	29 723
23	广东徐闻县	633 258	198.14	31 289
24	贵州罗甸县	257 551	80.61	31 299
25	广西浦北县	683 964	214.97	31 430
26	山东单县	1 026 555	344.75	33 583
27	河南封丘县	704 532	239.80	34 037
28	广西恭城瑶族自治区	245 432	83.69	34 099
29	广西金秀瑶族自治区	130 313	44.45	34 110
30	广西富川瑶族自治区	266 530	91.90	34 480
31	广西钟山县	351 057	122.60	34 923
32	广西合浦县	864 193	303.53	35 123
33	广西巴马瑶族自治县	236 152	82.99	35 143
34	广西大新县	282 563	101.63	35 967
35	广西东兴市	216 053	78.24	36 213
36	广西永福县	228 646	82.97	36 288
37	河南夏邑县	896 578	328.29	36 616
38	广西贺州市	2 007 858	753.95	37 550
39	广西龙州县	232 068	89.89	38 734
40	贵州石阡县	297 086	115.19	38 773
41	浙江文成县	288 168	112.01	38 870

（续）

序号	长寿之乡	2020 年常住 人口（人）	2020 年 GDP （亿元）	2020 年人均 GDP（元）
42	广东梅州市梅县区	556 735	219.95	39 507
43	广西阳朔县	273 124	108.00	39 542
44	安徽金寨县	496 501	196.90	39 658
45	广西贺州市八步区	655 994	264.60	40 336
46	贵州印江县	294 490	119.76	40 667
47	广西扶绥县	408 921	169.37	41 419
48	四川西充县	420 023	174.32	41 502
49	广东连州市	377 220	161.21	42 736
50	贵州赤水市	247 287	106.17	42 934
51	海南万宁市	545 992	237.40	43 480
52	贵州兴仁县	425 770	191.64	45 010
53	广西贺州市平桂区	404 161	183.40	45 378
54	安徽亳州市谯城区	1 537 231	702.20	45 680
55	海南文昌市	560 894	263.50	46 979
56	广西蒙山县	164 420	78.00	47 439
57	广西天峨县	143 155	68.16	47 614
58	广东信宜市	1 014 577	488.09	48 108
59	江西铜鼓县	116 418	56.90	48 876
60	江西丰城市	1 065 641	535.20	50 223
61	河南永城市	1 256 409	637.04	50 703
62	福建诏安县	560 969	287.63	51 274
63	浙江永嘉县	869 548	461.89	53 118
64	广东蕉岭县	184 355	100.13	54 314
65	四川眉山市彭山区	328 236	183.39	55 871
66	山东高密市	877 393	510.25	58 155
67	山东青州市	960 882	564.75	58 774
68	福建寿宁县	177 960	104.68	58 822
69	上海市崇明区	637 921	381.83	59 855
70	浙江仙居县	431 888	260.50	60 317
71	山东乳山市	464 078	280.41	60 423
72	湖北钟祥市	868 897	526.54	60 599
73	河南修武县	248 585	150.70	60 623
74	浙江丽水市	2 507 396	1 540.02	61 419
75	四川都江堰市	710 056	441.70	62 206

（续）

序号	长寿之乡	2020 年常住人口（人）	2020 年 GDP（亿元）	2020 年人均 GDP（元）
76	海南澄迈县	497 953	348.40	69 966
77	福建柘荣县	92 989	75.23	80 902
78	重庆市江津区	1 359 600	1 109.40	81 598
79	山东莱州市	824 708	674.08	81 736
80	浙江桐庐县	453 106	376.27	83 042
81	山东威海市文登区	518 583	474.67	91 532
82	江苏东台市	888 410	890.00	100 179
83	江苏如皋市	1 238 448	1 305.22	105 392
84	江苏启东市	967 313	1 223.10	126 443
85	江苏如东县	880 006	1 155.11	131 262
86	江苏溧阳市	785 092	1 086.36	138 374
87	广东佛山市三水区	803 226	1 251.13	155 763
88	江苏太仓市	831 113	1 386.09	166 775
89	福建泉州市泉港区	354 296	734.44	207 296
	全国	1 411 778 724	1 015 986.00	71 965

注：人口数据为第七次人口普查数据，GDP 为各地政府网站中公布的数据。

（二）长寿之乡民族文化的多样性

中国长寿之乡的特征之一是其民族文化的多样性（表 14）。在获授牌的 89 个长寿之乡中，既有以汉族为主的永福、钟祥、三水等县市区，也有分别以苗族、壮族、瑶族、土家族、布依族和哈尼族等少数民族为主的麻阳、凌云、富川、印江、罗甸和金平等县；在少数民族为主的县中，以瑶族自治县较为突出，广西有 5 个瑶族自治县被授予了"中国长寿之乡"称号。瑶族文化传统非常悠久，民族制度也非常有特色。瑶族人积累了相当丰富的医疗技术和口耳相传的各种秘方，每个家族都有药浴习惯。以汉族居民为主的长寿之乡也存在着客家、广府、闽海、中原、胶辽、巴蜀、江淮、吴越等民系，如以客家人为主的广东蕉岭、江西铜鼓等县，以三水、徐闻等为代表的广府民系等，这无不体现了长寿之乡的民族性，同时也奠定了长寿之乡民族文化和族群文化的多样性。

表 14　长寿之乡民族构成

序号	长寿之乡	主要民族（1% 及以上）	序号	长寿之乡	主要民族（1% 及以上）
1	上海市崇明区	汉	4	江苏如东县	汉
2	江苏太仓市	汉	5	江苏启东市	汉
3	江苏溧阳市	汉	6	江苏如皋市	汉

(续)

序号	长寿之乡	主要民族 (1%及以上)	序号	长寿之乡	主要民族 (1%及以上)
7	江苏东台市	汉	41	广东连州市	汉、瑶
8	浙江桐庐县	汉、畲	42	广西马山县	壮、汉
9	浙江永嘉县	汉	43	广西上林县	壮、汉
10	浙江文成县	汉、畲	44	广西阳朔县	汉、壮
11	浙江仙居县	汉	45	广西永福县	汉、壮、瑶、回
12	浙江丽水市	汉、畲	46	广西恭城瑶族自治县	瑶、壮、汉
13	福建泉州市泉港区	汉	47	广西苍梧县	汉
14	福建诏安县	汉	48	广西藤县	汉
15	福建柘荣县	汉	49	广西蒙山县	汉、壮、瑶
16	福建寿宁县	汉	50	广西岑溪市	汉
17	江西铜鼓县	汉（客家）	51	广西合浦县	汉
18	江西丰城市	汉	52	广西东兴市	汉、京
19	安徽亳州市谯城区	汉	53	广西浦北县	汉
20	安徽金寨县	汉	54	广西贵港市港南区	汉、壮
21	河南夏邑县	汉	55	广西容县	汉
22	河南封丘县	汉、回	56	广西凌云县	壮、汉、瑶
23	河南修武县	汉	57	广西乐业县	壮、汉、苗、瑶
24	河南周口市淮阳区	汉、回	58	广西贺州市	汉、瑶、壮
25	河南永城市	汉	59	广西贺州市八步区	汉、壮、瑶
26	山东莱州市	汉	60	广西贺州市平桂区	汉、瑶、壮
27	山东青州市	汉、回	61	广西昭平县	汉、壮、瑶
28	山东高密市	汉	62	广西钟山县	汉、瑶、壮
29	山东威海市文登区	汉	63	广西富川瑶族自治县	瑶、汉、壮
30	山东乳山市	汉	64	广西天峨县	壮、汉、瑶、侗
31	山东单县	汉	65	广西凤山县	壮、汉、瑶
32	湖北钟祥市	汉	66	广西东兰县	壮、汉、瑶
33	湖南麻阳县	苗、汉	67	广西巴马瑶族自治县	壮、瑶、汉
34	广东佛山市三水区	汉	68	广西大化瑶族自治县	壮、瑶、汉、苗
35	广东徐闻县	汉	69	广西河池市宜州区	壮、汉、瑶
36	广东信宜市	汉（客家）	70	广西金秀市	壮、瑶、汉
37	广东梅州市梅县区	汉（客家）	71	广西扶绥县	壮、汉
38	广东大埔县	汉（客家）	72	广西龙州县	壮、汉
39	广东丰顺县	汉（客家）	73	广西大新县	壮、汉
40	广东蕉岭县	汉（客家）	74	广西天等县	壮

（续）

序号	长寿之乡	主要民族（1%及以上）	序号	长寿之乡	主要民族（1%及以上）
75	广西象州县	壮、汉	83	四川资阳市雁江区	汉
76	海南文昌市	汉	84	贵州赤水市	汉
77	海南万宁市	汉、黎、苗	85	贵州石阡县	汉、仡佬、侗、苗、土家
78	海南澄迈县	汉	86	贵州印江县	土家、汉、苗
79	重庆市江津区	汉	87	贵州兴仁县	汉、布衣、苗、回
80	四川都江堰市	汉、藏	88	贵州罗甸县	布衣、汉、苗
81	四川西充县	汉	89	云南金平县	哈尼、苗、瑶、汉、彝、傣
82	四川眉山市彭山区	汉			

注：表中数据为综合各地年鉴、县志、政府网站等文献资料确定。

（三）长寿之乡人口结构及老龄化程度（长寿水平）的差异性

第七次人口普查结果显示，我国的人口结构变化较大，与2010年相比，141 178万人的总人口中，15～59岁者的人口比例下降了6.79个百分点，而60岁及以上人口的比重上升5.44个百分点，65岁及以上人口已经占到总人口的13.50%，人口老龄化程度进一步加深，未来一段时期我国将持续面临相关压力。长寿之乡老年人口比例相对较高，老龄化现象也较明显。表15是各长寿之乡65岁及以上人口所占比例情况，从表中可以看出：在长寿之乡中，65岁及以上人口占总人口比例超过全国平均值13.50%的数量达到59个，也就是说多数长寿之乡的人口老龄化程度要高于全国的平均情况。国际上通常的看法是，当一个国家或地区65岁及以上人口占比超过7%时，意味着进入老龄化；达到14%至20%，为深度老龄化；超过20%，则进入超老龄化社会。从表15可以看出，除江苏溧阳和山东乳山没有查到相应数据外，其他87个长寿之乡65岁及以上人口占总人口比例均超过了7%，也就是几乎所有长寿之乡均已进入老龄化社会，其中重庆江津等42个长寿之乡处在深度老龄化阶段，江苏如东等7个长寿之乡则进入了超老龄化社会，老龄化最严重的是江苏如东和上海崇明，其65岁及以上人口比例均接近30%。由于多数长寿之乡的经济发展水平并不高，应对未富先老的老龄化挑战将是一项艰巨的任务。

表15　长寿之乡65岁及以上人口所占比例情况

序号	长寿之乡	65岁及以上人口占比（%）	序号	长寿之乡	65岁及以上人口占比（%）
1	山东乳山市	—	6	江苏启东市	25.98
2	江苏溧阳市	—	7	四川西充县	24.17
3	江苏如东县	29.98	8	江苏如皋市	23.80
4	上海市崇明区	29.60	9	山东威海市文登区	23.79
5	江苏东台市	26.28	10	重庆市江津区	19.54

（续）

序号	长寿之乡	65 岁及以上人口占比（%）	序号	长寿之乡	65 岁及以上人口占比（%）
11	四川眉山市彭山区	19.03	45	广东丰顺县	14.66
12	四川资阳市雁江区	18.98	46	广西马山县	14.53
13	四川都江堰市	18.82	47	广西昭平县	14.53
14	广西天等县	18.58	48	广东梅州市梅县区	14.49
15	山东莱州市	18.12	49	广西金秀瑶族自治县	14.46
16	浙江文成县	17.74	50	河南永城市	14.07
17	安徽金寨县	17.26	51	广西河池市宜州区	14.01
18	湖北钟祥市	17.24	52	浙江永嘉县	13.97
19	贵州赤水市	17.17	53	江西丰城市	13.90
20	广东大埔县	17.05	54	广西合浦县	13.78
21	广西大新县	16.99	55	贵州罗甸县	13.72
22	广西恭城瑶族自治县	16.85	56	广西富川瑶族自治县	13.66
23	海南文昌市	16.77	57	广西龙州县	13.61
24	湖南麻阳县	16.72	58	广西贵港市港南区	13.51
25	浙江桐庐县	16.66	59	安徽亳州市谯城区	13.50
26	广东蕉岭县	16.65	60	广西苍梧县	13.42
27	贵州印江县	16.62	61	广西凤山县	13.37
28	山东青州市	16.60	62	福建诏安县	13.15
29	山东高密市	16.56	63	广西浦北县	13.14
30	广西永福县	16.45	64	河南修武县	13.03
31	浙江仙居县	16.27	65	海南万宁市	12.97
32	广西东兰县	16.12	66	福建柘荣县	12.91
33	江苏太仓市	16.07	67	广西容县	12.91
34	广西蒙山县	16.00	68	海南澄迈县	12.77
35	广东连州市	15.94	69	福建寿宁县	12.70
36	山东单县	15.89	70	广西钟山县	12.58
37	河南夏邑县	15.85	71	广西贺州市	12.50
38	河南周口市淮阳区	15.69	72	广西大化瑶族自治县	12.47
39	广西阳朔县	15.63	73	广西扶绥县	12.42
40	贵州石阡县	15.42	74	广东徐闻县	12.25
41	浙江丽水市	15.37	75	广东信宜市	12.22
42	广西象州县	15.33	76	广西天峨县	12.13
43	广西上林县	15.25	77	江西铜鼓县	12.08
44	河南封丘县	14.95	78	广西巴马瑶族自治县	12.03

（续）

序号	长寿之乡	65 岁及以上人口占比（％）	序号	长寿之乡	65 岁及以上人口占比（％）
79	广西藤县	11.91	85	广西凌云县	10.73
80	广西贺州市八步区	11.57	86	广西乐业县	9.98
81	广西贺州市平桂区	11.49	87	云南金平县	8.76
82	广西岑溪市	11.40	88	广西东兴市	8.63
83	福建泉州市泉港区	11.30	89	广东佛山市三水区	8.36
84	贵州兴仁县	10.83			

注：表中数据来源为各地政府公布的第七次人口普查报告。

（四）长寿之乡社会生活和文化习俗的地域特色

长寿之乡由于自然和人文环境方面的差异，在社会生活和经济发展中体现了诸多地域特色。文化是一个地区的血脉与灵魂，可以给当地带来持久的魅力，代代传承的文化也是人口繁盛和长寿的重要支撑。长寿之乡中既有楚文化的发源地钟祥，也有吴越文化的代表地的太仓、如皋等；既有中原文化的代表地封丘、夏邑等，也有能代表滨海文化的泉港、徐闻等，还有代表巴蜀文化的都江堰、西充等。沿海地区的长寿之乡，受相对开放和外向的文化的影响，人们的思想活跃，性格多敢闯敢拼，经济发展也各具特色。浙江、福建和广东等地的部分长寿之乡，如青田、泉港、三水、大埔和蕉岭等，由于海外侨民较多，侨乡特色明显，经济发展和人员交流都与海外的联系紧密，如丽水的青田有中国外汇第一县、人均存款第一县之称。青田共有海外华侨 33 万人，分布在 120 多个国家和地区，主要从事国际贸易、餐饮服务业等，拥有闲散资金超过 3 000 亿元，在 2013 年至 2018 年就有近 10 万华侨回国投资，资金总额超 2 000 亿元。其他经济发展较好的沿海长寿之乡也多有自己的特色产业或产业集群，如桐庐的快递，启东的电动工具，东台的电子信息，文登的西洋参，泉港的石化，三水的食品饮料、陶瓷建材等。中西部山区长寿之乡，多数是多民族居住地，受自然环境和交通状况影响，经济方面相对封闭和欠发达，严酷的自然环境造就了人们坚忍不拔和顽强奋斗的精神，日常生活中多表现为乐观豁达、能歌善舞等。中原地区的长寿之乡都有着悠久的历史文化，如封丘从西汉初升格设县，历史已有 2 000 多年，著名的赵匡胤"陈桥兵变"也发生在封丘，它成了大宋 300 多年历史的源头，是名副其实的"千年古县"；春秋战国诸雄争霸留下了"黄池会盟""平丘会盟"传说，作为我国黄河文化的发祥地之一，儒家文化在这里根深蒂固。其他中原长寿之乡夏邑、永城、单县、青州、莱州等也都是千年古城。饮食是生命延续的基础，也是各地长寿宣传推广的主要着力点，我国自古就有丰富多彩的饮食文化，89 个长寿之乡涵盖了我国八大菜系所在的地区，既有口味清淡的江苏菜、浙江菜和口味鲜香的粤菜、闽菜，也有香辣的湘菜、麻辣的川菜、鲜咸的鲁菜和鲜辣的徽菜；既有以海鲜产品为主要食材的沿海长寿之乡，也有以淡水产品和山林食材为主的内陆长寿之乡；虽然它们的饮食文化虽各有特色，但没有因为这一差异影响到人群的长寿。在 89 个长寿之乡中，有一个县的地域情况较为特殊，即云南省红河哈尼族彝族自治州的金平苗族瑶族傣族自治县，其土地面积 3 677 平方公里，具有边疆、山区、多民族、贫困人口多等特点，地形复杂，山高谷低，相对高差近 3 000 米，但多民族的文化特征，特别是浓郁的民族风情及其独特的传统节日，如苗族的花山节，瑶族的盘王节、目莲节、干巴节，傣族的男人节、泼水节、扁米节，哈尼族的干拖拖、昂玛窝、苦扎扎节，彝族的火把节、阿背节（姑娘节）等，使当地生活丰富多彩，可以说是一个由特殊地域和多民族文化特色孕育出的长寿之乡。

第三章
长寿之乡生态产品价值实现机制*

一、生态产品价值实现机制

（一）生态产品

生态产品是在中国生态文明建设实践中逐渐形成的一个新概念，这一概念正式提出于2011年的《全国主体功能区划》，它将生态产品定义为"维系生态安全、保障生态调节功能、提供良好人居环境的自然要素，包括清新的空气、宜人的气候、清洁的水源和宜人的气候"。十八大报告提出"要增强生态产品生产能力"。十九大报告提出"要提供更多优质生态产品以满足人民日益增长的优美生态环境的需要"。2018年4月，习近平总书记在长江经济带发展座谈会讲话中指出，要积极探索推广绿水青山转化为金山银山的路径，选择具备条件的地区开展生态产品价值实现机制试点，探索政府主导、企业和社会各界参与、市场化运作、可持续的生态产品价值实现路径。

国外并没有与生态产品相一致的名词，但是关于生态产品相关的理论思想很早就产生了。1949年奥尔多利·奥波德（Aldo Leopold）提出的生态服务价值理论，首次对生态系统服务问题进行了探讨；到了20世纪70年代，生态系统服务功能研究逐渐向生态学与生态经济学靠。1977年，戴利（Daily）将生态系统服务功能定义为自然生态系统，认为它是一个复杂多元的系统，包括调节能力、自净能力、生产能力等[26]，该时期对于生态系统服务的研究还处于碎片化状态。直到1981年，保罗·埃尔利希与安妮·埃尔利希（Ehrlich P R & Ehrlich A）提出"生态系统服务（Ecosystem services）"理念，诸多学者才从不同视角对其进行探索，进而形成了相对系统化的研究。1977年，科斯坦萨（Costanza）将生态系统提供的服务分为有形和无形两种流，这两种流是人类社会与自然环境相互作用的结果。2001年，"新千年生态系统评估"对生态系统服务功能进行了新的表述，即生态系统能够满足人类直接的供给需求、调节需求、文化需求，还能起到维持生态平衡等重要作用。

国内关于生态产品的研究起步较晚，尚未形成统一、权威的界定，一般将生态产品理解为生态友好型产品和资源节约型产品。也有人把生态产品定义为是遵循可持续发展原则，按特定生产方式生产并经专门机构认定许可，使用生态产品标志的安全优质营养的产品，认为生态产品是能够让人类获得惠益的生态系统资源和生态系统服务，包括有形的生

---

* 作者：陈光炬，原丽水学院教授；林源西，丽水学院讲师。

态产品如有机食品、生态工农业产品以及无形的生态产品如优美环境、宜人气候、生态安全等。

总的看来，对于生态产品，虽然没有形成一个权威统一的概念，但其核心内涵大致体现在三个方面：一是生态产品应强调人类从生态系统中获得的惠益，如果人类无法从中获得惠益，即使属于生态系统也不能纳入生态产品的范畴，因而生态产品的范畴应该小于生态系统；二是生态产品是生态系统的输出品，应该区别于物质产品、社会产品和文化产品；三是生态产品包括有形的物质性产品或生产要素，也包括无形的生态调节性服务功能。本研究认为，生态产品是指在不损害生态系统稳定性和完整性的前提下，生态系统为人类提供的物质和服务产品，如食物、中草药、原材料、生态能源等。它包括改善生存与生活环境的调节服务产品，如水源涵养、水土保持、固碳、水环境净化、气候调节等；也包括提升生活质量的文化服务，如休闲娱乐、知识获取和自然美学体验等。

（二）生态产品价值

生态产品价值体现为生态系统为人类生存所提供的产品与服务对应的经济价值，一般用生态系统生产总值（Gross Ecosystem Product 即 GEP）表示，如果说社会经济系统生产总值 GDP 侧重关注经济运行状况，那么 GEP 侧重关注生态系统运行状况。GEP 用一个清晰的数量来反映生态系统的服务价值，有助于人们直观地认识到"绿水青山"的巨大价值，引领正确的发展导向，为完善生态补偿机制提供科学依据，为精准发力扶贫脱贫提供决策参考。

GEP 相比于 GDP 而言，不但可以对生态系统产品和服务的相关价值进行计量，还能够全面反映生态系统的功能价值指标。国内外的专家学者对 GEP 的评估核算做出了一定的研究，研究对象、尺度各有不同，有全球生态系统、流域生态系统、区域生态系统、单个生态系统、生物多样性保护价值评估等。就目前看，针对大尺度区域、草地、森林等单个生态系统的 GEP 核算相对多些，而对于省、市、区、县等尺度的 GEP 核算相对较少。GEP 核算方法主要有替代市场评估法、直接市场评估法和模拟市场评估法等。为推动生态系统的有效保护和可持续利用、促进生态系统对人类福祉的贡献，近年来，世界各国广泛开展了对生态系统服务功能和经济价值的评估，随着生态系服务价值越来越引起人们关注，更多的生态系统服务评价方法被广泛采用。现行国民经济（GDP）核算体系为生态系统产出的物质产品核算提供了较全面可靠的数据，已经广泛开展的生态环境监测、森林资源清查、水文监测、湿地调查、草地监测体系可以为调节服务功能的核算提供数据参数，已基本具备开展大尺度生态系统生产总值（GEP）核算的技术基础。

（三）生态产品价值实现

生态产品价值实现是生态价值转化为经济价值的现实路径，也是"绿水青山"转化为"金山银山"的关键措施，2018 年 4 月 26 日，习近平总书记在深入推动长江经济带发展座谈会上的讲话中指出，要积极探索推广绿水青山转化为金山银山的路径，选择具备条件的地区开展生态产品价值实现机制试点，探索政府主导、企业和社会各界参与、市场化运作、可持续的生态产品价值实现路径。生态产品价值实现对政府、企业以及市场模式的创新都有着很重要的意义，所以很多学者在生态产品价值实现上做了很多理论和实践上的积极探索。

长期以来，国家对环境保护和生态建设高度重视，投入大量资金用于环境保护与修复，广泛开展山水林田湖草综合治理。但由于长期以来生态系统功能性退化并未得到有效遏制，我国在很长一段时期内还将面临环境保护、乡村振兴、共同富裕等三项任务叠加的严峻形势，对自然资源的过度开采造成的生态环境恶化必须从根本上予以解决，因此积极探索政府主导、企业和社会各界参与、市场化运作、可持续的生态产品价值实现路径至关重要。它一方面可以实现经济发展，另一方面对缓解生态环境压力能起到一定的积极作用。如何确立尽快形成绿色发展的生产方式和生活方式，将"绿水青山"蕴藏的生态产品价值转化为"金山银山"，是当前亟待破解的现实难题，生态产品价值实现提供了打开"两山"通道的新思路。

实现生态产品价值，最重要的是构建科学的生态产品价值实现机制。生态产品价值实现机制，是指为了实现某一特定功能，一定的系统结构中的各要素，以及各要素在一定环境条件下相互联系、相互作用的运行规则和原理。生态产品价值实现机制涉及生态产品价值实现的条件、价值、要素、过程等诸多因素，因而在准确核算区域生态系统生产总值（GEP）的前提下，应合理确定生态产品价值实现的综合目标，明晰生态产品价值实现的运行机制：首先是生态产品的功能量评估，其次是生态产品的价值量核算，在此基础上构建生态产品价值实现的运行机制，包括生态产品价值核算机制、生态产品市场交易机制和生态产品价值实现的生态管理机制。

二、长寿之乡生态产品价值实现机制

（一）丽水市生态产品价值实现机制建设

长寿之乡丽水市是浙江省陆地面积最大的地级市，生态环境优越，被誉为"浙江绿谷"，是浙江"大花园"建设的核心区。丽水是习近平总书记"两山"理念的重要萌发地和先行实践地。习近平总书记在浙江工作期间，曾八次深入丽水调研，2006 年第七次到丽水调研时指出，绿水青山就是金山银山，对丽水来说尤为如此。2018 年 4 月，习近平总书记在深入推动长江经济带发展座谈会上肯定"浙江丽水市多年来坚持走绿色发展道路，坚定不移保护绿水青山这个'金饭碗'，努力把绿水青山蕴含的生态产品价值转化为金山银山"。丽水市牢记总书记的嘱托和勉励，积极推进全国首个生态产品价值实现机制试点，建立健全生态产品价值核算指标体系、试点建设工作体系、价值转化政策体系、价值实现考评体系，为拓展"绿水青山就是金山银山"转化通道提供新的探索和实践。

1. 建立了生态产品价值实现核算、评价和考核体系 2019 年，丽水市制定了涵盖 3 大类、145 小项的生态产品目录清单，完成了遂昌县大田村的生态系统生产总值（GEP）核算试点工作。2019 年和 2020 年出台了全国首个市级《生态产品价值核算技术办法（试行）》和《生态产品价值核算指南》地方标准，为浙江省《县域生态系统生产总值核算技术规范》提供了重要支撑，并与中科院生态环境研究中心合作推进国家标准制定工作。在试点过程中，逐步建立了市、县、乡、村四级生态系统产品价值核算体系。在对生态产品价值核算的基础上，丽水市建立了生态产品价值实现绩效评价考核制度，编制了《丽水市GEP综合考评办法》，首批量化指标体系包括一级指标5个、二级指标18个、三级指标91个。这些指标充分结合GEP核算体系、碳中和相关指标，考虑了"两山公司"（生态强村公司）运营体制等机制建设内容。考核结果将纳入自然资源资产离任审计。实际上，自2015年开始，丽水市便开展了领导干部自然资源资产和环境离任审计试点工作，2019年，丽水市完成了10个领导干部的自然资源资产离任审计项目。2020年出台的《丽水市领导干部自然资源资产离任审计实施办法》进一步明确了生态产品价值实现机制审计细则，初步建立了生态产品价值实现机制试点工作的审计制度。

2. 构建了生态产品市场交易体系 丽水市率先推进了自然资源资产产权制度改革。通过青田县"河泉到户"改革、推进林权制改革、加快农村宅基地"三权分置"改革和百山祖国家公园集体林地地役权改革，逐渐形成归属清晰、权责明确、保护严格、流转顺畅、监管有效的自然资源资产产权制度。在确权的基础上，丽水市基本建成了覆盖市、县、乡三级的农村产权交易平台，农村林地使用权、土地承包经营权、水域养殖权、农村集体资产所有权等12类产权都可以交易、抵押和贷款，基本实现了农村产权抵押贷款全覆盖。开展了用能权、排污权有偿交易，完成了年产4万吨药用中性硼硅玻管项目的用能权指标交易。出台了《丽水市排污权有偿使用和交易管理办法（试行）》及实施细则、交易规则，建立了市、县两级排污权储备账户制度和火电等重点行业的"一企一证一卡"刷卡排污系统。开展了碳汇调查研究和项目开发工作，2020年11月，"零碳会议"购买了丽水森林经营碳汇项目，中和抵消了会议产生的60.36吨温室气体排放量。同时，丽水市还建立了独具特色的生态信用体系。丽水市对三类信用主体采取信用等级动态监测、信用修复、信用异议申诉等管理机制，形成了"绿谷分"信用动态管理模式。三是丰富了生态信用应用途径。探索建立了个人信用积分"信易游""两山兑"等生态守信激励机制，探索构建"生态信用＋"全域旅游应用场景，为生态信用守信者提供景区购票、住宿等打折优惠服务和商品信用兑换服务。2020年，丽水市印发了《生态信用行为正负面清单（试行）》等四个生态信用顶层制度文件，从生态保护、生态经营、绿色生活、生态文化和社会责任五个维度，探索建立了个人、企业和行政村三个主体的五级量化评分制度，并实施分类评价和管理。丽水市还不断创新推出体现生态产品价值的金融产品，如全国首个基于生态信用的信贷产品——"两山贷"，全国首个生态产品信贷产品——"生态贷"，全国首个生态产业区块链信贷产品——"茶商E贷"等。2020年10月23日，青田县政府向祯埠镇发放了首本生态产品产权证书和全国首笔以生态产品使用权为抵押的"GEP贷"500万元。此外，龙泉市推出了"生态通"金融产品，AAA级"生态绿码"市民亮码最高可授信100万元。

3. 积极探索生态产品价值实现产业发展路径体系 生态农业方面，丽水市加强农产品品质管控，严格管理农药化肥的使用；完善生态农业支撑体系，推进"丽水山耕"生态产品价值实现综合服务配套工程建设，探索了生态产品价值实现产业发展路径体系。生态服务业方面，积极打造了瓯江黄金旅游带，编制了《丽水瓯江中上游休闲养生新区总体规划》，推进了5A级景区创建和特色小镇建设；编制完成了"康养600"小镇建设规划，稳步推进"康养600"小镇项目招商工作；积极发挥青田侨乡优势，培育特色产业。积极打造侨乡农产品出口城和进口商品"世界超市";积极推进了古村复兴示范工程。丽水市出台并实施了《丽水市传统村落保护条例》,积极推广莲都下南山古村复兴模式和松阳"拯救老屋"行动经验。生态工业方面,严格执行生态工业准入,明确了禁止准入区、限制准入区、重点准入区和优化准入区四级空间准入要求,出台了限制发展类和禁止发展类行业目录;积极引进了生态高科技公司,加快建设大健康产业园。生态能源资源业方面,发展水资源产业,组建了水资源科研团队、水资源应用招商团队、水资源开发运营团队,统筹谋划水经济发展体系。缙云县通过"光伏+"模式,整合资源,破解了光伏产业推进难题,推动了光伏产业扩面升级。

4. 建立生态产品品牌体系　丽水市探索建立了"山"字系列公共品牌,打造了"丽水山耕""丽水山居""丽水山景""丽水山泉"公共品牌,分别开发生态农产品、民俗、旅游和饮用水。"丽水山耕"已加盟的会员企业达977家,合作基地1153个,生态农产品种类达1200个,2020年销售额突破108亿元,平均溢价率30%,部分溢价率达5倍以上。首批"丽水山泉"瓶装饮用水成为2021年全国两会指定用水。为了维护区域公共品牌形象,丽水市积极推进"丽水山耕"品牌标准制定和标准认证工作,并加快完善农产品溯源体系,建立"四级九类"质量安全追溯系统的监管体系。为了推广生态产品,丽水市积极培育生态产品市场经营主体。一方面,成立"生态强村公司"(两山公司),截至2020年,丽水市推动19个示范乡镇成立了"生态强村公司",作为公共生态产品供给主体、优质生态资源运营主体与环境保护主体。另一方面,组建"两山银行",由市和青田县分别依托丽水市农村交易平台、侨乡投资项目交易中心共同组建"两山银行"交易平台,构建自然资源运营管理与市场交易空间,着力解决碎片化自然资源入市壁垒、"生态占补平衡"问题,推动生态资源变资本、变资产。此外丽水市还设立"两山基金",重点支持生态产业培育和生态强村公司发展重大项目;发展"两山邮政",联动"赶街"模式,线上线下打通生态产品销售渠道,降低运输成本,促进农民增收。

5. 搭建了生态产品价值实现支撑体系　丽水市各级政府在探索生态产品价值实现机制过程中,从如下方面搭建生态产品价值实现机制支撑体系:一是不断加大财政支持力度。通过生态产品政府采购、与生态产品质量和价值相挂钩的省级财政奖补机制和设立高质量绿色发展产业基金等方式,不断加大财政支持力度。二是不断健全金融政策体系。通过探索建立生态信用行为与信贷挂钩机制、加强绿色项目资金要素保障和对生态产品公共品牌的金融支持,不断完善金融政策体系。三是不断强化科技人才支撑。通过聘请国际顶尖专家担任绿色发展顾问、建设中国(丽水)两山学院以及与中科院、浙江大学、浙江清华长三角研究院、武汉大学等国内知名高校和科研机构签订科技合作协议或设立研究院等方式,不断强化科技人才对生态产品价值实现的支撑。四是初步形成生态环境司法保护机制。建立专业审判体系,成立综合审判团队,实现环境资源民事、刑事、行政案件集中审理。积极推动生态环境重点保护区和4A级以上景区设立环境资源巡回审判,维护旅游者和旅游经营者合法权益。五是不断加强开放合作交流。通过探索生态产品价值异地转化模式,如"飞地互飞"模式,并加强与相关省市的交流合作,如与四川省巴中市、广元市,吉林省梅河口市等地签订战略合作协议,不断加强对外交流,共享生态产品价值实现机制探索成果。

总之，丽水市生态产品价值实现机制探索走在全国前列，在试点期间取得了丰硕的成果，积累了丰富的经验。各长寿之乡在生态、经济现状等方面有相似之处，丽水市在生态产品价值实现机制试点时获得的经验，可为长寿之乡探索生态产品价值实现机制提供借鉴。

（二）长寿之乡生态产品价值实现的实践

长寿之乡，无论位于中国的何处，其共同之处便是优良的生态环境，这也造就了长寿之乡丰富的生态产品。随着人们对生态环境、对健康的重视，许多藏在深闺的生态产品也逐渐为人所知。而长寿之乡也都在探索生态产品价值实现路径，使生态环境和经济效益相得益彰。

1. 生态物质产品的增值和推广　生态物质产品是指生态系统通过生物生产及与人工生产结合为人类提供的物质产品，包括两类：一是自然形成的野生食品、淡水、燃料、中草药和各种原材料；二是人们利用生态环境与资源要素人工生产的农业产品、林业产品、渔业产品、畜牧业产品和各类生态能源产品。长寿之乡拥有优良的生态环境，生态物质产品通常有较高的品质，而各个长寿之乡也越来越意识到当地所产的生态物质产品所拥有的价值，通过各种方式使它们增值，并加以推广。

生态物质产品品牌化是实现增值的主要方式，如丽水市景宁畲族自治县的"景宁600"公共品牌使农产品溢价 20%。目前，有不少长寿之乡都拥有自己的区域公共品牌，如浙江省文成县的"文成高山蔬菜"、仙居县的"仙居初品"，湖南麻阳苗族自治县的"麻阳冰糖橙"，河南夏邑县的"栗城农珍"，广西巴马瑶族自治县的"长寿巴马"，等等。它们通过对区域公共品牌的经营，一方面利用品牌加成实现生态物质产品溢价，另一方面，也可以整合区域内各种资源，更好地向外推广。

大多数长寿之乡，由于区位上的劣势，知名度不高，生态物质产品也不为人所知。近年来，不少长寿之乡所在地借助扶贫政策，积极向外推广生态物质产品。2018 年，麻阳县组织 6 家企业参加全国贫困地区农产品产销对接行动，宣传麻阳冰糖橙、黄桃、小籽花生、古法红糖、腊味品等特色农产品，受到北京市民的青睐。巴马县则在深圳市大鹏新区扶贫办的帮助下，将生态物质产品销往广东市场。2020 年，大鹏新区全年帮助巴马销售农产品到广东，金额超过 8 200 万元。通过这种方式，巴马县将本县特产的香米、香猪腊肠、巴马坚果饮品等生态物质产品推广到广东乃至全国各地。

2. 生态调节服务的价值转化　生态调节服务是指人们从生态系统中获取的水土保持、水源涵养、洪水调蓄、气候调节、空气净化、水质净化、固碳释氧、病虫害防治等享受性物质惠益。生态调节服务价值在生态系统生产总值（GEP）中占有的比例通常在 80% 以上，是生态产品中最具价值的部分。但因为生态调节服务作用于生态系统，给人们带来的价值常常是间接的，因此价值转化的难度比较大。目前而言，生态调节服务价值主要通过生态补偿实现。例如 2012 年，金寨县获得生态补偿金额 1.432 亿元；2015 年，广东省生态保护补偿资金规模为 19.98 亿元，其中长寿之乡蕉岭县、大埔县、丰顺县获得的生态补偿金分别为 7 737 万元、6 626 万元、6 210 万元。在长寿之乡昭平县，其下辖的文竹镇七冲村，因为良好的生态，每年可以享受国家 20 多万元的生态补偿金。生态补偿是通过政府采购生态产品实现生态调节服务价值的重要形式，各地都在积极探索完善生态补偿制度。但目前来看，包括长寿之乡在内的生态功能区所获得的生态补偿金远远低于他们保护生态所承担的经济代价，因此，各级政府都在积极探索新的生态补偿方式。

除了生态补偿，生态调节服务价值通常通过物质产品（包括生态工业产品和生态农业产品）和生态旅游实现。如丽水龙泉市国镜制药，因为龙泉的水好、杂质少、硬度低，水浑浊度、污染指数比其他地方低 20％以上，可以延长过滤器一倍的使用寿命，企业每年仅水处理就可以节约 137 万元。同时，龙泉的空气质量好，也延长了空气过滤器的更换周期，企业空气过滤袋的年更换成本由过去的 200 万元左右下降至现在的 90 万元左右，系统维护费用下降近 60％。而良好的生态环境也可实现农产品的增值和吸引游客，实现生态物质产品和文化服务的快速增长。生态调节服务无法直接生产价值，而长寿之乡通常生态环境好、调节服务价值高，要实现价值转化，需要探索多元化转化渠道。

3. 生态文化服务的多元化探索　生态文化服务价值的主要来源是生态旅游。长寿之乡多为生态环境好、风景优美、人文资源丰富的地区，对游客有着很强的吸引力，因此，旅游业及相关产业成为长寿之乡探索生态产品价值实现的重要途径。长寿之乡发展旅游及相关产业主要通过以下手段进行：第一，加快建设基础设施。大多数长寿之乡的基础设施落后，这是旅游业出现瓶颈的主要原因，需要加大建设力度。比如广西壮族自治区制定了"长寿养生国际旅游区基础设施建设三年行动方案（2017—2019）"。3 年时间，涉及项目 70个（百色市 24 个，河池市 46 个），累计完成投资 42 多亿元。四川西充县创新"交通＋"模式，全域推进旅游公路建设，实现建管养运协调发展。第二，积极推广自然风光。优良的生态环境造就了长寿之乡优美的自然风光，这是它们最大的财富。如浙江仙居县神仙居景区，借助互联网提供创新服务，实施"线上＋线下"双营销，积极策划旅游事件、提升景区热度，取得了旅游发展的新成就。不少长寿之乡的旅游宣传语都是以自然景色为卖点，如丽水市的"秀山丽水，养生福地"，都江堰市的"拜水都江堰，问道青城山"，山东威海市文登区的"文德天下，登峰如画"，文成县的"刘基故里，山水乐园"，等等。第三，逐步开发人文资源。长寿之乡往往拥有丰富的人文资源，通过对人文资源的挖掘开发，使旅游内容更为丰富，提升游客的体验。如浙江文成县作为刘基故里，积极发掘刘基文化，打造"中国刘基文化暨生态旅游节"；湖南麻阳县作为少数民族自治县，推广苗族文化发展旅游，县内石羊哨乡的四月八、锦江河沿岸的盘瓠龙舟节、郭公坪长寿谷村的饱冬节等民俗文化节成为当地旅游的重要"吸引器"。此外，不少长寿之乡是革命老区，而对红色人文要素的旅游开发也越来越受到重视。第四，推动相关产业发展。随着旅游业的发展，其他相关行业，如住宿、餐饮业也在长寿之乡蓬勃发展。住宿业的发展主要体现为民宿的快速增长，如浙江丽水市，形成了"丽水山居"的公共品牌。广东丰顺县积极培育和发展农家乐、民宿等产业，出台了指导农家乐、民宿的发展意见和管理办法。到 2018年为止，全县共培育 5 家民宿企业。贵州石阡县也形成了如佛顶山村一般依靠民宿、农家乐脱贫致富的村落。长寿之乡旅游业发展的一大方向是乡村旅游，而民宿、农家乐则在乡村旅游的发展中起着重要的作用。

（三）长寿之乡探索生态产品价值实现的特点

1. 充分利用了"长寿之乡"品牌　长寿之乡在利用"长寿之乡"品牌时，主要通过以下方式：第一，以"长寿"为切入点，推广地方物质产品。据研究，长寿之乡大多有着良好的水土环境，其生产的农产品和饮用水对人体健康有益。此外，不少长寿之乡的土壤中碘、锌、硒等对身体有益的微量元素含量较其他地区高。这些造就长寿之乡的因素就成为当地农产品的主要卖点，如广东佛山三水区南山镇的富硒水果、海南澄迈县的富硒农产品等。长寿之乡出产的物质产品也因为其生态性和富含微量元素，价格较其他地方的高，如广西巴马县出产的矿泉水，其价格比一般矿泉水高几倍。第二，以"长寿之乡"作为地区宣传语，打响知名度。"长寿之乡"品牌是含金量很高的无形资产，很多地区会将其作为城市宣传语，如湖北荆门（长寿之乡钟祥所在地）的"中国农谷，长寿荆门"；海南澄迈县的"富硒福地，长寿之乡"，等等。对"长寿之乡"品牌的充分利用，一方面提升了地区知名度，一方面也实现了生态物质产品的溢价。

2. 生态文化服务潜力巨大　在探索生态产品价值实现的过程中，大多长寿之乡结合自身的优势对生态文化服务价值进行了深入开发，取得了较好的成果。例如都江堰市2019年旅游综合收入308.14亿元（2020年因疫情影响，各地旅游收入不具代表性），浙江永嘉县2019年实现旅游收入214.18亿元，广西巴马县2019年实现旅游收入82.92亿元，贵州石阡县实现旅游收入88.55亿元。如果说都江堰市和永嘉县有都江堰和楠溪江的名景点效应的话，那么巴马和石阡两县则是长寿之乡中利用自身生态优势发展全域旅游的代表。巴马县没有具有知名度很高的景点，但它本身作为世界著名的"长寿之乡"，其名声及其基础条件——优良的生态使其能按照"旅游全域化、全域景区化"的工作方向，实现"旅游名县"的目标。石阡县则依托资源优势，围绕全域旅游的发展思路，以温泉养生旅游为龙头，以夜郎古城和乡村旅游为两翼，全力打造"四季休闲、夏可养生、冬可避寒"的慢生活体验区。可以说，长寿之乡都有发展全域旅游的潜力，随着对生态产品价值实现机制探索的深入，如湖南麻阳县这样旅游收入不高（2019年为2.32亿元）的长寿之乡，在不远的将来旅游收入会快速增长。

3. 生态产品价值实现尚待深入探索　在已经认定的长寿之乡中，除了少数几个地区经济发达，如江苏太仓市、如皋市、启东市，福建泉州泉港区、山东威海文登区等，大部分地区属于山区，经济相对落后。经济发达的长寿之乡大多是工业强市（区），生态经济在其经济结构中并不占优势，因此其经济模式无法为其他长寿之乡所学习。生态是长寿之乡最大的优势，但大部分地区生态产品价值实现路径的探索还未展开，在将自身的生态优势转化为经济优势方面，仍然有很长的路要走。丽水市作为全国生态产品价值实现机制试点市，目前正在全面推进生态产品价值实现示范区建设，形成了一系列经验，可为其他地区探索生态产品价值实现机制提供借鉴。更为重要的是，长寿之乡要积极主动融入探索生态产品价值实现机制的潮流中，依托自身生态优势及地区特点，打通"两山"转化通道。

第四章
长寿之乡自然环境的共同性和区域性[*]

　　长寿是我们每一个人的愿望，一个人寿命的长短取决于其衰老的快慢。人类衰老过程的异质性是环境、遗传和随机因素综合作用的结果[27]，其中环境因素是能够解释非个体因素所能解释的长寿水平变动的主导因素[28]。一般而言，预期寿命的长短，主要反映了社会经济发展水平和生活营养状况的影响；而百岁老人比率的高低，主要反映了自然环境条件地域差异的影响。有研究在评价意大利人口长寿特征时提出了长寿指数和百岁指数两个指标，并根据意大利统计局的数据得出结论：意大利经济发展较快的中部和北部地区长寿指数较高，而南部和海岛地区百岁指数较高，说明长寿指数主要是经济发展和医疗卫生技术进步的结果，而百岁指数不仅仅与社会经济因素有关，更是气候、环境和遗传等因素的综合体现。许多研究表明人的健康长寿与所处的地理环境条件有密切的关系，长寿与居住环境适宜度有关。山区、海边、农村等地空气新鲜、饮用水清洁、没有噪音、生活环境安静、居住条件优良，所以长寿老人数量多于城市。

　　早在2 000多年前，我国就认识到了人类寿命与自然环境的关系，指出相对温和的气候、甘甜纯洁的天然矿泉水、肥沃疏松的土壤、宁静的山地环境都有益于人类的健康与长寿。环境因素对区域人口长寿水平有着重要影响，这种影响可能具有普遍性。多元线性回归分析结果表明，在所有社会经济与环境因素中，老年人居住地的气温、气候、经度、土壤类型以及粮食作物类型等是影响区域人口长寿水平的主导因素，而婴儿死亡率和粗死亡率对区域人口长寿水平的影响不如环境因素影响大。一项对斯堪的纳维亚双胞胎的研究认为，平均预期寿命的遗传因素影响占20%～30%，而环境变化对预期寿命的影响占至少70%[29]。

　　从社会经济学的角度出发，可将长寿区大体分为两种类型：一种是以经济高速发展、环境相对开放为特点的经济型长寿区，如日本的冲绳、中国的香港等；另一种是以经济欠发达、环境相对封闭为特点的自然型长寿区，如新疆和田、广西巴马等。到目前为止，世界上大多数长寿区仍是自然型长寿区，自然环境在长寿现象的形成中发挥了重要的作用。

　　自2007年中国老年学学会在全国开展长寿之乡认定工作以来，截至2021年12月，共授牌了91个长寿之乡（含1个全域长寿市）。这些长寿之乡基本分布在北纬38°以南、东经103°至122°之间，即我国地势三个阶梯中的第二和第三阶梯中的南部，其在自然环境方面既有一些共同特征，又有一些区域性的差异。

---

　　[*] 作者：虞江萍。

一、长寿之乡自然环境的共同性

（一）长寿之乡多处在气候适宜的温暖湿润地区

表 16 是经中国老年学和老年医学学会授牌的部分"长寿之乡"的自然条件数据，可以看出长寿之乡的居民主要生活在海拔 1 500 米以下地区，温度和湿度都较为适宜，多年平均气温均为 11～24 ℃，降水较丰沛，多年平均降水量多在 600 毫米以上，且大部分地区河网密布，空气相对湿度均较高。长寿之乡年均日照时数均较高，大部分地区在 1 500 小时以上，无霜期天数也较长，多在 200 天以上，光热资源丰富，有利于动植物的生长和农牧业的发展，由此带来的丰富多样的食物资源为区域人群的健康长寿提供了坚实的物质基础。适宜的气候既可以使人心情愉悦，也可使居民更多地接触自然和进行各种户外活动，有助于人体健康状况的改善。

表 16 长寿之乡的部分自然条件数据

序号	长寿之乡	年均降雨量（毫米）	年均日照小时数	年均气温（℃）	主要居住区海拔范围（米）	年均无霜期天数
1	上海市崇明区	1 128.9	1 973.9	16.5	3.2～4.2	236.0
2	江苏太仓市	1 100.9	2 013.0	15.8	2.4～5.8	229.9
3	江苏溧阳市	1 152.1	1 992.5	15.5	20.0～200.0	245.0
4	江苏如东县	1 074.6	1 920.3	15.1	3.0～5.0	222.0
5	江苏启东市	1 037.1	2 073.0	15.0	3.0～6.0	222.0
6	江苏如皋市	1 049.9	2 001.2	14.8	2.0～6.0	206.0
7	江苏东台市	1 061.2	2 130.5	15.0	2.0～5.0	220.0
8	浙江桐庐县	1 552.0	1 840.5	16.5	15.0～600.0	250.0
9	浙江永嘉县	1 702.2	1 820.2	18.2	10.0～500.0	280.0
10	浙江文成县	1 884.7	—	16.3	15.0～700.0	285.0
11	浙江仙居县	2 000.0±	—	18.3	20.0～600.0	240.0
12	浙江丽水市	1 598.9	1 635.1	17.9	10.0～800.0	242.0
13	福建泉州市泉港区	1 240.9	2 000.0	20.5	2.0～500.0	320.0
14	福建诏安县	1 447.5	2 204.0	21.3	2.0～600.0	360.0
15	福建柘荣县	2 000.0±	1 634.2	15.5	100.0～900.0	248.0
16	福建寿宁县	1 911.0	—	15.1	400.0～900.0	245.0
17	江西铜鼓县	1 771.4	1 460.4	16.4	200.0～800.0	255.0
18	江西丰城市	1 552.1	1 935.7	16.5	20.0～500.0	274.0
19	安徽亳州市谯城区	805.0	2 507.6	14.5	32.0～42.0	209.0
20	安徽金寨县	1 300.0	2 000.0	15.2	60.0～1 000.0	228.0
21	河南夏邑县	762.0	2 100.0	14.1	40.0～50.0	217.0
22	河南封丘县	615.1	2 117.1	13.9	65.0～75.0	214.0

（续）

序号	长寿之乡	年均降雨量（毫米）	年均日照小时数	年均气温（℃）	主要居住区海拔范围（米）	年均无霜期天数
23	河南修武县	560.4	2 062.4	14.5	80.0～800.0	216.0
24	河南周口市淮阳区	741.2	2 013.0	14.3	40.0～50.0	216.0
25	河南永城市	871.3	2 049.0	14.3	27.0～50.0	209.0
26	山东莱州市	607.9	2 350.5	13.1	3.0～200.0	200.0
27	山东青州市	664.0	2 517.3	12.7	16.0～200.0	192.0
28	山东高密市	629.9	2 384.0	13.2	7.5～109.0	227.0
29	山东威海市文登区	762.2	2 540.7	11.5	3.0～100.0	194.0
30	山东乳山市	744.3	2572.9	12.3	3.0～300.0	200.0
31	山东单县	737.1		13.9	39.0～59.0	213.0
32	湖北钟祥市	1 200.0	1 850.5	16.2	32.0～600.0	250.0
33	湖南麻阳县	1 300.0	1 421.8	17.3	130.0～900.0	255.0
34	广东佛山市三水区	1 682.8	1 721.7	21.9	3.0～300.0	354.0
35	广东徐闻县	1 396.1	2 161.6	23.8	3.0～150.0	360.0
36	广东信宜市	1 816.2	1 757.4	22.6	50.0～500.0	276.0
37	广东梅州市梅县区	1 528.5	1 874.2	21.3	70.0～700.0	306.0
38	广东大埔县	1 531.5	1 692.3	21.1	26.0～500.0	312.0
39	广东丰顺县	1 776.1	1 938.8	21.4	20.0～500.0	322.0
40	广东蕉岭县	1 658.8	1 741.0	21.2	80.0～600.0	270.0
41	广东连州市	1 609.3	1 510.6	19.7	100.0～600.0	308.0
42	广西马山县	1 722.5	1 461.3	21.8	140.0～450.0	343.0
43	广西上林县	1 900.0	1 576.0	20.9	120.0～800.0	337.0
44	广西阳朔县	1 640.0	1 465.0	19.1	130.0～500.0	302.0
45	广西永福县	1 937.3	1 545.6	18.8	130.0～800.0	313.0
46	广西恭城瑶族自治县	1 453.1	1 423.7	20.1	130.0～600.0	336.0
47	广西苍梧县	1 506.9	—	21.2	40.0～600.0	331.0
48	广西藤县	1 446.7	—	21.1	40.0～500.0	340.0
49	广西蒙山县	1 738.7	1 581.0	19.7	100.0～500.0	340.0
50	广西岑溪市	1 450.0	2 004.7	21.4	50.0～500.0	350.0
51	广西合浦县	1 650.0	—		3.0～200.0	350+
52	广西东兴市	2 738.0	1 500+	23.2	3.0～300.0	350+
53	广西浦北县	1 763.0	1 631.5	21.6	40.0～400.0	350.0
54	广西贵港市港南区	1 600.0	1 707.0	21.5	40.0～200.0	353.0
55	广西容县	1 698.9	1 746.3	21.3	50.0～300.0	358.0
56	广西凌云县	1 235.0	1 443.0	19.7	210.0～1 100.0	305.0

（续）

序号	长寿之乡	年均降雨量 （毫米）	年均日照 小时数	年均气温 （℃）	主要居住区 海拔范围 （米）	年均无霜期 天数
57	广西乐业县	1 300.0	1 386.0	16.3	700.0～1 300.0	302.0
58	广西贺州市	1 535.6	1 586.6	19.9	80.0～800.0	320.0
59	广西贺州市八步区	1 550.3	1 587.3	19.9	80.0～600.0	299.0
60	广西贺州市平桂区	1 558.1	1 549.1	19.9	100.0～600.0	300.0
61	广西昭平县	2 046.0	—	19.8	50.0～600.0	310.0
62	广西钟山县	1 550.0	1 570.5	19.6	120.0～700.0	322.0
63	广西富川瑶族自治县	1 700.0	1 573.6	19.1	150.0～700.0	318.0
64	广西天峨县	1 370.0	1 281.9	20.0	250.0～800.0	330.0
65	广西凤山县	1 564.0	1 310.1	20.1	260.0～800.0	362.0
66	广西东兰县	1 616.8	1 382.9	20.1	230.0～800.0	362.0
67	广西巴马瑶族自治县	1 600.0	1 531.3	19.8	220.0～800.0	338.0
68	广西大化瑶族自治县	1 461.0	1 402.0	19.8	150.0～800.0	335.0
69	广西河池市宜州区	1 455.4	1 383.7	20.4	160.0～500.0	343.0
70	广西金秀瑶族自治县	1 648.0	1 169.0	17.0	120.0～1 000.0	283.0
71	广西扶绥县	1 175.0	1 693.0	21.9	80.0～300.0	346.0
72	广西龙州县	1 260.4	1 547.1	22.4	100.0～400.0	350.0
73	广西大新县	1 362.0	1 597.0	21.3	130.0～400.0	341.0
74	广西天等县	1 495.1	1 560.0	20.5	260.0～650.0	340.0
75	广西象州县	1 332.5	1 700.0	20.7	40.0～400.0	344
76	海南文昌市	1 721.6	1 593.8	23.9	3.0～150.0	350＋
77	海南万宁市	2 400.0	1 850.0	23.8	3.0～300.0	350＋
78	海南澄迈县	1 786.1	2 059.0	23.8	3.0～200.0	350＋
79	重庆市江津区	1 030.7	1 141.0	18.4	220.0～800.0	341.0
80	四川都江堰市	1 243.0	1 016.9	15.2	590.0～1 600.0	269.0
81	四川西充市	980.8	1 445.0	16.9	290.0～600.0	300＋
82	四川眉山市彭山区	1 110.3	1 109.7	18.3	410.0～700.0	302.0
83	四川资阳市雁江区	965.8	1 233.0	17.3	320.0～500.0	303.0
84	贵州赤水市	1 195.7	1 145.2	18.1	220.0～1 200.0	340.0
85	贵州石阡县	1 073.2	870.7	17.1	390.0～1 200.0	250.0
86	贵州印江县	1 100.0	1 255.0	16.8	380.0～1 500.0	300.0
87	贵州兴仁县	1 300.0	1 564.0	15.2	500.0～1 500.0	280.0
88	贵州罗甸县	1 335.0	1 435.0	20.0	260.0～1 000.0	335.0
89	云南金平县	2 330.0	2 028.0	18.0	110.0～2 200.0	281.0

注：表中数据来自各地年鉴、县志、政府网站、中国天气网等。

（二）长寿之乡大多水土环境质量良好、空气清新

人类属于异养型生物，通过食物链从环境中摄取营养元素，这些元素的种类、数量与当地的土壤、水等环境介质中的相关含量有关。土壤和水中的常量和微量元素含量水平可通过食物链间接或直接影响到人体健康。研究发现，地壳岩石中元素平均丰度与人体血液中元素平均丰度的分布规律颇为类似，揭示了人体中的元素与地球密切相关的现象。

土壤环境对我国长寿区的形成具有重要的作用。土壤中的常量和微量元素是生物体内某些酶、激素、核酸的组成部分，它们参与生命的代谢过程，对生物生长、发育、健康、衰老有着重要影响。我国的几大长寿区的土壤中普遍富含多种有益的微量元素，如主要由紫红色砂质泥岩和泥质粉砂岩风化而成的麻阳土壤中富有铜、锌、铁、锰、硼、硒、锶、铬等微量元素。世界著名长寿之乡巴马的土壤富含锌、锰、锂、硒等 10 多种对人体有益的微量元素，尤其是锰、锌含量特别高，且巴马土壤中锰的含量分布与当地长寿老人的密度呈正相关[30]。对湖北省百岁老人聚居区土壤的分析表明，当地土壤富含锰、锶、锌、钼、钙、镁等多种元素。在上海市崇明长兴岛的土壤中，铜、铅、镉、汞、砷等元素的含量均低于上海市背景值。长寿区的土壤具有优越的微量元素谱，所以优质的土壤环境是长寿区形成的一个必不可少的因素。表 17 是对海南澄迈、广东三水、广西永福、广西东兴、湖南麻阳、贵州赤水、湖北钟祥、河南夏邑和上海崇明 9 个长寿之乡土壤矿质元素含量平均值与我国土壤背景值及农用地土壤污染管控指标的比较，从表中可以看出，9 个长寿之乡需要管控的各元素平均值均远低于污染风险管制值，也低于污染风险筛选值，表明长寿之乡土壤中对人体健康有害的元素含量较低，土壤环境质量良好；与我国土壤矿质元素含量的背景值比较，长寿之乡土壤中有益健康的元素含量多数高于我国的背景值。对江苏省如皋市长寿人口分布与土壤中微量元素特征的研究表明，90 岁以上长寿人口比率的空间分布与土壤中的有效硒、锌等微量元素的空间分布特征相似，其相关性达到极显著相关[31]。研究发现，高锰锌、低铜镉的土壤分布，与心血管发病率呈负相关，与长寿老人密度呈正相关。我国存在一条从东北到中南部地区的硒分界带，这条线的西北部普遍缺硒，在硒严重缺乏地区，成人的预期寿命严重下降。对我国 80 岁以上老龄人口的空间分布与大骨节病和克山病的分布进行对比分析，得出中国老龄人口不呈正态分布，在大骨节病和克山病等地方病和一些慢性病高发的硒缺乏地区，高龄老龄人口的数量较少。原因之一是硒缺乏会导致细胞对自由基的过度破坏，进而加速人体衰老的进程。

表 17　部分长寿之乡土样中元素平均含量及与部分参考指标的比较

单位：除标注外均为毫克/千克

测定项目	9 个长寿之乡的平均值	污染风险筛选值[a]	污染风险管制值[a]	我国土壤背景值[b]
砷（As）	9.80	30.0	120.0	11.20
铬（Cr）	72.20	200.0	1 000.0	61.00
镉（Cd）	0.17	0.30	3.0	0.10

（续）

测定项目	9个长寿之乡的平均值	污染风险筛选值[a]	污染风险管制值[a]	我国土壤背景值[b]
铅（Pb）	23.10	120.0	700.0	22.60
镍（Ni）	27.10	100.0		26.90
铜（Cu）	22.80	100.0		20.00
锌（Zn）	76.00	250.0		74.20
硒（Se）	0.37			0.29
锰（Mn）	470.70			482.00
铝（Al,%）	5.98			6.41
铁（Fe,%）	3.73			2.73
钾（K,%）	1.61			1.79
钠（Na,%）	0.55			0.68
钙（Ca,%）	1.08			0.71
镁（Mg,%）	0.90			0.63
锂（Li）	29.30			29.10
磷（P）	643.00			600.00
锶（Sr）	107.60			121.00
钴（Co）	12.30			11.20
钼（Mo）	1.79			1.20

a 数据来源：土壤环境质量农用地土壤污染风险管控标准（GB 15618—2018）。
b 数据来源：中国环境监测总站编，中国土壤元素背景值，中国环境科学出版社，1990 年。

水是人体内矿物质及微量元素的主要来源之一。水中矿物元素多呈溶解性的离子状态，微量元素吸收率可高达 90％以上。水中微量元素的组成对人体健康具有重要的影响，饮用水来源的变化会导致微量元素相关的健康风险显著变化，说明水是生物有机体生长所必需的微量元素的主要来源。优质的水环境是形成长寿区的一个极其重要的因素，多数长寿区水资源丰富、水质优良，研究表明水中富含铁、锰、锌、硒、锶且无重金属污染的弱碱性饮用水是河南夏邑成为长寿之乡的一个重要原因，巴马县、都江堰市等长寿区的饮用水均富含各种天然矿质元素。表 18 是部分长寿之乡饮用水样矿质元素平均含量及与部分参考指标的比较，从表中可以看出，9 个长寿之乡的水样中需要限制的各元素平均值均显著低于饮用水卫生标准的限制值，表明长寿之乡饮水水样对人体健康有害的元素含量较低，水质良好；与我国南方主要大河长江水系的水样矿质元素含量的背景值比较，发现长寿之乡饮水中有益健康的元素含量多数高于长江水系水样的背景值，说明当地居民通过水、食物摄入的营养物质较多。经过检测发现，9 个长寿之乡的水样平均值中的锶含量远高于长江水系背景值，也超过了我国饮用天然矿泉水标准的界限值，表明所测的长寿之乡饮水多数属于富锶型矿泉水。由此推测，富锶水可能有益于健康长寿。

表 18 部分长寿之乡水样元素平均含量及与部分参考指标的比较

单位：微克/升（除标注外）

测定项目	9 个寿乡的水样平均值	饮用水卫生标准限值[a]	天然矿泉水指标[b]	长江水系水中元素含量背景值[c]
硒	0.960	10	≥10，<50	0.17
砷	0.910	10		0.88
铬	0.970	50		0.90
镉	0.090	5		0.02
汞	0.020	1		0.02
铅	0.820	10		0.71
镍	2.190	20		0.61
铜	2.706	1 000		1.26
锌	31.400	1 000	≥200	4.18
锰	59.000	100		19.30
铁	96.700	300		215.00
钾（毫克/升）	9.810			10.40
钠（毫克/升）	41.900	200		89.80
钙（毫克/升）	54.800			56.80
镁（毫克/升）	11.500			10.40
锂	4.600		≥200	4.90
锶	223.00		≥200	139.00
钴	0.310			0.30
钼	0.660	70		0.68

a 数据来源：国家生活饮用水卫生标准 GB 5749—2006。

b 数据来源：国家饮用天然矿泉水标准 GB 8537—2008。

c 数据来源：综合张立城等《水环境化学元素研究》，傅德黔等《长江河源水环境背景值调查及分析》，王兵等《中国中东部地区地表水环境锶元素地球化学特征研究》和汪齐连等《长江流域河水和悬浮物的锂同位素地球化学研究》等文献数据。

长寿之乡自然环境的另一个共同特征是，多数长寿之乡植被覆盖率都较高且空气清新，基本没有环境污染。各长寿之乡环保部门提供的空气质量报告显示，多数长寿之乡每年的空气优良天数比例均在 90％以上。对河南夏邑、湖南麻阳、湖北钟祥、广东三水、海南澄迈和文昌等长寿之乡的部分区域环境空气中 SO_2、可吸入颗粒物和负氧离子含量的现场监测结果表明，空气 SO_2 含量多为 5～50 微克/米[3]，可吸入颗粒物含量多为 20～50 微克/米[3]，其含量符合国家环境空气质量一类地区的标准（GB 3095—2012）；空气负离子含量多为 500～6 000 个/立方厘米，平均为 1 400 个/立方厘米，正离子含量多为 300～2 700个/立方厘米，平均约为 1 150 个/立方厘米，按照国际较通用的安培空气质量评价指数法的分级标准，可列入最清洁的 A 级空气范围。

二、长寿之乡自然环境的区域性

现有长寿之乡基本分布于我国北纬 38°以南、18 度以北的东南部季风气候地区，其地貌形态主要是丘陵、中低山和平原，按我国气候带的划分分别属于暖温带、北亚热带、中亚热带、南亚热带和热带（表 19）。我国的寒温带、中温带及青藏高原气候区，截至 2021年均未评审出长寿之乡。我国的气候区划是在科研工作者多年对各地自然条件区域特点的分析和总结基础上制定的，对区域经济规划、生态建设、农业生产、建筑设计施工等均有一定指导作用，也反映了不同地区长寿之乡自然环境的区域差异。

表 19　各长寿之乡所属气候区划带

气候带	长寿之乡
热带	万宁市、澄迈县、文昌市、徐闻县、金平县
南亚热带	佛山市三水区、诏安县、泉州市泉港区、蕉岭县、大埔县、梅县、丰顺县、信宜市、东兰县、巴马瑶族自治县、凤山县、大化瑶族自治县、河池市宜州区、马山县、上林县、天峨县、乐业县、大新县、龙州县、天等县、扶绥县、东兴市、合浦县、浦北县、岑溪市、贵港市港南区、象州县、苍梧县、藤县、容县、凌云县
中亚热带	丰城市、铜鼓县、仙居县、丽水市、文成县、永嘉县、柘荣县、寿宁县、麻阳县、都江堰市、西充县、眉山市彭山区、资阳市雁江区、重庆市江津区、赤水市、兴仁县、印江县、石阡县、罗甸县、连州市、贺州（二区三县）、阳朔县、恭城瑶族自治县、永福县、蒙山县、金秀瑶族自治县
北亚热带	钟祥市、金寨县、铜鼓县、东台市、如东县、如皋市、启东市、太仓市、溧阳市、上海市崇明区、桐庐县
暖温带	威海市文登区、乳山市、莱州市、高密市、青州市、单县、亳州市谯城区、夏邑县、永城市、封丘县、周口市淮阳区、修武县

有 5 个长寿之乡位于热带气候区，其中万宁市、文昌市、澄迈县和徐闻县位于海南岛和紧邻的雷州半岛区域，金平县则靠近越南和我国西双版纳地区，其自然环境特点是年积温 8 000 ℃以上，终年无霜，四季界限不明显，只有相对的热季和凉季之分或雨季与干季之分，日温度变化大于年温度变化，代表性土壤为砖红壤，橡胶、槟榔和咖啡等均宜生长，水稻可一年三熟，主要植被为樟科等，有各种香料、水果和特效药材。

有 12 个长寿之乡位于暖温带气候区，包括河南、山东的全部长寿之乡及安徽亳州市的谯城区，其自然环境特点是年积温 4 500～3 400 ℃，冬冷夏热，农作物可一年二熟或二年三熟，代表性土壤为棕壤；植被以落叶阔叶林为主，典型植被为杨树、槐树、侧柏、柏树、柳树等，夏季高温多雨，冬季寒冷干燥。平均年降水量为 400～1 000 毫米不等，从东南向西北递减。代表性农作物有冬小麦、棉花、花生等，落叶果树如苹果、桃、杏、核桃、板栗、枣可不加保护而安全越冬。不利于人体健康的气候条件主要是冬季严寒少雨雪，春季干旱和多风沙。秋季则秋高气爽，光照充足，是户外活动好时节。

其他长寿之乡均属亚热带的三个区划带，数量最多，其中：

有 11 个长寿之乡位于北亚热带，包括湖北钟祥市、安徽金寨县、浙江桐庐县及江沪的全部长寿之乡，其气候特点是夏季高温多雨、冬季温和少雨。由于地处南北冷暖气团交汇的地区，气候上南北过渡的特征明显，1月均温0～5℃，7月均温24～29℃，年平均气温13.5～16.5℃，年积温4 500～5 400℃。无霜期200～250天，代表性土壤为黄棕壤。其天然植被属具有过渡类型的常绿阔叶与落叶阔叶混交林；若干喜暖温植物，如马尾松、杉木、毛竹和棕榈等代表热带和亚热带的成分，不再向北分布。同时，这里也是双季稻、柑橘、油茶、枇杷等适宜发展的北限。

有31个长寿之乡位于中亚热带，包括湖南1个、重庆1个、四川4个、贵州5个、江西2个、浙江南部4个、福建北部2个、广东北部1个和广西北部11个。一年四季均有绿色植被是该区域自然景观的写照，也是中亚热带气候条件的反映。各地的年降水量普遍丰富，大多为1 000～2 000毫米。年均温多为16～20℃，最冷月均温一般为5～10℃，冬季绝大部分地域比较暖和。从总体上来看，该区域水热条件良好，自然环境优越，自然资源丰富，是中国生态环境最好的地区之一。但该区域东西、南北的跨度较大，地貌形态变化也大，如代表性土壤在东部为红壤、在西部云贵高原则为黄壤。从东向西可以分为东南沿海山地与丘陵（永嘉县、文成县、仙居县、柘荣县、寿宁县），江南低山丘陵（丰城市、铜鼓县、丽水市），南岭山地（连州市、贺州市、阳朔县、恭城瑶族自治县、永福县、蒙山县、金秀瑶族自治县），湘鄂西和川北山地（麻阳县、西充县），四川盆地（彭山区、雁江区、都江堰市、江津区、赤水市），云贵高原（兴仁县、石阡县、印江县、罗甸县）等。

有31个长寿之乡位于南亚热带，包括闽粤交界处的福建泉港区、诏安县和广东梅州市的4个长寿之乡，广东三水区、信宜市及广西中南部的23个长寿之乡，其自然环境特点是年无霜期300天以上，最冷月均温在10℃以上，年积温6 500～8 000℃，基本没有气候学上的冬天，代表性土壤为赤红壤。普遍种植荔枝、龙眼、菠萝、香蕉等中亚热带难于种植的作物。由于动植物资源丰富，当地饮食食材丰富，用料广博奇杂，并多以时令季节性原料为主，为当地富有特色的健康饮食文化提供了很好的发展条件。

三、长寿之乡绿水青山指数

（一）"长寿之乡"绿水青山指数的构成

"长寿之乡"的高质量生态环境是其品牌的核心组成部分。"长寿之乡"是环境—健康—发展和谐共进的典型，以绿水青山为重要特征。经过三届长寿之乡的评审，"长寿之乡"建设进入了提高发展质量的新阶段，需分析评估各"长寿之乡"的生态环境质量与变化状况，进一步发掘"长寿之乡"绿色发展的特色，以新的指标体系促发展、作"抓手"，为各地有针对性地采取措施，平衡发展、环境与健康的关系，促进绿色发展、建设美丽中国和健康中国提供借鉴。为此，我们通过建立反映"长寿之乡"生态环境的绿水青山指数来定量刻画、描述"长寿之乡"绿色发展的内涵，评估生态环境的质量状况及变化，以便更好地促进各长寿之乡的生态环境保护和高质量绿色发展。

"长寿之乡"绿水青山指数主要在原环保部提出的生态环境评价技术规范（HJ/T192—2015）的基础上，基于生态环境状况和变化状况建立，以便从整体上加深对绿水青山内涵的认识，提高对践行生态文明和建设美丽中国的自觉性。生态环境状况评价指标体系和生态环境状况综合指数是主体，其主要由区域内生物量的丰贫、植被覆盖率的高低、水资源的丰富程度、土地利用强度、承载的主要污染物5个指标和1个环境限制指标构成，量化为生物丰度指数、植被覆盖指数、水网密度指数、土地胁迫指数、污染负荷指数5项分指数和1个环境限制指数。环境限制指数是约束性指标，指区域内出现的严重影响生产生活安全的生态破坏和环境污染事项，是评估生态环境状况的限制因素。这些指标、指数均由中国环境监测总站通过监测获得并计算得出。六项分指数的具体内容是：

生物丰度指数，主要指某区域内生物种类、数量的多少以及分布的状况，表明了该区域内的生物多样性。

植被覆盖指数，主要指某区域内森林、灌木、草等植被的覆盖度，反映植被生长状态、植被覆盖程度。

水网密度指数，主要指某区域内河流、湖泊、水库等水体在本区的面积比例和水资源量及分布状况。水网密度水平低，会制约区域社会经济的发展。

土地胁迫指数，主要反映某区域内土地利用程度和土地侵蚀状况，由重度侵蚀面积、中度侵蚀面积和建设用地面积加权与本区域面积比较得出。

污染负荷指数，主要指某区域内空气污染物、水中污染物和固体废物在本区单位面积的排放量。它反映环境污染的程度，影响区域人居环境的质量。

环境限制指数，生态环境状况的约束性指标，指根据区域内出现的严重影响人居生产生活安全的生态破坏和环境污染事项，如重大生态破坏、环境污染和突发环境事件等，对生态环境状况类型进行限制和调节。

长寿之乡绿水青山指数（GILA，Green Index of Longevity Area，简称绿水青山指数），包括两个子指数，一是当年的生态环境状况指数（EI），二是生态环境的变化指数。变化指数是将评价当年的生态环境状况指数（EI）与上年的生态环境状况指数（EI）比较得来，以评估生态环境状况的变化程度。绿水青山指数的重要意义在于，它既体现了长期形成的生态环境的基本状况，又可反映生态环境的变化状况，计算方法如下：

绿水青山指数＝生态环境状况指数（权重系数0.8）＋变化指数（权重系数0.2）

其中，变化指数＝近三年生态环境状况的变化指数×100×0.2

（二）长寿之乡的绿水青山指数计算结果及比较

按照上述方法对各长寿之乡及全国其他县区市的绿水青山指数进行计算并分级比较，分级标准是：75分以上（含）为优，75分（不含）至60分（含）为良，60分（不含）至40分（含）为一般，40分（不含）至25分（含）为较差，25分以下为差。考虑到丽水市是地级市，将其各县、市、区分别计入，因此参与统计的共有95个长寿之乡县、区、市。95个长寿之乡的绿水青山指数平均为77.99，远高于全国的平均值69.13；其中绿水青山指数高于75分的长寿之乡有68个，占总数的71.6%，表明多数长寿之乡处于优级水平；25个长寿之乡的指数为60～75分，即26.3%处于良级；仅有2个低于60分，处于一般水平，占2.1%。长寿之乡中没有出现较差和差的县、区、市（表20）。

表 20 绿水青山指数 75 分以上的长寿之乡

县区名称	绿水青山指数	县区名称	绿水青山指数
庆元县	91.57	信宜市	82.08
景宁畲族自治县	91.04	乐业县	81.73
青田县	91.01	赤水市	81.71
龙泉市	90.71	钟山县	81.37
昭平县	90.24	合浦县	81.13
云和县	90.05	阳朔县	80.69
金秀瑶族自治县	89.64	泉州市	80.62
仙居县	89.62	麻阳苗族自治县	80.45
遂昌县	89.41	大埔县	79.12
丽水市莲都区	88.84	文昌市	79.06
金寨县	88.39	万宁市	78.56
蒙山县	88.16	金平苗族瑶族傣族自治县	78.29
蕉岭县	87.93	东台市	78.12
松阳县	87.81	上林县	78.11
恭城瑶族自治县	87.72	天峨县	77.89
缙云县	87.69	诏安县	77.87
铜鼓县	87.56	象州县	77.52
文成县	87.29	丰城市	77.52
桐庐县	87.03	富川瑶族自治县	77.42
永福县	86.83	巴马瑶族自治县	77.09
岑溪市	86.63	马山县	76.81
贺州市	86.28	大新县	76.67
苍梧县	86.28	天等县	76.48
永嘉县	86.01	河池市宜州区	76.27
容县	85.62	大化瑶族自治县	76.22
澄迈县	85.56	眉山市彭山区	75.91
柘荣县	85.38	都江堰市	75.89
藤县	83.94	罗甸县	75.55
梅县	83.91	徐闻县	75.52
浦北县	83.67	龙州县	75.50
东兴市	83.17	凤山县	75.38
连州市	83.02	东兰县	75.33
寿宁县	82.98	贵港市港南区	75.32
丰顺县	82.20	重庆市江津区	75.01

尤其需要指出的是，优中选优，排序位列前五分之一的长寿之乡中，丽水市的各县区市均在其中；特别是 90 分以上的 6 个县、市中，5 个来自丽水市，即庆元县、景宁畲族自治县、青田县、龙泉市、云和县，可以称为特优。

分析生态环境质量的变化，从变化指数可以看出，56 个长寿之乡的变化指数≥1.0，说明与 2018 和 2019 年比较，2020 年多数长寿之乡的生态环境质量得到改善。有的长寿之乡达到了 1.1 以上，甚至达到了 1.3，表明改善的幅度很大。虽有 39 个长寿之乡的变化指数处于 1.0 以下，但没有低于 0.9 的，表明各长寿之乡的生态环境保护较好。

对于长寿之乡来说，面临的最大挑战就是生态环境保护与快速发展的和谐双赢，要处理好错综复杂的关系实属不易。绿水青山指数的建立和评价结果表明，丽水市在生态环境保护和经济社会发展两方面实现了和谐共进，走在了全国各长寿之乡前面，特别是长寿之乡的品牌提升了和谐发展的质量，也就是说在"绿水青山就是金山银山"的转化方面取得了巨大的效益。对于长寿之乡的生态环境保护和高质量发展来说，绿水青山指数的适用性强，以此来检验本地区的生态环境质量、发现问题所在，对实现"两山转化"会起到重要作用。

第五章
长寿文化以及与其他文化的关系[*]

长寿文化是我国重要的传统文化，也是长寿之乡发展中的重要组成部分。习近平总书记于 2013 年 11 月 26 日在山东考察时指出，一个国家、一个民族的强盛，总是以文化兴盛为支撑的，中华民族伟大复兴需要以中华文化发展繁荣为条件。因此，从文化角度研究和推动长寿之乡发展是实现长寿之乡发展目标的重要路径。

一、长寿之乡中的长寿文化

长寿是指寿命高于平均水平的一种生命状态。在古代社会，"人活七十古来稀"。在当代社会，"人活七十小弟弟，八十九十不稀奇"。百岁老人和高龄老人日益增多已经成为长寿时代的一个核心性标志。

长寿是一种生命状态，更是一种文化现象。文化是指人类社会创造的全部物质成果和精神成果的总和。基于文化的概念，长寿文化则是指人类创造的以长寿为特质的全部精神成果和物质成果的总和。在物质文化方面，长寿文化包括能够体现长寿的百岁老人和高龄老人、老人居所、老人食品、老人用品、老人服装等；在精神文化方面，长寿文化包括适应长寿的价值观念、家庭关系、社会氛围、行为方式、生活方式等。长寿文化也是一个具有综合性和多层次特征的概念。综合性特征包括政治、经济、社会、环境、文化等 5 个方面，多层次特征包括老年人层次、家庭层次、社会层次、经济层次、发展层次等 5 个方面。

长寿文化自古有之。在传统社会，长寿文化通过外在的尊老敬老而主要表现为一种政治文化和道德文化；在当代社会，长寿文化更多地表现为一种社会文化和生活文化。由于我国的长寿文化与孝亲敬老文化一直融为一体，所以长寿文化成为国家和社会中一种非常普遍的价值观念。自从开展长寿之乡认定活动以来，长寿之乡依托长寿文化，在长寿经济和长寿社会发展方面展现了独特的很有成效的发展成绩，长寿之乡中的长寿文化因此成为一个值得探讨的问题。与非长寿之乡比较，长寿之乡中的长寿文化有哪些特点，长寿之乡与长寿文化的关系如何，长寿文化是如何推动长寿之乡发展的，这些都是解开长寿之乡发展之谜的重要问题。

长寿之乡是以百岁老人和高龄老人占所在县（市）人口比例高于全国平均水平为特征

_* 作者：姚远。

的一种地理区域。长寿文化是其区域文化的重要组成部分，也是其区域文化最大的特点和亮点，长寿之乡的建设都是以长寿文化为中心而进行、提升和扩展的。长寿文化的重要意义包括以下几个方面：

（一）长寿文化是长寿之乡的重要构成

长寿之乡作为一种以长寿状况为特征的地理区域，其构成是多方面的，而长寿文化是其中最重要的组成部分。在整个长寿之乡体系中，各地长寿文化的表现既有差异性，更有共同性。长寿之乡的名号、百岁老人和高龄老人、尊老敬老的文化、养老助老的保障和服务、能够促进健康长寿的自然生态环境、和谐的家庭社会环境以及长寿产品和产业等都是长寿文化的重要内容。这些内容成为长寿之乡整体的有机组成部分。

（二）长寿文化是长寿之乡的主要标志

长寿之乡是以百岁老人为其核心标志的。在目前认定长寿之乡的标准中，核心指标有三个：一是区域平均预期寿命，反映了该区域长寿的整体性；二是百岁老年人占所在区域总人口的比例，反映了长寿的代表性；三是 80 岁及以上高龄老人占 60 岁及以上老年人的比例，反映了长寿的持续性。

（三）长寿文化是长寿之乡存在的核心基础

长寿文化既有物质成果形式，也有精神成果形式，无论哪种形式均是长寿之乡的基础。首先，它是长寿之乡存在的基础。长寿之乡因长寿文化而命名，而存在，而有特色。其次，它是长寿之乡建设的基础。长寿文化是长寿之乡的核心部件，也是长寿之乡建设的文化中心。以长寿文化为中心的建设才是长寿之乡的特色和价值。第三，它是长寿之乡发展的基础。基于长寿文化的资源、产品和产业是长寿之乡发展的重要路径。首先拥有长寿资源，其次形成长寿产品，再次形成长寿产业，最后形成高质量的、成体系的、区域性的特色产业。

（四）长寿文化是长寿之乡发展的特色抓手

长寿之乡发展需要抓手和依托。践行中央方针是抓手，融入地方发展规划是抓手，加强长寿文化建设也是抓手。长寿之乡是以长寿文化为特质和特色的，所以必须借助长寿文化建设，才能推动长寿之乡发展。离开了长寿文化建设，长寿之乡的发展既名不正言不顺，更无法在系统的、整体的、协同的大局发展中体现长寿之乡发展的特色和优势，无法形成独特的发展经验和成果。

（五）长寿文化是长寿之乡建设的关键内容

长寿之乡建设包括方方面面，而长寿文化建设是其中关键的核心内容。一是长寿文化建设涉及长寿之乡的政治、经济、社会、生态、文化等诸方面。抓住长寿文化建设就等于抓住了长寿之乡的整体建设。二是长寿文化建设有内在的和扩展的两个层次。内在的是文化本身的发展，扩展的是延伸出来的民生的、经济的、产业的发展。所以，抓住长寿文化建设就引领了长寿之乡两个层次的发展。三是长寿文化建设体现长寿之乡的特色发展。与非长寿之乡比较，长寿之乡的最大不同是拥有长寿文化。长寿文化是区域的、特色的、文化的，推动长寿之乡发展凸显特色文化、特色产品、特色产业、特色发展路径的特征。

二、长寿文化在文化体系中的属性

文化是一个体系。这个体系的结构可以从多个角度进行表述和界定。从文化内部结构来说，可以是物质文化和精神文化两分说，物质、制度、精神三层次说，物质、制度、风俗习惯、思想与价值四层次说，物质、社会关系、精神、艺术、语言符号、风俗习惯六大子系统说，等等。从文化外部结构来说，可以有政治文化、道德文化、经济文化、行为文化、区域文化、国家文化，等等。一般来说，长寿文化兼有文化内部结构和文化外部结构的双重特征。也就是说，长寿文化既表现为文化内部特征，又表现为文化外部特征；既有文化发展的特征，又有文化延续的特征。其具体特征为：

（一）长寿文化是文化体系中的有机构成

有机构成是指多事物之间存在的一种内在联系的关系，而长寿文化则是整个文化体系中的一个有机部分。长寿文化的属性，一是社会文化，二是道德文化，三是拥有文化成果，四是社会主义核心价值观的形成基础之一。所以，长寿文化与文化体系是相互联系、相互包容、相互促进的。

（二）长寿文化是文化体系中的区域文化

区域文化是指在一定区域或地域中所形成的特定文化。从目前的长寿之乡分布来看，虽然长寿文化广布我国各地，但在不同地区的表现和发展是不同的。长寿文化包括物质文化和精神文化。在物质文化中，各地的生态环境、富硒土壤、负氧离子空气、土特农产品、中草药及其含量等均有所不同。在精神文化中，各地的人文历史、生活方式、尊老敬老政策等也有一定差别。所以，长寿文化作为一种区域文化，既有区域文化的共性，更有区域文化的差异性。在总体上，长寿文化属于区域文化。

（三）长寿文化是文化体系中的特色文化

文化体系是指文化各要素相互连接的整合系统。文化体系具有文化模式化、文化整合化、界线明晰化、体系自律化等属性。其中，模式化和自律化在一定程度上反映了文化形成的地域性、需求性、特色性。长寿文化在文化体系中，因其特质、特性属于区域文化、特色文化和基础文化。这种特色文化，具有延伸和扩展的功能。一方面可以发展为养老文化、养生文化、宜居文化、康养文化，另一方面可以发展为应对老龄化的制度文化和政策文化，还可以发展为产品文化、产业文化，形成品牌文化和发展优势。

（四）长寿文化是文化体系中的道德文化

文化体系中的精神文化包括道德文化部分。长寿文化自古就与尊老敬老文化相联系。

尊老敬老是一种传统的道德规范，这种道德规范既是一种价值观，又是一种行为规则。尊老价值观通过道德和舆论维系，尊老行为规则通过法律法规维系。进入现代社会以后，尊老敬老的道德文化又与社会主义核心价值观有机联系，成为社会主义核心价值观形成的基础之一。因此，确认长寿文化的道德文化属性，是对长寿文化的一种认定。

三、长寿文化在推动长寿之乡发展中的作用和意义

文化是人类社会创造的所有物质成果和精神成果的总和。但在一般表述中，文化往往侧重在非物质的精神成果方面，包括价值观、审美观、伦理道德、思维方式、生活习惯、行为模式、制度政策、历史流传，等等。文化发展体现在物质成果变化和精神成果变化两个方面。两者的载体都是人，所以文化发展的核心就是人的发展。文化建设是对这些成果的挖掘、维护、继承、提升和发展。

长寿文化将"健康长寿"这个人类的核心追求构建成发展的内生动力，坚持以"两山"理论指导长寿文化建设，坚持将"长寿"元素融入"两山"理念之中，实现助推绿色发展和"两山"转化。

重视挖掘和提升长寿之乡元素，以高含金量的"长寿之乡品牌"扩大知名度和对外影响力，推动长寿之乡的社会进步和经济发展。通过编制长寿之乡品牌推广利用规划，积极探索把长寿之乡品牌优势转化为产业优势的路径，促进农、林、水等传统产业的转型升级，提高其诸多产品的附加值，大力发展生态养生旅游等产业，努力培育健康养生、养老服务、文化休闲等产业，加快绿色产业发展，为长寿之乡经济社会更快、更好发展开辟新的空间。

提升对长寿之乡文化建设重要性和价值的认识，发挥长寿之乡品牌的统领作用和引导作用。以长寿之乡品牌为龙头统辖、整合、推动、提升、联络各发展要素和多种产业，以长寿文化作为发展健康长寿产业的重要创新驱动力。

锻造长寿之乡文化产品品牌，建立精品品牌意识、大品牌意识、国际品牌意识。虽然在这个方面长寿之乡还有很长的路要走，但已有了品牌意识并付诸实践。

挖掘特色历史文化资源。如缙云的黄帝文化，庆元的"唐朝古语""宋代古桥""香菇之乡"，景宁的畲族风情，松阳的叶法善文化遗产，遂昌的汤显祖文化，还有地方婺剧、摄影文化等。

建立多元文化资源价值实现机制，包括"＋旅游""＋摄影""＋书画""＋诗词""＋地方曲目""＋产品""＋产业""＋农家乐""＋休闲""＋老年宜居""＋养老""＋养生""＋大健康""＋特色小镇""＋乡村建设""＋历史考察""＋老年研修""＋道家文化""＋孝文化""＋百岁老人访谈"等。

加强对长寿之乡特色文化产品的设计和宣传。各长寿之乡商标的提出和运用、长寿之乡产品的logo、特色产品以及在新闻联播中插入的广告等，均有效扩大了长寿之乡的影响。

加强对文化产品的保护、延续、开发和科学利用。

长寿之乡出台了较高标准的高龄老人补贴制度。对百岁老人颁发证书，建立百岁老人

墙，在市区出入口设立了中国长寿之乡标识，组织了最美百岁老人评比，编印出版百岁老人画册，在报纸、电视、网站开设百岁老人专栏，讲述百岁老人故事，宣传敬老爱老事迹，弘扬长寿文化，开展情系长寿之乡征文比赛，引导关注长寿之乡、挖掘长寿之乡、讲好长寿之乡故事。同时开展省老年养生旅游示范基地评定活动，开展十大长寿养生村、十大长寿村等评定，开展长寿之乡摄影比赛，举办长寿之乡摄影展，积极创建各地老年友好城市，等等。

"长寿"元素有力地助推了长寿之乡的高质量绿色发展，也加强了长寿之乡建设，从而形成多个"中国长寿之乡"明星城市。2018 年 4 月 26 日，习总书记在深入推动长江经济带发展座谈会上提出了 102 字"丽水之赞"：浙江丽水市多年来坚持走绿色发展道路，坚定不移保护绿水青山这个"金饭碗"，努力把绿水青山蕴含的生态产品价值转化为金山银山，生态环境质量、发展进程指数、农民收入增幅多年位居全省第一，实现了生态文明建设、脱贫攻坚、乡村振兴协同推进。这既是对丽水"中国长寿之乡"建设的充分肯定，也是对长寿文化助推长寿之乡发展的肯定。

产业篇

长寿产业的概念、内涵和基本理论*

"七普"数据显示，2020 年我国 60 岁及以上的老年人口总量为 2.64 亿人，人口老龄化水平已达到 18.7%，未来较长一段时期内，人口老龄化的快速发展已经成为我国的基本国情特征之一。与此同时，人口平均预期寿命已提高到 77.3 岁。随着全球各个国家社会经济的发展、医疗卫生事业的进步、人们生命生活质量的不断提高，活得长且健康已经成为人类的普遍诉求。我国自 2000 年进入人口老龄化社会之后，党和国家高度重视人口老龄化议题，特别是十八大以来，进一步提出要及时、科学、综合应对人口老龄化问题，更把积极应对人口老龄化上升为国家战略。2021 年 11 月 18 日，《中共中央 国务院关于加强新时代老龄工作的意见》（以下简称《意见》）正式发布，《意见》对未来一个时期做好新时代老龄工作提出了具体要求，更明确指出要积极培育银发经济，统筹推进老龄产业发展，并在健全养老服务体系、完善老年人健康支撑体系等方面提出了具体举措。

从世界各国的实际情况来看，人类目前正在逐渐进入长寿时代，这不仅是社会经济发展的集中体现，代表着人类对美好未来生活的积极夙愿，更会带来一系列产品和服务需求的不断提升与扩展。近年来，我国出台了一系列政策措施来推动老龄产业、养老服务产业以及健康产业的发展，社会力量不断投入，市场实践取得快速进展，但在老龄产业、养老服务产业、健康产业之间，依然缺乏明确的概念界定，在政策制定以及实践操作过程当中，往往遭遇一些混淆与困扰。本文尝试从长寿时代和长寿经济的视角来重新看待上述相关产业的内在逻辑，以期带来一种新的研究思路与探索。

一、长寿经济与产业发展的理论基础

（一）产业经济学相关理论

产业经济学各个领域的理论体系中均有相关内容与长寿经济紧密相关。产业经济本是微观经济分析和宏观经济分析的延伸和发展，现代经济的发展日新月异，规模日益扩大，结构日益复杂。长寿经济及其产业分析的对象也已经由老年人个体深入到产业内企业与市场的关系结构。

长寿经济作为一个新兴产业，它的兴起和发展一定密切联系着经济活动和经济政策实

* 作者：王莉莉，女，博士，中国老龄科学研究中心研究员，中国老龄科学研究中心老龄经济与产业研究所副所长；李清和，男，博士，中国社会科学院大学博士研究生。

践。同样的，长寿经济的产业和发展总是离不开实践的要求，并为国家的生产政策实践提供理论的指导；反过来，长寿经济实践和产业政策实践又经过提炼上升到理论，极大地丰富长寿经济学的内容。

从产业生命周期来看，初创、成长、成熟、衰退是长寿经济要经历的一个由成长到衰退的演变过程，符合每一个产业都要经历的生命周期。从产业结构来看，组成长寿经济产业的可以包括健康、医疗、养老、文化、制造、金融等各个相关行业，在不同的发展阶段和发展时点上，这些组成部分在增速、就业、经济总量占比、经济增长推动力等方面产生的影响是不同的，并且也存在着内部关联性，是符合产业结构特征的。从产业组织看，产业内企业与市场的合理组织即称为产业组织，即在市场机制作用下，既要使企业充满竞争活力、实现有效竞争，又要充分利用规模经济性、避免过度竞争带来的低效率。将长寿经济对应到 SCP 分析框架（市场结构—市场行为—市场绩效）中，有助于用相应的理论来研究长寿经济产业组织的进入壁垒、市场构成、战略定价、产品策略、盈利手段、技术进步等。从产业政策看，产业政策的作用是促进经济的增长和发展。长寿经济产业政策是一种中长期的经济政策，而不是短期的对策，属于中长期资源配置政策的范畴。产业政策在产业结构调整中发挥主导作用，并有促进新兴产业赶超成熟产业的功能，这一点已为国外的经验所证明。长寿经济产业政策的发展同样需要产业布局、产业技术、产业金融、经济规制等方面的措施。

（二）福利经济学理论

福利经济学的三个特征是：根据社会目标建立理论体系；运用基数边际效用论建立福利概念；根据社会整体目标制定经济政策和方案。帕累托最优是分析福利经济学的重要工具之一。

在资源总量和分配资源的对象不变的情况下，从一种分配状态到另一种状态的变化中，如果任何人的境况都没有变坏，但至少使得一个人的境况变得更好，这种资源分配状态便存在帕累托改进。当不再存在帕累托改进的空间时，这种状态便称为帕累托最优。这种观念使得国家在"公平"的前提下，更注重"效率"。在老龄化的背景下，市场长寿服务信息不对等，导致了不完全竞争和更低的效率，无法达到帕累托最优，此时便需要政府干预，出面对市场进行补充以提高经济效率。在发展长寿服务产业的过程中，利用再分配手段进行市场干预，是政府的重要作用之一。如养老保险就是在个人与市场间存在投资风险、投资回报、经营者风险的信息不对称背景下，政府介入的产物。再如长期护理险是在有长期护理需求老人的家庭和无法满足其需求的社会政策和商业保险间存在需求不一致的背景下，政府支持的产物。

（三）福利多元主义理论

福利多元主义认为政府不应该是福利的唯一提供者，其他的主体如非营利组织、民间机构、家庭、个人等也应该是福利的提供者。福利多元主义理论强调社会福利的最大化是全社会共同承担的责任，需要全社会一同提供资源财富。组成部分越多、来源越广泛、参与者覆盖得越多，才越能优化资源配置、提升福利效率、提高整个社会的福利水平。单一依靠政府或者国家干预社会福利，则政府效率低、财政压力大、运行速度缓慢。福利多元主义下的长寿经济既可以避免仅由市场提供福利导致的市场秩序失衡，也可以避免仅靠政府掌管全局带来的资源浪费和错配。政府购买作为实践最久的政府引入竞争机制的手段之一，在长寿经济领域表现为政府购买相关服务或产品，提供主体可以是政府部门，也可以是企业或其他社会组织。企业可以根据人们在追求长寿、健康的过程中所产生的各类需求，开拓相应的市场，提供相关的产品和服务，是长寿经济和产业的重要主体。此外，老年人自身也可以成为福利的提供者。2018年上半年，民政部就明确将"时间银行"纳入全国居家社区养老服务改革试点范围。时间银行指的是老年人相互提供志愿服务并记录志愿时长，日后作为兑换购买服务的"货币"。成都、青岛、北京、上海、江苏等地都已经相继出台了相关政策。

二、长寿经济与产业的概念

党的十九届五中全会强调，要实施积极应对人口老龄化国家战略，为今后一段时期积极、科学、有效地应对人口老龄化提供了指引。中国未来较长一段时间内，都将面临快速发展的人口老龄化。人口老龄化会对未来经济社会可持续发展产生潜在消极影响，但"银发浪潮"也使长寿经济迎来了重要机遇。在我国，长寿经济、长寿产业是伴随长寿之乡的认定和建设而受到关注的。长寿之乡以百岁老人比例高、高龄老人数量多而闻名。在研究长寿之乡成因的过程中，长寿之乡的生态资源、地质成分、农作物品种和质量等都引起了研究者的探究。在政府主导和市场推动下，长寿之乡的这些天然禀赋资源逐渐形成了一个资源→产品→产业→产业集群→长寿经济的发展通道。

（一）长寿经济

在宏观层面上，由长寿时代带来的经济发展机遇统称为长寿经济。在微观层面上，它主要指与长寿健康现象有关联的基于长寿之乡的物质生产和再生产的活动。

长寿经济有两层含义。一是基于长寿时代的概念的长寿经济。它随着人口预期寿命的日益延长、随着寿命增长带来的经济与社会的变化而被提出。长寿经济所描绘的长寿时代不单包含健康和老龄现象及问题，更包含了不以年轻社会视角审视的、更加稳定的经济和社会状态。长寿时代强调第四阶段的人口革命后的新均衡带来的全新时代，长寿时代下，人们不再仅仅聚焦死亡率、出生率，聚焦老龄化，而是更加关注长寿、健康、财富，从老年人的视角看老龄社会。二是基于长寿之乡的概念的长寿经济。长寿之乡的特征是其存在的长寿现象和长寿状态。与这个特征具有关联性和促进性并取得一定效益的基于长寿之乡的社会经济活动也都可以视为长寿经济。

（二）长寿产业

长寿产业是在长寿时代背景下，在对老年人高龄生命进行全过程全面呵护的理念指导下提出来的。它追求的不仅是个体身体健康，还包含精神、心理、生理、社会、环境、道德等方面的完全健康。长寿产业从本质上说是产业活动，通过市场运作获得收益是其本质属性。产业是为满足类似需求而提供产品和服务的企业的集合。随着社会经济的不断发展和生活水平的不断提高，人们在生产生活中不断产生新的需求，新兴产业也不断涌现和发展。长寿经济产业是在人们的预期寿命不断延长和对生活的需求不断增长的背景下产生的。

2011 年，中共中央、国务院发布了《关于加强新时代老龄工作的意见》，鼓励各地利用资源禀赋优势，发展具有比较优势的特色老龄产业。目前许多地方发展的长寿产业就是这种具有地方资源优势的特色老龄产业。但从更加广义的角度来看，长寿产业不仅仅局限于这个层面，还可以从更大的长寿社会背景的视角去看待这一产业，其产业的内涵可以进一步提升、范围可以进一步扩大。从具体的产业经济来看，我们可以将在长寿社会背景下，为了满足人们基于健康、长寿的生命生活质量诉求所产生的各类产品和服务需求而提供产品和服务的各相关产业部门组成的业态，统称为长寿产业。

（三）长寿产业的主要特征

1. 广泛性 长寿产业涉及一、二、三产业，产业范围广，产业链条长，具有明显的广泛性特征。对长寿产业，可以根据三维产业链理论进行产业划分，划分成长寿本位产业、长寿相关产业和长寿衍生产业三个部分。在产业链中，若按照一、二、三产业归类，第一个维度是与老年人生活最息息相关的、为老年人提供吃住的产业，其中一产主要涉及老年人有机农业、绿色健康食品、健康饮用水、中医药原材料、老年服饰等。第二个维度是第一个维度供应链上的产业，包括二产中的老年特殊医学辅具制造业、医用精密仪器制造业、老年绿色食品加工制造业、保健药品制造业、体育用品制造业等，其中产业附加值较高的行业多集中在医药制品业。在长寿衍生产业中，第三产业涵盖了除第一产业、第二产业外的其他行业。广泛性是长寿产业较为显著的特征之一，因其覆盖广泛，在每一项细分产业中，消费市场都较为清晰且潜力巨大。传统意义上的长寿产业一般包括卫生产业、康复医疗产业、体育用品产业等，近些年来，长寿经济产业的概念也在不断外延，目前包括涉及长寿老人的商业保险、长寿金融理财、长寿心理法律及婚姻咨询、老年再教育、科学研究等产业。从产业增加值角度来看，虽然产业链长、涉及行业多，但是其增加值多存在于第三产业，尤其是医疗卫生产业。

2. 综合性 长寿产业涉及的行业种类众多，既可以涵盖农业、制造业，还可以涵盖教育、卫生和社会工作、文化、体育、娱乐等行业，涉及行业领域广，综合性强。根据三维产业链理论进行产业划分，长寿产业中的本位产业一般包括基础设施、老年服务机构、老年住房、医疗卫生等核心产业。相关产业一般指除了长寿本位以外的与长寿相关的产业，包括为老年服务机构提供供应的产业、为医疗卫生提供咨询和技术支持的产业、为服务行业培养和输送技术劳务人员的产业、为康复健康提供服务的产业、老年养生保健食品、老年护理用品等，此外也包括了老年人在长寿生活中涉及的学习、休闲、娱乐、旅游产业等。衍生产业是最外围的产业，其产业需求程度完全依赖于老年人个体的进阶深层次需求，覆盖面窄、产业层次高、产业附加值高。一般来说包括老年金融老年理财、老年咨询、老年保险、寿险、老年地产融资等高端服务产业。长寿经济的三个维度共同决定了长寿产业的综合性，更是从"老有所养""老有所医""老有所乐""老有所学""老有所为"

这五个为人们耳熟能详的方面诠释了长寿产业的综合性，来满足老年人群生理、安全、社会、尊重和实现自我的需求。

3. 产业融合性　长寿产业涉及很多服务行业。一般来说，以增值为目的、提供服务产品的生产部门和企业集合叫服务产业；以满足社会公共需要提供服务产品的政府行为集合叫服务事业。目前我国长寿产业涉及的部分产业，如养老服务业，它既不是纯粹的产业，也不是纯粹的事业，而是兼有事业和产业两个性质的一种混合业态。随着中国人口老龄化程度加深、政府职能转变，为了充分发挥市场在资源配置中的决定性作用，长寿产业最终将走向产业化、市场化和社会化发展的道路。在长寿产业市场化程度不断提升的同时，长寿产业内部各个行业之间交叉发展、相互渗透、融合发展、相互包含的趋势也会越来越明显，产业融合发展的特征将会不断凸显。长寿产业同样具有共享型的产业结构，秉承开放共享的理念，共商共建顶层产业逻辑，优化产业配置，在产业发展初期减少重复性开支，提升行业产业效率。产业间角色互换，集思广益攻克难点痛点，实现功能的互补和延伸，实现产业融合和共同富裕。在长寿产业发展初始阶段，产业特征天然具有的融合性给产业发展带来有利条件——促进传统长寿产业创新，进而推进产业结构优化与产业发展；促进长寿产业内外竞争力的提高；推动产业经济规模化、区域经济一体化。

4. 产业资源性　长寿之乡有特性也有共性。具有特色资源禀赋优势是长寿之乡的共同特征，但也是其差异性。有的长寿之乡拥有富硒土壤，可以种植富硒农作物，生产出富硒产品；有的适合中草药种植，可以种植高质量的中草药材，有利于推动中药产业发展；有的长寿之乡的环境负氧离子含量高，可以发展旅游和康养产业，等等。长寿之乡的长寿产业往往基于地方的特色资源，而地方的特色资源则成就了长寿之乡特色产业的形成和发展。

5. 产业区域性　由于长寿现象是一个内涵复杂、外延广泛的客观存在，所以长寿产业的构成也是丰富多彩的。从长寿之乡的分布特征看，多分布于我国南方地区，多呈条带集中分布，多分布在沿江河流域，多分布于大的岛屿，多分布于海拔 1 500 米以下；从资源集聚特征来看，北方和南方不同、东部与西部不同。这样，立足于天然资源的长寿产业发展也就形成了明显的区域性特点。

第二章

长寿产业的基本体系与发展现状[*]

一、长寿产业的体系构建

长寿产业是一个涵盖一、二、三产业的综合性产业体系。从广义角度来看，与人们在追求长寿、健康、生命生活质量方面相关的所有产品和服务产业都可以涵盖在长寿产业体系内。从狭义角度来看，我们着重聚焦生活、健康、医疗、康复、护理、文化、体育、休闲娱乐等方面的产品和服务产业。

具体来讲，长寿产业可以包含第一产业中的有机农业、中草药种植业等；第二产业中的食品加工制造业、医药制造业、健康装备器材制造业等；第三产业中的医疗卫生服务业、健康管理服务业、养老服务业、康复护理服务业、生态休闲旅游业、长寿文化产业、长寿休闲娱乐产业等。

二、长寿产业目前主要发展状况

（一）以养老服务为核心的长寿照护产业成为投资热点

自 2013 年开始，国务院连续出台《关于加快发展养老服务业的若干意见》《关于促进健康服务业的若干意见》等一系列政策文件，极大地推动并且促进了大健康产业和养老服务产业的发展，对于构建新的战略布局和激发社会积极性起了巨大作用，可以说 2013 年是中国养老产业发展的元年。除了民间资本大举进军老龄服务业，以地产开发商、大型保险公司、大型央企以及外资力量为首的投资主体进入市场，社会资本在投资主体中占据了较大比例。各省市在用地、筹资、政策支持等方面都给予了大力支持，用良好的投资环境为养老服务业的发展开辟道路。大力发展养老服务业，已经不仅是保障与改善民生的重要着力点，更是具有发展前景的经济新增长点，同时还会创造众多的就业岗位。基于这一宏观背景，许多国有企业和地方力量加速跟进布局养老市场。特别是进入"十三五"期间，大量的养老服务政策密集出台，随着当前新一轮国资国企改革的持续推进，国资国企正在加速转型和优化布局，将不断在民生保障、基础设施、战略性产业等方面加大投入，养老服务业形成了一个新的风口。

---

* 作者：王莉莉，李清和。

（二）以"医养结合"为中心的长寿健康服务发展良好

十九大报告中明确提出：积极应对人口老龄化，构建养老、孝老、敬老政策体系和社会环境，推进医养结合，加快老龄事业和产业发展。医养结合作为长寿经济产业中最核心的内容之一，是最基础、最广泛的老年人照护模式，在健康中国和积极应对老龄化两个战略背景下，医养结合已经迎来最大的发展机遇。

目前我国医养结合老龄服务发展模式主要有三种。一是整合照料模式，即在单一机构内提供养老照护和医疗服务，既可以在医疗机构中设置养老照护中心，也可以在老龄服务机构内设医疗中心[32]。在"医养结合"模式试点初期，政府一般在大型养老照护中心内设医疗机构，这是因为内设医疗机构需要投入的成本巨大，其运营成本高且多为公办性质，对于政府支持的依赖程度较高。此外，大型房地产企业投资建设"医养结合"模式的机构时，会投资加强建设周边社区卫生服务中心，以完善自身项目的配套，同时该社区卫生服务中心也会辐射周边社区。二是联合运营模式，即养老服务机构与医疗机构签订合作协议，互通资源，独立运营。养老服务机构仅承担老年人康复、照护等非医疗需求的功能，医疗机构提供长期定期和必要时的医疗服务。三是支撑辐射模式，健全社区养老服务机构和社区卫生服务中心功能，两者紧密合作，在社区范围内全方位为老年人提供功能完善的照护服务和基础的医疗服务。目前全国范围内已经探索并兴办了各级出资主体不同、运营模式不同、医养侧重不同的医养结合机构。

以中国长寿之乡广东省梅州市梅县为例，其通过筹资建设医养结合型养老院、提升医疗服务能力、制定老年人优待办法、完善体育健身场所等方式，让长寿服务产业的发展惠及每一位居民，切实提高老龄保障水平。此外，其还鼓励、扶持民间资本进入养老市场，推动建成总投资超 2 亿的老年综合养老机构，提供更专业化、定制化的长寿服务。

（三）长寿产业中的康复护理产业成为发展重点

近年来，随着"银发浪潮"的到来，康复护理服务不仅成为老年人及其家庭的刚需项目，更受到政府、企业和社会的广泛关注。2013 年，国务院适时提出"积极推进医疗卫生与养老服务相结合，探索医养结合新模式"。2017 年，国务院《关于印发"十三五"国家老龄事业发展和养老体系建设规划的通知》（国发〔2017〕13 号）指出："支持养老机构按规定开办康复医院、护理院、临终关怀机构和医务室、护理站等。加强康复医师、康复治疗师、康复辅助器具配置人才培养，广泛开展偏瘫肢体综合训练、认知知觉功能康复训练等老年康复服务。"在国家政策的鼓励下，近年来养老机构特别是中高端养老机构开设康复中心，甚至开办康复医院已经成为一种通行做法。总体来看，养老机构内设的康复服务，主要有以下几种形式：一是康复养老双轨并行，投资方建设养老社区后，配套建设一所二级康复医院，既开展基本康复服务，同时也作为医疗机构，满足入住老人甚至周边人群的基本医疗需求，如北京泰康燕园康复医院、杭州绿城滨江康复医院等；二是自上向下，将服务从医疗延伸到养老，这种模式依托医疗机构强大的专业能力，以医疗带动康复和照护，如重庆医科大学附属第一医院青杠老年护养中心、福建医科大学附属第一医院护养中心、北京羊坊店社区医院转型为康复医院等；三是自下向上，在养老基础上增加康复服务，由于自身运营能力不足，这种模式往往采用外包或出资共建等深度合作的形式补齐医养结合的"短板"，如长沙康乃馨与湘雅三医的合作模式。

（四）康养特色产业成为长寿产业中的新兴产业

以康养小镇为代表的康养特色产业也开始成为许多地方政府主打的长寿产业之一。康养小镇是特色小镇的一种，可以将健康疗养、健康产品、生态旅游、医疗美容、休闲度假、体育运动和文化体验等业态聚合起来。从目前的发展现状来看，已经有许多长寿之乡依托长寿文化，大力发展长寿经济，形成以食疗养生、山林养生、气候养生等为核心，以养生产品为辅助的具备健康餐饮、休闲娱乐、养生度假等功能的健康养生养老体系。或者与休闲农业相结合，通过发展绿色种植业、生态养殖业，开发适用于特定人群、具有特定保健功能的生态健康食品，同时结合生态观光、农事体验、食品加工体验、餐饮制作体验等活动，推动健康食品产业链的综合发展。或者依托良好的气候及生态环境，构建生态体验、度假养生、温泉水疗养生、森林养生、高山避暑养生、海岛避寒养生、湖泊养生、矿物质养生、田园养生等养生业态，打造休闲农庄、养生度假区、养生谷、温泉度假区、生态酒店/民宿等产品，形成生态养生健康小镇产业体系。

（五）以长寿之乡打造长寿产业品牌发展势头迅猛

"绿水青山就是金山银山"，发展适合区域的产业经济，依托地区特色资源和现有产业，深入挖掘长寿资源，打造特质鲜明、与众不同的长寿产业品牌，是符合目前产业发展规律的。现有的"中国长寿之乡"中，不乏全国综合实力前百强的县市，如河南永城、江苏太仓、山东莱州、山东乳山等，都是典型的富裕型的长寿之乡。从它们的情况来看，兴建养老产业园、做强长寿文化旅游产业、打造区域经济长寿产品品牌等，是目前地方政企联合投资的主要阵地。

例如，有些长寿之乡在文化为魂、绿色为基、健康为本的发展宗旨下，认定了一批具有核心竞争力和行业带动力的地方龙头企业，并且推动政企对接、科企对接、银企对接。地方建立了长寿经济全产业链，品牌内容涵盖了上中下游的保险和金融、服务和医疗、用品和教育等。以绿色生态为核心的长寿区域品牌全力打造"秀山丽水、诗画田园、养生福地、长寿之乡"；以康养文旅为核心的长寿区域品牌聚焦"湿地森林、农业观光、民俗工艺、养生文化"；以工农业产品为核心的长寿区域品牌聚焦"电商＋合作社＋农户、贸易转型、农业资源"。各地"中国长寿之乡"发挥品牌名片效应，加速长寿经济高质量发展。

长寿之乡产品的团标、商标建设和规范化发展*

联盟成立初始，即 2016 年下半年，就着手开展长寿之乡产品品牌建设的规范化工作。联盟秘书处组织专家编制了长寿之乡名产品、名服务认定规范并开展了认定工作。在多年认定实践的基础上，联盟于 2020 年 4 月成立了长寿之乡产品团体标准编制领导小组，组织专家对原有的认定规范进行修改、完善和提升，形成了"中国长寿之乡品牌认定和管理通用要求"等 10 个长寿之乡产品团体标准，并于 2021 年 5 月 20 日发布，2021 年 9 月 1 日起实施。

一、长寿之乡产品团标、商标建设的背景与动因

（一）长寿之乡产品团标、商标建设是打响长寿之乡产品品牌的需要

团标，即团体标准，指由具有法人资格且具备相应技术能力、标准化工作能力和组织管理能力的学会、协会、商会、联合会和产业技术联盟等社会团体按照团体确立的标准制定程序自主制定发布，由社会自愿采用的标准。

在我国，团标的法律地位是 2018 年 1 月 1 日新修订的《标准化法》[33]正式实施时，正式明确起来的。它是官方标准体系的有益补充，有利于克服政府主导制定的标准制定周期长、不能及时针对市场情况进行调整导致的标准缺位的困难；有利于有技术实力的协会、学会和行业联盟等发挥自身优势，根据市场需求，制定高于现有基础性标准或强制性标准的团标，规范企业按标准化方式来组织生产、经营、管理和服务，引领创新驱动，促进经济社会高质量发展。

商标，即商品的标记。它是商品生产者或经营者为把自己生产或经营的商品与其他人生产或经营的同类商品显著地区别开来，而使用在一定的商品、商品包装及其他宣传品上面的标记。

商标的组成要素，就我国来说，主要是以文字、图形或文字图形的组合图案，以及目前兴起的音响等组成。

---

　* 作者简介：朱土兴，浙江省丽水学院原院长、国家二级教授；刘志龙，浙江省丽水市农林科学研究院高级农艺师；李硕，浙江省丽水山耕品牌传播有限公司总经理。

商标不是一般性的标志，它是专用标志，是商品的生产者和经营者有意识地使用于商品上的标记。商标的基本功能在于对不同来源、质量和特点的同一类商品加以明显区分，从而表明商品的一定质量，树立商品生产者和经营者的信誉。

商标通过树立信誉、标示和反映特定商品的质量，使消费者认牌选购，所以商标又具有竞争性。

显然，团标、商标对于产品品牌建设具有极为重要的意义。品牌培育、品牌保护、品牌升值是团标、商标建设和规范化发展的必然体现。

联盟是在中国老年学和老年医学学会支持下，由各长寿之乡、长寿养生企业和绿色产业专家组成，按照"自愿联合、民主协商、平等互利、合作共赢"原则联合，促进绿色产业发展的公益性区域合作组织。其宗旨是践行"两山"理念，联合各长寿之乡力量，汇聚智慧，整合资源，合力建设好"中国长寿之乡"品牌，擦亮"中国长寿之乡"金名片，推动各长寿之乡经济发展和生态文明建设，实现各长寿之乡共同发展和互利共赢。联盟的性质和使命，决定了它必然高度重视团标、商标建设，高度重视发挥团标、商标的作用，以团标、商标为重要手段，打造长寿之乡产品品牌。实践证明，长寿之乡产品团标、商标建设对于推动长寿之乡产品标准化、规范化、品牌化大有可为、大有所为、大有作为。

（二）长寿之乡产品团标、商标建设是凸显长寿之乡名产品、名服务等品牌特色和核心魅力的需要

品牌是什么？商标、名称会给消费者留下综合印象，但这只是品牌的外表。那么品牌的内涵和核心是什么呢，品牌强大力量的来源又是什么呢？一个成熟完善的品牌包含很多要素，需要有扎实的产品品质作为基础，有成功的传播手段让人熟知，有企业良好的社会形象为其背书等。但核心关键部分是品牌自身具有的吸引消费者的独特魅力，消费者通过这个品牌可以获得综合而独特的利益与体验。其中有理性因素，也有感性因素。品牌核心价值的理性层面是以产品为基础，带给消费者的实际利益。当消费者交易后从商品中获得了预期的物质利益，就会产生对该品牌理性层面的认同，这就是一个品牌构成的物质基础。品牌核心价值的感性层面是一个品牌最核心的部分，这里发出的信号影响着消费者的归属感、价值认同、依赖等诸多因素，正是有了这些因素，一个品牌才能够牢牢地抓住消费者的心智。如果说一个品牌的理性层面是"基"，那么感性层面就是"本"，两者相辅相成、互为协同。构成品牌核心价值的基本要素有三个。一是个性。一个优秀的品牌必须具有高度的、可以明确区别于其他任何品牌的个性，只有拥有这样的品牌核心，才具有了价值基础，没有个性的品牌只会淹没在品牌的汪洋大海之中。个性化的品牌形成了消费者的归属感以及与品牌之间无可替代的关系，让消费者看到某个品牌后认为这个产品和品牌就是为自己量身定做的，是自己需要的。具有高度差异性与个性的品牌会给目标消费者一个独一无二的购买理由。二是一致性。品牌的承诺与事实要相符合，不仅仅停留在传播层面，更要从品牌层面落实到产品层面、传播层面，甚至到经营管理层面。只有这样，才能使品牌的核心价值变得真实并具有力量，消费者也才能由衷地认可。三是文化。一个品牌力量的强弱决定于其文化内涵，一个拥有文化的品牌就像一个有内涵、有深度、有故事的人，会吸引他人的关注和兴趣。好的品牌文化会让品牌变得有思想、有生命力，赋予消费

者一种预期的信任感,由此拥有一批忠诚于品牌的顾客群。

基于上述认识,我们在推进长寿之乡产品团标、商标建设和打造长寿之乡产品品牌过程中要高度重视长寿之乡名产品、名服务中所蕴含的健康养生内涵,这是长寿之乡名产品、名服务区别于其他产品品牌的特性,是吸引消费者的独特魅力之所在,应该成为长寿之乡产品品牌的核心关键部分。

凸显健康养生特性的长寿之乡名产品、名服务等品牌,在认定评价体系的设置中必须以绿色产品、有机产品为基础,必须高于无公害产品,必须深挖长寿文化,让品牌有思想、有生命力。这样的品牌认定评价体系显然高于官方标准体系,高于国家标准、行业标准和地方标准。但企业标准仅在企业内部执行,必须有一种可以高于强制性标准和推荐性标准的团体标准来规范企业按标准化方式组织生产、经营、管理和服务,长寿之乡产品团体标准由此应运而生。联盟对长寿之乡产品团标、商标的建设和实施,将有效凸显长寿之乡名产品、名服务等品牌蕴含的健康养生特色和独特魅力,推动长寿之乡产业经济高质量发展。

(三)长寿之乡产品团标、商标建设是推进工作实践的需要

为打响"中国长寿之乡"品牌,把长寿之乡得天独厚的环境资源、自然资源、文化资源优势转化为经济发展竞争优势,打造健康养生品牌产品、品牌企业,培育长寿之乡绿色健康产业,联盟成立后就组织相关专家编制了长寿之乡养生名优产品、特色服务示范城市、乡情体验基地、康养示范基地、乡贤人物等品牌的认定规范,并于 2016 年起开展认定工作。在认定过程中,联盟秘书处不断改进相关标准,使认定评价体系不断完善。

多年的工作实践表明,将原有的长寿之乡产品品牌认定规范提升为全国性的团体标准,有助于加强品牌管理,引导长寿之乡企业对标升级,推进认定工作标准化、规范化;有助于提高长寿之乡相关企业及其产品(服务)的信用和权威性;有助于掌握长寿之乡产业发展的制高点和话语权,推动长寿之乡产业升级,提升长寿之乡产品品牌的影响力。

二、长寿之乡产品团标范围、内容的确定及建设的主要原则

(一)长寿之乡产品团标适用范围

目前已建立的长寿之乡产品团体标准名录见表 21。

表 21　长寿之乡产品团体标准

序号	名　称	编　号
1	中国长寿之乡品牌认定和管理:通用要求	T/SXLM 001—2021
2	中国长寿之乡健康养生服务示范城市(县)认定规范	T/SXLM 002—2021
3	中国长寿之乡旅游文化服务示范城市(县)认定规范	T/SXLM 003—2021
4	中国长寿之乡敬老养老服务示范城市(县)认定规范	T/SXLM 004—2021
5	中国长寿之乡乡情体验基地认定规范	T/SXLM 005—2021

（续）

序号	名 称	编 号
6	中国长寿之乡康养示范基地认定规范	T/SXLM 006—2021
7	中国长寿之乡乡贤人物认定规范	T/SXLM 007—2021
8	中国长寿之乡养生名优产品认定规范：初级农产品	T/SXLM 008—2021
9	中国长寿之乡养生名优产品认定规范：加工食品	T/SXLM 009—2021
10	中国长寿之乡养生名优产品认定规范：环境体验类产品	T/SXLM 010—2021

其适用范围分别为：

1. 中国长寿之乡品牌认定和管理通用要求　该团标是作为其他团标的基础并普遍使用的，具有广泛指导意义的标准。它规定了中国长寿之乡各类子品牌认定和管理术语和定义、基本原则、基本要求、认定程序和方法，以及品牌与标识管理。该团标适用于中国长寿之乡范围内的各类子品牌的认定和管理活动。

2. 中国长寿之乡健康养生服务示范城市（县）认定规范　该团标规定了中国长寿之乡"健康养生服务示范城市（县）"的术语、认定原则、指标构成及赋值、认定程序及一般要求。它适用于近2年未出现过生态环境、公共卫生、养老服务等方面重大责任事故的中华人民共和国境内已取得"中国长寿之乡"称号的县、区、市或行政区划单位的认定和管理活动。

3. 中国长寿之乡旅游文化服务示范城市（县）认定规范　该团标规定了"中国长寿之乡旅游文化服务示范城市（县）"的术语、认定原则、指标构成及赋值、认定程序及一般要求。它适用于近2年未出现过生态环境、公共卫生、养老服务、旅游安全和文化遗产保护等方面重大责任事故的中华人民共和国境内已取得"中国长寿之乡"称号的县、区、市或行政区划单位的认定和管理活动。

4. 中国长寿之乡敬老养老服务示范城市（县）认定规范　该团标规定了"中国长寿之乡敬老养老服务示范城市（县）"的术语、认定原则、指标构成及赋值、认定程序及一般要求。它适用于近2年来未出现过生态环境、公共卫生、养老服务等方面重大责任事故的中华人民共和国境内已取得"中国长寿之乡"称号的县、区、市或行政区划单位的认定和管理活动。

5. 中国长寿之乡乡情体验基地认定规范　该团标规定了"中国长寿之乡乡情体验基地"的术语、认定原则、指标构成及赋值、认定程序及一般要求。它适用于近2年未出现过生态环境、公共卫生、养老服务等方面重大责任事故的中华人民共和国境内已取得"中国长寿之乡"称号的县、区、市或行政区划单位的乡、镇或相当区域的认定和管理活动。

6. 中国长寿之乡康养示范基地认定规范　该团标规定了"中国长寿之乡康养示范基地"的术语、认定原则、指标构成及赋值、认定程序及一般要求。它适用于近2年未出现过重大安全责任事故的中华人民共和国境内已取得"中国长寿之乡"称号的县、区、市或行政区划单位内的独立法人单位或机构的认定和管理活动。

7. 中国长寿之乡乡贤人物认定规范　该团标规定了"中国长寿之乡乡贤人物"的术语、认定原则、指标构成及赋值、认定程序及一般要求。它适用于中华人民共和国境内已取得"中国长寿之乡"称号的县、区、市或行政区划单位包括其祖籍或出生地或户口所在地或常住所在地的乡贤人物的认定和管理活动。

8. 中国长寿之乡养生名优产品——初级农产品认定规范 该团标规定了"中国长寿之乡养生名优产品——初级农产品"的术语和定义、认定内容和评价指标。它适用于中华人民共和国境内已取得"中国长寿之乡"称号的县、区、市或行政区划单位生产和经营的养生名优产品——初级农产品的认定和管理活动。

9. 中国长寿之乡养生名优产品——加工食品认定规范 该团标规定了"中国长寿之乡养生名优产品——加工食品"的术语和定义、认定内容和评价指标。它适用于中华人民共和国境内已取得"中国长寿之乡"称号的县、区、市或行政区划单位生产和经营的养生名优产品——加工食品的认定和管理活动。

10. 中国长寿之乡养生名优产品——环境体验类产品认定规范 该团标规定了"中国长寿之乡养生名优产品——环境体验类产品"的术语和定义、认定内容和评价指标。它适用于中华人民共和国境内已取得"中国长寿之乡"称号的县、区、市或行政区划单位生产和经营的养生名优产品——环境体验类产品的认定和管理活动。

（二）长寿之乡产品团标内容的确定①

1. 基本原则 自愿申请，规范认定，动态管理。自愿申请，即由申报主体自愿提交申请报告、《申请表》《评分表》，说明申报产品、服务的相关情况，并提交相关证书、证明材料，按条件受理。规范认定，即坚持公开、公平和公正原则，有序规范地进行品牌认定。动态管理，即对通过品牌认定的相关城市、基地、企业或个人实行动态管理，发现问题及时处理，确保品牌的信誉和影响力。

2. 基本要求 包括对申报长寿之乡健康养生名产品、名服务等品牌认定的申报主体，申报主体所处的县域（区、市域）生态环境，申报品牌的产品、服务的质量，以及评价考核等的明确要求。

申报长寿之乡健康养生名产品、名服务等品牌认定的主体是在中华人民共和国境内已取得"中国长寿之乡"称号的县级或以上行政区域单位内的城市、基地或企业，个人应是祖籍或出生地或户口所在地或常住所在地在该区域的人士。申请名产品品牌认证的企业，除具有独立法人资格、有生产经营许可证等证照外，应为县级及以上龙头企业或示范企业，注册经营满3年，且无不良记录。申请名服务品牌认定的城市和基地应于近2年内未出现过生态环境、公共卫生、养老服务、旅游安全等方面的重大责任事故。

申报长寿之乡健康养生名产品、名服务品牌的生产、经营基地所处的县域生态环境状况应突出长寿之乡生态环境资源禀赋优势，在空气质量、地表水质量和森林覆盖率方面明显优于国家规定标准。

申报长寿之乡健康养生名产品、名服务等品牌应确保特色和质量优势，对品牌质量、安全等重要指标应作出具体规定，同时凸显长寿之乡名产品、名服务等品牌的健康养生特点。在选择申报主体和评价考核时，以市场优先，同等条件下优先考虑其社会影响力、市

---

① 《中国长寿之乡品牌认定和管理：通用要求》，丽水长寿之乡绿色产业发展联合会2021年5月20日发布。

场需求和消费者满意度。

（三）长寿之乡产品团标建设的基本原则①

1. 定位要高 应站在掌握长寿之乡产业发展制高点和话语权、引领中国长寿之乡绿色发展的高度，来编制长寿之乡产品团体标准。为此，长寿之乡产品团体标准编制始终遵循"先进性、科学性、市场适应性"原则，正确处理与有关法律、法规以及国家、行业、省市地方标准的关系，努力做到与国家现行标准接轨，重点指标高于国家标准和同行业企业标准，以提高长寿之乡产品和服务品质，使其更好地满足市场需求。例如食品类养生名优产品品牌认定团体标准严格遵守《中华人民共和国食品安全法》《农产品质量安全法》《农药管理条例》《认证认可条例》《食品安全国家标准食品生产通用卫生规范》（GB14881）、《食品安全国家标准预包装食品营养标签通则》（GB28050）等，并以 GB2760《食品添加剂使用卫生标准》、食品安全国家标准 GB2762《食品中污染物限量》、GB2763《食品中农药最大残留限量》、GB7718《食品安全国家标准预包装食品标签通则》、NY/T391《绿色食品产地环境质量》、NY/T392《绿色食品添加剂使用准则》、NY/T393《绿色食品农药使用准则》、NY/T394《绿色食品肥料使用准则》、NY/T658《绿色食品包装通用准则》、NY/T1056《绿色食品贮运输准则》等为最低要求。食品类养生名优产品品牌认定评价指标明确规定，产品应通过绿色食品或有机食品认证并获得相关食品标志使用权，且在有效期限内，否则对其一票否决。长寿之乡名产品、名服务等品牌认定评价指标都明确规定，长寿之乡名产品、名服务生产经营基地所处的生态环境，如空气质量、地表水质量和森林覆盖率应明显优于国家规定标准。

2. 特色要鲜明 应凸显健康养生的特性和独特魅力。现已建立的 10 个长寿之乡产品团体标准，从名称到内容，无不体现着健康养生的特色。长寿之乡名产品团体标准的名称是《中国长寿之乡养生名优产品认定规范》。长寿之乡名服务团体标准的名称是《中国长寿之乡健康养生示范城市（县）认定规范》《中国长寿之乡旅游文化服务示范城市（县）认定规范》《中国长寿之乡敬老养老服务示范城市（县）认定规范》《中国长寿之乡乡情体验基地认定规范》《中国长寿之乡康养示范体验基地认定规范》《中国长寿之乡康养示范基地认定规范》等。认定评价指标突出中国长寿之乡各品牌的健康养生特色。食品类品牌认定评价指标都明确规定，产品应富含营养，满足人们的养生需求，申报产品时需提供申报产品相关营养成分的检测报告；应具有浓郁地域特色，或为农产品地理标志登记保护或国家地理标志产品保护的产品，并提供相关证书。环境体验类产品品牌认定评价指标明确规定，应利用自然环境中的空气、水、动植物、地形地貌或综合生态环境要素设计森林浴、SPA、温泉、药膳、体育健身等养生产品，或利用中医药、宗教、茶道、艺术等人文资源，设计中医理疗、养生药膳、艺术修身等产品，以达到强身健体、修养身心和延年益寿的目的。应因地制宜，充分挖掘当地生态农业、生态工业等产业的养生旅游价值，通过"养生旅游＋"或"＋养生旅游"，促进养生旅游与相关产业融合，开发养生旅游活动和养生旅游用品。健康养生服务示范城市（县）认定评价指标明确规定，应拥有特色养生食

---

① 《中国长寿之乡产品团体标准》，丽水中国长寿之乡绿色产业发展联合会 2021 年 5 月 20 日发布。

品，应建立有区域特色的康复旅游服务业，应有健康养生方面的特色服务。旅游文化服务示范城市（县）认定评价指标明确规定，与文化和旅游相关的特色活动和产品应较多，包括有特色农林果产品、饮食产品、购物产品，有地理标志物产品，有文化遗产产品、非物质文化遗产产品，有乡村特色旅游点、城市特色街，有休闲旅游产品、健康旅游产品等。中国长寿之乡康养示范基地认定评价指标明确规定，应针对入住人群特点，开展养生养老特色服务活动，包括应有药食气水等健康养生特色服务、特色康养产品、康养文化体验活动、老年健康营养膳食以及有利于老年心理健康的活动等。

3. 操作性要强 应把引领性与实践性高度统一。长寿之乡产品团体标准编制工作始于 2020 年 4 月，2021 年 3 月通过专家评审，5 月颁布实施。为高质量编制长寿之乡产品团体标准，联盟成立了以联盟理事长王五一为组长，丽水市副市长、联盟执行理事长卢彩柳为执行组长的团体标准编制领导小组，组织相关专家制订团体标准编制方案，深入联盟有关单位和企业广泛听取编制团体标准的意见建议，了解和分析长寿之乡产业发展现状及发展趋势；收集和掌握有关法律、法规以及国家、行业、地方标准；收集和整理 2016 年以来开展长寿之乡名产品、名服务等品牌认定工作的相关资料。在此基础上，通过综合分析，构建起长寿之乡产品团体标准建设的基本框架，明确评价指标构成和赋值，形成团体标准征求意见稿。为提高团体标准的可行性和可操作性，在联盟内部和全社会广泛征求意见，并召开了专题研讨会，对标准文本进行了反复修改完善，最终形成送审稿。经团体标准评审会通过及公示后，形成报批稿，最后经联盟审查批准和颁布。较之其他标准，长寿之乡产品团体标准建设的前期工作比较扎实。其前身是长寿之乡名产品、名服务等品牌认定规范，历经 5 年认定实践，不断地修改完善。在此基础上形成的团体标准，体现出"先进性、科学性、市场适应性"，达到了理论性与实践性的结合、引领性与市场适应性的统一。

三、长寿之乡产品团标、商标的管理

（一）团标的管理

团标是一种品牌管理。品牌管理①通过中国长寿之乡品牌认定的名产品、名服务，可在宣传展示和推荐等活动时使用该品牌。各相关城市、基地和企业应自觉维护中国长寿之乡品牌的声誉，确保该品牌不失控、不流失，不得向他人转让、出让和馈赠。联盟将不定期组织有关人员对长寿之乡产品品牌使用情况进行抽查，发现违规违法使用该品牌的主体，取消其使用资格，并追究其侵权行为和违法行为。长寿之乡产品品牌的使用期为 3 年，满 3 年须重新认定。长寿之乡产品品牌使用期间，发生以下情况，将撤销或收回该品牌使用资格：发生违法违纪行为，对品牌信誉产生影响的；发生重大质量安全、生产安全、环境保护等事故的；到期申请未通过的；提出书面申请，停止使用该品牌的。

---

① 《中国长寿之乡品牌认定和管理：通用要求》丽水中国长寿之乡绿色产业发展联合会 2021 年 5 月 20 日发布。

（二）商标、标识管理[1][2]

中国长寿之乡养生（老）名优产品的标识是 2014 年 12 月 21 日经国家工商行政管理总局（现国家市场监督管理总局）商标局依法注册的"寿"字商标。中国老年学和老年医学学会是该商标的注册人，对该商标享有专用权。联盟经其授权，有偿使用该商标。

2017 年 10 月，长寿之乡联盟对"寿"字商标进行了拓注，成功注册了 31 类图形商标。

1. "寿"字标识式样

2. "寿"字标识创意阐述

图案以体现永恒、持久、庄重、高贵气派的印章为表现形式，用金石的坚固刚强品质表达了生命的顽强和志向的坚定，展现了中国长寿之乡深厚的文化底蕴。线条部分由"寿"字的草书体形成一只鸟，即延年益寿的仙鹤，同时也是"长寿"的"长"字的变形。腾飞的仙鹤、金石的品质，表达了健康长寿的寓意，这是全世界各民族的追求，也是小康社会的重要标志之一。清新充满活力的色彩，突出了中国长寿之乡的生态环境和人文精神，凸显出中国长寿之乡"健康、长寿、绿色、和谐"的文化内涵，彰显出中国长寿之乡的品牌形象，给人无尽的联想空间，同时也展现了中国长寿之乡科学评价活动持续发展的蓬勃生机。

中国长寿之乡养生名优产品"寿"字标识，是养生名优产品达到"中国长寿之乡养生名优产品认定办法"标准的证明性标识。联盟对达到中国长寿之乡养生名优产品认定标准的产品核发"寿"字标识，准予其使用该标识。

联盟负责中国长寿之乡养生名优产品"寿"字标识的管理工作。中国长寿之乡养生名优产品"寿"字标识以县为主体实施具体管理。产品所在县（市、区）负责本行政区域"寿"字标识的管理工作，包括授权申请报告、材料初审、材料上报、标识使用监管等。联盟主要负责组织认定、最终审核及制定管理制度、建立档案、对标识使用情况进行监督检查、宣传及维权等工作。

---

① 经国家工商行政管理总局注册的"寿"字商标的注册号为 12933797，注册公告日期为 2014 年 12 月 21 日。
② 中国长寿之乡绿色产业发展联盟秘书处关于印发《中国长寿之乡养生名优产品"寿"字标识使用管理办法（试行）》的通知，联盟秘〔2016〕5 号。

产品在获得中国长寿之乡养生名优产品"寿"字标识使用权后，可以在宣传中使用该标识。产品可以在其包装上张贴或印制该标识。

使用中国长寿之乡养生名优产品"寿"字标识应规范。在使用时，可以根据需要按比例放大或者缩小，但不得更改图形、文字及颜色。

中国长寿之乡养生名优产品"寿"字标识使用者有下列问题的，取消其"寿"字标识使用资格：违反《中国长寿之乡养生名优产品"寿"字标识使用管理办法》的；相关证照、证书未通过年检或被吊销（降级或摘牌）的；超过规定范围使用中国长寿之乡养生名优产品"寿"字标识的；转让、出售、转借、赠予他人使用长寿之乡养生名优产品"寿"字标识的。

企业（产品）使用中国长寿之乡养生名优产品"寿"字标识的有效期限为3年；3年期满须经重新申报，认定后方可继续使用。

第四章

长寿之乡养生名优产品、特色服务业示范城市和康养示范基地评定的价值*

长寿之乡绿色发展区域合作联盟从 2016 年开始组织认定"中国长寿之乡养生名优产品""中国长寿之乡特色服务业示范城市""中国长寿之乡康养示范基地",目前,已认定全国各长寿之乡 89 个（系列）养生名优产品、16 个特色服务业示范城市、19 个康养示范基地。

一、长寿之乡养生名优产品评定的背景、标准、方法和意义

（一）长寿之乡养生名优产品评定的背景

如果问不同的人最关注的问题是什么，根据所处的社会分工不同，答案会有一定差异；但是健康肯定是大家普遍关心关注的问题之一。健康还与人们持续关注的医疗、养老等问题密切相关。健康的基础保证应该是营养，营养的基础是食材，因而与健康食材相关的话题也越来越被人们关注和重视。

健康食材应该是怎么样的？有没有参照系和种类、品牌、产地、分布等产品市场画像，供人们选择和参考？我们很容易想到，那些寿星们、那些长寿之乡的居民们，他们的食材谱系是很具有说服力的现实案例，可以为其他人选择健康食材提供参考和指导。

考虑到长寿之乡食材种类众多、供给能力参差不齐、品质水平良莠不一等实际情况，有必要对长寿之乡的食材产品进行社会认可上的分类，为大众提供一个可信的选择产品名单。这是开展长寿之乡养生名优产品评定的现实需求。

一方面是社会大众对长寿之乡养生名优产品的一种渴望和需求；另一方面，是由于各种因素制约，一些长寿之乡及其养生产品尚未广泛为人所知。这中间缺少一座打通市场需求和产品供给两端，高效的、普遍认可和值得信赖的桥梁。人们在日常生活中，最容易接受市场的口碑。尽管如此，人们还是希望有一个第三方的、公正的、权威的机构为产品的品质进行背书。这种情形下，第三方的认定就成了人们选择新产品的一种信任方式。

联盟自成立以来，就紧扣打响中国长寿之乡品牌，服务各加盟长寿之乡和企业，树立中国长寿之乡品牌形象，扩大长寿之乡影响，推动长寿之乡绿色发展和长寿之乡养生名优产品走向世界的主旨。为有效服务各长寿之乡、加盟企业，培育产品品牌，促进产业转型

---

* 作者：柯乐芹，杭州职业技术学院教授。

升级，中国第一个地级市长寿之乡丽水在 2016 年首次将生态精品农博会与长寿之乡相结合，在农博会上增设中国长寿之乡养生名优产品展区。除了对产品的推荐和展示，联盟对长寿之乡所蕴含的生态环境、长寿文化、养生物产等资源禀赋，培育长寿之乡名产品、名企业、名产业，从产业优势、资源优势向发展优势转化的重要举措，也在会上进行了较好的展示。与会各方一致认为，"中国长寿之乡养生名优产品"认定是充分挖掘长寿之乡环境、物产、文化、旅游等资源，积极培育扩大长寿之乡影响，加快长寿之乡发展，走品牌发展之路，打通长寿之乡"绿水青山"和"金山银山"之间的通道，是迅速提升长寿之乡及其名优产品社会影响力的可行举措。

（二）长寿之乡养生名优产品评定的重要意义

1. 品牌认可的需要   品牌是产品价值的集中体现，是产品品质、信誉、社会信任等综合要素的综合呈现。"信任是品牌成功最重要的因素。"品牌的生命力，在于得到社会的信任和认可。没有社会信任和认可，任何品牌都会在商品的历史洪流中迅速消失。当前，许多长寿之乡养生名优产品处于"藏在深闺无人识"的状态。长寿之乡养生名优产品要更好地走向市场、得到社会的广泛认可，品牌创立和认可必不可少。"中国长寿之乡养生名优产品"品牌创立方面，依托"中国长寿之乡"的影响力，已有良好社会基础，但要得到持续的社会信任和认可，还需要引入可靠的品牌认可机制。当前第三方认证尚不成熟，考虑评定标准要求的掌握、专业力量调配以及社会认可度等因素，长寿之乡绿色发展区域合作联盟组织开展"中国长寿之乡养生名优产品"评定是最优方案，是立足新发展阶段、贯彻新发展理念推动"中国长寿之乡养生名优产品"品牌建设的有效途径。

2. 品牌发展壮大的需要   品牌就是质量，就是效益，就是生命力。"中国长寿之乡养生名优产品"要持续得到社会认可，需要不断提升品牌自身含金量。从产品生产过程来看，应该考虑增添产品特色、使其具有独特性并且难以复制，要保证产品的质量水平、建立良好的口碑，以及提高售后服务水平、产品文化体现等；从品牌维护的角度看，需要通过一种相对稳定的程序和方式，来验证品牌的含金量。比如：组织"中国长寿之乡养生名优产品"评定初评、复评，属于权威品牌认证，持续的复评一定程度上能验证产品品牌的可靠性，起到擦亮产品品牌特点的作用，是持续增强社会信任和认可的一种方式。这种认定将迅速赢得消费者对品牌的信任，起到引导消费的作用；同时，评定也将在一定程度上肯定"中国长寿之乡养生名优产品"相关企业的付出与努力，促进相关企业、产业稳定、健康发展。

（三）长寿之乡养生名优产品评定的标准

1. 制定标准的必要性   品牌评定作为品牌价值展示的一种方式，得到国际社会的广泛关注和认同。让评定或评价工作规范、有序和可信任，涉及品牌评价的标准化，或者说需要解决评定工作无据可依的问题。国务院 2014 年提出要推动形成具有中国特色的品牌价值的评价体制，2016、2017 年以及后续的各种政策文件都反复强调，要加强品牌评价的标准化工作。这个标准化工作既包括了国际的标准化，也包括了国内的标准化工作。品牌评价标准化工作将有力推动品牌发展。2021 年 5 月 20 日发布、同年 9 月 1 日实施的《中国长寿之乡养生名优产品认定规范：通用要求》《中国长寿之乡养生名优产品认定规范：初级农产品》《中国长寿之乡养生名优产品认定规范：加工食品》《中国长寿之乡养生名优产品认定规范：环境体验类产品》，是"中国长寿之乡养生名优产品"品牌的评定标准，通过对标准的实施和评价，可以比较客观地反映"中国长寿之乡养生名优产品"品牌的综合实力，能够引领"中国长寿之乡养生名优产品"品牌的投资和消费，更重要的是它能够指导"中国长寿之乡养生名优产品"品牌的健康和可持续发展。

2. 当前标准的特点与可行性　标准为品牌评价工作明确了方向，可以对品牌实施综合评价，能有效规范品牌评价；对品牌评价工作提供纲领性文件，纲举目张，以评促建，推动品牌评价标准化。"中国长寿之乡养生名优产品认定规范"是该领域首次发布实施的品牌评价标准。该系列规范确定了"中国长寿之乡养生名优产品"认定的基本原则、基本要求、认定程序和方法、品牌标识与管理的规范要求，以及长寿之乡最为常见的初级农产品、加工食品的申报主体资格、产品要求、加工场所、生产过程、产品流通和产品评价指标，包括产品的质量和可追溯性、营养、特色、过程控制、产品流通、管理体系以及各种荣誉，可以较好地反映对相关产品的地域特点、风格特色、质量层次、安全水平、市场认可、社会信誉等方面的综合评价。近几年的评价实践证明这个系列标准切实可行，可以较好地指导引领品牌评价实践。

3. 改进与完善　目前标准对"中国长寿之乡养生名优产品"的评价以及相关的指标设置，侧重于将品牌呈现给市场和消费者的角度，偏向从外在的要素和维度来进行；同时，具体执行现场评价的评审人员，对标准的立场、观点，都有各自的理解；在提升评审人员能力水平和统一的目光尺度方面，还需要不断改进和加强。针对上述情况，"中国长寿之乡养生名优产品"评价标准应在品牌评价上完善品牌内在建设、成长和管理的要素，推动品牌更加重视加强对质量、服务、创新的投入，要强化从品牌内在和外在两个维度和要素来进行评价。在评审专家队伍建设方面，要加强对人员相关知识、标准掌握、评审方法等方面的培训，确保评审人员队伍的能力、素质满足在原则、内容、程序上规范、公正评审的需求。最终要实现市场端和输出端认可、认同经过评价的品牌，让市场和消费者明明确确接收到品牌建设的成果。这样就能通过品牌评价把品牌被社会接受的情况反馈到企业，反馈到品牌建设的主体，推动品牌主体继续对品牌更进一步地进行投入，形成一个良好的螺旋式上升的过程。

（四）长寿之乡养生名优产品评定的主要方法

1. 评定程序的设定　中国长寿之乡有关品牌认定工作常态化进行。申报单位可根据《联盟关于开展 2018 年中国长寿之乡特色服务业示范城市、养生名优产品、康养示范基地等品牌认定活动的通知》（联盟〔2018〕2 号）文件有关申报程序准备材料，向联盟秘书处提出申请。

申报流程共有 5 个环节，分别是：①提交申报材料。由企业向联盟递交申请报告、《申报表》《评分表》，说明申报产品的相关情况，主要包括产地概况、生产者基本状况、生产流程、产品特色等，并提交相关证书、证明资料等；同时要附当地人民政府业务主管部门的推荐函或推荐意见。②初审。联盟收到申请后进行初审，确定参与认定产品名单。③认定。按照就近原则，组织有关认定员，对产品进行实地考察，进行现场评定，并完成评估认定报告。④公示。认定报告提交联盟审议，获批后在联盟的官方网站进行为期七天的公示。⑤发布。公示无异议的，联盟发文公布，并在联盟网站、微信公众号公布认定结果，对通过认定的产品颁发证书和给予授牌，并授权使用中国长寿之乡"寿"字标识，同时优先共享联盟在长三角区域范围内的相关推广资源。

2. 方式与方法 "中国长寿之乡养生名优产品"评定由联盟根据申请情况，组织成立评审组，一般采取就近原则开展评审。评审专家组一般考虑由农业标准化、农产品生产管理、食品加工、食品安全、旅游管理和认证认可等方面的专家组成。评审前，联盟组织专家组成员统一学习评审标准和评定要求，统一标准，宣布任务、时间要求及纪律规定。评审时，实行评审组长负责制，各评审专家按照分工独立完成评审，并由组长统筹确定总体评审结果。评审结束后，向联盟报送评审结果和评审报告。

3. 问题与思考 联盟从 2016 年起，组织开展长寿之乡名优产品评定，形成了一套相对成熟的认定机制和办法，建立了一支评审专家队伍，并在实践中不断改进和优化，积累了一定的实践工作经验。评审过程中也发现存在一些需要弥补和解决的不足和问题。例如，接受申报后初审时，要更加合理地进行初筛，尽量将精品、名品推荐给市场和消费者；评定的组织开展、具体操作的标准化和规范化等方面需要加强；评定后的"中国长寿之乡养生名优产品"品牌管理有待加强，应避免一阵风式的评定申报，等等。

二、长寿之乡特色服务业示范城市评定的背景、标准、方法和意义

（一）长寿之乡特色服务业示范城市评定的背景

1. 城市的定位与发展 如果要把一座城市建设好、发展好，找准城市的定位至关重要。没有准确的城市定位，可能会让一座城市在发展上迷失方向、失去特色、丧失竞争力。城市定位应该是根据城市基本条件、综合环境、需求趋势等情况，全面深入分析有关城市发展的重大影响因素，科学梳理城市地位的基本组成要素后，合理确定的城市发展的目标、特色和策略，并需要坚定持续的执行。城市定位确定是为了找出某个城市区别于其他城市的本质特色，抓住城市最基本的特征、定位优势和弱势，引领城市发展的目标、空间、特色和位置。城市定位是城市发展和竞争战略的核心，是城市营销和品牌创立的基础，是塑造良好城市品牌的核心要素。科学和鲜明的城市定位，可以正确指导政府、民间、商界等的各种活动，吸引外部资源和要素，最大限度地聚集资源，最优化地配置资源，最有效地转化资源，最有力地提升城市竞争力。对于地处长寿之乡的城市来说，自己的发展坐标，应该具有"长寿之乡"这个更加鲜明的独特亮点，这样才更容易找准城市发展的特色路径和清晰目标。

2. 长寿之乡城市应具有的服务特色 从城市吸引资源、壮大市场并提供优质服务的角度看，国家级长寿之乡招牌，具有足够的社会影响力和市场号召力，能招八方贤才、聚四方财富，为城市发展提供基础支持。要真正让一座城市广纳贤才、广聚财源，城市基础服务能力、服务水平和服务质量必须有效提升，得到市场和社会的一致认可。城市服务应该是面向社会公众提供的公共产品和服务，包括城市基础设施的建设和维护，涉及教育、科技、文化、体育、医疗卫生、社会保障等各个方面，其框架体系应由城市设施建设服

务、对企事业发展的综合服务、对居民生活的综合服务、城市科学文化普及教育服务、城市弱势群体服务及公共灾害抗御等几大方面构成。"中国长寿之乡特色服务业示范城市"正是顺应城市特色发展的普遍需求应运而生的。长寿之乡城市与其他城市相比，无可争辩地应该突出"长寿之乡"的亮点和特色，做足长寿相关的各种服务，突出"长寿之乡"的地域特点、环境特色、民俗文化、饮食风格、美食品荐以及在城市的管理意识、理念和管理质量等方面的服务。

3. 成型确定和传承延续 一个城市的繁荣取决于经济实力，也取决于城市特色，保存住城市的特色，才能留住城市的"魂"。长寿之乡特色服务业示范城市最大的特色，应该来自长寿之乡品牌的辐射。在此基础上，应该结合城市的历史、自然、人文等方面的综合因素，研究、提炼、确定长寿之乡城市的特色品牌和自己的品牌特色，并通过传媒、相关创建、有效营销等方式和活动，让城市品牌特色融入城市生活和城市文明，形成特色城市文化，让这种品牌特色随着城市的发展一代一代延续下去，不断发扬光大。

（二）长寿之乡特色服务业示范城市评定的重要意义

1. 城市发展竞争的需要 长寿之乡特色服务业示范城市的品牌定位一旦确定，除了城市管理者、建设者的自觉推动以外，还需要社会的普遍认可。而能够被较快接受的一种认可方式，就是第三方认可。这是城市健康发展的一种内在需求，也是相同层级城市之间竞争性发展的个性需要，将有力促进城市更加富有特色的可持续发展。联盟组织开展的"中国长寿之乡特色服务业示范城市评定"属于相对权威的第三方认可，认可评定机构在掌握长寿之乡特色服务业示范城市的内涵外延，以及评定的标准把握、评定组织方式、目光尺度的统一等方面，具有天然的优势，社会接受度较好。

2. 城市品位格局的需要 城市品位一般来说属于艺术美学的范畴，与城市的外观建设和文化内涵密切相关，通常地说是社会大众对一座城市软硬件方面的一种综合感受。有品位的城市才能聚集更加有效率、高层次的发展要素，才能吸引更好的人才和更多的资本。随着经济社会的发展，人们对高质量的城市品位要求越来越高，尤其对城市的软实力，包括城市的服务能力有了更高的期望，希望在这里生活或者在这里旅游、度假、出差出行期间，能够享受、感受到有价值、有品质的社会服务。综合各类人群的需求，人们对服务内容、类别的需要不一而同，可能包括生态环境、住宿、交通、购物、娱乐等方面，但是一定有对健康服务的需求，一定有对健康安全的饮食、品质可靠的养生服务的需求，比如食疗食养、传统康体技艺等。从这个角度看，对一座城市进行长寿之乡特色服务方面的评价和认定，是提高城市品位，提升群众幸福感、获得感、满意度的客观需要。

3. 城市文化传承的需要 2020年4月中央财经委员会第七次会议强调："我国城市化道路怎么走？这是个重大问题，关键是要把人民生命安全和身体健康作为城市发展的基础目标。""要更好地推进以人为核心的城镇化，使城市更健康、更安全、更宜居，成为人民群众高品质生活的空间。"在城市的发展进程中，不同的自然环境、社会环境，会生长、繁衍出不同的城市文化。比如，首都是政治文化中心，它的城市文化偏向于对规范和秩序的尊重；金融城市一般是经济中心，则偏向于开放性思维、便捷高效的交易、快节奏的运行等。从文化治理的角度来看，一座城市的发展延续，应该更加注重文化氛围、思维导向、公平正义、发展质量，更加注重将城市历史积淀以某种方式固定下来，形成固化特征。因此，对城市特色服务的评价和认定，是城市文化传承的一种发展需要。

（三）长寿之乡特色服务业示范城市评定的标准

1. 空白与可为 对不同的城市评价要求，有不同的评价标准，例如《城市综合管理服务评价办法》《全国健康城市评价指标体系》等。没有标准，所有的评价都将失去公平公正、广泛认可的坚实基础。具体到长寿之乡特色服务业示范城市评定，在"中国长寿之乡特色服务业示范城市、康养示范基地、乡情体验基地团体标准"发布前，相关的特色服务业示范城市评定、认定，缺少规范公开的标准。对此，联盟根据中国长寿之乡特色服务评定的实际需求，牵头组织制定相关的认定规范。2021 年 5 月 25 日，《中国长寿之乡特色服务业示范城市认定规范》《中国长寿之乡康养示范基地认定规范》《中国长寿之乡乡情体验基地认定规范》等团体标准正式发布，填补了国内该领域标准规范的空白。

2. 规范与可行 中国长寿之乡特色服务业示范城市、基地系列标准的制定和发布，统一了"中国长寿之乡"城市服务、基地建设等各子品牌的认定程序和操作规范，为"中国长寿之乡"相关子品牌的建设提供更加科学合理的标准依据，起到良好的引领、推动和指导作用。这些系列团体标准对该类城市拥有的特色养生食品、卫生城市建设、全民健身设施，以及完善的医疗、康复与健康保健服务体系、服务新业态等方面作出了规范要求，确定了相关的认定程序，设定了相关指标的一级指标、二级指标和三级指标，以及三级指标的具体指标值，具有较高的现实可行性和可操作性。

3. 高度与可信 该系列团体标准制定过程中，联盟组织行业内相关专家开展广泛的论证、调查和研究，站在"两个一百年"奋斗目标、全面建设小康社会、国家城镇化建设大潮、城市历史和健康发展的高度，着眼长寿之乡和城市发展的交汇点，提出相关特色服务业示范城市、基地建设方面的规范要求，对具体评定行为的指导作用较强，确保了评定认定结果的社会可信度和认可度较高。同时，标准的实施将有力推动长寿之乡和相关城市培育壮大健康产业、改善提升生态环境质量，加快健康社区建设，进一步推动长寿之乡康养经济崛起。

（四）长寿之乡特色服务业示范城市评定的主要方法

1. 关注现场和数据 在长寿之乡特色服务业示范城市及基地认定团体标准实施过程中，对组织认定、最终审核及管理制度、建立档案、标识使用监督及宣传等工作也在同步规范。具体评定上，有对文件资料的审查，更有对现场情况的审核。由于特色服务业示范城市的评定开展时间较短，经验积累不够，加上每个现场各有特色，要把现场评审组织好，对现场评审专家尤其是评审组长的工作经历经验、知识积累、标准理解、现场把控等方面有较高要求。具体评审中，对现场的各项数据把握尤其重要，主要考虑现场数据与指标值设定的数据要求是否相符。现实中可能存在的如何认定、定义范围、计算逻辑等方面的问题，需要通过评审准备会、总结会等形式进行统一，对此也应该建立一种沟通机制，确保每次评审遇到的、需要明确的问题在组织者内部能够得到有效沟通，并能够取得一致意见。

2. 关注软实力与硬条件 长寿之乡特色服务业示范城市或者示范基地的认定，涉及软硬件的各个方面。具体评审的组织和实施过程中，硬件条件是否符合标准要求，通过证书或者公开信息一目了然；医疗和体育设施等，也较易通过感观认定，相对比较容易进行评审；而软件方面的内容审定，比如预期寿命、人口数量、空气质量、水体指数、植被覆盖等，需要以监测数据间接指证、印证；服务体系、服务能力及特色服务等的认定，则要求现场评审专家对城市或示范基地的制度建设、执行落实、服务能力、文化产品、精神文明等方面的把握掌控和理解要相对到位。尤其该系列标准规范的角度是服务，涉及软实力方面的内容更加突出。因此，评审过程中，对软实力的审定需要给予更多的关注，确保评审认定的含金量。

3. 关注现实与前景　长寿之乡特色服务业示范城市、示范基地的评定，符合部分长寿之乡城市发展的现实需求，是助推产业健康发展和城市特色发展的重要方式，对城市成长、长寿之乡建设及经济社会发展也具有良好的助推作用，是满足人民群众美好生活、品质生活、健康生活需要的独特产品。在当前人口老龄化程度、人均期望寿命不断提高的社会背景下，具有推广的现实社会需求和实际意义。展望这项评定的发展前景，评估长寿之乡特色服务业示范市和示范基地评定工作的社会生存能力，我们认为有必要对如何抓好这相关工作提出几点建议：

一是要高度关注评定工作的含金量。要忠实于客观实际，各方面都要做得过硬，一定要防止评定陷于经济利益驱动或者流于形式，防止屈服于某些社会压力，丧失评定本身应该具有的权威性，要立起评定工作的良好社会口碑和品牌形象。

二是深度透析标准规范。尤其是标准导向的关注点与经济社会发展的契合度，避免标准规范脱离社会实际甚至背道而驰。要推动标准规范与时俱进，及时修订不符合实际需求的标准规范。

三是坚持客观透明公正公平。在评定工作的管理方面，要让评定的程序和标准要求晾晒在阳光下，评定工作、执行标准要做到公正公平，用公平公正赢得社会对这项工作的良好认可，提升评定工作的社会生存能力，避免昙花一现。

三、"康养示范基地"评定的背景、意义和基本状况

（一）背景

"康养"容易被理解为日常生活中所讲的"养老"，其实两者的内涵外延均有明显差别。"康养"不排斥"养老、疗养"的需求，但同时具有"健康、养生、养神"的理念，更加注重生命经纬的长度和丰度，也就是寿命和生命的质量，包括生物学上的生命时长和对精神境界的丰富感知。"康养"行为可以比较宽泛，比如可以是短时的修养、休息、疗养、康复，也可以是持续较长时间的健康生活、健康养生养老，以及精神上的放松、调节、修正、蓄能等。正是由于这种对生命的立体包含包容，"康养"逐渐被受压力包围、老龄化日趋明显的社会所接受并日益受到欢迎。为社会提供康养产品和服务的康养产业悄然兴起，各种"康养"基地也因此也应运而生，但其中不免参差不一、良莠不齐的个体，因此长寿之乡"康养示范基地"认定正好符合当下潮流需求。

(二) 意义

与特色服务业示范城市相比，长寿之乡康养示范基地定位更加清晰，对象更加具体。康养产业根据消费群体、市场需求、关联产业、资源差异和地形地貌的不同，又有不同的类型和形式。具体到每一个"康养"基地，哪些更加可信，哪些更具实力，一个基地是否值得信赖，显然都需要公平、公正、透明的评价。这种评价，正是联盟这类第三方认定机构可以提供的服务，也是开展这类认定评定的社会意义和前景所在。

(三) 基本状况

"中国长寿之乡康养示范基地"从 2016 年组织认定以来，各项工作开展顺利，其间发布了中国长寿之乡康养示范基地认定团体标准。截至 2021 年，已连续 6 年开展"中国长寿之乡康养示范基地"认定，共评审认定"中国长寿之乡康养示范基地"26 个。

附录：中国长寿之乡养生名优产品、特色服务业示范城市及康养示范基地名录（2016—2020 年）

一、2016—2020 年中国长寿之乡养生名优产品

(一) 2016 年中国长寿之乡养生名优产品（23 个）

1. 溧阳市天目湖玉莲珍稀茶果场天目湖白茶。
2. 溧阳市天目湖玉枝特种茶果园艺场天目湖白茶。
3. 威海市东旭西洋参有限公司"可保康"牌西洋参。
4. 威海市文登区双顶山西洋参加工厂"御龙旗"牌西洋参。
5. 威海市厚德大樱桃专业合作社"大水厚土"牌大樱桃。
6. 威海市文登区昆嵛人家农业科技有限公司"思甜果"牌红富士苹果。
7. 威海市文登区勾勾吉果品专业合作社"勾勾吉"牌鲜桃。
8. 赤水市月亮湖生态渔业有限公司生态鱼。
9. 福建三本农业高科技有限公司三本山茶油。
10. 丰城市乡意浓富硒生态科技有限公司"乡意浓"牌系列大米。
11. 江西省天玉油脂有限公司食用植物油。
12. 河南津思味农业食品发展有限公司树莓、树莓系列加工产品。
13. 生命果有机食品股份有限公司树莓系列产品。
14. 连州市高山公诚蔬果专业合作社连州水晶梨。
15. 连州市连正农业发展有限公司连州菜心。
16. 广西寿乡香有机农业开发有限公司"寿乡香"牌澳洲坚果。
17. 丽水市轩德皇菊开发有限公司"康玥"牌轩德皇菊。

18. 天和农业集团有限公司"斋仙圆"品牌系列产品。

19. 缙云县宏峰西红花专业合作社"懿圃"牌西红花、红花紫米。

20. 缙云县轩黄农业发展有限公司"轩黄"牌缙云黄茶。

21. 浙江回龙油茶开发有限公司山茶油。

22. 遂昌县羽峰食品厂白马玉笋。

23. 浙江景宁畲乡物流有限公司"畲森山"牌蔬菜。

（二）2017 年中国长寿之乡养生名优产品（16 个）

1. 江苏松岭头生态茶业有限公司松岭头白茶。

2. 溧阳市天目湖茶叶研究所"伍员山"牌天目湖白茶。

3. 浙江富来森食品有限公司"富来森"牌食用菌系列产品。

4. 丽水市鱼跃酿造食品有限公司"鱼跃"牌系列酿造产品。

5. 浙江丽水绿谷生态食品有限公司"绿谷丽水"牌铁皮石斛系列产品。

6. 浙江山茶润生物科技有限公司山茶油系列产品。

7. 龙泉市科远铁皮石斛专业合作社"唯珍堂"牌铁皮石斛。

8. 莱州市东岗果蔬专业合作社"大兰邱家"牌地瓜。

9. 莱州市琅琊岭小龙农产品农民专业合作社"琅琊岭"牌红富士苹果。

10. 山东皇尊庄园山楂酒有限公司"圣登堡"牌敞口山楂酒。

11. 广东代米生物科技有限公司"代米"牌杏鲍菇、金针菇。

12. 梅州长荣生物科技有限公司露香油茶籽油。

13. 广东十记果业有限公司十记金柚。

14. 连州市龙坪镇孔围蔬菜专业合作社"龙旺荣记"牌连州菜心。

15. 贵州奇垦农业开发有限公司赤水竹乡乌骨鸡。

16. 兴仁县富益茶业有限公司"菅龙茶"系列产品。

（三）2018 年的长寿之乡养生名优产品（12 个）

1. 江苏大敬茶业有限公司"周大敬"牌白茶。

2. 溧阳市天目湖龙鑫农业生态园"鑫"牌天目湖黑金白茶（饼）。

3. 溧阳市欣龙生态农业发展有限公司"南山韵龙"牌白茶。

4. 重庆凯扬农业开发有限公司"骄麻佬"牌调味品。

5. 安徽三义堂中药饮片有限公司"三义堂"牌系列产品（三七粉、九蒸九制黄精、燕窝、铁皮石斛、西洋参、赶黄草、百湿消）。

6. 山东百士通生物科技股份有限公司"玫伦美焕"牌玫瑰花冠茶。

7. 广东万斛源生态农业有限公司"家家发"牌系列茶叶（红茶、绿茶）。

8. 广东李金柚农业科技有限公司"木子"牌金柚。

9. 梅州市兴缘农业发展有限公司"兴缘"牌金柚。

10. 丰顺县龙丰农业综合开发有限公司"老茶丰亭"牌高山绿茶。

11. 连州市嘉农现代农业发展有限公司"自劳地"牌紫心番薯。

12. 广西马山南华糖业有限责任公司"金伦"牌红糖。

（四）2019 年的长寿之乡养生名优产品（13 个）

1. 溧阳市天目湖肉类制品有限公司"味禾滋"牌乌饭（方便食品）。

2. 广西君宝颜食品有限公司"猫千岁"牌银耳饮料产品。

3. 广东穗瑞农林发展有限公司"佰佳惠"牌油茶籽油。

4. 菏泽思达食品股份有限公司"思达良品"牌系列产品（果蔬菌藻类杂粮粉、果蔬菌藻类冲调粉、脆美洋姜、黑芝麻酱、黑豆腐竹、小磨香油、黑豆皮、西瓜酱、辣椒酱、面膜粉、御足灵、小麦胚芽、红酒、坚果组合）。

5. 澄迈恒怡农业发展有限公司"恒怡"牌鲜果（莲雾、凤梨）。

6. 湖南米米梦工场科技股份有限公司"米米梦工场"牌富硒米系列产品（麻阳硒米、麻阳大米）。

7. 龙泉市年年丰家庭农场"项永年"牌灵芝孢子粉。

8. 缙云县丽露农业开发有限公司"丽露"牌老姜汤系列产品。

9. 松阳县仙岩谷茶叶有限公司"仙岩谷"牌红茶、绿茶。

10. 松阳县君凯安农家庭农场"君可轩"牌香榧、"君若可"牌九制黄精。

11. 松阳县玉泉香榧专业合作社"玉泉仙人"牌有机茶。

12. 松阳县昌明香榧专业合作社"雅贞"牌香榧。

13. 松阳县旅游发展公司松阳大木山茶园。

（五）2020 年中国长寿之乡养生名优产品（14 个）

1. 溧阳市海斌粮食作物专业合作社"溧湖"牌大米。
2. 溧阳市天目湖保健品有限公司"天目湖"牌灵芝五味子胶囊。
3. 宁德石古兰农业开发有限公司"石古兰"牌产品（野放茶，白毫银针）。
4. 福建融盛食品有限公司"融盛"牌产品（曾氏辣、红米醋）。
5. 梅州市兴缘农业发展有限公司"Dr you"牌金柚。
6. 安徽德昌药业股份有限公司"薛阁塔"系列产品（赤豆、黑豆、黑芝麻、绿豆、菊花、蜂蜜、红曲、桑葚）。
7. 石阡县夷州贡茶有限责任公司"华贯"牌石阡苔茶、"苔紫茶"牌石阡苔茶。
8. 贵州省石阡和记绿色食品开发有限公司"和记佛顶山"牌产品（糟辣椒、泡椒、豆瓣酱、红酸汤）。
9. 贵州祥华生态茶业有限公司"阡纤美人红茶"牌石阡苔茶、"苔尊"牌石阡苔茶。
10. 浙江龙泉元俫农业有限公司"元俫"牌系列产品（红米、红糙米、黑糯米、黑糙米、丝苗米、薏米、白糯米、大豆、小黄姜、原味糙米浆粉、伍米浆粉）。
11. 龙泉市泉灵谷生物科技有限公司"泉灵谷"牌灵芝孢子粉。
12. 缙云县业盛家庭农场"农家湘"牌新盛爽面。
13. 丽水芝护康生物科技有限公司"芝护康"牌竹林灵芝孢子粉。
14. 浙江正德和食品有限公司"正德和"牌状元黑香肠。

二、2016—2020 年中国长寿之乡特色服务业示范城市

（一）2016 年中国长寿之乡特色服务业示范城市（5 个）

1. 中国长寿之乡健康养生服务示范城市（县）：浙江省丽水市缙云县、山东省威海市乳山市。
2. 中国长寿之乡旅游文化服务示范城市（县）：江苏省常州市溧阳市、浙江省丽水市遂昌县、安徽省六安市金寨县。

（二）2017 年中国长寿之乡特色服务业示范城市（4 个）

1. 中国长寿之乡旅游文化服务示范城市（县）：浙江省龙泉市、浙江省庆元县、山东省文登区。
2. 中国长寿之乡健康养生服务示范城市（县）：浙江省云和县。

（三）2018 年中国长寿之乡特色服务业示范城市（2 个）

1. 中国长寿之乡健康养生服务示范城市（县）：山东省文登区。
2. 中国长寿之乡敬老养老服务示范城市（县）：山东省莱州市。

（四）2019 年中国长寿之乡特色服务业示范城市（2 个）

1. 中国长寿之乡旅游文化服务示范城市（县）：江苏省启东市。
2. 中国长寿之乡健康养生服务示范城市（县）：浙江省松阳县。

（五）2020 年中国长寿之乡特色服务业示范城市（3 个）

1. 中国长寿之乡健康养生服务示范城市（县）：江西省铜鼓县。
2. 中国长寿之乡敬老养老服务示范城市（县）：江苏省启东市、浙江省云和县。

三、2016—2020 年中国长寿之乡康养示范基地

（一）2016 年中国长寿之乡康养示范基地（6 个）

1. 清远市连州爱地旅游发展有限公司连州地下河景区、湟川三峡—龙潭旅游度假区（公布于同年长寿之乡名优产品名录中）。
2. 浙江丽水东西岩旅游开发有限公司莲都区东西岩景区（公布于同年长寿之乡名优产品名录中）。
3. 庆元县旅游发展有限公司百山祖景区（公布于同年长寿之乡名优产品名录中）。
4. 缙云县仙都旅游文化产业有限公司仙都景区（公布于同年长寿之乡名优产品名录中）。
5. 遂昌汤溪生态温泉开发有限公司汤沐园温泉（公布于同年长寿之乡名优产品名录中）。

（二）2017 年中国长寿之乡康养示范基地（7 个）

1. 山东盛世桃源养老产业集团有限公司旅居享老度假区。

2. 江西省铜鼓县汤里森林温泉旅游度假区。

3. 重庆市江津区洛维·四面山水项目。

4. 贵州省赤水市恒信天鹅堡森林公园（又名恒信森林 21 ℃）。

5. 浙江省缙云县懿圃西红花养生园。

6. 贵州赤水湖山置业有限公司云中·湖岸森邻国际休闲养生度假区（天岛湖）（公布于同年长寿之乡名优产品名录中）。

7. 赤水华越房地产开发有限公司丹霞溪谷长寿养生度假区（公布于同年长寿之乡名优产品名录中）。

（三）2018 年中国长寿之乡康养示范基地（5 个）

1. 贵州省赤水市云中·湖岸森邻（天岛湖国际康养度假区）。

2. 贵州省赤水市丹霞溪谷长寿养生度假区。

3. 重庆市江津区云雾坪景区。

4. 山东省乳山市小汤温泉度假村。

5. 山东省乳山市长城文华花苑。

（四）2019 年中国长寿之乡康养示范基地（4 个）

1. 山东省威海市文登区瑞云祥康养中心。

2. 重庆市江津区云岭翠湖河南省夏邑县永震园林。

3. 浙江省松阳县浙南箬寮原始林。

4. 贵州省兴仁市草喜堂长寿康养园。

（五）2020 年中国长寿之乡康养示范基地（4 个）

1. 山东省青州市东篱居康养中心。

2. 贵州省石阡县古温泉。

3. 贵州省石阡县佛顶山温泉小镇。

4. 湖南省麻阳苗族自治县颐和康养中心。

第五章
发展长寿产业的重要意义与发展路径[*]

一、发展长寿经济与产业的重要意义

(一)是落实健康中国与积极应对人口老龄化战略的现实选择

随着我国决胜全面建成小康社会取得决定性成就,决战脱贫攻坚取得全面胜利,经济社会发展进一步加快,人民生活水平显著提高,医疗卫生条件不断改善,人口死亡率不断下降,人均预期寿命进一步提升,老年人口的绝对数量与比例都在逐年提高,满足长寿经济发展的需求和转变经济发展方式已经到了刻不容缓的地步。积极应对人口老龄化,不仅是老龄社会的必然要求,更是关系国家发展全局、关系亿万百姓福祉的重要战略部署。党和政府高度重视老龄事业,把人民健康放在优先发展的战略地位,以普及健康生活、优化健康服务、完善健康保障、建设健康环境、发展健康产业为重点,加快推进健康中国建设,努力全方位、全周期保障人民健康,为实现"两个一百年"奋斗目标、实现中华民族伟大复兴的中国梦打下坚实的健康基础。同时,更出台了一系列政策推动我国老龄产业和养老服务产业的发展,包括《关于推进养老服务发展的意见》《国务院关于加快发展养老服务业的若干意见》《国务院办公厅关于全面放开养老服务市场提升养老服务质量的若干意见》等,为促进相关产业的健康快速发展营造了良好的政策环境。长寿作为生命周期的动态过程与终期目标,不仅有基于生命健康的产业需求,更有基于提高生命、生活质量的医疗、康复和护理等产品与服务需求;发展长寿经济与产业,不仅是落实积极应对人口老龄化战略的重要内容,更是落实健康中国战略的现实选择。

(二)是扩大内需、增加经济新增长点的必然要求

世界经济正在从物质经济向服务经济全面转型,对于未来人类社会的经济结构和发展方式将产生重大影响。同时,人类社会正在从年轻社会向老龄社会转变,会产生新的重大需求。在中国转方式、调结构、促增长的经济升级过程中,大力推进服务经济发展已成为经济转型升级的战略抉择。长寿经济及其产业具有服务经济与产业的主要特征,包括健康产业和养老服务产业在内的其他产业都可以涵盖在其中,因此它具有巨大的消费市场和发展潜力,具有形成产业集群的突出特点和优势,能成为消费热点之一。发展长寿经济及其产业,特别是其中需求明显、发展较快,目前已成为主要产业板块的养老服务产业、健康

---

* 作者:王莉莉,李清和。

产业等,更在吸引社会力量投入、满足人民群众日益增长的健康与长寿需求方面发挥着重要作用,是老龄社会下增加经济新增长点的重要领域。通过扩大内需发展长寿经济产业,具有明显的广阔前景和巨大的市场需求。

(三)是满足人民群众高品质晚年生活的现实需要

随着我国人口老龄化程度的加深、老年人口规模的扩大,老年人群体内部的世代更替也在发生着巨大的变化。目前即将进入老年期的人大都出生于 20 世纪 60 年代,与 20 世纪 40、50 年代出生的人相比,这部分老年人教育程度与收入水平普遍较高,对生活品质有明显的追求,他们不仅仅有传统意义上的照护服务需求,更有着范围更大、层次更高的多元化服务需求,包括健康管理、文化娱乐、休闲旅游、教育培训、日常生活等,且消费需求与消费意愿都较之前的老年人有明显提升,内涵多元化的长寿经济产业结构正在逐步清晰起来。此外,第七次人口普查数据表明,我国的家庭户规模进一步缩小,已经由 2010 年的 3.10 人下降到 2020 年的 2.62 人,新时期传统家庭养老的模式正在发生巨大变化,依靠家庭来满足老年人日益增长的各类服务需求显然是不现实的。因此,目前市场上已经出现了各种各样的长寿服务产品与创新的服务模式。特别是在信息化、数字化和智能化快速发展的背景下,老年人的老龄服务产品与服务模式也正在发生着巨大变化,大力发展长寿经济服务产业不仅是老龄社会背景下的必然趋势,更是满足人民群众美好晚年生活需求的现实需要。

(四)是区域经济试点、推进全域发展的实现手段

"中国长寿之乡"正是长寿时代、长寿经济下特征最明显的实践之一。它是实现健康长寿美好愿望的一种载体和物化形式,是良好生态环境最具说服力的具体体现,是绿色生产和绿色生活的象征,是推动经济社会转型升级的重要力量,是地方发展特色产业经济的重要途径。截至 2021 年,全国共有 91 个区县被认定为中国长寿之乡,中国长寿之乡的认定是长寿经济发展的重要抓手。以"长寿之乡"品牌建设推动区域经济发展,既符合把"绿水青山"变成"金山银山"的理论依据,也符合我国经济转型升级、加快推进社会主义现代化背景下产业结构优化升级的需求。"中国长寿之乡"试点的成功率先在全国开启了推动生态文明建设站上一个新台阶的新篇章,真正打开了"绿水青山就是金山银山"的经济转化通道。

二、目前长寿产业发展中面临的主要问题

(一)观念认识上还不统一

关于什么是长寿经济或长寿产业,目前并没有统一的认识。一是对长寿经济与产业这个概念研究较少,目前围绕老龄产业、养老服务产业或者大健康产业的研究居多,长寿经济及其产业还没有引起广泛的关注与研究。二是相关政策文件鲜少有提到或涉及长寿经济与长寿产业的论述。这一概念仅仅是在部分长寿之乡的产业发展实践中应用较多,因此,不仅在观念认识上不统一,且接受度还不高。笔者尝试性地提出这一概念,主要是基于人

类逐渐进入长寿时代这一大背景，基于活得长且活得健康、活得有质量这一高层次的诉求，必然产生的各类需求所带来的产业机遇。对于这一产业机遇，可以定义为银发浪潮下的老龄产业、银发产业、养老产业，但若从动态发展的过程来讲，长寿不仅仅代表的是老年期这一固定阶段，更是大多数人在漫长的生命历程中的一种愿望与诉求。在各个生命阶段，人们都有对活得长、活得健康、活得有质量这些美好生活愿景的向往，基于此所产生的各类产品和服务的需求、所带来的产业机遇，用长寿时代下的长寿经济与产业来进行描述可能会更为准确。

（二）缺乏政策与顶层设计

长寿产业作为一个新兴产业和领域，目前没有直接相关的政策，与之相近的政策支持都分布在健康产业和老龄服务产业中。确切地说，长寿产业与其他各类产业的界限并不清晰，导致以"中国长寿之乡"为首的长寿产业在发展中与其他产业重合度较高，且政策多散落在各类产业政策中，如养老服务产业、健康产业等，可单独开展的产业项目较少。此外，由于没有单独支持长寿产业的政策，配套资金支持方面也只能依赖政府的单个项目，无法形成可持续发展的规模化产业链。政府筹资主导的项目多为试点项目，项目效率低，持续补贴情况多见，导致项目可复制性较差。

（三）产业内部结构不清晰

长寿产业的产业链条长、涉及产业内容多，截至目前也并没有明确的分类与划分。有学者认为长寿产业本质上仍然是老龄产业，只不过服务对象主要是80岁以上的老年人。也有学者认为可以把长寿产业看作为老龄产业的升级产业，涵盖的产业内容更广、服务的人群更多。甚至有学者仅仅将长寿产业视为一个"名片"，认为其内容依然是传统的一产、二产、三产中的相关产业。因此，对长寿产业的内部结构并没有明确的划分与界定，导致在实际发展中，往往无法进行项目或者政策对标，不能形成有效产业集聚与产业发展。

（四）产业发展规模局限

目前各地发展的长寿产业主要以"中国长寿之乡"为载体。自2007年首次认定以来，共有91个区县被认定为"中国长寿之乡"。以区县为行政单位发展长寿经济，势必受到各地区资源禀赋差异的影响，其优先发展产业和政策倾斜产业也有巨大差异。以中药种植业为特色的浙江省松阳县，其振兴之路与大力发展以长寿文化为内涵的多元化康养旅游的江苏省溧阳市大相径庭。无论是浙江省松阳县还是江苏省溧阳市，其发展模式和产业发展可行性仅在当地有效，产业可复制性较差，产业发展规模有限，不能以地级市为单位大规模发展[34]。

（五）产业发展格局较窄

目前市场上涉及长寿产业的内容多是对现有产业的改名，不是真正地从老年人使用和体验的角度出发提供的服务和产品。大多数长寿产业都是由大健康产业或者老龄服务产业发展而来的。年轻人适应力强，差异性小，老年人并不具备这样的特征。异质性强使得老年人对于产品和服务的需求差异大,创新能力低下导致换汤不换药的情况时有发生,不能彻底满足异质性强的需求。此外,市场的包容度较低也导致了产业发展空间狭隘,产业发展处于初级阶段时,需要更多的包容度,才能产生更多的细分行业和鼓励更多的创新。

三、长寿产业发展的路径建议

(一)以"长寿之乡"打造长寿产业品牌

全国 91 个"中国长寿之乡"多为自然生态良好、工业化程度低、高龄人口数量多的区县或村落。长寿现象是当地最大的特征。但长寿现象仅仅是百岁老人多的自然现象,将它转变为长寿红利才是使长寿现象价值增加的做法。产业是长寿之乡的核心,应将长寿文化结合当地特色转化成长寿文化产业,进而发展连片成为长寿产业。对于开发地方特色产业,我们已经有成熟的案例经验:通过积极保护特色长寿文化资源、整合优势配置、市场主导政企合作、加强品牌建设、于文化中嵌入工业服务业等方式,发展长寿产业品牌,形成区域经济发展模式,以点带面,加快长寿产业发展。

(二)推广长寿之乡标准化差异化发展

"中国长寿之乡"早在 2007 年就开始了第一批认定。回过头来总结被认定的区县的特点,不外乎是气候宜人、多为少数民族地区、沿江河分布等,除去与自然环境相关的因素,就是工业化程度较低、远离城市和工业区带来的影响。将此特征总结归纳,便可以分享给本不具备条件但能通过干预达到条件,从而发展长寿产业的区县。不同于特色小镇的商业化、人为性程度高,长寿之乡依赖自然因素的程度高,其经济增长模式是可持续发展的。推广长寿之乡的产业发展模式,不仅符合"两山"理论,更顺应国内大循环的新发展格局。

(三)成立长寿产业发展联盟

目前,在国家层面还没有建立健全长寿产业的相关体系,但现实中长寿产业已经处于待发展的阶段。可以先在部分长寿产业发展比较快的地方成立长寿产业发展联盟,为长寿产业的先期发展提供内部交流与保障。要使长寿产业联盟成为长寿产业发展的发言人,在政策建议、宣传舆论、产业模式、创新发展以及地方试点等方面发挥行业协会的积极作用,使长寿经济和产业的发展理念进一步在全社会普及,吸引更多的社会力量投入到长寿产业的发展中来。

(四)进行消费培育与市场引导

长寿时代正在不断发展,人们对于健康、长寿的需求会不断增强,而作为满足这一需求的长寿产业市场,则需要更多的社会关注和消费引导。在目前长寿产业还处于发展初期的状况下,对市场的培育和对消费的引导是必不可少的。一是在产品和服务的研发中,要增加对长寿需求的关注;二是在市场的开拓上,可以在已经发展得比较好的健康产业、养老服务产业等领域进一步延长产业链条,提升产业满足全年龄人群长寿诉求的能力;三是在市场营销方面,可以增加长寿视角,引导消费观念与意识。

实践篇

第一章

丽水市：推动长寿之乡发展的创新实践*

丽水地处浙江省西南部，古名处州。市域面积 1.73 万平方公里，是浙江省陆域面积最大的地级市，辖 9 个县（市、区），总人口 270 万。丽水素有"中国生态第一市"的美誉，是首批国家生态文明先行示范区、国家森林城市、中国长寿之乡、中国气候养生之乡、中国天然氧吧城市，是中国地级市中第一个民间艺术之乡，也是中国优秀旅游城市、国家全域旅游示范区、国际休闲养生城市、国家园林城市、全国文明城市，是所有县（市、区）都是革命老根据地的地级市，是习近平总书记"绿水青山就是金山银山"理念的重要萌发地和先行实践地。

一、丽水市长寿之乡品牌建设工作概况

撤地设市 20 年来，从"生态立市"到"高质量绿色发展"，丽水一脉相承又层层推进生态文明建设，努力打开"绿水青山就是金山银山"的转换通道。而"中国长寿之乡"不仅仅是良好生态环境最具说服力的具体体现，也是一张代表绿色生产和绿色生活的含金量很高的综合性社会名片，特别是在中国特色社会主义进入新时代、我国经济由高速增长转向高质量发展、人们对高品质生活的追求成为社会主流的今天，"中国长寿之乡"品牌有着别具一格的独特影响力和竞争力，其品牌内涵和丽水多年来坚定不移走的绿色发展之路极其吻合。2012 年 10 月，丽水市根据自身生态环境和人口实际状况，以及对长远发展的战略思考，向中国老年学学会递交了"申请授予中国长寿之乡称号的报告"，经一系列严格的认定程序后，中国老年学学会于 2013 年 5 月在北京召开新闻发布会，授予丽水市"中国长寿之乡"称号。丽水市是迄今为止全国唯一一个获认定的地级市"中国长寿之乡"。

自认定为"中国长寿之乡"以来，丽水市高度重视"中国长寿之乡"品牌成果利用，在坚决贯彻执行习近平总书记"绿水青山就是金山银山"理念和省委省政府关于丽水要成为"绿水青山就是金山银山"实践样板的要求，坚定不移地走"绿水青山就是金山银山"高质量绿色发展之路的过程中，始终将其作为重要平台和抓手。丽水的长寿之乡品牌成果利用工作大致有以下几个方面：

---

* 丽水市人民政府供稿。执笔人：朱雪飞，刘光烁。

（一）将"长寿之乡"作为区域定位的重要内容，融入经济社会发展战略

1. 努力打造"长寿之乡"区域品牌 2013 年 5 月获评"中国长寿之乡"后，市委市政府即把市域定位明确为"秀山丽水、养生福地、长寿之乡"。2017 年，市第四次党代会进一步将区域定位提升为"秀山丽水、诗画田园、养生福地、长寿之乡"。区域定位确定以来，丽水市全市上下，各行各业，通过各级各类媒体、各类网络、门户网站，重大政务、商务、社会活动，对内对外宣传，相应的影视、歌曲作品等文学创作，专题片以及各类平面、立体广告等，一起开展"秀山丽水、诗画田园、养生福地、长寿之乡"宣传，致力于共同打响该区域品牌。特别是央视新闻综合频道黄金时段连续多年每天播出的关于"秀山丽水、诗画田园、养生福地、长寿之乡"的宣传片，更是把该区域品牌影响力扩大到全国，让丽水"养生福地、长寿之乡"的形象深入人心。

2. 编制长寿之乡品牌推广利用规划 2016 年，丽水编制了《丽水市"中国长寿之乡""中国气候养生之乡"品牌推广利用规划（2016—2020）》，就如何加强长寿之乡、气候养生之乡品牌带动效应，促进丽水农、林、水等传统产业的转型升级，大力发展生态养生旅游等产业，努力培育健康养生、养老服务、文化休闲等产业，为丽水经济社会更快、更好发展开辟新的空间进行了系统性的规划。2019 年，丽水又邀请中国地理学会有关专家，开展了对丽水长寿之乡品牌建设的研究工作，撰写了《坚定走新时代健康长寿与绿色发展之路——浙江省丽水市"中国长寿之乡"品牌建设的研究总报告》。报告总结了丽水长寿之乡建设经验，指出了丽水长寿之乡品牌建设面临的挑战，给出了针对性的应对建议。此外，丽水还将"长寿之乡"品牌利用工作纳入市"十三五"规划、市第四次党代会报告、浙江省人民政府办公厅《关于印发浙江（丽水）绿色发展综合改革创新区总体方案的通知》、市委《关于打好五张牌、培育新引擎、建设大花园，全力创建浙江（丽水）绿色发展综合改革创新区的决定》等重要顶层设计中。

3. 重视挖掘和提升长寿之乡元素 为丰富长寿之乡元素，打造看得见的长寿之乡，丽水在市区街道建立了百岁老人墙；在高速公路丽水沿线以及市区出入口设立了中国长寿之乡标识；组织了最美百岁老人评比；编印出版了《百人万岁》百岁老人画册；在报纸、电视、网站开设百岁老人专栏，讲述百岁老人故事，宣传敬老爱老事迹，弘扬长寿文化；丽水还在全市开展了十大养生长寿村、十大长寿村的评定工作，积极参与省老年养生旅游示范基地评定，每年组织举办长寿养生村、长寿之乡有关品牌获认定单位能力提升培训等。

（二）市委市政府高度重视，形成全市上下参与长寿之乡品牌建设利用的工作格局

丽水历届市委市政府均非常重视长寿之乡品牌建设利用工作，市委主要领导亲自过问、经常关心，市政府主要领导亲自点题要求加强长寿之乡品牌建设利用工作，市政府分管领导经常听取并指导长寿之乡品牌建设利用工作；该市还多次通过专题汇报函、省人大代表建议案等形式向省委省政府及有关部门争取工作支持。长寿之乡建设工作先后 3 次获得省委书记袁家军批示，他曾指示丽水"要发挥你的带头作用，要推广丽水经验，充分挖

掘和提升我们的长寿元素，长寿文化，长寿品牌。这样给全省提样板，让全省来学习丽水，积极创建全域长寿之乡"。丽水市发改、农业、旅游、林业、卫生健康等相关部门也重视长寿之乡品牌，按照市委市政府"秀山丽水、诗画田园、养生福地、长寿之乡"定位，发挥长寿之乡优势，确定发展方向和重点，编制相应规划，配套相关政策，推动优势特色产业培育，如市发改委积极推进生态产品价值实现机制全国试点，并和经贸部门一起基于"秀山丽水、诗画田园、养生福地、长寿之乡"特色和优势，把大力发展中医药保健、健康养生、养老服务、运动休闲等大健康产业，作为今后丽水产业重点发展方向之一；市农业部门突出了以"丽水山耕"为代表的生态精品农业的培育，并通过和长寿之乡绿色发展区域合作联盟合作举办产品博览会，积极打响长寿之乡品牌；市旅游部门把"秀山丽水、诗画田园、养生福地、长寿之乡"的影响力推向了全国各地，全力打造全域性的生态养生旅游；市林业部门打响长寿之乡品牌，发挥该市森林资源优势，加强森林康养有关工作和产业培育；市卫健部门积极推动整合养生学和养生医学的发展，探讨中医医学、医养结合、老年医学的发展创新。丽水市和各县市区的养生促进会，也积极围绕"中国长寿之乡"品牌，推动我市"食养""药养""水养""体养""文养""气养"等休闲养生产业的培育和发展。该市各县市区也不同程度重视发挥长寿之乡优势，龙泉市突出推动兰巨乡为主的长寿康养基地建设、康养产业发展，积极打造兰巨乡仙仁村为仙仁德孝长寿文化第一村，编印《百岁人瑞》期刊；缙云县"五大工程"探寻长寿秘诀，弘扬长寿文化，把养生产业作为重点培育和发展方向。

（三）将老龄事业作为"长寿之乡"的发展基底，多维发力多元施策

1. 深入推进老年宜居环境建设 着力打造生态良好、公共设施完善便捷、居家环境适老、社会保障和福利健全、老年文体教事业充分发展、敬老爱老氛围浓厚的老年人宜居之城，大力推进小区加装电梯、适老化家庭改造、无障碍"四进"（无障碍设施，康复知识，康复训练，康复器具）等，特别是2020年，我市将既有住宅加装电梯纳入民生实事内容，推出开展加装电梯业务培训、出台管线移改优惠政策、公布加装电梯超市名录、建立全市加装电梯指数排名机制等系列举措，既有住宅加装电梯工作得到大力推进。截至2021年8月，全市既有住宅加装电梯工作已累计开工建设290个单元，老年宜居环境建设走在全国前列，成功创成全省第一个省老年友好城市，并在2019年全国老龄委全体会议上进行了有关经验的交流。为了进一步打造与"中国长寿之乡"相匹配的老年宜居之城，2021年年初，丽水市还出台了《关于推进老年宜居环境建设的实施意见》，全力推动深化该市老年宜居环境建设，据悉这是全国地级市政府层面出台的首个致力于推进老年宜居环境建设的规范性文件。

2. 努力建设适老养老健康服务体系 丽水市入选全国第四批居家和社区养老服务综合改革试点并通过验收。深入开展全省唯一两轮厅市养老专项合作，"十三五"期间争取上级专项补助及各类转移支付资金约5.5亿元，带动全市养老领域总投入超过11亿元。大力推进养老服务设施建设，各地公办示范性养老机构全面建成、引领发展，农村敬老院全面改造、转型升级，居家养老服务中心全域推进、已成规模。发布实施《关于推进全市社区嵌入式养老护理机构建设和运营的实施意见》，让养老机构像幼儿园一样，成为住宅

小区的标配；发布实施《关于推进养老服务体系建设的实施意见》，首次实现营利性、非营利性养老服务机构同等享受财政扶持政策；制定出台《丽水市养老人才培养实施办法》，在养老人才概念、专技职称评定、精英人才培养、医护职业通道等多个方面实现创新突破。创新推进养老服务机构公建民营改革，引进培育光大百龄帮、上海佰仁、浙江唯康等6家专业品牌机构和春满园、不老松等10多家居家服务组织，实现养老服务连锁化、规模化、品牌化发展。加快推进医疗卫生与养老服务融合发展，积极推进试点，在条件成熟的基层医疗机构院内推动开展医养结合工作，2021年各县（市、区）实现1家以上基层医疗机构院内开展医养结合工作，以华数新媒体数字化平台为载体，大力推进"互联网＋老年健康"服务新模式，为山区居家老年人提供医养结合服务。老年医疗健康服务能力稳步提高，2020年65岁以上老年人健康管理率达71.42％。

3. 建立老年人关爱帮扶体系 积极培育为老服务社会组织和志愿者团队建设，全市90％以上的乡镇开展"银龄互助"活动，涌现出一批如"老李帮忙团"等为老志愿服务社会组织和志愿者团队。积极开展"敬老文明号"创建，80岁以上老年人全部免费享受老年人意外伤害保险。实行高龄奖励政策，出台了较高标准的高龄老人补贴制度，并创新性地对达到90岁、100岁的高龄老人发放一次性奖励金。

（四）牵头发起建立寿乡联盟，因地制宜培育壮大有关长寿产业

为进一步建好用好长寿之乡品牌，在中国老年学和老年医学学会支持下，2016年4月，丽水市牵头江苏溧阳、山东文登、贵州赤水共同发起成立了长寿之乡绿色发展区域合作联盟。联盟秘书处设在丽水，积极整合全国中国长寿之乡的资源，共同打响长寿品牌，开启了丽水及全国各长寿之乡抱团建设利用长寿之乡品牌的新阶段。与此同时，丽水立足当地生态资源优势，依托寿乡联盟等平台，积极发挥长寿之乡品牌影响力和产业带动力，推进生态产品价值实现机制全国试点、康养600建设，将中医药保健、健康养生、养老服务、运动休闲等大健康产业作为今后丽水产业重点发展方向之一，编制规划、配套政策，培育优势特色产业。例如，突出以"丽水山耕"为代表的生态精品农业的培育，与长寿之乡绿色发展区域合作联盟合作举办产品博览会，不断丰富和提升生态精品农业内涵，走出一条"生产标准化、产品精品化、经营产业化、发展绿色化"的特色发展道路。2020年，全市农林牧渔业总产值达161.81亿元，增速位列全省第二，"丽水山耕"连续3年蝉联中国区域农业品牌影响力排行榜区域农业形象品牌类榜首，品牌溢价率30％以上；全力打造全域性的生态养生旅游业，积极促进农旅、文旅、体旅融合发展。目前，全市共创建省级旅游风情小镇9个，国家乡村旅游重点村4个以及省级白金宿、金宿、银宿三个等级旅游民宿共计93家，3A级以上景区镇61个，A级旅游景区村866个，省非遗经典旅游景区9个，市级非遗主题小镇和民俗文化村34个，市级非遗展示体验点53个。积极发展红色旅游，全市共谋划总投资11.2亿元，千万投资以上红色旅游项目21个，发挥该市生态资源优势，突出发展森林康养，打造康养600小镇，推出一批健康养生避暑特色旅游线路，打响"秀山丽水·诗画田园·养生福地·长寿之乡"的旅游品牌；培育大健康产业，将生物医药产业作为战略性新兴产业和生态工业千亿级产业来培育，出台《关于加快市区生物医药产业发展的实施意见》《关于加快推进中医药健康发展的实施意见》《丽水市生物

医药产业发展规划》(2019—2025 年) 等一系列文件，对生物医药企业实行积极的财政奖励等扶持政策，打造以中药（畲药）产业为基础，以化学原料药、化学制剂、制药装备为主导，以大健康产品、医药健康服务、医药与相关产业融合为延伸的产业新体系。丽水开发区积极打造 500 亿级的生物医药产业，全力支持众益、维康两大板块和骨干企业做大做强的同时，引进细胞生命科技产业园，与原能细胞科技集团共同创建原能（丽水）细胞库，着力打造全国生命科技和大健康产业协同创新先进试验区。

（五）建立丽水长寿之乡建设标准体系，开启丽水长寿之乡 2.0 版本建设

丽水根据市政府主要领导的指示要求，全面落实省委书记袁家军"生态质量保持全国领先、绿色发展全国领先、幸福宜居全国领先"指示精神，紧扣市委建设"两高"窗口和"发展阶段不可逾越、发展阶梯可以跨越"的总体要求，以把丽水建设成为"大花园最美核心区""幸福宜居之城""健康养生福地""健康养生产业新高地""中国最美的长寿之乡样板"为目标，推进丽水长寿之乡建设标准体系构建工作。标准体系将涵盖"秀山丽水"标准、高品质生活环境标准、健康促进标准、康养产业标准、敬老孝亲社会行为规范和创新性政策机制标准等 6 大类共 77 项具体标准，计划经 3 年时间编制完成，通过长寿之乡建设标准的制订和实施，打造丽水高质量的为老服务和产品供给体系，构建高质量的养老、孝老、敬老社会环境，全面提升丽水"长寿之乡"建设水平。

二、丽水市生态产品价值实现机制试点

"绿水青山就是金山银山，对丽水来说尤为如此"。这重要嘱托，从 2006 年以来，始终引领着丽水绿色发展的奋进脚步。2018 年，习近平总书记在深入推动长江经济带发展座谈会上充分肯定丽水的绿色发展工作：浙江丽水市多年来坚持走绿色发展道路，坚定不移保护绿水青山这个"金饭碗"，努力把绿水青山蕴含的生态产品价值转化为金山银山，生态环境质量、发展进程指数、农民收入增幅多年位居全省第一，实现了生态文明建设、脱贫攻坚、乡村振兴协同推进。

实现生态与发展互促共进，让百姓坐拥青山、更得金山，是丽水一贯的坚持，也是丽水从建设长寿之乡、申报长寿之乡到作为建立长寿之乡绿色发展区域合作联盟的主要倡议者，整合长寿之乡力量，利用长寿之乡品牌努力践行的道路和追求目标。而其中，转化"绿水青山"所蕴含的生态价值是关键。自 2019 年被确定为全国首个生态产品价值实现机制试点市以来，丽水市将试点工作作为推进生态文明建设的主要平台，深入探索绿水青山转化成金山银山的路径方法。

（一）建立生态产品价值核算评估应用体系，破解"绿水青山"不可量化问题

创新出台全国首个山区市生态产品价值核算技术办法，发布《生态产品价值核算指南》地方标准，开展市、县、乡（镇）、村四级 GEP 核算，为推动生态产品从"无价"到"有价"提供了科学依据，为浙江省相关标准制订提供了重要支撑。全面推进 GEP "进规划、进决策、进项目、进交易、进监测、进考核"的应用体系建设。建立 GDP 和 GEP 双

核算、双评估、双考核机制。

（二）构建生态产品市场交易体系，破解"绿水青山"可交易问题

一是创新培育"两山公司"，推动全域 174 个乡镇成立了"生态强村公司"。二是建立生态产品价值交易制度体系，研究制定丽水（森林）生态产品市场交易制度，建立一级、二级交易市场。三是搭建"两山银行"交易平台，推进华东林交所重组迁址，探索开展生态产品与环境权益的兑换交易。四是建立生态产品市场化定价机制，推行民宿"生态价"，探索土地资源的生态溢价价值评估。五是构建"两山金融"服务体系，创新推出与生态产品价值核算相挂钩的"生态贷""GEP 贷"等金融产品，实现 GEP 可质押、可变现、可融资。

（三）创新生态产品价值实现路径，破解"绿水青山"可转化问题

一是创新发展生态农业。以"丽水山耕"品牌培育和生态产品标准化建设为载体，实施最严格的化肥农药管控，提升生态农产品溢价价值。二是大力发展生态工业。在全省率先推行工业企业进退场"验地、验水"制度，创新"飞地互飞"机制，与上海、杭州、宁波等地合作探索生态产品价值异地转化。三是培育生态旅游康养产业。以"丽水山景"为主打品牌加快发展全域旅游，积极谋划"丽水山居图"，打造瓯江黄金旅游带。

（四）完善生态产品供给能力体系，破解"绿水青山"可持续问题

一是实施最顶格的生态标准。系统推进百山祖国家公园创建，发布"三线一单"生态环境分区管控方案。二是实施最严格的生态治理。系统开展山水林田湖草生态保护与修复，全面开展"大搬快聚富民安居"工程。三是实施最有效的生态监管。建设"花园云"生态环境智慧监管平台、"天眼守望"卫星遥感数字化服务平台，构建"空、天、地"一体化的生态产品空间信息数据资源库。

三、丽水市主导长寿品牌、产业发展

（一）丽水山耕

为打造丽水生态精品，丽水从 2013 年委托浙大卡特品牌研究中心编制规划、2014 年9 月首届丽水生态精品农博会发布品牌规划起，踏上了践行生态精品农业品牌的发展之路。通过编制规划、建立管理体系、开发视觉形象，高起点顶层设计品牌运营模式；通过强化行政推力、提升市场能力、激发主体动力，迅速形成产品集聚、树立品牌形象。2017年 6 月 27 日，"丽水山耕"成功注册为全国首个含有地级市名的集体商标，建立以"丽水山耕"区域公用品牌为引领的全产业链一体化公共服务体系，成为丽水践行"两山"理论的新模式、新途径。

截至目前，丽水生态农业协会会员总数 521 家，形成了菌、茶、果、蔬、药、畜牧、油茶、笋竹和渔业等 9 大主导产业。2016 年成功入选全国"互联网＋农业"百佳实践案例，荣获"2016 中国十大社会治理创新奖"，2017 年"丽水山耕"品牌价值达 26.59 亿

元,2018 年成为浙江省优秀农产品区域公用品牌最具影响力十强品牌,2018 年至 2020 年连续 3 年蝉联中国区域农业品牌影响力排行榜区域农业形象品牌类榜首。"云上 2020 年中国品牌日活动"中,"丽水山耕"是唯一进入浙江区博览会的农产品区域公用品牌。

1. 机制赋能,理顺管理逻辑 丽水市委市政府以"政府主导、协会管理、国资公司运营"作为运营机制,"政府主导"保证了政府对品牌背书的公信力与公益性,"协会管理"体现了行业协会的自律意识,"公司运营"实现了资源整合与市场主体的灵活性。丽水市生态农业协会与丽水市农投公司采取"两块牌子一套人马"的管理方式,农投公司执行集团化的运作模式,旗下涉及农业产业链的 14 个子公司,提供全面的会员服务,建立会员主体"能进能出"的动态调整机制。同时,实施"母子品牌"共赢战略,引导 19 个地理标志产品、"景宁 600"等 1 122 个合作基地、537 个母子品牌商标、千种生态产品,形成了含庆元香菇、庆元甜橘柚及青田稻鱼米等地标特色产品。

2. 标准赋能,确保产品品质 针对"丽水山耕"四大类食用产品、三类非食用类产品制订团体标准,形成以"A 标(通用标准和认证规程)+B 标(产品标准)"为主要内容的品牌标准体系,并经国家认监委复函批准实施"丽水山耕"农业品牌认证,成为全国首个开展认证工作的农业区域公用品牌。截至 2020 年年底,全省共 390 家企业获得"丽水山耕"品字标认证,发放证书 531 张,其中丽水地区获品字标认证企业 144 家、发放产品证书 185 张。

3. 信息赋能,传递品牌信任 搭建农产品统一供应链系统,整合建设会员管理服务平台,与"浙食链"共建,优化品牌农产品溯源平台,真正实现农产品"从田间到餐桌"的全程数字化管控,并以"基地直供、检测准入、全程追溯"为宗旨,对产品质量进行严格的检测把关,以"飞行检查"加监督抽检严控品牌准入,并搭建农产品溯源体系"四级九类"监管体系,努力编织农产品的安全监管网络,截至 2020 年年底共计完成产品检测样品 9 241 个、31 万项次。

4. 文创赋能,提升产品溢价力 自 2016 年起,连续 5 年组织了"丽水山耕"产品包装设计大赛,并通过与浙大、中国美院、丽水学院的合作挖掘丽水文化元素,形成形象视觉、产品故事素材库,全面提升会员主体的文创能力,着力打造"有品质、有颜值、有手感、有内涵、有惊喜"的"五有"生态精品产品,使农产品向"有市场竞争力、高价格、高收益"转变。2019 年、2020 年连续举办"丽水山耕奖"农业文创大赛暨国际农业文创高峰论坛,平均每场直播观看累计达 2 500 万,得到新华社、人民日报等数十家主流媒体的积极关注和重点报道。2020 年,深度挖掘协会会员和生态产品背后的生动故事,发布 56 篇"新农人"专访,分享农人智慧、传播农耕文化、发现丽水好物。联合中国网《直播中国》、腾讯新闻等大型平台,举办"向世界敬一杯丽水香茶"等系列主题活动,每次直播均以 1 000 万+的观看量,极大地提高了品牌知名度。在杭州、上海等地举办"山耕家宴""山耕集市"等各类推广活动 56 余场,形成常态化推广模式,品牌整体曝光度破亿。

5. 市场赋能,搭建营销渠道 以长三角地区为重点,借助"山海协作",迅速布局杭州、宁波、嘉兴等省内市场并向上海辐射;借助政采云"扶贫馆"和"消费扶贫"等政策,推动"丽水山耕"优质农产品进机关食堂;整合"丽水山耕"旗下农创精品主体,融合丽水市非遗、文创等文化内容，打造独具丽水印记的"丽水山耕"集市活动；开发"水美篮轻"小程序，做好生鲜配送服务，不断提升本地市场认可度；开展"进机关、进社区、进家庭"营销活动，拓展杭州门店和食堂直供渠道，每年开展 200 多场地推活动，目前"丽水山耕"产品已全面进入省政府、杭州政府等 32 家机关单位，杭州市场逐步稳固；结合"'融入长三角 服务大上海'丽水新农人来了"大型展览活动，借势"丽水香茶"号首发、衢宁铁路丽水境内 5 个丽水山耕城市驿站门店正式开业，丽水山耕品牌体系正式亮相上海生活圈。

6. 金融赋能，提升主体能力 探索通过金融手段，破解涉农企业融资难题。搭建农村产权交易平台，推动解决农村产权信息发布、交易鉴证、价值评估、资产收储等问题，累计完成农村产权交易 5155 宗，交易金额达 8.6 亿元。引导资本投资农业发展，完成 82 家主体在省股交中心"生态经济版"的挂牌交易。

（二）生态旅游业

近年来，丽水把生态旅游业作为打造"高水平建设和高质量发展重要窗口"的重要内容，作为国民经济发展的战略性支柱产业来培育，作为对外展示丽水靓丽形象的"金质名片"来打造，作为满足人民群众幸福美好生活需要的公共服务事业来建设，生态旅游业得到蓬勃发展。全市旅游产业增加值占 GDP 比重从 2015 年的 7.0% 提高到 2020 年 8.51%（其中 2019 年占比为 9.3%），从 2017 年起连续 4 年位列全省第一。除 2020 年，"十三五"期间全市旅游总收入每年均同比增长 16% 以上。

1. 以打造丽水旅游业发展升级版为目标，优化顶层设计 以最高规格召开全市旅游业发展大会，强调要把旅游业培育成为全市经济结构中的战略性支柱产业，提出要坚持全域型、内涵型、开放型、创新型、体验型"五型"发展，打造旅游业加快发展升级版。研究出台《丽水市人民政府关于推动生态旅游业高质量发展的若干意见》，明确今后 5 年丽水旅游发展的主要目标，提出要全力推进千亿大投资、全域大创建、景区大提升、度假区大建设、品牌大培育等"五大工程"建设，把旅游业打造成为人民群众满意的幸福产业。研究制订《丽水市全域旅游发展规划》《丽水市红色旅游发展专项规划》《丽水市农旅融合专项规划》，进一步优化顶层设计，完善旅游发展规划体系。

2. 以高等级景区创建为龙头，提升旅游核心竞争力 旅游景区是旅游业的核心要素，是旅游产品的重要形态，是旅游业高质量发展的基础。丽水牢牢抓住高等级景区创建这一提升旅游核心竞争力的"牛鼻子"，全力补齐国家 5A 级景区这一最大短板，全速推进缙云仙都景区创 5A 工作，仅用 1 年时间就全面完成 26 个重点项目建设，在 2020 年 1 月实现了我市 5A 级景区零的突破，填补了空白，成为丽水旅游业发展史上一个重要的里程碑。随着缙云仙都创建 5A 成功，浙江省 11 个市实现 5A 景区全覆盖。此外，云和梯田景区顺利通过国家级 5A 旅游景区景观质量评审，拿到 5A"入场券"；缙云河阳古民居景区、松阳双童山景区、松阴溪景区、庆元巾子峰景区成功创建国家 4A 级景区。目前，全市共有 A 级景区数量 69 个，其中 5A 级景区 1 个、4A 级旅游景区 23 个，高等级景区数量在全省位居第三。

3. 以创建国家全域旅游示范区为载体，构建全域旅游大格局 按照"全市域布局、全产业联动、全方位体验、全链条服务"思路,建立全域旅游创建工作领导小组,强化全市共创、协同推进机制,根据创建标准分 17 个专项组推进各项工作,建立健全全域旅游周报、通报、督查、考核等创建机制,大力发展全域旅游,实现了全域旅游环境更加优美、品牌更有特色、产品更加丰富、产业更加融合、服务更有品质、贡献更加惠民、统筹更加高效等七个层面的整体提升。目前,丽水共有莲都、景宁、缙云、遂昌、松阳、龙泉、青田等 7 个县创成省级全域旅游示范县,创建总量居全省第一,有望在 2021 年创成省级全域旅游示范市。2020 年 12 月 17 日,松阳成功入选第二批国家全域旅游示范区名单,成为丽水首个国家全域旅游示范县,也意味着丽水创建国家全域旅游示范市工作迈出了坚实一步。

4. 以重大文旅项目建设为抓手,完成"十三五"投资千亿目标 全市上下紧盯"文旅投资千亿"目标,按照"签约项目抓落地、落地项目抓开工、开工项目抓进度"工作要求,落实"一个项目、一套班子、一班人马、一抓到底"工作机制,有序推进莲都郎奇—白桥康养旅游小镇、青田东堡山华侨文化旅游项目、龙泉城市文化客厅、遂昌"天工之城"、松阳清露乡隐旅游度假区、景宁"那云·天空之城"等一批重大项目建设,圆满完成"十三五"期间"千亿"投资任务,为"十四五"文旅创新发展奠定坚实基础。其中,2020 年全市共实施文旅续建及新建项目 242 个,累计完成文旅项目投资 278.6 亿元,同比增长 13.8%,投资力度为近年来最大。

5. 以瓯江山水诗路为纽带,推动旅游融合发展 坚持"以文塑旅,以旅彰文"理念,充分挖掘以浙西南革命精神为代表的红色文化,以乡村春晚为代表的民俗文化,以青田石雕、龙泉青瓷烧制技艺、龙泉宝剑锻制技艺、松阳高腔为代表的非遗文化,提升景区文化内涵,培育了一批有特色的文化旅游景区,共创成浙江省非遗经典旅游景区 19 个,同时着力打造丽水摄影节、缙云公祭轩辕黄帝大典、世界青瓷大会等一批特色节庆品牌活动。龙泉、缙云、遂昌、松阳入选首批省文旅产业融合试验区名单。以农旅融合作为促进旅游业转型升级的重要推手,不断丰富农旅产业体系和产品体系,形成"以农促旅、以旅强农、产业互动、优势互补"的丽水乡村旅游发展新态势。重点编制了"丽水山景"乡村旅游特色业态标准,加快了与丽水山居、丽水山耕的融合发展、协同发展。目前,全市共创建省级旅游风情小镇 9 个、培育单位 17 个、国家乡村旅游重点村 4 个,省级白金宿、金宿、银宿三个等级旅游民宿共计 93 家。

6. 以精准市场营销为手段,展示丽水新形象 2019 年,市委市政府在上海组织举办了丽水(上海)推介周活动,通过举行旅游推介和"丽水山耕"农产品博览会等丰富多彩的活动,高质量融入长三角文旅大市场,打造了丽水向全世界展现形象的"会客厅",进一步扩大了美丽幸福新丽水的知名度、美誉度、关注度。2020 年疫情期间,创新旅游宣传手段,精心组织开展"云游丽水"系列宣传推广活动,其中"书记市长带你游丽水"微视频分别在学习强国平台、人民网、今日头条等 40 余个平台多轮多批次推出,合计阅读量达到 8 400 万人次。主动借力携程等线上平台开展旅游市场营销,成功入选携程旅游国庆私家团全国十大黑马目的地城市,为全省唯一上榜的地级市。精心推出休闲度假、乡愁体验、畲乡风情等十大主题精品线路,并在学习强国、抖音视频、小红书等平台开展立体式传播;积极开发独具特色的丽水山路探险特色主题产品,发布推出"丽水山路"十大自

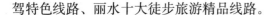

驾特色线路、丽水十大徒步旅游精品线路。

（三）丽水"康养600"小镇

丽水是"九山半水半分田"的地区，山地资源丰富。与长三角相关城市对比，海拔600米及以上区域，丽水占比达36.31%；1 000米及以上区域，丽水占比达60.21%；1 200米及以上区域，丽水占比高达65.71%。同时，森林覆盖率高，达81.70%，位居全省第一、全国第二，年负氧离子平均浓度2 919个每立方厘米，生态环境优势十分突出，具有良好的康养价值。丽水市立足优势资源，深入挖掘整合区域优势康养资源，加快生态产品价值转化，运用"八个一"全力推进"康养600"小镇建设，打造长三角康养大花园、康旅目的地。"八个一"的具体内容是：

1. 建立一个专班 市里成立"康养600"小镇专班，集中办公，制定了《丽水市"康养600"小镇发展规划》，明确了"康养600"小镇的发展方向。同时，要求各县（市、区）成立专班，市县联动，结合自身特色积极谋划项目，为"康养600"小镇建设推进奠定基础。

2. 梳理一批清单 抢抓"后疫情时代"这一时机，积极梳理各小镇建设项目清单，明确用地指标、投资金额、建设内容等，建立"康养600"小镇项目库。全市共梳理出"康养600"项目123个，其中龙泉兰巨氧吧长寿小镇、莲都灵康杏福小镇、云和梯田农耕小镇、缙云大洋清凉小镇投资超过计划，2021年上半年完成投资11.5亿元。

3. 出台一个办法 经多次讨论、多方征求意见，出台《丽水市"康养600"小镇推进工作考核办法》，突出对招商引资、项目实施等工作的考核力度，有效激励各县（市、区）工作开展。

4. 举行一场竞赛 组织实施各县（市、区）项目谋划大比武，充分调动各级干部的积极性和创造性，发挥各地优势，补齐发展短板，推动"康养600"小镇项目谋深谋实谋细。

5. 绘制一张地图 精心选取参与招商的小镇，绘制一张招商地图，分析康养产业的发展前景，展现康养小镇的发展规划，明确康养小镇的招商项目，助推精准招商。

6. 举办一次推介 积极对接上海等地区的投资需求，主动出击，举办招商推介发布会，将"康养600"小镇项目推向市场，推行市场化运作，吸引优质社会资本投资小镇项目建设。2021年上半年，丽水赴北上广深等重点区域举办"康养600"小镇项目招商推介活动，成功引进合同投资2 000万元以上项目20个、合同投资2亿元以上项目2个，吸引市外赴丽水康养消费旅客10万人次以上。

7. 开展一场交流 组织各县（市、区）进行交流座谈，在会上分享典型做法，交流推进工作存在的困难，互相学习借鉴、共同协作，将小镇建设推向集群化。

8. 进行一次表彰 每年对工作推进有力的单位与个人进行表彰，对工作积极、有成效的人员进行嘉奖并颁发荣誉，在干部提拔等方面优先考虑。用先进的榜样力量激励各个主体、各级干部不断创新、积极进取，不断推进"康养600"小镇发展建设。

第二章

溧阳市：智慧康养城市建设的实践与思考[*]

溧阳市在2011年7月获得中国老年学学会授予的"中国长寿之乡"称号。10年来，溧阳市在推动长寿之乡建设的过程中不断探寻符合自身特点的发展之路，在智慧康养城市建设方面取得了成绩和有借鉴意义的经验。

溧阳市是江苏省常州市下辖的一个县级市。地处长三角几何中心、苏浙皖三省交界。北靠南京，南邻湖州，东接无锡，西连宣城，是宁杭生态经济带的重要中间节点城市、长三角一体化建设"一岭六县（市）"沪苏皖合作示范城市、南京都市圈规划城市。市域面积1535平方公里，总人口近80万。现有国家级旅游度假区（天目湖旅游度假区）1个、省级高新技术开发区（江苏省中关村科技产业园）1个、省级经济开发区（江苏省溧阳经济开发区）1个、省级旅游度假区（江苏省曹山旅游度假区）1个，辖9个镇3个街道。2020年实现地区生产总值1057亿元，完成公共财政预算收入73.8亿元，城乡居民人均可支配收入4.51万元，综合经济实力名列全国百强县（市）第25位，中国县级市全面小康指数百强第19位。

一、溧阳智慧康养城市建设的实践

2016年7月，市委市政府出台"向健康经济创新""向智慧经济集聚"三年行动计划，提出加速健康产业集聚、加强高端医疗供给、促进医康养游融合、丰富长寿文化体验以及建设"智慧城市"的目标，同时成立领导小组，扎实推进相关工作部署。

2018年4月，在市级层面成立现代健康经济和新型智慧经济招商办公室，聚集高端康养和医疗器械、大数据中心等3个核心招引方向，高起点培育现代健康经济和新型智慧经济。

2019年7月，在第一轮三年行动计划到期后，先后出台《关于"发展四大经济 推动生态创新"三年行动计划的实施意见》《关于实施新一轮"天目湖英才榜"三年行动计划的意见》等一系列文件，从落实医保政策、鼓励社会投入、扶持高端康养、加强平台建设、促进成果转化等5个方面内容扶持智慧健康产业发展。"天目湖英才榜"文件主要从人才安居、人才子女教育保障、高层次人才引进等6个方面出台了28条扶持举措。

2020年9月，围绕医疗健康人才培育培养，专门出台《溧阳市高层次卫生人才引进、

* 溧阳市人民政府供稿。执笔人：蒋武雄，中国老龄协会老年人才信息中心项目部主任。

培养奖励办法》，为医疗健康人才集聚提供最有力的政策保障。通过持续不断的努力，溧阳市智慧康养城市建设取得了显著的成效，主要体现在：

（一）养老服务体系逐步健全

溧阳市是世界长寿之乡，也是人口老龄化程度较高的市县。截至 2020 年年底，全市有 60 周岁以上老年人 20.45 万人，占户籍总人口数的 25.9%，其中 80 周岁以上的老年人 2.9 万人，老年人口呈现高龄、空巢和失能比例高的特点。为了应对人口老龄化趋势，溧阳市着力构建居家社区机构相协调、医养康养相结合的养老服务体系。

1. "医养结合"模式不断扩展 溧阳市现有各类养老机构 19 家，其中公办养老机构 8 家、公办民营养老机构 3 家（市社会福利中心、上兴镇和别桥镇敬老院）、民办养老机构 8 家，养老床位共 3 354 张。全市共有护理院类型的机构 3 家（颐和康复中心、天颐峪养生养老中心、汤桥养老公寓），分别由医疗机构转型发展、社会力量兴办等形式构成。10 家乡镇敬老院和市福利中心通过标准化改造，全部内设医务室，并与当地卫生院签订了医养融合协议，建立了医养融合考核机制，全市护理型床位占比超过 70%。

2. 居家养老服务网络不断完善 溧阳市居家养老服务站实现了城乡全覆盖，其中标准化居家养老服务站城乡各建成 43 家和 108 家，覆盖率分别达到 80%、62%。为有效缓解"舌尖养老"难题、积极打造幸福养老助餐品牌，共建成"如意小食堂"25 家，老年人集中居住的老城区基本实现全覆盖，并延伸至乡镇，目前每天就餐的老年人超过 800名。2020 年新建了 1 400 平方米的市级老年人日间照料中心，开展政府购买居家养老服务，采取线上线下相结合的方式，为全市 80 周岁以上的高龄、失独、失能半失能、空巢独居和低保重残等老年人上门提供助餐、助浴、助洁以及生活照料、精神关爱、康复护理等服务。上门服务自开展以来，获得了老人们的一致好评。

3. 智慧养老局部试行 2019 年，溧阳市投入 300 余万元对原有的居家养老服务平台进行了智能化升级，为全市散居五保户，三无老人，80 周岁以上空巢、失能老人等对象安装智能化设备，惠及近 2 000 名老人。平台升级后，信息中心、社区和子女可随时通过终端平台与老人视频通话，查看老人在家状况，各种报警器也会在出现险情时立即预警，平台发现问题可第一时间处理。

（二）优质医疗资源加速导入

高水平医疗是康养产业发展的基础。一是积极推进"院府合作"。2016 年以来溧阳人民医院、溧阳中医院先后与江苏省两家顶级医院签订合作办医协议，成立江苏省人民医院溧阳分院和江苏省中医院溧阳分院，让老百姓在家门口享受优质医疗。2020 年，两家医院门急诊量合计达 115.9 万人次，较"院府合作"前增加 8.35 万人次，增幅达 7%；住院 5.53 万人次，较"院府合作"前增加 0.48 万人次，增幅达 9.6%。二是大力推进医联体建设。每家公立医院都与两家乡镇卫生院建立了紧密型合作关系，并出台医疗骨干挂职交流锻炼实施方案，从公立医院和乡镇卫生院择优确定业务骨干，分赴城乡医院进行为期两年的锻炼，帮扶基层提升医疗能力。目前已实现医联体区域内全覆盖。三是全面提升乡镇卫生院医疗水平。在与省两大医院合作的基础上，乡镇卫生院也积极寻求大医院的技术支撑。目前溧阳市马垫卫生院与南京口腔医院、开发区卫生院与省第二中医院、上兴卫生院与江苏省中西医结合医院、戴埠镇中心卫生院与南京市鼓楼医院、别桥镇卫生院与南京医科大学第二附属医院、昆仑卫生院与省第二中医院分别建立了合作关系，建成省级临床重点专科 1 个、市级 6 个，省级示范乡镇卫生院 8 家，省级乡镇卫生院特色科室 2 个、市级 4 个。省级优质医疗资源的导入为溧阳乡镇卫生院医疗水平提供了强大技术支撑。

（三）生态旅游康养异军突起

一是全域旅游全国示范。溧阳是全国优秀旅游城市和全域旅游示范市。全市拥有国家 A 级景区 5 家，包括天目湖旅游度假区、南山竹海、御水温泉等传统旅游景区，并加入了游客喜闻乐见的网红元素。疫情期间客流量恢复到以往同期的 69.73％，全市 23 家星级溧阳茶舍平均出租率达 74.77％，彰显了溧阳"起跑即为加速"的韧性，为全域旅游的全面起飞蓄能。二是田园康养创新发展。截至 2020 年，溧阳市建成 200 个美丽宜居乡村，其中包括牛马塘村、礼诗圩村、南渡庆丰村等 7 个江苏特色田园乡村，拥有江苏省星级乡村旅游区（点）19 家，数量为江苏省最多，乡村旅游"溧阳模式"正在全国推广。2019 年，全市旅游总收入 257.38 亿元，旅游接待总人数 2 103.14 万人次，增长 9％；旅游增加值 120.89 亿元，占 GDP 比重为 12％。

（四）新城载体建设全面启动

溧阳市委市政府着眼于建设全国知名的长三角休闲康旅目的地城市，结合了生态创新的公园城市打造、产城融合的城市功能提升、现代都市的城市经营等理念，大手笔规划了总面积约 50 平方公里的天目湖生命康原。该板块以山水康养为主线、以资本运作为手段、以医疗教育为支撑，集全市资源、举全市之力，把智能化、都市化、全球化作为引发城市活力的主要路径，着力将此板块打造成溧阳山水融城的示范点、健康经济的主平台、城市发展新中心。

天目湖生命康原主要由康养核心区、功能提升区、科教文创区、生态利用区、空间拓展区等五大区域构成。其中，占地 10 平方公里的康养核心区由深圳城市规划设计院参照国际一流标准规划设计，目标为建设成集生态颐养、度假休闲于一体的全产业链健康养生示范基地，打造全球领先、具有本土特色的康养休闲城。

（五）重大支撑项目接连落地

一是国家健康医疗大数据应用示范中心与产业园。于 2020 年 6 月签约国家健康医疗大数据应用示范中心与产业园建设溧阳试点市项目，依托天目湖生命康原为主平台，重点规划建设国家健康医疗大数据溧阳运营中心、国家健康医疗开放大学（天目湖校区）与智慧健康科学城。二是天目湖中国再生医学健康管理中心。于 2020 年 9 月正式签约，总投资 30 亿元，用地 650 亩（建设用地 300 亩），拟规划建设再生医学中心、康养中心和高端品牌度假酒店，结合区域内山体、茶田、水系等景观，融合天目湖文化旅游资源，打造高端康养及休闲旅游基地。三是中德富尔达康颐社区。于 2019 年 4 月奠基，是德国富尔达大区与溧阳市缔结友好城市以来第一个落地合作项目，一期总投资 7.32 亿元，用地

72.45 亩，目标为打造一个集照料、护理、康复、医疗、娱乐为一体的综合性养老社区。四是融创环球曹山未来城。于 2019 年 10 月奠基，是由融创中国携手成都环球会展合作开发的溧阳市单体投资规模最大的文旅项目。总投资 280 亿元，用地约 5 000 亩，建设内容包括国际会议中心、洲际英迪格度假酒店、皇冠假日酒店、艺术中心、温泉酒店等多种功能形态和旅游业态。五是九洲城市综合体。于 2020 年 6 月签约，用地 146 亩（其中居住 94 亩、商业综合体 52 亩），拟打造一个覆盖居住、康养、商业等全功能的城市综合体。建设内容包括城市中央文化广场、城市商业综合广场、城市特色风味街、生态品质健康住宅、美好晚年颐养居住区，规划设计方案已基本完善，于 2021 年正式启动建设。六是涵田国际康养中心。由南京亚东集团成立的溧阳涵田文化旅游发展有限公司投资兴建，总投资 11 亿元，规划用地面积 760 亩，集养生套房、和乐园商业街、康养酒店为一体，于 2018 年 3 月开工建设，预计 2022 年年底建成。

（六）长远发展规划前景喜人

1. 重点突出智慧康养主题　在编制《溧阳市"十四五"规划》时，凸显溧阳"中国长寿之乡"品牌优势，明确 2024 年为"康养融合巩固跃升年"，以争创国家智慧康养示范基地为目标，集全市之力打造健康产业。启动《溧阳市"十四五"养老服务发展规划》《溧阳市"十四五"全城旅游发展规划》《溧阳市"十四五"乡村旅游发展规划》等专项规划编制工作。2021 年在继续落实《"四大经济"三年行动计划》的同时，启动新一轮三年行动计划编制，按照"十四五"规划确定的目标方向，制定配套的政策来引导扶持康养产业发展。

2. 着力推进重大项目建设　全力建设生命康原。天目湖生命康原是承载溧阳健康经济的主平台，下一步将高标准建设省中医院溧阳分院，全面启动山水中心、美音剧院、白龙池公园、美好生活中心等重点工程，高起点培育生命科学、休闲健康产业特色。新建晶东养老服务中心、金之福综合养老服务中心等项目，不断提高养老服务水平。加快涵田国际康养中心、中德富尔达康颐社区等高端康养项目建设，加快形成一批高端康养服务供给。持续引进万豪瑞吉、希尔顿、皇冠假日等一批国际知名酒店，为溧阳高端度假夯实基础。

3. 加快构建健康数据平台　2016 年国家卫计委（现国家卫健委）选择信息化基础较好的省份试点建设健康医疗大数据中心及产业园，南京和常州被选为江苏省试点城市，2020 年，溧阳市与中国卫生信息与健康医疗大数据学会达成共识，国家健康医疗大数据应用示范中心与产业园建设溧阳试点市项目正式签约。下一步，溧阳将依托建设试点，引入数据技术支撑资源，形成全方位的健康服务体系；积极引进以国家名医联合委员会为支撑的互联网远程服务优质医疗资源，共同推动健康医疗大数据融合共享、开放应用。

4. 创新建设康养示范小镇　溧阳目前共有 5 个省级特色小镇创建单位，分别是别桥无人机特色小镇、中关村锂享小镇、竹篑绿色铸造小镇、天目湖白茶小镇、南山竹海旅游风情小镇。"十四五"期间溧阳将把特色小镇建设作为镇区产业发展的主要载体平台，其中康养小镇将会是"现代健康"的突破口和主方向。为此，溧阳将积极鼓励支持产业基础较好的天目湖南山竹海片区提档升级，加快推进现代健康、高端休闲等主导产业，探索健康与休闲有机融合的康养示范小镇。加快推进瓦屋山、曹山片区基础设施建设，形成生态、养老、旅游融合发展的康养示范小镇。

二、溧阳智慧康养城市建设的思考

溧阳从先行先试的生动实践中，深切感受到智慧康养城市建设无论是对当前实施乡村振兴战略、大力发展内循环经济，还是加快社会主义现代化建设步伐，都具有十分重要的现实意义和深远的政治意义。因而，我们更需要从新发展阶段角度思考如何规范和推进智慧康养城市建设工作，使之成为新一轮提升经济社会发展水平的重要抓手。

（一）全面系统规划是智慧康养城市建设的必要前提

智慧康养城市是因应国家实施健康中国战略而产生的城市建设新概念。这一概念一经推出，就得到了广大城市建设领导者的积极响应，并迅速付诸行动，溧阳是其中的代表之一。从实践的成果看，已涌现出不少特色案例，并得到一些民间智库的认可。如 2019 年 12 月北京标准排名城市研究院发布了 2019 年中国康养城市排行榜 50 强，2020 年 10 月中山大学项目团队发布 2019 年度"全国康养 60 强县"。纵观这些上榜城市，其重要特点就是较早地把康养城市建设作为长远发展目标纳入经济社会发展规划，并对生态环境、民生幸福、医疗水平、产业融合、康养政策等指标作出了全面部署。溧阳市不仅在"十三五"规划中着力打造"长寿之乡"品牌，而且进一步上升为"新型智慧经济""现代健康经济"两个行动，因而在智慧健康城市建设方面取得了令人瞩目的成就。未来，应总结这些先行城市的规划经验，从全国层面研究制定智慧康养城市建设的科学指标体系和具体建设标准，从而为全面推进智慧康养城市建设工作提供依据。

（二）优良生态环境是智慧康养城市建设的基础条件

智慧康养的落脚点是康养，康养的基础是生态宜居。优良的生态环境是一个城市的自然禀赋和独特资源，也是智慧康养城市建设的基础条件，只有具备了绿水青山、蓝天白云的清新环境，以及可以深呼吸的洁净空间、出自纯自然的绿色食品等养生要素，建设康养城市方有可能。溧阳这几年牢固坚持"生态为本"，坚定践行"两山"理论，把生态建设作为发展的"生命线"，着力建设长三角生态创新示范城市，持之以恒地改善生态环境，荣获"中国天然氧吧"国字号荣誉，获批国家生态文明建设示范市、全国"绿水青山就是金山银山"实践创新基地。2021 年开始又在积极争创国家公园城市。这一系列的生态建设成就，打响了"来溧阳就是一种生活享受"的康养品牌，也为溧阳建设康养城市奠定了坚实基础。

（三）丰富产品供给是智慧康养城市建设的关键任务

所谓康养城市，是指以"健康"为城市开发的出发点和归宿点，以健康产业为核心，将健康、养生、养老、休闲、旅游等多元化功能融为一体，宜居宜养的特色城市，其关键任务是要为市民提供丰富多彩、切合需求的康养产品。从本质上说，建设智慧康养城市是供给侧改革的题中之义，也是未来以内循环为主的经济发展模式的重要领域。如果把智慧康养城市建设看作是满足市民总体健康需求的大产品，那么满足市民具体健康需求的若干细分产品，则构成了智慧康养城市建设的具体目标任务。所以，智慧康养城市建设成功与否，关键在于细分产品供给的充足度。溧阳有几个方面已走在全国前列：一是智慧康养旅游，在全域旅游的基础上，突出康养概念，建设了一批康养项目，成为既可游又可养的健康旅游目的地。二是智慧康养医疗，推进府院合作，省人民医院、省中医院分别与溧阳市政府合作建设溧阳分院，其他一些新型医疗信息项目也不断落地，让溧阳市民在家门口就可以享受优质医疗资源的服务。三是智慧康养食品，借助天目湖品牌影响力，开发天目湖系列绿色食品，形成线上线下规模化便利化供应格局。四是智慧康养社区，高标准建设天目湖生命康原新城，配套相关项目，打造全龄养老概念。正因为有这些智慧康养产品供给，使得溧阳智慧康养城市建设可以成为全国标杆。

（四）加强智能应用是智慧康养城市建设的重要举措

当前，智慧康养城市建设普遍存在智能化开发应用水平不高的问题，主要体现在两个方面：一是智能化适老产品开发落后于康养实际需求，二是智能化服务还没有得到充分布局。对这两方面的短板，亟须采取措施予以补齐。智慧养老是未来康养的发展方向，一方面是产业竞争所决定，另一方面是解决人力资源短缺所必须。因此，有关方面要在开发智能化适老产品上组织力量攻关，在智能化服务上加大力度推广。

（五）创新体制机制是智慧康养城市建设的有效途径

一是深化"放管服"改革，消除体制机制障碍。加快建设法制化、便利化的服务环境和营商环境，创造条件吸引社会资本加大智慧康养产业投入。二是转换发展模式，加强社会统筹力度。在技术上，发展"机构＋居家"互联网康养模式，运用信息化手段实行智能照料；在管理上，发展"社区＋居家"嵌入式康养，利用社区组织实行统一管理。三是制定优惠政策，降低运营负担。对发展智慧康养产业给予税收优惠和要素供给优惠。

第三章

文登区：以弘扬传统优势建设
长寿之乡品牌*

文登区于 2009 年 12 月获得"中国长寿之乡"称号。12 年来，文登区人民政府加强生态环境建设，弘扬文化传统特色，以康养宜居为抓手不断推动长寿之乡品牌建设。

威海市文登区位于胶东半岛东部，处在北纬 37°黄金纬度线，南临黄海，西依昆嵛山，是最适宜人类居住的滨海城市。这里历史悠久、文化底蕴深厚，孕育了极具地方特色的优秀传统文化，自隋唐以来，这里先后出了 100 多名进士，成为闻名全国的进士之乡，素来享有"文登学"的美誉。文登拥有聚福祥瑞的 4 座名山："海上仙山之祖"昆嵛山、"道教全真派发祥地"圣经山、"胶东革命摇篮"天福山、"李龙故里"回龙山，山山有灵气，处处有福气，处处有文化，孕育形成了以士学文化、道教文化、李龙文化、红色文化为特色的地域文化。文登拥有山东省 17 处温泉中的 5 处高品质的温泉，是闻名全国的康养胜地，被誉为"温泉之都"。温泉中含有氯、氟、硫酸盐等阴离子，铁、钙、镁等阳离子和微量元素，具有促进新陈代谢、调节内分泌系统、提高免疫力等功效。近年来，随着居民生活水平的不断提升，康养意识显著增强，全区 80 岁以上老人，特别是百岁以上高龄老人数量占全区总人口的比重超过全国平均水平，先后被评为"中国最美养生栖居地""中国优秀旅游城市""中国长寿之乡"和"最具投资价值宜居养生城市"。

一、悠久的历史传统培育健康文化

文登因秦始皇东巡至此"召文人登山"而得名，自古享有"文登学"的美誉。公元568 年置县，1988 年撤县设市，2014 年撤市设区，拥有 1 400 多年的置县史，是一座历史传统文化厚重的千年古县、历史文化名城。

（一）康养文化源远流长

被誉为"道教全真派发祥地"的圣经山，山顶巨石耸立，俗称"月牙石"，石上篆刻《老子道德经》，系王重阳弟子马丹阳等人所刻，教化四方，淳朴民风。千百年来，道教文化的养生精髓，陶冶着文登万千百姓，孕育了广为流传的福寿安康、益寿延年的长寿理念，成为文登倡导养生文化的重要因素。

＊ 威海市文登区人民政府供稿。执笔人：于新水，山东省威海市文登区老龄事务服务中心主任。

（二）仁孝文化千古传承

文登历来厚德崇礼、重情尚义，仁孝敬老文化延绵不绝。春秋时期，孔子高徒申枨来到文登聚众讲学，传授儒家学说。东汉时期，经学大师郑玄（字康成）来文登开办"康成讲堂"（长学山书院），门下弟子三千，形成风靡一时的"郑氏学派"和"东鲁学风"，将儒家学说的种子撒遍昆嵛大地。在儒家学说核心思想"仁"的影响和熏陶下，仁孝理念根植于文登百姓的道德观念，尊老孝亲、扶贫济困、乐善好施、助人为乐，成为文登人重要的价值取向和道德追求，"仁孝文登"至今仍然是全区努力打造的城市名片。

（三）李龙文化深入人心

文登回龙山因秃尾巴李龙王的传说而闻名。传说李龙王非常孝顺，每年阴历六月初八生日这天，都要回乡祭母，方圆百余里的百姓、渔民和船工纷纷蒸上大饽饽，上供祝寿，祈求李龙王保佑风调雨顺、平安吉祥。2008 年，"李龙传说"被列入国家级非物质文化遗产名录。每年阴历三月初二龙母生日时，文登都要举办盛大的回龙山会，经久不衰，延续至今。

二、优质的生态环境打造宜居城市

文登区地处神奇的北纬 37°黄金纬度线，有山有海有泉，资源丰富，风光秀美，拥有被誉为胶东屋脊、"海上仙山之祖"的国家级森林公园昆嵛山和省级森林公园天福山。一直以来，文登区委、区政府依托"碧海蓝天"，努力将"绿水青山"转变为"金山银山"，成为全国闻名的"最宜居城市"，叫响"文德天下·登峰如画"的城市品牌。

（一）实施蓝天行动，提升空气质量

文登严格落实"压煤""治气"等措施，大力推广使用天然气等清洁燃料，城区住房实行集中供热，实现对黄标车、传统燃煤锅炉全部淘汰处置，城市公交全部使用新能源汽车，空气质量优良率常年保持在 90% 左右，是北方地区为数不多的少雾霾、无雾霾的城市。

（二）实施青山行动，构筑绿色屏障

持续开展封山育林、退耕还林、荒山绿化、城市绿地等绿化工程，建设绿色通道，关停取缔了全部露天采石场，加快实施矿山治理行动，每年植树 600 万棵以上，森林覆盖率年均提高 2 个百分点，昆嵛山被列入国家级自然保护区和生态旅游示范区，基本打造形成遍布城乡的生态绿色走廊。

（三）实施净土行动，建设美丽城乡

聚力推进城乡环境综合整治、老旧小区拆迁、棚户区改造、美丽乡村建设等工作，推行农村垃圾户保洁、村收集、镇转运、区处理模式，实现城乡环卫一体化管理，彻底解决了农村环境"三大堆"问题，在全省环境卫生群众满意度电话抽查中位居前列。全区所有乡镇均被评为国家级生态镇，先后建成了 31 个绿色社区、576 个生态文明村，成为国家环保模范城市、国家园林城市、国家生态城市。

三、丰富的康养产业促进品牌发展

始终坚持以"中国长寿之乡""中国西洋参之都"等特色品牌为依托，聚焦生态、农业、旅游、养生、医疗等优势资源，构建大健康全产业链条，打造胶东康养胜地。

（一）发展健康旅游产业

充分发挥北纬 37°黄金纬度线得天独厚的资源优势，借助丰富的温泉康养资源，大力发展以温泉疗养、滨海度假、观光采摘、文化影视为主线的健康旅游产业，重点培育了天沐温泉、汤泊温泉 2 个国家 AAAA 级旅游度假风景区，辐射带动全区旅游收入年均增长 20%以上，逐步发展成为区域经济发展新的支柱产业，推动文登被评为中国优秀旅游城市和中国老年人宜居（宜游）城市。

（二）开发健康养生产品

自古以来，文登农业资源特色突出，苹果、大花生、海参、对虾等农副产品种类丰富、远近闻名，全区种植业"三品一标"认证总数达到 242 个，国家地理标志证明商标 11 件，是全国最大的西洋参主产区和特种毛皮动物养殖基地，是全国出口农产品质量安全示范区。文登西洋参的主要成分皂苷、硒含量均高于美国花旗参，具有补气养血、滋阴补肾、健脾养胃、延缓衰老和美容养颜的功效。文登围绕西洋参现代物流交易、智慧生产展示、标准化种植、多元化加工集聚，培育了金颐阳西洋参、东旭西洋参，招引了威登西洋参、汉广中药材饮片等科技含量高、市场前景好的产业项目；着力建设西洋参研究院、西洋参博览园，全面构建优势突出、链条完整、价值链提升的现代西洋参产业体系，并取得了阶段性进展。

（三）开展优质康养服务

建立以文登区人民医院为核心，基层医疗机构为组成部分的区域医共体，开展基层巡诊服务模式，启动 2.0 版家庭医生签约服务，实现了单纯的基本公共卫生服务向基本公共卫生服务＋基本医疗服务＋个性化健康管理一体化的转变。探索建立的人民医院医共体中药配送中心，首次将区块链技术与中医药服务相结合，成为助推全区中药饮片质量可追溯体系建设的重要力量。国家和山东省中医药管理局高度关注文登区中医药产业发展，将协调新华社、人民日报、中医药报等媒体进行宣传报道，并在全国范围内推广中医药产业发展"文登经验"。同时，以公立医疗机构为主体，建设了大水泊中心卫生院康养中心和区人民医院精神卫生康养中心，发挥医疗机构开展养老服务的优势，提高医疗资源的利用率，不断提升公立医疗机构的社会认可程度；借助文登整骨医院"全国三大中医骨伤专科医院"之一的专业优势，整合社会资本，建设文登整骨医院医养结合项目，与瑞云祥、龙港等医养结合机构一起，开展高品质的医疗康养服务，满足社会多元化医疗养老需求，实现了医疗和养老的有机结合。全面实施医疗机构与养老机构巡诊协议制度，开通12349居家养老服务热线，对全区所有镇级卫生院和400多处农村标准化卫生室进行升级改造，并在所有镇级卫生院以上医疗机构开通老年人预约就诊绿色通道，为城乡居民普遍提供优质的健康养老服务。截至目前，全区共建设完成养老机构42家、社区照料中心50余个、农村幸福院102家，极大地推进了医疗康养服务体系建设。

四、改善生活质量　谱写幸福篇章

始终坚持以人为本、民生为重，从"小切口"改善"大民生"，不留余力地增强58.1万文登百姓的获得感和幸福感。

（一）倡导健康生活方式

广泛开展文化、科技、卫生下乡进社区活动，倡导勤俭节约、绿色环保、文明健康的生活方式和习惯，努力改变群众特别是农村群众传统落后的生活方式。加快实施农村新型社区建设、饮水条件改善、传统旱厕改造、农村清洁供暖等系列民生工程，帮助农村群众改造健康生活环境。2018年，全区新建农村社区服务中心28处，改善提升57个村的居民饮水条件，新增农村清洁供暖用户1 976户，农村旱厕改造、公共场所清洁供暖基本实现全覆盖。深入实施城乡文体设施建设，新建城市书房2处，城市公园配套建设健身步道，涌现出500多个业余文艺团体，2018年送戏送电影8 800余场次，实现镇级综合文化服务站和村级综合文化服务中心全覆盖，文化体育活动发展成为群众生活的必需品。

（二）营造和谐社会环境

坚持网格化管理、社会化服务、信息化支撑、责任制保障，建设社会管理服务中心，整合政府部门网格化资源，强化矛盾排查化解，及时解决群众诉求，有效减少了不稳定因素。深入推进一体化平安建设，不断加大社会治安综合治理力度，社会治安群众满意率位居全省首位，使文登成为全省、全国平安建设先进区。

（三）倡树文明社会风气

文登因"文人登山"而得名，千年历史孕育了以士学文化、道教文化、红色文化、李龙文化为代表的"文登学"文化。多年以来，文登区始终把传承"文登学"文化与弘扬社会核心价值观紧密结合，大力倡树"和为贵"理念，推广崇尚仁孝、诚信、和谐、乐善的社会风气，持续开展"君子之风·仁孝文登"主题教育活动，推行善行义举"四德榜"，评选十大孝星、道德模范、文登好人等先进典型模范。

赤水市：赤水长寿经济发展历程[*]

赤水市在2015年获得中国老年学和老年医学学会颁布的"中国长寿之乡"称号，成为遵义首个、贵州第三个中国长寿之乡。"中国长寿之乡"是含金量很高的知名品牌，它是一个地区政治、经济、社会、文化、生态环境全面向好的综合反映。深入挖掘长寿因子、打造寿乡品牌，不仅有助于推动全社会重视老龄工作、弘扬长寿文化、崇尚尊老敬老的传统美德，而且有利于把资源优势变成产业优势，进而转为发展红利，对于区域发展具有积极的推动作用。

一、获长寿之乡称号以来的相关工作和发展过程

2015年，赤水市响应丽水市政府的倡议，联合溧阳、文登、广西老年学学会等单位，共同发起建立"中国长寿之乡绿色产业发展联盟"。联盟成立后，赤水市作为副理事级单位，积极组织和开展长寿理论研究、绿色产业发展、长寿文化宣传和策划组织学习考察、交流合作等活动。

2016年，赤水市贯彻落实创新、协调、绿色、开放、共享的五大发展理念，全面加强生态环境保护，不断改善大气、水环境质量，为长寿之乡提供了良好的自然环境支撑，赤水市荣获"国家生态市"称号。

2017年，赤水持续推动卫生环境改善，成功创建国家卫生城市，为长寿经济发展提供了重要的城市环境支撑。

2018年，中共赤水市委提出把赤水建成现代生态宜居城市和国际康养旅游目的地，《赤水市长寿经济发展规划（2019—2028年）》的编制，标志着长寿产业发展已成为国民经济和社会发展的重要内容。

2019年，赤水市围绕旅游产业、生态环境、公共服务、体制机制、市场规范、文明素质开展了全方位优化提升工程，构建全域旅游新格局。赤水市被授予"国家全域旅游示范区"称号，有效提升了寿乡品牌知名度和影响力。

二、特色长寿品牌、产业、经济的建设

为了不断提升长寿之乡的知名度和影响力，赤水市携手联盟成员合力培育寿乡品牌、

---

* 赤水市人民政府供稿。执笔人：熊勇，贵州省赤水市卫生健康局副局长。

挖掘长寿文化，切实发挥这个品牌在经济社会发展中的重要作用，重点做了三件工作：

（一）积极参加长寿之乡绿色发展区域合作联盟的筹建

2015 年 7 月，赤水市响应丽水市人民政府倡议，与溧阳、文登、广西老年学学会等单位，共同发起建立"中国长寿之乡绿色产业发展联盟"。2016 年 4 月，中国长寿之乡绿色产业发展联盟成立大会在丽水召开，赤水市成为副理事长单位。联盟主要负责组织开展长寿理论研究、绿色产业发展、长寿文化宣传和策划组织学习考察、交流合作等活动，致力于扩大"中国长寿之乡"品牌影响力，目前加盟长寿之乡相关单位 63 个，加盟专家 40 多人，加盟企业 300 多家。

（二）成功举办了中国长寿之乡康养旅游（赤水）高峰论坛

为深入讨论研究长寿文化氛围营造、长寿康养产业研发等工作，力求整合资源、创新业态、培育产业、营造品牌，孕育独具魅力的长寿文化产业，2017 年 5 月，赤水市承办了中国长寿之乡康养旅游（赤水）高峰论坛，省市相关领导、寿乡联盟代表和全国知名的专家学者走进赤水，在实地考察特色康养、旅游等项目基础上，以"共建共享，互利共赢"为主题，围绕绿色生态、康养旅游与长寿养生产业的融合、推动长寿之乡旅游合作进行深入研讨，形成了联盟年会的基本框架——聚焦寿乡发展的共同课题，做好五个"一"（即：一个主题论坛，一场特色产品展览，一次典型参观考察，一个创新性合作项目，一次特色文化活动）。

（三）组织开展了提升"中国长寿文化之乡"品牌影响力的推介活动

为深入推动长寿品牌的转化利用，近年来，赤水先后策划组织开展了天岛湖"生态刨猪汤＋特色流水席"的特色美食主题活动、第二届"赤水长寿杯"万人广场舞交流活动、"奥跑中国"贵州赤水站等极具地方特色的系列宣传推介活动，先后赴上海、成都、重庆、广州等地开展了地方长寿特色产品推介活动，为赤水加快长寿经济发展打下了坚实的基础。

三、推动主导品牌建设和长寿产业发展的主要做法和经验

（一）深度挖掘长寿文化，推动长寿经济发展

一是成立赤水市康养与老龄事业服务中心。邀请遵义院士工作站和专家学者对赤水的长寿文化资源进行深入研究，围绕康养旅游与长寿养生产业的融合发展开展研究，深入探索赤水市长寿经济的定位、特点、发展基础、发展路径，为长寿产业发展提供科学依据。二是制定长寿产业发展规划。立足实际，整合红色文化、盐运文化、地方民俗文化等因素，制定区域性长寿文化资源整体开发利用规划，编制完成《赤水市长寿经济发展规划（2019—2028 年）》，科学、准确定位长寿经济发展的模式，高起点规划长寿产业发展布局，为长寿产业可持续发展提供科学指导。

（二）打造康养旅游品牌，提升长寿之乡影响

一是紧抓森林康养新机遇。推动天鹅堡、天岛湖两个森林康养度假区的成功运营，搭建"互联网＋健康养老"服务平台，为1.5万户常住居民提供智能化健康养老管理服务，基本形成具有本地特色的医养结合康养服务模式，天鹅堡、天岛湖度假区被评为"中国长寿之乡康养示范基地"。二是推进特色食品药品全链条发展。全市特色食品药品企业达23家。红赤水集团入选国家林业重点龙头企业，笋类、肉类加工形成规模，黔老翁、曾氏晒醋完成技改扩建，实现规模化生产，赤水晒醋年产能达2万吨。信天斛满堂和永斛源成功取得药品生产许可证，生产规模逐步扩大。三是培育特色高效农业产业。深入实施"十百千万"工程（10万亩金钗石斛、100万亩标准化竹林、1 000万羽乌骨鸡、1万亩水产养殖），打造"石上种药、山上栽竹、林下养鸡、田里养鱼"的绿色生态立体循环农业基地。创建有机产品认证、生态原产地产品保护和出口食品农产品质量安全示范区，竹乡乌骨鸡、金钗石斛、赤水晒醋先后获得国家地理标志产品保护，全市获得"两品一标"认证登记证书已达20余个。四是加快推进全域旅游发展。按照国家AAAAA级标准，对赤水大瀑布、佛光岩、燕子岩、四洞沟、竹海、桫椤等景区实施品质提升工程，将赤水丹霞旅游区创建为国家5A级旅游景区，获批国家首批全域旅游示范区。五是大力提升医疗服务水平。实施市人民医院和市妇幼保健院整体搬迁，乡镇卫生院实现标准化建设全覆盖，不断满足群众多层次、多样化、个性化的健康需求，群众就医获得感、满意度越来越高。

（三）加强品牌推介力度，不断提升发展后劲

一是加大长寿品牌宣传力度。充分借助广播电视开辟健康赤水专栏，宣传报道赤水特有的长寿文化资源。邀请权威专家、知名学者以及中央、省内新闻媒体等，到赤水报道康养旅游发展，提升赤水的知名度和影响力。二是积极开展养生名优产品推介推广。组织丹霞溪谷长寿养生度假区、天岛湖休闲养生度假区、赤水竹乡乌骨鸡、月亮湖生态鱼等一批度假区、特色食品完成名优养生产品认定，并积极在中国长寿之乡养生名优产品博览会上进行展示展销，有效推动了资源优势向养生养老产业优势转化。三是在城市建设中融入长寿元素。在城市、集镇、易地扶贫安置社区的公共基础设施建设中突出长寿元素，在境内公路和景区出入口统一设置"中国长寿文化之乡——赤水"大型宣传牌，提升城市人文环境品位。

第五章

江津区：以品牌优势推动寿乡江津发展[*]

江津，始建于南齐永明五年（487 年），有 1 500 多年建县史，1992 年撤县设市，2006 年撤市设区。位于重庆西南长江之滨，全区面积 3 219 平方公里，辖 5 个街道、25 个镇，总人口 150 万。江津是万里长江要津之一，是聂荣臻元帅的故乡、陈独秀晚年寓居地，是中国长寿之乡、武术之乡、楹联之乡（中国楹联文化城市）、花椒之乡、柑橘之乡、富硒美食之乡（中国生态硒城）。

2012 年 6 月 13 日，江津成为重庆首个、全国第 25 个"中国长寿之乡"。中国长寿之乡内涵丰富，品牌含金量高。江津区委、区政府高度重视这个称号，切实加强领导，健全组织机构，强化工作措施，发挥江津得天独厚的资源优势，不断拓展长寿之乡的内涵和外延，加快长寿之乡建设，将品牌优势化为经济社会效益优势，加快推进江津经济社会快速发展。

一、全面推进寿乡建设

（一）高位配置，健全组织机构

获评"中国长寿之乡"不是终点，而是起点。江津区委、区政府为打造长寿品牌、开发长寿产品、挖掘长寿文化，新成立了副处级单位——江津区老龄和慈善福利服务中心，落实编制 10 人，财政预算加入相关工作经费，中心人员专职从事长寿之乡建设和老龄工作。

2012 年 10 月，重庆市江津区老年学学会正式成立。学会立足江津实际情况和本土特色，强化"学术研究"和"智力服务"功能，积极为区委、区政府制定老龄政策、发展富硒长寿产业等出谋划策，推动江津区长寿文化研究、长寿资源开发、寿乡江津宣传等。高规格配置学会班子，江津区政协原主席王忠德为区老年学学会会长，聘请江津区四大班子主要领导为顾问，其中厅级以上理事成员 9 人，江津区各政府部门及 29 个镇（街道）一把手担任常务理事。机构人员、办公地点及分支机构研究基地等迅速得到落实，工作开展有效、高效。

2014 年 2 月，重庆市老年学学会长寿研究专委会设立于江津区老年学学会。首任主

---

* 江津区人民政府供稿。执笔人：李征初，重庆市江津区老年学学会会长；李伟，重庆市江津区卫生健康服务中心主任。

任由重庆市老年学学会原副会长、江津区老年学学会原会长王忠德担任，他担当起探索长寿奥秘、推广长寿经验、开发长寿产品的重任，积极推进重庆市长寿研究事业发展。重庆市老年学学会将江津区嘉平镇欧尔农业开发有限公司万亩猫山富硒生态茶叶基地确定为重庆市老年学学会长寿研究专业委员会"研究基地"。

2014 年 8 月，区委、区政府高规格设置江津区老龄工作委员会，江津区委副书记、区政府区长亲任老龄工作委员会主任，区四大班子分管领导任副主任，31 个部门为成员。此外，还成立了老年大学、老年体育协会、老年诗书画研究会、重庆老年摄影家协会江津分会，以及一大批镇、街道和村、社区基层老年人协会和社工组织、老年服务志愿组织。形成了区老龄委宏观统筹、老龄办牵头主抓、成员单位各司其职、社会组织活动丰富、老年人积极主动、相关单位密切配合的长寿之乡建设和老龄工作新格局。值得一提的是区级涉老社会组织领导均由退休厅级领导担任。

（二）权威检测，解读长寿"密码"

早在 1994 年，中科院地化研究所专家就对江津产生浓厚兴趣。他们到江津南部山区的猫山进行田野调查，对当地的小麦、大米、茶叶、绿豆、泉水、黄豆、玉米、胡豆、土岩石等样本进行了抽检。其结果显示：所有抽检的农产品硒含量均符合国际公认富硒食品标准。

2012 年 11 月，江津区与中科院地化研究所签订了《重庆市江津区富硒资源调查及开发利用对策》合作协议，全面启动了江津区硒资源调查工作。

调查历时一年多，范围覆盖江津区 30 个镇街 3 219 平方公里，提取各类样本 8 312 个。调查数据显示，江津土壤硒含量为 0.049 3～3.112 0 毫克/千克，平均含量 0.318 7 毫克/千克，远高于世界土壤硒平均含量 0.2 毫克/千克。按照高硒（＞0.40 毫克/千克）、中硒（0.20 毫克/千克～0.40 毫克/千克）、低硒（＜0.20 毫克/千克）三级分类标准，土壤总体处于中硒偏高硒水平，中硒水平以上土壤占 90.21％，其中高硒土壤占 16.45％、中硒土壤占 73.76％。

中国科学院地球化学所检测数据表明，江津大部分农产品富硒。其中，豆类、茶叶、花椒和大米四大类农产品，达到富硒水平的占比分别为 76.4％、63.64％、63.3％ 和 56.0％。更为可喜的是，此次检测发现江津的水产品及畜禽几乎全部富硒。其中，鲜活鸭、鲜活鱼、鲜活鸽子、鲜活羊、鲜活鹅均 100％富硒，鲜活鸡 98.82％富硒，猪肉 60％富硒。检测还表明，江津区其他鲜肉类产品均达到富硒标准；花生、竹笋（干）分别有 71.4％、87.0％为富硒产品，水果、蔬菜也有部分达到富硒标准。

硒是长寿健康的重要"密码"，发展富硒产业既有利于社会，又有助于江津南部山区的脱贫致富。江津硒资源有两个特点：一是江津硒资源总体适中，中高硒土壤占比高，分布均匀，适宜大规模生产富硒农产品。二是江津农产品硒含量适中，分布合理。

2013 年 12 月 18 日，"富硒江津·长寿之乡"硒资源开发利用新闻发布会在重庆国际会展中心举行。江津利用富硒资源，借助"中国长寿之乡"称号，依托美丽乡村建设，加快富硒产业基地建设和产品开发，全力打造"富硒江津·长寿之乡"。

（三）尊老养老，完善寿乡建设

2012 年 7 月，江津区委区政府研究出台了高龄补贴政策，凡具有江津户籍、年满 85 周岁的老人均可享受高龄老人营养补贴，其中 85 周岁至 89 周岁每人每月 50 元、90 周岁至 99 周岁每人每月 100 元、100 周岁及以上每人每月 300 元。2017 年 3 月，江津区将百岁老人高龄补贴标准提高到每人每月 500 元。惠及近 2 万名高龄老人。

2012 年，江津区出台了《关于进一步加强敬老院建设和管理的通知》，在市级建设补助资金的基础上就新建床位和改建床位再分别给予每张 4 000 元和 3 000 元的建设补贴。2016 年开始按照市级补助标准，以 1∶0.5 的比例配套区级补助资金，逐步达到 1∶1 的配套比例。

2014 年，江津区出台《关于加强城乡社区养老服务设施建设和管理的通知》，对达到市级、区级和镇（街）级建设标准的城镇社区养老服务设施在市级补助资金的基础上分别再给予每所 25 万元、10 万元、5 万元的资金补助；对达到要求的城镇社区养老服务设施根据建设规模分别给予每年 3 万元和 2 万元的运营补贴；对城镇社区养老服务设施的负责人按江津区 2 倍最低工资标准每月给予工资补贴。

同年，江津区出台了《关于加快推进养老服务业发展的意见》，对新建、扩建养老机构或用自有房屋改建养老机构新增床位 50 张以上的，区财政对其新增床位在市财政补贴的基础上再给予每张 1 000 元的建设补贴；租用房屋（房屋租期 5 年及以上）改建养老机构新增床位 20 张以上的，区财政对其新增床位在市财政补贴的基础上再给予每张 500 元的建设补贴。对新建或扩建的社会办养老服务机构，按出让方式取得土地且总投资在 500 万元以上的，按其银行贷款同期基准利率贴息，区财政贴息期限 2 年，每年贴息的贷款最高限额为 1 000 万元；对达到规定要求的社会办养老机构，区财政按每人每月 100 元的标准给予运营补贴。

2016 年 7 月，江津区用区级福彩公益金 100 万元设立敬老扶老基金。老人 100 周岁生日时，每人发 1 000 元的慰问金和"百岁寿星"匾牌 1 块；每年为 90 周岁及以上老人每人购买 1 份老年人意外伤害综合保险；每年扶助 10 个老年协会，每个扶助价值 2 万～3 万元的办公设备、器材和宣传栏等；每年投入支持敬老活动开展资金 10 万元；每年为百岁老人开展 1 次健康体检，并建立健康档案。

2018 年、2019 年、2020 年，江津区先后出台《关于全面放开养老服务市场提升养老服务质量的实施意见》《重庆市江津区人民政府办公室关于印发江津区高质量发展激励专项资金管理办法的通知》《关于印发重庆市江津区推动第三产业高质量发展激励政策实施细则（试行）的通知》《关于印发重庆市江津区社区居家养老服务全覆盖实施方案的通知》等系列文件支持养老服务体系发展。"十三五"期间，区级福彩公益金直接用于养老事业 3 594 万元；安排近 6 000 万元用于养老机构和养老服务站场地改造、居住环境和生活条件改善。全区 30 个镇街共有 39 家敬老院、1 家福利院、22 家社会办养老机构。形成区级有福利院、片区有区域性中心敬老院、每个镇有 1 所敬老院，经济发达和人口较多镇街有社会办养老机构的合理布局。养老机构床位总数 6 073 张。

（四）开展活动，助推寿乡发展

每年区四大班子主要领导带队对百岁老人走访慰问，做到全覆盖。开展"敬老文明号"创建工作，先后 5 家单位荣获"全国敬老文明号"称号，2 人获评"全国敬老爱老助老模范人物"。广泛开展"孝心儿女""敬老模范人物""敬老模范单位""十大长寿之星""十佳铂金婚""十佳钻石婚"等系列评选表彰，开展"寿乡江津·孝行天下""老年书画摄影展""百岁老年人走访慰问"等孝亲敬老活动。邀请重庆主城老人来江津开展"百寿宴"活动，参加中国国际农产品交易会、西部农交会、中国国际茶博会等，大力推荐江津富硒产品。白沙镇开展"探寻传统美食之旅"活动，弘扬中华民族尊老敬老助老传统美德，大打"富硒小吃"牌，助推白沙镇影视基地成功创建"国家 AAA 级旅游景区"。江津五中连续 13 年开展"情系父母·爱在重阳"洗脚活动。珞璜镇合解村老年协会唱响"八个一"文化工程，让当地人过上"城里人"生活。

（五）强化宣传，打造长寿文化

2013 年 8 月 10 日，《寿乡江津》季刊正式创刊发行。区委、区政府领导高度重视，时任区委书记陶长海亲自为刊物题写了《寿乡江津》刊名；区长王合清特地撰写了《为寿乡江津鼓与呼》的代发刊词。

《寿乡江津》为彩色印刷，每季度出版一期，积极开展健康、长寿等方面知识的宣传教育。通过开设的"寿乡风采""老龄传真""百家论坛""寿星故事""他山之石""富硒江津""健康养生""服务天地"等栏目，图文并茂、深入浅出地开展长寿之乡宣传。此外，《寿乡江津》还在区级媒体江津网上开设了电子版，让全国乃至全世界的网友都能看到这一杂志。《寿乡江津》与《江津日报》、江津网等区内新闻媒体和江津区作家协会等积极联谊办刊，取得了较好的社会效果。已累计出版 32 期。

2015 年 9 月，由中国文史出版社出版《走进中国长寿之乡江津》《江津百寿图》《江津老年人快乐游》《老年人常见病防治知识问答》《江津区长寿文化荟萃》等 5 本图书 2 万余册。

27 万字的《走进中国长寿之乡江津》通过"生态江津""富硒江津""人文经济""产业江津""和谐江津""健康江津""寿星江津"等七个方面的介绍，诠释了长寿之乡江津发展的历史和现状。

10 多万字的《江津百寿图》专门采访报道了 101 位江津的长寿老人，介绍了他们的人生经历、生活故事、养生方法等，为我们探索长寿现象、研究长寿江津的经验提供了第一手资料。

10 多万字的《江津老人快乐游》从"老人旅游""怎样游江津""重庆周边游景点介绍""国际旅游路线推荐""江津主要旅行社信息"几个方面，为江津老年人老有所学、老有所乐、老有所游提供了生动的案例。

10 多万字的《老年人常见病防治知识问答》，以 383 个问答的形式介绍老年常见病、多发病的防治知识，包括呼吸、心血管、消化、内分泌、神经系统疾病及部分外科疾病等老年人常见、多发病的问题解答。

20 余万字的《江津长寿文化荟萃》，介绍了江津的历史沿革、人文资源、长寿奥秘和长寿观，挖掘了江津地方历史中的长寿文献，收集整理了江津古代的耆老和孝道故事，对江津历史上的寿民、寿妇、寿官等进行了清理，同时摘编了江津历史上的寿孝诗文，介绍江津的寿风寿俗，选登了有代表性的江津的长寿文化舞台演出作品和寿联作品，融史料性和可读性于一体。

2019 年 5 月，江津区制定印发《江津区长寿文化名片建设计划（2019—2021 年）实施方案》，按照"有一系列文艺作品、有一系列展示载体、有一系列文化活动、有一系列产业项目"的"四个一系列"要求，通过创作长寿文化文艺作品、打造长寿文化展示平台、组织开展长寿文化活动、带动发展长寿产业项目，深入挖掘整理、搭建平台、塑造品牌，融合发展、协同推进江津区长寿文化名片和品牌建设。

二、富硒江津 "硒"望无限

2013 年，经中科院地化所权威检测，江津区 90.2％ 的土壤硒含量为中高硒水平，且硒资源分布均衡，适合大规模发展富硒产业。江津区委、区政府坚持"富硒富民"，走以富硒产业为核心的特色效益农业发展之路，大力发展富硒产业，农业综合效益和农民收入大幅提升。目标为把江津发展为硒产业的要素集聚地、硒产品的精深加工地、硒科技的应用研发地、硒旅游的田园康养地、硒市场的国际贸易窗口。2020 年全区富硒产值达 100 亿元，较 2015 年增长 200％。

（一）富硒之路，从此起步

2014 年 1 月，江津区成立由区委副书记、区长亲任组长，区委宣传部部长、区四大班子相关领导任副组长，22 个单位、部门主要负责人为成员的江津区富硒产业发展领导小组，统筹整体推动富硒产业全面发展，将资源优势转变为经济优势，促进农业增效，农民增收。

（二）产业发展，稳步进行

区委、区政府编制《江津区富硒农业产业发展规划》，印发年度《富硒产业发展工作要点》，出台《江津区促进农业经济高质量发展激励政策》，落实资金发展富硒产业。一是打基础、建基地，做实产业底盘。以硒资源普查为基础，优化产业结构，发展粮油、花椒、茶叶、蔬菜、水果、畜禽、水产和中药材等 8 大类富硒产业。现已发展富硒种植 45 万亩、水产 3.8 万亩，富硒畜禽年出栏超过 500 万头（只），培育带动能力强、基础设施良好、品牌文化浓厚的产业基地 50 个，打造标准化示范基地 10 个，创建"三园两场"51 个。二是培主体、建体系，做大产业集群。培育重点企业 100 家，参与富硒产业发展的主体超过 3 000 家，引进富硒产品精深加工生产线 10 余条，打造集康养休闲、富硒特色美食、采摘体验、硒文化教育的富硒康养主题农庄 15 家。三是强科研、促创新，增强发展活力。"重庆江津富硒产业教授工作站""重庆市江津区硒与人体健康研究院"有效运行；创新研制"富硒花椒秸秆-富硒食用菌-富硒有机肥-富硒作物"硒资源循环利用技术，研制品控技术 10 项；制定推行富硒农产品标准化生产技术规程 15 项；设立"硒基金"，实施富硒茶叶制品、花椒制品、休闲食品等 7 个研发课题。修订《重庆市地方标准富硒农产品》，联合设立全国首家富硒产品认证第三方机构，地市级农产品质量安全检验检测中心建成运行。四是创品牌、建平台，抢占市场高地。坚持品牌引领，实施农业品牌计划，构建以"一江津彩"农产品区域公用品牌为统揽，粮油、花椒、蔬菜、水果、茶叶、畜禽、水产、中药材等八大类产业品牌为支撑，各类新型经营主体品牌为辅助的"1＋8＋N"农产品品牌体系。出台《"一江津彩"农产品区域公用品牌管理办法》，授权经营主体 39 个、产品 105 个，授权产品平均溢价 10％以上；培育"江津花椒""四面绿针""渝津橙""聂家菜""江津枳壳"等富硒产业品牌 5 个，认证富硒产品 150 个、绿色食品 139 个、有机产品 36 个，评定名牌农产品 48 个，授权"巴味渝珍"产品 43 个。搭建淘宝、京东商城"江津硒货旗舰店"两大电商平台，设立"一江津彩"电商网点 50 个，打造富硒农产品专卖店 10 个，同时开设富硒农产品北京展示店、成都展销体验中心、西藏昌都专柜、双福展示展销中心。成功举办两届中国·重庆（江津）富硒产业发展大会、"一江津彩·硒引全城"首届富硒农产品推介会、西藏昌都解放 70 周年大庆活动"硒货西进"专场推介会和中国农交会、茶博会、西洽会等大型展会推介活动。五是推动富硒美食发展。连续举办六届富硒餐饮大赛和富硒美食文化节，评选出十佳美食餐馆、十佳火锅馆、十佳农家乐、十佳面馆、十佳富硒特色菜、富硒名厨等；打造富硒美食一条街，成功推出中国名菜 39 道、中国名点 6 个、中国名宴 3 席、中华名小吃 2 个、中国名火锅 1 个，成功走上中央电视台《走遍中国》《乡约》《致富经》《源味中国》等栏目。

（三）多年建设，成效显著

经过多年建设和推动，江津区在长寿产业发展方面取得了显著成效。2017 年 10 月，中国烹饪协会授予江津"中国富硒美食之乡"荣誉称号。2017 年 11 月，中国产学研合作促进会、中国富硒农业技术创新联盟授予江津"中国生态硒城"称号。2017 年 12 月，成功举办第一届中国·重庆（江津）富硒产业发展大会，发布"一江津彩"富硒养生农产品公用品牌。2018 年，与中国农业大学联合成立重庆江津富硒产业教授工作站，与重庆市营养学会联合成立重庆市江津区硒与人体健康研究院，在富硒产品研发、标准化基地建设、硒健康效益等方面开展合作。2018 年，"爱乐纯"富硒米骨获得中国宠物行业产品研发创新奖。2018 年 9 月，"寿乡源"多维硒米荣获第五届世界硒都国际硒博会"特色硒产品"奖。2019 年 3 月，成功注册"一江津彩"商标 21 类，涉及农产品、食品、宣传、旅游、餐饮、休闲等。2019 年 5 月，江津地市级农产品监督检验中心（富硒检验检测中心）全面建成。2019 年，旺发茶叶公司富硒砖茶厂正式建成投产，填补重庆市规模化砖茶生产空白，并与缺硒地区西藏昌都建立购销协议。2019 年 9 月，"一江津彩"获得中国农民丰收节"最受市场欢迎的名优农产品展示品牌"称号。2019 年 11 月，江津区与缺硒地区西藏昌都签订《"硒货西进"硒资源共享合作框架协议》。2020 年 11 月，苏州硒谷科技有限公司团队入驻江津，开展 2 万亩富硒基地建设、10 类系列产品研发与推广。2020 年 12 月，中国农业技术推广协会授予乡里巴巴生态硒米、硒浦寿乡硒米"中国富硒好米"称号，"四面绿针"茶叶获"中国富硒好茶"称号。2020 年 12 月，国家功能农业科技创新联盟授予我区"全国硒资源变硒产业十佳地区"称号。

三、寿乡江津　一江"津"彩

习近平总书记对重庆提出"两点"定位（西部大开发的重要战略支点、"一带一路"和长江经济带的联结点）、"两地""两高"目标（建设内陆开放高地、山清水秀美丽之地，推动高质量发展、创造高品质生活）、发挥"三个作用"（在推进新时代西部大开发中发挥支撑作用、在推进共建"一带一路"中发挥带动作用，在推进长江经济带绿色发展中发挥示范作用）和营造良好政治生态的重要指示要求。江津区结合自身实际，深入贯彻落实坚持新发展理念，坚持以人民为中心，强化绿色发展，推动高质量发展。着力打造健康长寿五大环境，引导全民共建共享高品质生活。

（一）坚持生态优先，着力打造良好的生态环境

江津区具有得天独厚的自然环境优势，海拔从 179.2 米到 1 708 米，梯度落差小，四季气候宜人，种养殖等物产丰富，形成滋养江津人民健康长寿的灵山秀水优美自然环境。江津坚持用好"两山"理论，顶着大工业区污染防治的巨大压力，山、水、气、城、企联动治理，走实生态产业化、产业生态化的绿色发展之路。坚持以区委书记、区长为"双组长"的污染防治攻坚工作机制，积极推进"绿水青山就是金山银山"创新实践基地建设，纵深推进长江干流、支流水环境治理，坚决实行长江干流 1 公里、主要支流 5 公里产业管控政策，深入实施长江防护林体系建设、水土流失治理、退耕还林等工程，森林覆盖率达到 51.8%。全面落实河长制，全面实施城乡管网配套和污水处理设施提标改造。集中力量推进中心城区大气污染治理，全力做到"优良天数一天一天地抢、综合指数一小时一小时地扣、污染物浓度一微克一微克地争"。划定畜禽养殖"三区"，全面取缔关闭禁养区内的畜禽养殖场。全区城市和建制镇生活垃圾无害化处理率分别达 100%、98%。严格企业"三废"治理，100%完善"三废"处理设备设施，从严监督监测和责任追究，确保全面达标排放。自获评"中国长寿之乡"以来，生态环境大幅改善。空气优良天数从 2014 年的 240 余天上升到 2020 年的 297 天，空气负氧离子含量最高达到 2.9 万个每立方厘米，境内长江干流水质稳定达到 Ⅱ 类，成为"中国宜居宜业示范区"。

（二）坚持城乡联动，着力打造良好的宜居环境

坚持美化乡村家园和城市家园，为城乡居民提供舒适宜居的优美家园。一是大力推动城市提升。委托中国城市规划设计院和重庆规划设计院，高标准完成 2035 年全域和"一轴两翼"空间发展战略规划，优化城市定位和空间布局，促进江南江北同城一体化发展，打造 85 平方公里的江北创新生态城、70 平方公里的江南文化康养城，全力建设主城都市区百万级人口的城市组团。同时，滚动实施十大城市提升工程，利用天然江景，进一步改善城市形象，增强城市文化内涵，营造历史文化氛围，彰显山水自然之美、人文精神之美、城市特色之美，积极打造一江两岸、四十里滨江的魅力城市画卷，打造宜居宜业宜游的绿色山水田园城市。2020 年年底，新增城镇常住人口 3.4 万人，全区城镇人口 81.87

万人，城镇化率 60.16％。二是切实加强城市管理。大力推进"全国文明城区、国家卫生区、国家生态文明建设示范区"和爱国卫生运动，大城细管、智管、众管不断深化。数字城管覆盖城区面积 58.6 平方公里。几江半岛城区滨江路绿地率达 90％，被水利部专家誉为"万里长江第一路"，是重庆市首批"十佳园林式街"，被国家城乡建设部授予"中国人居环境范例奖"。滨江新城获评"2019 绿色发展优秀城市"，顺利接受国家卫生区技术评估。三是扎实推进乡村振兴。坚持"五个振兴"一起抓，"2 镇 3 片 10 村"试验示范成效初显，新增贾嗣龙山等 3 个农村"三变"改革试点，新培育国家农民合作社示范社 2 家。深入推进"五沿"整治和村庄清洁行动，农村安装天然气 9.3 万户，自来水普及率87.1％、卫生厕所普及率 88.1％，创建"清洁村庄"108 个，评选"美丽院落"40 个，西湖关胜、吴滩郎家等成功申报全市农村人居环境整治百村引领建设。石门镇成为全国"一村一品"示范村镇，先锋镇农业产业强镇示范项目入选全国百个精品案例，永兴黄庄成为中国美丽休闲乡村，油溪大坡入选中国美丽乡村百佳范例。中山镇获评国家园林城镇，江津成功地被纳入国家城乡融合发展试验区，入选全国乡村治理体系建设试点示范区县。

（三）坚持文旅融合，着力打造良好的怡情环境

深挖文化内涵，坚持以文怡情、以游悦性，全力推动文旅融合发展，为全民共享健康生活提供丰富的精神食粮。江津区制定出台文化旅游发展规划和文旅融合发展系列政策，设立 3 500 万元专项激励资金，加快推进白沙酒城、影视城、文博城"三城联创"，及2383 热火公园、石笋山云雾坪景区、石佛寺等文旅项目；标准化建设五馆三中心，城镇书店、书吧、农家书屋、休闲茶吧、体育设施村社区覆盖率达 100％。做深做实长寿文化、爱情文化、楹联文化等"五大文化"，以江津古地名"万寿县""延寿里"等历史沿革、《江津县志》长寿老人故事、"百岁坊"——贞寿之门、长寿诗词联等为渊源，常年开展长寿崇拜、尊老敬老、养生延寿、科学养生、主题文艺创作等长寿民风民俗和文化艺术活动，大力宣传长寿文化。承办 2019 亚洲田径大奖赛（江津站），举办东方爱情国际半程马拉松旅游精品赛事等，每年举办群众体育赛事和主题活动 150 余场次，经常参加体育锻炼和健身活动人群比例达 49.5％，连续 3 年荣获全国"万步有约"健走激励大赛"健走银牌示范区"称号。着力发展旅游业，境内有国家 5A 级旅游景区四面山，有中国十大经典爱情故事——爱情天梯，有中山、塘河、白沙、石蟆、吴滩 5 个中国历史文化名镇，休闲度假游、乡村体验游、古镇文化游、红色文化游、养生养老游等亮点纷呈。积极开辟"东南西北中"五条精品旅游线路，一江两岸都市旅游区津中线的历史文化遗存厚重，大四面山生态旅游区津南线富硒富氧，聚集 3 个中国历史文化名镇的津西线四季皆宜，津北线原乡人文风情旅游区可体验农耕文化。江津区获评国家公共文化服务体系示范区、中国楹联文化城市、中华诗词城市、中国旅游影响力区县，四面山景区获评中国气候康养地。读书怡情、健身强体、旅游散心已成为市民乐享高品质生活的三大习惯，颐养了江津人民乐观大方、清雅恬适的"清欢之道"，为健康长寿奠定了强有力的精神基础。

（四）坚持康养医养结合，着力打造良好的养生环境

区委、区政府坚持把医疗卫生建设和康养、养老、养生有机结合，着力打造健康的养

生环境。一是大力推进医疗卫生事业。全区共有各级各类医疗卫生机构 1 028 家，其中三甲医院 2 家、二级医疗机构 2 家、卫生院（含社区卫生服务中心）30 个、卫生室（含分室）769 家，构建起区镇村三级卫生服务网络。全面落实 12 项医改便民措施、先诊疗后付费、一站式结算和"三个一批"行动计划，医联体建设、公共卫生均等化服务不断加强。四面山、四屏、中山成功创建国家级卫生镇；嘉平、广兴、夏坝、珞璜、石门成功创建市级卫生镇。二是扎实推进养老事业。江津先后出台系列养老政策和文件，大力发展养老事业和养老产业。现有各类养老服务设施 177 个，大力推动医养结合。为 85 周岁以上的老年人发放高龄补贴，为 90 周岁以上的老年人购买人身意外伤害综合保险，使用专项资金扶助基层老年协会建设，规定 65 岁以上老人可免费乘坐公共交通工具等。广泛开展孝亲敬老活动，江津第五中学从 2008 年开始坚持开展"我为父母"洗脚活动。编撰出版《走进中国长寿之乡江津》《江津百寿图》《江津老年人快乐游》《老年人常见病防治知识问答》《江津区长寿文化荟萃》等 5 本"寿乡江津系列丛书"，坚持编印《寿乡江津》季刊，已出版 32 期。三是扎实推进康养产业。出台《"健康江津 2030"规划》《加快推进养老服务业发展的意见》《全面放开养老服务市场提升养老服务质量的实施意见》等。依托四屏镇得天独厚的自然资源，高档次、高标准、高品质推动四屏镇国家级旅游度假区、运动休闲度假区、生态度假示范区建设。全力打造支坪镇康养小镇。推出十大富硒康养主题农庄。石笋山景区、洛维·四面山水度假村、云岭翠湖获评"中国长寿之乡康养示范基地"。四是大力发展绿色富硒特色农业。中科院地化所检测证实：江津 90.21% 的土壤富硒。硒具有"抗癌之王""心脏守护神""天然解毒剂"等美誉，是健康长寿元素。江津提出"富硒富民"战略，以实施乡村振兴战略为总抓手，以促进农民增收、产业增效、生态增值为目标，以"多品种、小规模、高品质、好价钱"为导向，坚持富硒产业"绿色化、组织化、科技化、品牌化、融合化"发展。设立中国农业大学重庆江津教授工作站、重庆市营养学会硒与人体健康研究院。实施 1+8+N 江津农业品牌计划，打造"一江津彩"农产品区域公用品牌，注册"一江津彩"公用品牌图形商标 21 类，登记图形版权保护 18 项。全国首家富硒产品认证第三方机构在重庆设立后首先为江津服务，富硒产业服务平台、富硒产品追溯管理平台、地市级农产品质量安全检验检测中心建成运行。创建富硒产业示范基地 50 个，新认证富硒产品 36 个，实现富硒产业产值 100 亿元、增长 25%。富硒花椒种植面积 53.5 万亩，产值 32 亿元。"江津花椒"入选中国农业品牌目录，品牌价值达 59.35 亿元。连续举办中国·重庆（江津）富硒产业发展大会，成功申报创建国家现代农业产业园、国家农村产业融合发展示范园。锦程实业、凯扬农业成为国家农业产业化龙头企业。通过各项政策让全体市民病有所医、老有所养得到强有力的保障，水土富硒更为市民健康注入了天然的长寿"基因"。

（五）坚持建扶并举，着力打造良好的创业环境

良好的就业创业环境是人们立家、立业、立身、立命的重要条件，是市民享受高品质生活、追求健康长寿的物质基础。一是着力推动产业园区建设。江津工业园区是重庆市人民政府 2002 年首批批准的 16 个特色工业园区之一，由德感、双福、珞璜、白沙四个工业园组成，规划用地面积 116.6 平方公里，是全市第三个千亿级园区，现有入驻企业 2 270

家，其中规模企业 424 家，总数全市第二，园区集中度达 97.1％，产业工人 15.3 万人。目前，形成了装备制造、汽摩、新型材料、电子信息、消费品工业五大产业集群，全力建设重庆消费品工业高质量发展示范区。二是着力推动产业转型升级。江津区抢抓 160 余平方公里纳入重庆高新区和重庆科学城建设的机遇，坚定不移发展数字经济、智能产业，坚持每年举办一次大数据智能产业发展高峰论坛，加快建设占地 3 平方公里的团结湖大数据智能产业园，着力引进一批大数据智能产业项目，扎实推进 5G 网络、数据中心、物联网等新型基础设施建设，加快推进数字产业化、产业数字化，全力打造西部（重庆）科学城南部科创中心，为重庆打造"智造重镇""智慧名城"作出贡献。现代农业园区成功创建国家农业科技园区。加快推进电商等服务业，淘宝和京东商城"江津硒货旗舰店"上线运营，在北京等地开设富硒农产品体验店 32 家，布设"一江津彩"电商网点 50 个，四大专业市场实现流通额 650 亿元，电子商务交易额增长 62％，农产品网络销售额增长 13％。金融机构增至 69 家，新西亚铝业、通得科技等 12 家企业在重庆 OTC 挂牌。三是着力推动开放合作交流。加强江津综合保税区建设，珞璜港一期、珞璜铁路综合物流枢纽建成投用，西部陆海新通道江津班列实现常态化运行。深化与芬兰塞纳约基市、日本都城市等国际友城的合作，重庆水轮机厂、润通科技实现境外投资。江津区作为重庆唯一加入"西部陆海新通道冷链经济城市联盟"的区县，与广西钦州市签署友好城市及物流发展协议，与防城港市共同举办"一会一节"活动。携手永川、荣昌和四川泸州、内江，建设川渝毗邻地区融合发展试验区；与泸州、遵义一起协同打造中国名牌白酒"金三角"；与贵州赤水、习水，四川合江协同打造丹霞地貌群旅游胜地，建设中国康养旅游"金三角"。通过兴产业、促就业，使全区高龄人口增加，居民人均可支配收入稳步提升。2020 年，江津区 60 周岁、80 周岁、90 周岁人口占总人口比例分别由 2012 年的 19.5％、2.9％、0.39％提高到 24.52％、3.7％、0.58％；百岁老人由 2012 年的 122 人增加到 180 人，净增 58 人；人均预期寿命达到 78.95 岁。2020 年居民人均可支配收入 35 650 元，比上年增加 2 198 元，增长 6.6％；城镇常住居民人均可支配收入 41 699 元，比上年增加 2 099 元，增长 5.3％；农村常住居民人均可支配收入 21 698 元，增加 1 570 元，增长 7.8％。人民安居乐业，生活品质和幸福指数不断提升。

第六章

永嘉县：建设农村文化礼堂　推进长寿之乡的发展[*]

浙江省永嘉县于 2012 年 7 月通过中国老年学学会的长寿之乡认定。9 年来，永嘉县以农村文化礼堂建设为特色推进长寿之乡的发展。通过文化礼堂建设和推广，老年人的心情好了，更健康了，更快乐了，也促进了永嘉县养老事业和乡村振兴的发展。

一、关注老龄社会　独辟养老蹊径

永嘉县属中国东南沿海中低山丘陵区，"八山一水一分田"为其典型地貌特征。境内山川钟灵毓秀，水秀、岩奇、瀑多、村古、滩林多，自然景观绚丽多姿。永嘉耕读文化的遗存堪称"中国耕读文化"的活化石，楠溪江流域至今散布着二百多个单姓的血缘村落，其中有三十多个古村落，它们有的建于晚唐，有的建于北宋、南宋，有的建于元代。楠溪江的村落所蕴含的"耕读文化"融合儒家及各类文化于一体，形成了自己独特的文化符号。

永嘉县在获得长寿之乡称号后，认真分析了当地的历史文化、风俗习惯、地理环境和老年人的需求，在已有发展养老事业的基础上，提出建设农村文化礼堂的构想，并很快付诸实施。目前，永嘉县已累计建成农村文化礼堂 140 多座。文化礼堂集休闲、学习、活动、养老等多项功能于一体，集乡间美景、人文景观、历史传统于一体，在"建、管、用、育"管理模式下，农村呈现一派新的景象。

文化礼堂的建成，给社会、给老年朋友带来了生机和乐趣。文化礼堂内涵相当丰富，老年人的许多需求都可以在文化礼堂的这个大集体里得到解决和满足。闲暇时间，老年人会不约而同地去文化礼堂坐坐，听讲座、看图书、跳排舞、拉家常……

加快推进农村文化礼堂建设，是贯彻落实党中央、省市委关于乡村振兴决策部署的具体行动，是提升人民群众获得感、幸福感的举措，更是应对人口老龄化、提升老年人幸福生活指数的保障。

---

　　* 永嘉县长寿文化研究会、永嘉县老年学学会供稿。执笔人：周吉省，永嘉县长寿文化研究会会长；李爱贤，永嘉县长寿文化研究会副会长；郑晓鑰，永嘉县长寿文化研究会秘书长

二、建设文化礼堂　发扬传统美德

以永嘉县乌牛镇码道村为例。码道村老协会带领一批富有事业心的老年人致力于家乡的文化礼堂建设，筹资立项、规划设计、购料施工、过程管理，时时看到他们忙碌的身影，处处流着他们辛勤的汗水。

码道村的文化礼堂建在台山上，我们叫它台山文化礼堂。台山文化礼堂分三层共 16 间，其中备有办公室、电脑房、老年之家、医务室、健身场、乒乓馆等各具特色的馆室，还有中小型会议室，可供开会、议事、老年大学授课、听农业科技知识讲座、播放戏剧、演出温州鼓词等，还兼做接待和其他活动之用。"文化礼堂"顶层花岗岩铺面有两个平坛，一个供晨练，一个作舞台。在台山文化礼堂南侧还建有篮球场、门球场，可举办篮球、门球赛事。

台山文化礼堂是永嘉的示范作品。配套设施别致美丽，凡到过那里的人都对它赞不绝口。建成的映日亭、风日亭与山坡上的怡逸廊相连，假山与青牛石雕相对而立，二亭一廊一青牛，一山一水一楼阁，十二生肖石雕栩栩如生，桥、廊、亭、阁诗意盎然。

三、建设文化礼堂　凝聚四海乡情

乌牛镇码道村文化礼堂现已成为码道村及毗邻村落老年人健身、休闲的综合性乐园。台山文化礼堂早年坟冢乱杂、野草萋萋，现在则已建成亭台楼阁曲径回廊；多亏历届村两委会多年来不懈的支持和当地企业家、乡贤达人、海外侨胞慷慨解囊捐资，才建成今天的台山文化礼堂。

码道村山清水秀，潮涨潮落。经济发展情况较好，水陆交通便利，可以说是永嘉的一块风水宝地。历史上外出求学经商的人无数。他们对家乡和祖国怀着深深的思念和眷恋。他们听到家乡要建设文化礼堂，听到家乡老协会长辈们的亲切呼唤，就捐资捐款、献计献策。那些学有专长的，除了捐资之外，还亲自到现场指导设计和建设。码道村文化礼堂留下了他们的许多杰作。礼堂旁的大牯牛雕刻，半弧形两角相向，双眼圆睁。它是著名国画大师林曦明的手笔。象棋大师蒋川当场指导小棋手下棋的照片高高悬挂在礼堂中央，谢圣伟老先生挥洒自如的墨宝对联，为文化礼堂增添了无比光彩。

四、建设文化礼堂　放飞儿时梦想

如今，文化礼堂已成了农村里老年朋友精神享受的乐园，成为振兴农村文化建设的"金字招牌"。永嘉县精心制订创建路线图，打造文旅融合带、乡风文化带和乡愁记忆带等三大示范带，打造"1＋9"文化礼堂的"永嘉标准"。

码道村文化礼堂建设只是全县养老文化建设中的一个缩影。政府多方集资、捐资、助资，共筹集上千万资金，建造文化礼堂、文化广场、百姓舞台、门球场等一系列文体设施，打造了永嘉"1＋9"文化礼堂样板，并拥有自己的文体队伍和村歌。老年人每天都喜欢往文化礼堂里跑，参加中意的活动，享受文化礼堂给他们带来的快乐。

文化礼堂一方面设立了"乡愁档案馆""乡风档案馆"，记录村里和家里的大事、要事、喜事，使自身承载乡风乡愁的主阵地，培育礼堂文化；另一方面，通过开展评选、树立和展示一批先进典型好人好事，使自身成为破除陋习、振兴乡村的重要阵地，让乡风文明滋润乡土、温暖人心、净风化人。

农村文化礼堂传承了文化，留住了乡愁，陶冶了情操，提升了素养，在永嘉广袤的农村落地生根、开花结果，为美丽新农村增添了光彩、凝聚了力量，老年人亲切地称之为"文化礼堂——我们的家。"

五、建设文化礼堂　获取身心健康

永嘉县拥有深厚的文化积淀和体育运动基础。近年来，伴随着农村文化礼堂的蓬勃发展，老年人紧跟时尚潮流，休闲健身方式发生了翻天覆地的变化。

初春的寒意刚刚退去，码道村文化礼堂的老年人运动场所就变得热闹欢腾起来，老年人三五成群集聚在一起，一场别开生面的门球赛即将上演……全县各地文化礼堂的体育设施各有特色，东城街道浦口文化礼堂的羽毛球场，大若岩镇大元下文化礼堂的门球场，瓯北街道珠岙文化礼堂的灯光篮球场，还有几乎每个文化礼堂都配备的乒乓球桌等，都在促进老年人休闲健身上发挥成效。珠岙村的老年人表示，文化礼堂建成后，夜生活习惯发生明显改变，男女老少都会聚集到文化礼堂，跳跳健美操，打打太极拳，农村生活显得十分协调、和谐。

文化礼堂建设关键在于满足老百姓的要求。2015年以来，我县全面推进农村文化体育建设，把文体活动"植"入乡间。"周周有活动，月月有赛事、季季有盛会"，乡村"岙运动"、星期天礼堂日、礼堂联欢周、新青年下乡、农民合唱团展演、"民星"俱乐部排舞大赛……各式活动在文化礼堂扎根开花，文化礼堂功能从单一转向多元化，全方位满足老年人精神需求。

2016年8月，永嘉县启动文体活动"十大品牌"培育，催生出乡村建设新亮点；楠溪江畔踏入"岙运动时代"，老年人在舞台唱出美好心声。在此过程中，永嘉县在农村开展以文化礼堂为阵地、以文体赛演为着力点的农村文化体育建设深化年活动，在全县掀起文体活动热潮，先后被市省评为"农村文化礼堂建设工作先进县"，得到领导的肯定和基层群众的广泛欢迎。

六、建设文化礼堂　引领社会风尚

文化礼堂正在引领农村新风尚，使移风易俗工作得到推进，改变了很多人的思想观念。百岁老人詹莲妹不办寿宴，发动子女出资37万元为村里造桥的事迹被传为佳话。破除封建迷信、革除陈规陋习的各式宣讲也在各个文化礼堂生根发芽，以群众喜闻乐见的形式，使移风易俗的好习惯深入人心。

去年，县委县政府出台《关于推进全县农村文化礼堂长效机制建设的实施方案》，将文化礼堂纳入社会主义新农村和美丽乡村建设规划体系，作为美丽乡村特色精品村、特色文化村的必备条件认真实施推进。永嘉县按照选址科学、功能完善、形态美观、安全实用的原则，合理布局农村文化礼堂建设项目，挖掘和保护村落优秀历史文化资源，提升村庄文化器材和美丽乡村建设内涵，打造高品质村庄公共文化空间。

七、建设文化礼堂　迎合时代需要

永嘉县农村文化礼堂与时俱进，使农村老人就近方便享受各类公共文化服务，将电子图书馆、日报阅报屏、"我们的掌上村吧"等现代化建设"搬"进文化礼堂，打造"智慧礼堂"：只要扫一扫二维码，海量免费图书随便下载；如"温州文化礼堂""永嘉发布"等微信公众号，"温州三农网"等网站，老人们用手机扫一扫，便能第一时间知道政务信息、天气预报等。

科学发展突飞猛进，不要说老年人，就是青年人一天不学习，也会跟不上形势的发展。过去说犁田不用牛、点灯不用油是梦想，后来拖拉机替代了牛耕田、电灯替代了煤油灯。神话传说中的千里眼、顺风耳、神行太保……现在都在科学技术的推进下实现了。老年爱学习，老年继续学习，是求知求新求变的健康心理，这种幸福和快乐只有在文化礼堂里共同研究、相互讨论时才能获取。

一方水土养育一方文化，一方文化润泽一方心灵。永嘉县文化礼堂开展形式多样、精彩纷呈的活动，吸引各村老年人参与其中，使其真正成为对老年人有凝聚力、向心力、归属感的精神家园。文化礼堂遍地开花，老年人因礼堂而凝聚，乡镇因凝聚而振兴。乡村振兴，既要有产业的发展，更要激活文化密码，增强老年人对优秀乡土文化的自信，守住乡村的魂。作为乡村文脉的承载者，文化礼堂早已成为永嘉农村文化地标和群众的精神家园，也为乡村振兴凝神聚气。

第七章

雁江区：打造寿乡名片　助力乡村振兴[*]

自 2013 年获得"中国长寿之乡"称号以来，雁江区委、区政府坚持以习总书记指示精神为指针，紧密结合实际，加强组织领导，扩大内外宣传，充分利用"中国长寿之乡"这张名片，推进乡村振兴，实现高质量发展，在"产业兴旺、生态宜居、乡风文明、治理有效、生活富裕"上迈出了坚实步伐，人民群众生活质量稳步提升，幸福感日益增强。

一、坚持把"中国长寿之乡"作为建设生态宜居雁江的靓丽名片

雁江地处成渝经济圈的核心，是资阳人的发祥地，被称之为蜀人原乡。山清水秀，人杰地灵，生态宜居，物产丰富。自"中国长寿之乡"授牌以来，区委、区政府不断加大投入，扩大内外宣传，使之成为雁江经济和社会发展的靓丽名片。

一是加强对外宣传。区委、区政府通过西部博览会、四川投资洽谈会、北京同乡恳谈会、新疆商谈会、广州招商会等无数次对外宣传，使"长寿之乡·临空雁江"的影响力不断扩大、吸引力不断增强。省内外投资商不仅了解了雁江，更增强了投资信心，落户企业先后达 200 多家。二是加强对内宣传。通过报刊、电视、高速公路、高速铁路及车站、公交车、长途汽车、出租灯箱、城市建筑、公园打造、小区环境打造等，抓住机遇，采用文字、图像、电子屏幕形式宣传。还邀请全国 30 多家新闻媒体进行"长寿之乡—美丽雁江"专题采风，极大提升了雁江的知名度、美誉度，吸引八方来客或投资、或创业、或旅居、或旅游、或观光。三是组织社会各界人士，连续 6 年举办长寿文化旅游节、膏方养生节等活动，现场直播点击率近 1 000 万人次，使广大群众的健康意识不断增强，养生保健成为常态，市民幸福感显著提高。四是由区委宣传部牵头，组织老龄办、妇女联合会等相关部门、社团组织坚持开展"最美老人、乡贤人物、好儿媳、好婆婆"评选表彰活动，把评选表彰的过程变为推动寿乡建设的过程，让孝德文化深入人心。五是区委、区政府坚持以人民为中心的思想，组织区卫生健康局、区长寿文化研究会、区老年大学为当年满百岁老人上门开展祝寿活动，亲朋好友通过微信、抖音等将政府敬老举措传遍了四面八方，受到社会各界及海内外人士的广泛关注和赞誉。据统计，5 年来，雁江区共为 435 位百岁老人送去了党和政府的祝福，寿星幸福感、群众自豪感增强。

---

*　雁江区人民政府供稿。执笔人：胡家国，四川省资阳市雁江区长寿文化研究会秘书长。

二、坚持把"中国长寿之乡"作为雁江产业兴盛的发动机

产业兴盛是经济高质量发展和乡村振兴的基础。如何让"长寿之乡"这块金字招牌成为产业发展的发动机，是雁江人民不断探寻的课题。为此，区委、区政府通过不断宣传教育，在各级党政领导和人民群众中形成共识。区委、区政府分别成立了以书记、区长为组长的雁江——"中国长寿之乡"品牌建设工作领导小组和品牌运用推进领导小组，负责组织研究、推进、发展寿乡品牌建设运用工作。这项工作得到了市委市政府的大力支持，市委书记还专门进行了批示，在每年党代会、人代会、政协会的工作报告中都作为工作计划作出安排部署。各级各部门成立了以单位负责人为组长、分管领导为副组长的寿乡品牌建设规划实施工作组，制定了各单位、各部门的具体实施方案，确保了品牌建设工作落到实处，推动品牌运用，为全区产业兴盛、经济发展、乡村振兴打下坚实基础。

（一）打造寿乡地域标识品牌

2015年，雁江区投资50万元在全国征集、筛选、认定并注册了"中国长寿之乡——四川雁江"地域商标，产业振兴有了靓丽的名片。

（二）打造寿乡文化品牌

文化振兴是乡村振兴的思想保障。几年来，雁江不断挖掘长寿文化、农耕文化、民俗文化、茶水文化，编写以赞美雁江绿水青山、人文美景、社会风尚、宜居环境的寿乡文化，歌颂雁江爱老孝老助老的敬老政策和各级党政的执政理念为主题的宣传物。区政协编印了2万册《长寿雁江》文史资料，区委宣传部编写了《品读雁江》宣传画册，区长寿文化研究会编印了《长寿雁江》杂志13期，区老年诗书画研究会编写诗集12 000余首、字画50 000余条（幅），开展书画展12场次。区文化馆、老年大学编写了《长寿雁江》《美丽雁江》《我的家在资阳》等脍炙人口的歌曲10首，人们爱国爱乡爱家的热情不断升华。

（三）打造寿乡美食品牌

美食不仅是地域特色，是服务业的重点，且能吸引人才、留住人才，而人才是乡村振兴的重头戏。在市餐饮协会的配合下，雁江区组织了名师、名厨、名家，取自产食材、法传统工艺、融现代烹饪、烹长寿美食；组织8位国家级川菜大师开展历史名菜《苌弘鲶鱼》《水中人参——泥鳅》等12次雁江美食文化理论研讨会和雁江籍国宴大师松如厨艺、厨德、厨魂理论研讨会，不断提升川菜技艺和开发理论成果；成功举办世界川菜大会、长寿美食比赛大会和二十四节气菜比赛等，品尝雁江长寿美食的游客络绎不绝，让世界爱上川菜、爱上雁江。活动的开展不仅让大家看见乡村希望、看好乡村未来，而且在研制美食中看见乡村生活，让雁江美食走遍全国、走向世界。

（四）打造寿乡养生品牌

全民健康是乡村振兴的重点，为了促进人民身体身心健康，雁江区邀请了国家、省级

专家举办了长寿文化高峰论坛会。每年组织相关医药企业，在市区各地开展为市民免费义诊活动。养生知识讲座走进乡村、走进社区，邀请了原卫生部首席健康教育专家洪昭光等国家、省、市、区知名专家为市民讲授健康养生知识。持续举办膏方节活动，弘扬、传承中医养生精髓，向市民传授养生拳八段锦，为市民健康养生提供优质服务。

（五）打造寿乡旅游品牌

旅游业在乡村振兴中发挥着巨大的带动作用。2019 年，政府投资建成了天府花溪AAAA 级风景区、高洞田园、晏家坝民俗旅居、花海游园、佛山橘海田园等乡村旅游观光环线，带动区域 15 个镇产业连片发展。在城市建成了凤岭公园、字库山公园、天台山公园和十里沱江滨江走廊，为城市提供休闲度假、旅游观景的空间。在旅游业的巨大带动作用下，资阳文旅大学城产业园等一批项目建设全面完成，四川地球仓文化旅游有限公司在天府花溪建设的特色民宿、商业综合体正在投入使用。寿乡旅游品牌的打造，提升了雁江的整体形象。

（六）打造寿乡产品品牌

为提高产品市场竞争力、提升产品价值，每年对家庭农场主、企业业主开展寿乡品牌建设与运用培训会，介绍"长寿之乡"品牌价值，创建寿乡产品品牌；组织人员深入农场、企业考察论证企业生产的产量、质量和销量，指导企业坚持注重产品质量，引导企业依法依规运用"中国长寿之乡——四川雁江"地域商标，以提升产品知名度。几年来，已有旺鹭食品、山友果业、濛溪米业等近 20 家企业运用了寿乡雁江地域商标，为雁江经济高质量发展奠定了坚实的基础。

三、坚持把"中国长寿之乡"作为雁江增强经济实力的助推器

运用寿乡品牌加速发展，让区域经济实现高质量腾飞是宣传寿乡品牌、打造寿乡品牌的最终目的。近年来，雁江区委区政府在宣传、打造寿乡品牌的同时，加强了对"中国长寿之乡"品牌的培育和运用，让寿乡品牌成为雁江经济高质量腾飞的助推器。

（一）组织企业业主深入市场调查，增强企业业主运用寿乡品牌的信心

近年来，在组织企业业主进行寿乡品牌打造与运用培训的同时，雁江区组织部分规模企业业主到重庆江津等"中国长寿之乡"考察论证如何打造和运用寿乡品牌，组织部分企业业主到成都、杭州等地进行寿乡产品市场销售调查，让业主们增强了打造和运用寿乡品牌的信心和决心。

（二）培育寿乡企业，引导企业贴牌"中国长寿之乡——四川雁江"地域商标

从 2016 年起，全区已培育建立了新场、回龙六个村近 5 000 亩的稻鳅米种养基地，培育建立了丹山 10 000 亩稻鱼米种养基地，其大米贴牌雁江地域商标后，市场价格每千克净增价值 4～6 元，且供不应求；培育的老君镇 10 000 亩龙合桃业，2019 年在鲜桃市场

价格全线下滑的情况下，在成都的价格不降反升；山友果业在 2017 年开始贴牌雁江地域商标后，其产品每年在网上直销，且价格翻番，2020 年生产的沃柑被西南商户包购，成为运用寿乡品牌创造价值的典型企业；旺鹭食品运用寿乡品牌加速发展，其原为占地 50 000 平方米生产花生奶的小型企业，到现在已成为厂区面积 200 000 平方米，能生产啤酒、苏打水、饮料等 10 多个产品的中型企业，贴牌"中国长寿之乡——四川雁江"地域商标的苏打水线上一天实现销量达 8 000 件，啤酒生产能力达到每分钟 10 000 瓶。产品畅销西南及东北地区，目前企业还在不断扩大建设；丹山真真实实辣椒酱、百草灰皮蛋厂等一批批雁江企业运用寿乡品牌，销路不断拓宽，价格不断上扬。其中辣椒酱实现外销出口，百草灰皮蛋订单与生产能力每年差距为 50 万枚，成为雁江最大的供不应求企业；禾邦药业生产的养生粉实现无店销售。目前，雁江运用寿乡品牌，正在全力打造"中国蜜柑之乡"，发展以丰裕为基础的 30 万亩优质蜜柑，运用"长寿之乡"品牌，对产品进行品牌包装、销售，提高产品价值，增加果农经济收入。

通过对长寿之乡品牌的建设和运用，雁江的经济实现了快速高质量发展。2020 年全区 GDP 实现 3 473 755 万元，比 2016 年增长了 686 424 万元，工业增加值实现 866 302 万元，比 2016 年增长 53 916 万元；农、林、牧、渔业增加值实现 565 512 万元；第三产业实现增加值 1 783 343 万元，分别比 2016 年增长 141 790、432 963 万元。城市人均可支配收入、农民人均可支配收入分别比 2016 年增长 9 175 元、5 769 元。63 个贫困村、20 404户、52 066 人全部脱贫。全区人民正满怀信心，为建设美丽、繁荣、和谐、文明新雁江而共同努力奋斗。

第八章

钟祥市：锻造长寿品牌　推动绿色发展[*]

　　钟祥市在 2008 年 6 月获得中国老年学学会颁布的"中国长寿之乡"称号。13 年来，钟祥市以锻造长寿品牌为抓手，推动钟祥市的绿色发展迈上一个又一个新台阶。

　　湖北省钟祥市位于鄂中腹地、江汉平原北部。东靠大洪山脉，西依荆山山脉，长江最大支流汉水自北向南穿境而过，中心城区郢中怀抱莫愁、镜月二湖，相传两湖原为一体，名曰"沧浪"。素有"物华天宝，人杰地灵"之盛誉。"阳春白雪"典出于此，宋玉、莫愁女、明嘉靖皇帝朱厚熜、中国考古学之父李济皆诞生于此。史载公元 470 年，因高寿者众，故将县名由"石城"更名为"苌寿"，后又改为"长寿"，"长寿"县名曾延用近千年之久。公元 1531 年，明嘉靖帝依"钟聚祥瑞"之意将其家乡"长寿"赐名为"钟祥"。地名更易换新，长寿现象依然。新中国成立后历次人口普查，钟祥都位居长寿区域之列。长寿既是钟祥独特的文化符号，又是钟祥经济社会发展的一张闪亮名片。

一、务虚求实　认清绿色发展的方向

　　2003 年，现任市长寿研究会会长，时任市委常委、宣传部部长的王运贵同志发起成立了"钟祥市长寿研究会"，得到了市委、市政府大力支持。长寿研究会对钟祥市的长寿现象从历史渊源、自然环境、人文习俗、寿星风采等诸方面进行了深入细致的调查研究，并在此基础上创办了《长寿研究》杂志（后更名为《长寿探秘》），出版了《华夏寿乡探秘》等系列专著和《百岁寿星风采》画册，创作推出了歌颂"养生山水，长寿钟祥"的歌曲《寿乡谣》，发表了有关长寿研究的多篇论文。钟祥市长寿研究会的研究成果引起了相关部门和专家的关注。2006 年 4 月，中国老年学学会组织中科院、中国社会科学院、北京大学、清华大学等科研机构和高等院校的 20 多名专家学者云集钟祥考察长寿情况，召开"中国长寿区域标准研讨会"，并在会上形成了"中国长寿区域评定标准"。2008 年 6 月，钟祥通过"中国长寿之乡"认定。在探研长寿文化的过程中，我们逐步认识到长寿与良好的生态环境有着十分紧密的关系，而钟祥在这个方面具有独特的先天优势，从此钟祥市明确了以长寿之乡建设促进绿色发展的方向。

---

　　[*] 钟祥市人民政府供稿。执笔人：刘群灵，湖北省钟祥市长寿研究会副会长；别道旭，湖北省钟祥市长寿研究会秘书长。

二、摸清家底 明确绿色发展的目标

钟祥幅员辽阔,土质优良,水源充沛。有 4 488 平方公里的土地面积,这在全国县级长寿之乡中首屈一指;中科院专家团队和湖北省地质局曾分别对全市土地进行过全面细致的标准化普查,结论是中等水平以上的含硒土地占 90％以上,其中可耕种的富硒地达 126 万亩,富锌、富锶、富锗土地都在 1 000 平方公里左右。富含珍贵微量元素的土地同在一个县市大面积存在,比较稀少。水是生命之源,钟祥的水源既丰沛又质优。全市主水源一江三库,中小型水库堰塘星罗棋布。可利用的地面水为 500 亿立方米,人均 5 万立方米,人均拥有量是全国的 20 倍,是世界的 4 倍。由于水源充沛,80％以上的土地不受旱灾影响,中华人民共和国成立以来,钟祥就是全国最稳定的商品粮、油、猪、蛋供应基地之一。丰富的优质农产品为发展绿色食品加工奠定了坚实的基础。宜人的自然环境为发展绿色康养产业提供了优越的条件。在充分摸清家底的基础上,市委 2008 年正式以〔钟发 2008〕10 号文件提出了"发挥长寿品牌效应,推动经济社会发展"的意见,确立了以壮大长寿产业、文旅融合、绿色发展作为钟祥市经济社会发展的主线,明确提出把钟祥建成全国"长寿食品基地、长寿旅游胜地,长寿养生福地"作为绿色发展的三大奋斗目标。

三、打造品牌 增强绿色发展的动力

在市场经济条件下,品牌建设就是核心竞争力建设,绿色发展也不例外。打造钟祥的长寿品牌,我们重点做了五件事。

(一)抓住时机,注册长寿品牌商标

为了推动绿色发展,钟祥注册了"长寿园"和"楚郢长寿园"商标,长寿产品所需用的商标种类全部注册齐全,为发展长寿产业奠定了品牌基础。

(二)树立样板,建立长寿产业核心基地

2013 年以来,市长寿研究会和长寿园食品文化有限公司通过在实践中探索,采取与公司或合作社共建的方式,先后在磷矿镇阮坪村(与寿之根合作社共建)和长滩镇金星村(与湖北寿之峰农作物种植专业合作社共建)各建 500 亩有机大米生产示范基地;帮助和引导湖北新布局农作物种植专业合作社建立了 15 000 亩生态优质米生产基地;帮助和指导湖北功建农业科技有限公司建设万亩"双低"油菜生产基地和 7D 功能型菜籽油精品加工厂;引进湖北花千里果蔬有限公司在洋梓镇肖山村共建千亩寿桃基地;确定东圣、志鹏两个盘龙菜生产厂家,豆康豆业、青泥湾两个豆制品公司和仙之灵、葛娃两个葛粉生产企业打造精品盘龙菜、富硒豆制品和优质葛粉;选择萧山 5 万头生态猪场为生产精品盘龙菜原料基地等。这些基地和厂家产出的农副土特产品元素健康、绿色有机、营养丰富、口感宜人,成为市场的俏销货,起到了很好的示范引导推广作用。

（三）制定标准，引导长寿产业发展方向

"长寿园"品牌定位为"一个特色"（寿乡精品，富硒有机）"两个面对"（面对追求健康长寿的人群、面对讲究生活品质的人群）"三个原则"（产品必须产自自己的生产基地，品种必须绿色健康、富硒有机，每款产品必须有权威部门检测报告），品牌生产运营"四化"（基地标准化、生产工厂化、产品精品化、包装精美化）。认可这些标准要求的企业可以申请加入长寿园品牌协会；达到这些标准要求的产品，可以纳入长寿园系列产品进行展示和推介。

（四）凝聚力量，成立长寿园品牌协会

一花独放不是春，万紫千红春满园。为了充分利用长寿资源、大力发展长寿产业，2017年6月钟祥成立了长寿园品牌协会。这个协会涵盖了粮食、油料、食用菌、盘龙菜、葛粉、豆制品、长寿桃、生猪、畜禽等方面26家有代表性的骨干企业。协会只服务不收费。一是提供商标服务，对符合标准的企业产品无偿使用；二是提供技术服务，聘请专家上门指导；三是提供信息服务，建立了协会成员微信群，随时传递生产、经营及政策性的信息；四是提供展示销售服务。展示中心优先展示协会成员单位优质产品。所建立的邮政、平安、工商银行、牧源集团等销售平台，优先销售成员单位的产品。目前长寿园品牌协会产品已源源不断销往武汉、深圳、河南、浙江乃至全国各地。

（五）搭建平台，展示长寿文化和长寿产品

2017年8月，钟祥城区中心搭建起一个400平方米的长寿食品文化展示厅，主要服务城区市民。2019年又在明显陵游客中心建成了面积达1 600平方米的长寿食品文化展示厅，主要服务外来游客。这两个展示中心，都设有长寿文化、长寿食品、长寿书画三个展馆，从钟祥长寿文化的来龙去脉讲起，直到长寿产业的发展、现状和前景。展示厅已成为市情教育基地、对外交流窗口、招商引资平台、文旅融合亮点、探研长寿讲坛、修性养心乐园。

钟祥打造长寿品牌、促进绿色发展的工作，取得了初步成效。钟祥农业主导产品钟祥大米过去每千克只卖4元左右。进行品牌建设以来，钟祥有机、富硒大米从无到有，2020年总产量已达21万吨，有机米每千克卖到了40元，富硒米每千克也卖到8元左右。全市水果品质同样得到提升。2020年优质瓜果产量已达20.49万吨，旧口沙梨，长滩杨梅，张集、管庄湖柑橘，张集、九里泉水柑，洋梓、长滩寿桃等，已成畅销省内外的紧俏货。

钟祥市长寿产业起步时间不长，规模还有待扩展，资源还有待整合，市场还有待开拓。我们将发扬"钉钉子"精神，在现有基础上再接再厉，多研究、善引领、勤协调、补短板、求规范、做扎实，力争在"十四五"期间，建设一批高标准的品牌基地和骨干企业，将全市的农副土特产、畜禽、水产品中的精品纳入"长寿园"品牌系列，把钟祥市建成全国性的长寿食品基地、长寿旅游胜地、长寿养生福地，让"中国长寿之乡"这个品牌更加闪亮、造福人民。

第九章

钟祥市：以长寿研究会建设促进寿乡发展[*]

钟祥市在 2008 年 6 月获得中国老年学学会颁布的"中国长寿之乡"称号。13 年来，钟祥市以长寿研究会建设为抓手，推动钟祥市的长寿之乡发展。

南朝刘宋明帝泰始六年（公元 470 年），钟祥因长寿人口众多而改县名为"苌寿县"。《宋书·州郡志》记载，泰始年间的一次全国人口普查显示，苌寿县的长寿老人竟占县内总人口的四分之一。北朝西魏大统十七年（公元 551 年），苌寿改称"长寿"县，此名一直沿用 980 年之久。明朝嘉靖十年（公元 1531 年），出生于此的嘉靖帝朱厚熜认为自己的家乡是"钟聚祥瑞"的龙兴之地，遂赐县名为钟祥。

2003 年春天，全国两会刚结束，中央十大涉外媒体组团来湖北钟祥采访钟祥长寿现象，从而启动钟祥长寿现象的研究。2003 年 6 月 19 日，钟祥市注册登记成立了钟祥市长寿研究会，成员由 106 名热心长寿事业的理事和 23 个相关成员单位组成，由王运贵同志担任会长。当年 10 月 6 日，新华社将钟祥长寿研究会撰写的"钟祥百岁老人长寿的四大因素"作为通稿刊发，全国 56 家媒体转载并引动多家媒体到钟祥采访。

一、18 年的探研历程

从 2003 年 6 月 19 日成立长寿研究会至今已有 18 年。18 年来，我们紧扣"弘扬长寿文化，打造长寿品牌，发展长寿经济"这一主线，推进长寿之乡发展。

第一阶段为 2003 年 6 月至 2008 年 6 月，主要做了三件事。一是对钟祥的长寿历史和现状进行了全面的考证普查、研究和总结。经过 2 年的努力，2005 年底由湖北科技出版社出版了 30 万字的《华夏寿乡探秘》专著，对钟祥何以古今都是长寿区域作出了初步解答。二是促成在钟祥召开"中国长寿之乡区域标准研讨会"。钟祥长寿研究会所研究的成果，通过媒体刊发和展播，尤其是《华夏寿乡探秘》的出版，引起了中国老年学学会和中国科学院、中国社会科学院、北京大学、清华大学等科研院所的高度关注。2006 年 4 月 22 日至 24 日，"中国长寿之乡区域标准研讨会"在钟祥召开，标准包括 3 个必达标准和 12 项参考指标。3 个必达标准为：长寿的代表性，百岁老人占总人口的比例达到 7/10 万以上；长寿的整体性，人均预期寿命比全国平均水平高出 3 岁以上；长寿的持续性，80 岁以上高龄老人占总人口比例达到 1.4% 以上。这个标准经过公示后，成为中国老年学学

---

* 钟祥市长寿研究会供稿。执笔人：王运贵，湖北长寿文化研究所所长、钟祥市长寿研究会会长。

会第一届中国长寿之乡认定标准。三是积极筹备,申报中国长寿之乡。经过 1 年多的努力,对照中国长寿之乡的标准,钟祥已满足要求。市政府于 2007 年夏天正式向中国老年学学会提交申请。中国老年学学会聘请专业团队来到钟祥,对照标准逐项考核,百岁老人占总人口比例达到 7.7/10 万,超过标准 0.7/10 万;人口预期寿命 75.88 岁,超过标准 4.88 岁;80 岁以上人口占总人口的比例为 1.52%,超过标准 0.12%。12 项参考标准也全部符合标准。2008 年 5 月,中国老年学学会组织专家组赴钟祥现场认定,认定获得全票通过。钟祥市委、市政府于当年 6 月在湖北日报举行了新闻发布会。

第二阶段为 2008 年 6 月至 2015 年 5 月,主要做了四件事。一是就如何运用好中国长寿之乡这个品牌,给市委市政府当好参谋,经过一段时间的调查研究和思考,在 2004 年为市委起草的"2004 年钟发 10 号文件"的基础上,又起草了关于"发挥长寿品牌效应,推动经济社会发展的意见"的文件,市委以〔钟发 2008〕10 号文件印发。这个文件,第一次提出把钟祥建成全国"长寿食品基地,长寿旅游胜地,长寿养生福地"的奋斗目标,进一步理清了运用长寿品牌的思路、措施和方向。二是围绕钟祥所举办的两届长寿文化旅游节,组织了两场全国性长寿文化高峰论坛,助推钟祥发展。三是精心筹备出席国际长寿高峰论坛会议。2011 年 8 月,国际人口老龄化长寿化高峰论坛在美国夏威夷召开,钟祥作为中国三个县市代表之一出席会议。会上,钟祥作了"长寿文化与人口长寿"的演讲,并向与会专家代表赠送了《走进寿乡——钟祥》专著、《钟祥百岁老人风采》画册,以及百岁老人祝贺会议召开所题写的墨宝。四是积极配合中国科学院专家团队对钟祥长寿现象进行研究。研究会先后两次邀请中国科学院专家团队来钟祥调查研究,全面了解总结钟祥的长寿成因。

第三阶段为 2015 年 6 月至 2021 年 6 月,主要围绕继续打牢长寿根基、发挥长寿品牌效应而努力,主要做了四件事。一是进一步探研总结钟祥区域长寿成因和百岁寿星的长寿奥秘。我们将钟祥长寿成因总结归纳为"六个特色"和"四个和谐"。六个特色为:钟灵毓秀的独特区位,优美宜人的生态环境,优质丰沛的生命甘泉,肥沃广袤的富硒土壤,传承千年的养生美食,积淀深厚的长寿文化。四个和谐即:人与自然的和谐,人与社会的和谐,人与人的和谐,人的自身和谐。通过对 500 位百岁寿星的走访研究,将他们的长寿秘诀概括为五句话二十个字:心态平和,勤劳善良,粗茶淡饭,知足常乐,长寿基因。二是继续给市委市政府当参谋,撰写了"关于打牢长寿根基,关爱和保护高龄老人的建议",引起市委市政府高度重视,将建议用市委"参阅件"转发,并及时调整完善关爱和保护高龄老人的相关政策措施。对百岁老人的生活补贴标准由原来 200 元/月,调整为 505 元/月,且每增加一岁,每月另增加 30 元;对 90 岁~99 岁的高龄老人,由原 50 元/月调整为 200 元/月;80 岁~89 岁的老人也开始纳入补助范围,标准为 30 元/月;70 岁以上老人免费乘车,百岁老人免费体检,重阳节四大班子领导上门看望百岁老人等"五个一"惠老举措形成常态化制度。三是在深入探研和积极实践的基础上,撰写了"长寿园品牌探索与展望"文章,市委及时用参阅件转发,并支持成立了钟祥市长寿园品牌协会,还在 2018 年市委一号文件中,明确将"长寿园"商标确定为全市农产品公共品牌商标。四是竭力创建长寿园品牌,助推乡村振兴。其一是配合湖北省地质局,用 5 年时间对全市 4 488 平方公里的版图进行全面普查,摸清了长寿资源家底。全市中等以上的含硒土地占总面积 90％以上，其中富硒土地 126 万亩，占耕地面积 50％。富含锌、锶、锗三项重要微量元素的耕地面积分别都达到 1 000 平方千米以上。在一定程度上印证了"一方水土养育一方人"的古训；其二是及时注册"长寿园"系列商标。经过多年努力，将"长寿园"商标类别注册齐全，为创立寿乡长寿品牌打下了基础；其三是建立"长寿园"品牌各门类示范基地，帮助指导长寿园品牌协会成员单位，建立了 16 000 亩有机、生态、优质大米基地，10 000 亩双低油菜基地，3 000 亩葛根基地，2 000 亩长寿桃基地，5 万头生态猪基地等；其四是拓展长寿园品牌营销渠道和平台，先后与湖北邮政、中国工商银行、中国平安、牧源集团等单位建立了合作关系；其五是建立长寿文化食品展示中心，"创立长寿品牌，助推乡村振兴"成为 2020 年度全国长寿之乡的十大亮点工作之一。

回顾 18 年历程，我们把助推长寿之乡发展归纳为八个一：一个品牌——中国长寿之乡；一种刊物——《长寿探秘》杂志已创办 16 个年头，出版 176 期，1 408 万字，这种刊物是中国老年学学会健康长寿分会会刊，由钟祥长寿研究会主办，长寿之乡绿色发展区域合作联盟和武汉传媒集团参与合办，办刊宗旨为"寿乡秘诀库，大众养生书"，既是中国长寿之乡的交流平台，也是一本健康长寿的科普读物。现已发行至全国 16 个省市，是全国级别的以"长寿"为主题的刊物；一套丛书——出版了《华夏寿乡探秘》《走进寿乡——钟祥》《百岁老人档案》《春满寿乡》《银海探航》，共计 130 余万字。同时还由《长寿探秘》编辑部牵头，先后为寿乡夏邑、文登、三水、溧阳、如皋、太仓、东兴、永福等出版了系列长寿专著；一本画册——100 位百岁寿星风采专辑；一首歌曲——"养生山水长寿钟祥"《寿乡谣》；一个展示中心——1 600 平方米的长寿食品文化展示中心，已成为市情教育的基地、对外交流的窗口、筑巢引凤的平台、文旅融合的亮点、探研长寿的讲坛、修身养性的乐园；一个长寿书画院——历代诗人吟钟祥，当代名家书寿乡；一批长寿产业——除"长寿园"系列长寿产品外，据不完全统计，全市打出"长寿之乡"招牌的企业和个体工商户及其产品已数以千计，长寿已成为钟祥的闪亮名片。

二、18 年的探研效应

18 年探研长寿所取得的效应，可归结为四个方面。

（一）提高了钟祥的知名度

我们探研所取得的成果，大报、大台、大网都适时进行了宣传报道。中央电视台先后拍摄《生命的魅力》《钟祥长寿密码》等 8 个半小时的专题节目在央视各个频道滚动播出。俄罗斯一知名电视台也慕名来钟祥作了一期长寿专题节目。新华网、人民网、腾讯网等大网均以大篇幅、多角度宣传报道钟祥的长寿文化、长寿产业。《湖北日报》多次以整版篇幅报道长寿钟祥，最具影响的一篇通栏标题为《湖北出了个国家级长寿市》；《农民日报》的整版通栏标题为《中国有个长寿之乡叫钟祥》；《深圳特区报》两个整版通栏标题分别为《长寿是钟祥的闪亮名片》《去钟祥感悟毓秀体验养生》；上海《文汇报》的通栏标题为《钟祥长寿的四大基石》；《今日中国》的通栏标题为《钟祥百岁老人的养生之道》。通过这些报刊的报道、长寿文化旅游节的举办和《长寿探秘》杂志 10 多年的推介，钟祥的知名度大为提高。

（二）有力促进了钟祥的经济社会发展

近些年，很多追求健康长寿者慕名来钟祥感悟长寿、体验养生、寻找商机、投资兴业。深圳从事健康产业的安然集团，一次组织 600 人千里迢迢来钟祥观光旅游。他们打的旗号是：游长寿之乡，访长寿老人，听长寿故事，品长寿美食，取长寿真经，兴长寿产业。全市长寿经济份额呈逐年增长趋势。尽管目前长寿产业成效还有待提升，但在市委、市政府领导下，长寿品牌成为钟祥五大品牌之首，长寿产业成为五大产业的重中之重，努力把钟祥建成全国长寿食品基地、长寿旅游胜地、长寿养生福地成为钟祥人共同的目标。

（三）显著提升了钟祥孝亲敬老的传统文化氛围

自古以来，钟祥人就以地道、厚道、孝道著称。钟祥人能够长寿，除了优越的生态环境、良好的生活方式外，还靠着积淀深厚的孝道文化。据县志记载，嘉靖在位 46 年只回了家乡一次，他在祭拜父亲兴献王之后，便把 140 多位乡亲邀请到家里见面茶叙，用浓浓的乡音给大家着重讲了一件事"孝道"！他叮嘱乡亲们，一定要崇尚孝道，长幼互爱。长者要爱护晚辈，后生晚辈们一定要孝敬老人和长辈，切记！切记！这件事在钟祥传为佳话，影响着一代又一代钟祥人。在探研长寿的 20 多年时间里，钟祥市委市政府出台了一系列惠及高龄长寿老人的政策措施，让他们老有所依、所养、所为、所乐，在全市产生了积极影响，形成了良好的氛围。"家有老，胜似宝"，蔚成风尚。很多家庭多代同堂，天伦亲和，尊老爱幼，其乐融融，孝道文化在钟祥得到传承和弘扬。

（四）明显增强了全体市民的大健康理念

钟祥获得中国长寿之乡称号，不仅增强了钟祥人的荣誉感和自豪感，而且增强了大家的健康长寿理念。其一，在农作物的生产种植中，力求做到安全健康无公害，全市有机、绿色和地标产品占比达到 75％以上，2019 年被国家命名为农产品生产安全市。其二，在生活方式上，力求改掉不良习俗，追求健康科学的生活方式。很多家庭都注重学习健康养生知识，收藏健康宝典，《长寿探秘》杂志成为人们喜爱的读物。其三，在健身养生方面，坚持不懈。太极拳、木兰扇、健身舞遍及城镇社区、乡村院落，成为一道道亮丽的风景线。钟祥 2000 年第五次人口普查人均预期寿命为 75.88 岁；2010 年第六次人口普查人均预期寿命为 78.92 岁，2020 年第七次人口普查人均预期寿命达到 81.30 岁，全市人均预期寿命呈逐年上升趋势。进入"十四五"以后，国家提出全国人均预期寿命增加 1 岁，钟祥市的长寿水平和健康水平也一定能够提升。

龙州县：打造避寒暖都康养龙州的寿乡发展特色[*]

龙州县在 2015 年 6 月获得中国老年学和老年医学学会授予的"中国长寿之乡"称号。这个称号是含金量很高的综合性社会名片，是龙州宝贵的无形资产，是对龙州自身价值的一次重大提升。获得称号后 6 年间，龙州县充分挖掘长寿之乡的生态、旅游、文化资源，努力将"中国长寿之乡"的品牌效应转化为发展效益，逐渐形成了以康养为特色的龙州寿乡发展之路。

龙州县地处广西西南边陲，是红八军故乡、中国天琴艺术之乡、中国长寿之乡、世界文化遗产地、广西特色旅游名县。全县总面积 2 317.8 平方公里，辖 12 个乡镇、127 个行政村（社区），总人口 27 万余人，其中壮族人口占 95%。近年来，龙州县委、县政府深入贯彻落实习近平总书记"绿水青山就是金山银山"的重要讲话精神，秉承生态优势金不换的理念，依托本地得天独厚的生态环境资源、丰富的旅游资源和源远流长的长寿文化资源，强力落实"富民兴边、生态立县、贸工强县、旅游旺县、文化兴县"五大定位，全力打造"东盟商务港、产业桥头堡、生态长寿乡、世界遗产地、富裕新边城"五大目标，坚决做好口岸经济、文化旅游"两篇大文章"，打好产业转型升级、农村脱贫攻坚、基础设施建设、新型城镇化建设"四大攻坚战"，用好寿乡金字名片，大力发展生态经济，走出了一条生态与经济"双赢"的高质量发展之路，全县经济社会保持平稳较快发展，生态旅游及健康养生养老产业发展也取得明显成效。继左江花山岩画文化景观列入《世界遗产名录》，龙州乌龙茶获批为国家地理标志产品保护产品，获评"中国天琴艺术之乡""中国长寿之乡""全国老年维权示范岗""中国民间文化遗产旅游示范区""2015 中国最具特色休闲养生旅游县""全国红色旅游国际合作创建区""广西特色旅游名县"等荣誉称号之后，2019 年龙州县又有左江湿地公园获评"国家湿地公园"、广西弄岗喀斯特季雨林获评 2018 年度"中国最美森林"等称号。

一、坚持高位推进，培育避寒旅游产业

龙州县坚持"旅游旺县"定位，深入挖掘和发挥生态、长寿、气候、边关、红色、文化、民俗等资源优势，启动旅游发展攻坚大会战，全力推进"建景区""建暖都"专项行

---

* 龙州县人民政府供稿。执笔人：聂兰欢，广西壮族自治区崇左市龙州县长寿办主任。

动，打造中国边关避寒暖都。发挥龙州气候条件和自然生态优势，以基础设施提升和服务配套完善为抓手，紧盯国际和国内冬天气候寒冷地区广大客源，着力培育发展"避寒＋暖都＋旅居、研学、康养、体育、艺术"等避寒旅游发展模式，大力开发避寒旅游产品，推进文化体育生态康养研学全域旅游，实施国家亲子冬令研学营、避寒养身度假区、冬训运动基地建设工程，打造全国知名避寒度假旅游目的地。去年，龙州县成功创建溪水弄岗四星级乡村旅游区、陇亨观鸟基地四星级农家乐；开通 8 条中小学生研学旅行线路，开展研学旅行 52 期，累计 6 189 人参加；成功举办中国·龙州第四届"秘境弄岗"国际观鸟节、首届中国边关避寒暖都民宿大会等活动，弄岗观鸟节成为全国四大观鸟赛事之一。

二、利用资源优势，兴建避寒民宿集群

龙州县上金乡位于龙州县东南部，地理位置独特，水路、陆路交通便利，拥有丰富的旅游资源，自然风光秀丽，是自治区级生态乡镇，2017 年荣获"中国长寿之乡乡情体验基地"荣誉称号。龙州以上金乡进明村荷村屯为中心打造"避寒暖都"第一村，辐射根村屯、上金村活农屯、两岸村小岸屯，利用村庄空闲的建设用地、民房升级改造或新建民宿，规划形成旅游民宿集群，以及配套商业、餐饮业，带动民宿旅游经济；将以"民宿＋"为核心地位，建设度假文化创意园，与左江文化旅游带相辅相成，打造龙州民宿经济亮点。围绕荷文化、农耕文化、观鸟文化等，发展餐饮住宿、观光游览、康养疗愈，借力花山岩画景观世界文化遗产核心区、古刹紫霞洞、左江上金河段国家 4A 级旅游景区、国家级弄岗自然保护区、左江国家湿地公园等，打造高端民宿品牌。

同时，通过充分发挥乡村振兴规划设计院的作用，改善乡村风貌和提升农民素质"两手抓"，一方面聘请相关专业的青年人才作为设计院骨干，遵循"把规划还给乡村，把设计还给农民"的理念，为上金沿江重点村屯结合乡村旅游进行规划，使乡村设计符合发展规划、村民意愿、传统习俗、地方风貌，打造一批乡村建设精品示范点；另一方面做好乡村建设人才培训、乡村工匠培养、返乡农民工创业培育，培养适应时代需要的新型农民。

三、丰富旅游业态，艺术为媒助推项目

2020 年 12 月 27 日至 28 日，龙州县在上金乡进明村荷村屯和花山服务区举办首届中国边关避寒暖都民宿大会，举行了龙州乡村振兴研究院成立暨上金乡豫见龙糖民宿集群一期开工奠基仪式、"发现醉美上金·体验中国边关避寒暖都——龙州县首届乡村音乐节"等活动。龙州县首届乡村音乐节上，龙州县天琴艺术中心的《让我做你的一把天琴》、男声合唱《守望》、天琴弹唱《阿姐琴谣》等精彩节目，将龙州天琴艺术展现在来自区内外的客商和游客面前。大会期间，还挂牌成立了龙州县乡村振兴研究院。该院将通过"专业设计院＋高校人才＋旅游企业"的合作模式，以上金乡进明村荷村屯、根村屯、陇根屯和上金村活农屯为试点，结合上金乡豫见龙糖民宿集群建设，通过对民房改造用途定位和设计，整合村庄建设用地规划、村庄周围规划、民宿及业态招商等进行规划设计，打造一体化旅游业态，多方位提高土地利用率，推动乡村振兴。大会通过邀请客商考察旅游资源，

洽谈、签订旅游项目，开工建设民宿集群项目等方式，使来自全国各地的客商云集。对上金乡的旅游资源进行多方面考察后，有龙州上金航空观光旅游项目、龙州上金云舍民宿、龙州上金荷村屯缘舍民宿、龙州上金江映蓉民宿、龙州上金林韵山居民宿、龙州上金云润民宿、龙州上金悠然居民宿等 7 个项目签约落户龙州，总投资约 4.2 亿元。首届中国边关避寒暖都民宿大会是龙州县聚力推动乡村振兴与生态价值转化、创新发展模式的一个缩影、一个范本，龙州县避寒旅游在其基础上，不断探索、不断深化、不断创新，龙州县开发建设红色足迹之旅、秘境弄岗生态之旅、古城历史文化之旅等已经全面开花，使龙州寿乡发展不断登上新的台阶。

第十一章

金寨县：以红色资源发展寿乡旅游和康养[*]

金寨，是中国革命的重要策源地、人民军队的重要发源地。境内先后发生了著名的立夏节起义、六霍起义，相继诞生了 12 支成建制主力红军队伍，走出了 59 位开国将军，红色民歌《八月桂花遍地开》就是从这里伴随着红军的脚步，唱响全国。

这里又是一方古朴灵秀的热土，地处北纬 31°附近的神奇秘境，有华东最后一片原始森林——天马自然保护区，境内千峰竞秀、飞瀑如练、清泉似玉、百花争艳、植被丰茂；有鲜花湖、梅山湖两大高峡平湖，水墨画卷，天然氧吧；珍稀动物、濒危植物和谐共生，大别山植物基因库声名远扬。

丰富的红色革命历史与绿色山水景观紧密相融、交相辉映，形成了独特的"人杰地灵""人寿年丰"的自然风貌。2015 年 1 月，中国老年学和老年医学学会正式认定金寨县为第二届"中国长寿之乡"。近年来金寨县先后荣获"中国长寿之乡旅游文化服务示范城市""全国休闲农业与乡村旅游示范县""国家生态文明示范县""第六届全国文明城市""2019 年中国最美县域榜单""国家全域旅游示范区""安徽省旅游强县""安徽省首届十佳环境优美县""安徽省美丽乡村整县推进示范县"等系列称号。

一、红作魂，绿为本，顶层设计，规划引领

金寨县委县政府以长寿之乡建设为抓手，成立专门工作机构，秉承着"绿水青山就是金山银山"的发展理念，红作魂，绿为本，大力推进以红色为主题的"初心之旅"和以康养为主题的"养心金寨"相互交融的全域旅游建设，并与乡村振兴、美丽乡村建设紧密结合。出台了《关于促进旅游业改革发展的实施意见》《金寨县旅游发展专项资金支持奖励暂行办法》等政策文件，每年安排 2 000 万元的旅游发展专项资金。编制了《旅游发展总体规划》《全域旅游创建规划》《乡村旅游扶贫规划》《红色旅游发展总体规划》等系列规划，建立旅游发展专家咨询委员会，指导全域旅游建设发展，培训导游（讲解员）2 000余人次，为全域旅游发展奠定坚实基础。金寨县有国家 5A 级旅游景区 1 个、4A 级旅游景区 6 个，国家级特色景观名镇 1 个、国家级乡村旅游重点村 1 个、中国传统村落 5 个，年接待游客 1 326 万人次，创综合收入 46.1 亿元，旅游业已经成为县域经济发展的战略

---

* 金寨县文化旅游体育局供稿。执笔人：王洪彦，安徽省金寨县文化旅游局副局长。

性支柱产业。

二、立足"两源两地"定位，用好"金寨红"资源

立足"两源两地"定位，金寨县编制了《金寨县红色国家 5A 级旅游景区创建规划》。根据第三次全国不可移动文物普查，全县共登记不可移动文物 367 处。共有重点文物保护单位 280 处（革命遗址 215 处），其中，国家级重点文物保护单位 3 处 9 个点（革命文物 2 处 8 个点），省级重点文物保护单位 10 处 42 个点（革命文物 9 处 35 个点），市级重点文物保护单位 17 处 23 个点（革命文物 12 处 15 个点）。因独特丰富的红色资源，金寨县被确定为全国 12 个重点红色旅游区之一、30 条红色旅游精品线之一，是以"千里跃进、将军故乡"为主题的大别山红色旅游区的核心区，也是全国重点爱国主义教育基地。

在加强保护的前提下，金寨县打造红色教育基地、红色旅游目的地、红色旅游带动经济发展示范地。开发设计了"重走红军路"、唱红色歌、吃农家饭、干农家活等研学体验课程。推出了以"传承红色基因驶向两源两地"为主题的 4 条红色教育旅游精品线路，坚持用活用好红色资源，让丰富的红色资源成为老区发展的重要推力。

三、升级"一山二路"，赓续红色文脉

金寨县将寿乡境内主要的红色景点串珠成链，与生态康养、绿色发展相互交融，升级"一山二路"，从而赓续红色文脉，助推全域旅游发展。

"一山"，即国家 5A 级旅游景区天堂寨，是我国第四纪冰川孑遗植物的避难所，有"生物博物馆"的美称。它集国家森林公园、大别山（六安）国家地质公园主园区、国家级自然保护区于一体，总面积 120 平方公里。最高峰海拔 1 729.13 米，景区森林覆被率96.5%，有大小瀑布 108 道，负氧离子含量为每立方厘米 3.2 万个，是一座天然大氧吧，是康养旅游的最佳目的地。景区附近有刘邓大军前线指挥部、赤色邮政局及八屋湾、新屋湾古民居。"十四五"期间，金寨将扩大天堂寨外延，形成龙头效应，推动全域旅游向广度和深度发展。

"两路"，即中国红岭公路和金寨国家登山健身步道。

中国红岭公路，——"大别山最美旅游环线"，全程 800 公里，辐射全县 23 个乡镇，串联金寨红军广场、汤家汇红色小镇、大湾村、刘邓大军千里跃进大别山前方指挥部等著名红色文化景点和天堂寨、燕子河大峡谷、梅山湖、马鬃岭、茶山花海、龙津溪地等著名自然生态景区。实属一条"路在山中、车行林中、人在画中"的"流动风景线"。自驾于弯曲自带秀美、宽阔而又平坦、险峻不失安全的红岭路上，人们可以尽情地欣赏大别山的原生态山水美景，畅快地体验"世外桃源"般的养生文化和探险野趣。沿线新建驿站、观景摄影平台等服务设施，构建全域旅游大格局。2020 年，"金寨·中国红岭公路"汽车自驾线路获评"长三角地区精品体育旅游线路"，并入选"2020 中国体育旅游十佳精品线路"。

金寨国家登山健身步道——"中国最长、华夏最美"的国家登山健身步道。总体规划600公里，目前已建300余公里。围绕红、绿、蓝三大主题，步道全程山水风光如画、红色印迹错落。步道建成后成功举办了国家步道联赛、全国群众登山健身大会、重走红军路和"挺进大别山、千里走金寨"等多次步道赛事，吸引了全国户外运动爱好者的驻足，带动了"森呼吸"等康养旅居。

四、打造"一谷一岭一库"，推进产业、生态、观光发展

金寨县锁定生态养心、绿色振兴这一目标，构筑绿色产业、绿色人居、绿色生态三大体系，聚焦"一谷一岭一库"建设。

"一谷"即六安西茶谷主题公园。青山卧波，烟雨梳妆。它位于湖光山色、风景秀丽的国家4A级水利风景区——鲜花湖上游。园内山、水、茶，路、桥、廊互为映衬，环境优美，空气清新，置身其中，远离尘嚣，给人一种安静闲适、回归自然的愉悦之感，是人们"看得见山、望得见水、记得住乡愁"的精神疗养之地。它将茶文化休闲体验、观光旅游、健康养生融为一体，2019年获"中国美丽茶园"称号。主题公园的建成，实现了茶叶生产向生态、生活功能的拓展，带动了全县茶谷小镇、茶谷小站、茶谷小院等"三小建设"。每逢春茶采摘季节，会有众多游客前来摘茶品茗，体验"红军摇篮、将军故乡"的绿色文化魅力。

"一岭"即江淮果岭。打造花果山，山水添新颜。金寨县处在江淮分水岭地带，具有丰富的农业气候资源，土地富含矿物质等微量元素，适宜林果业种植。金寨县在全县23个乡镇深入推进"江淮果岭"建设，大力发展猕猴桃、山核桃、板栗、黄金梨、草莓、蓝莓等特色林果产业。江淮果岭建设，对区域内生态环境保护、产业结构调整、助力全域旅游发展等都具有重要意义。

"一库"即西山药库。定位为仙草故里、康养圣地。金寨由于气候条件优越、土壤环境质量好，而且80％为黄棕壤土，透气滤水性好，适合大宗中药材的生长，无论是野生药材还是栽培药材都符合道地中药材的特征。境内共有野生药源237科1363种，主要品种有茯苓、天麻、黄精、野菊花、辛夷花、金银花、苍术、石斛、桑黄等。药材的有效成分含量很高，经科学检测，一般都高于《中国药典》标准，非常适合做成中成药。金寨是全国重要的道地中药材原产地，被誉为"西山药库"。作为国家级出口食品农产品质量安全示范区，金寨全县中药材有机基地认证5 300亩，已有灵芝、茯苓、黄精、石斛4种药材，8家企业入选安徽省"十大皖药"产业示范基地；为推进中药材生产发展，出台了《金寨县中药（西山药库）产业发展扶持奖励办法》，每年拿出3 000万资金用于奖扶，2020年度对81家企业（经营主体）101个项目进行了认定、奖补，促进了中药产业与旅游、康养等相关产业的融合。

五、用好长寿品牌 问候源自金寨

金寨物产丰富，除了盛产茶叶、草药、果品之外，还盛产山茶油、黑毛猪、金寨黑

鸡、蜂蜜、葛粉、山野菜、瓜蒌籽等特色农产品以及长寿面、小吊酒、腐竹、观音豆腐、鸭蛋干等"非遗"产品，是旅游市场彰显金寨地方特色、品尝人文风情的载体。出于对生态的敬爱、对品质的钟爱，金寨严格把控产品质量，用好金字招牌，让更多的消费者享受金寨绿色食品、体会老区金寨的红色文化、感受到老区人民的深情厚谊。

目前，金寨拥有"大别山的问候——源自金寨""长寿金家寨"2个农产品区域公用品牌和一个"长寿金家寨"商标，统一 logo 长寿产品包装；实施品牌年度评选、授权使用，2020 年度授予 70 余家金寨农产品加工企业品牌使用和商标使用权；成立安徽金寨长寿农特旅游产品开发有限公司，培育一批旅游商品生产企业，丰富金寨特色的旅游伴手礼商品市场供应；持续开展旅游商品进商场超市、宾馆酒店、高速公路服务区、机场车站、旅游景区、抖音电商平台等"六进"活动；着力打造"全国高端农产品生产加工供应地""休闲度假旅游健康养生基地"。

六、创建休闲农业　乡村美丽蝶变

"绿水青山、舒适宜居、村容整洁、民风淳厚"，2016 年以来，金寨县实施安徽省首批美丽乡村建设整县推进试点，将产业兴旺、生态宜居与宅基地制度改革、扶贫搬迁、移民搬迁、古村落保护、改厕等相结合，探索"美丽乡村＋N"新模式。如今，乡村环境实现"美丽蝶变"，越来越多的"村庄"变"景区"，"产品"变"商品"、"民房"变"民宿"，为休闲、康养旅游打下坚实的基础。

（一）农家小院迎远客

为了进一步提升旅游品质、延伸旅游产业链条、推进乡村振兴，金寨县人民政府专门出台了《关于创建农家小院示范户加快乡村旅游业发展的实施意见》，每年安排不少于200 万元资金，用于农家小院创建的扶持和奖励。目前全县共有农家小院 262 家，这些农家小院，立足村庄特色、珍藏红色文化和大别山特色的农耕文化记忆，为不同层次消费群体休闲度假、体验绿色健康食品，提供了可以修身养性的优良环境。

（二）"一村一品"入画廊

激活农耕文化、田园风光、村落民宅等资源要素，打造回味、回归、回望的养心生态绿地、休闲旅游打卡地。目前，成功创建"一村一品"村（乡镇）7 个，其中国家级 1个，即桂花村；省级 6 个。小南京村、大湾村、响洪甸村、西莲村等 4 个村被评为"中国美丽休闲乡村"。与此同时，金寨县集中资金，投资 24.5 亿元，重点打造了面冲西茶谷休闲旅游区、大湾休闲旅游区，美丽果子园、长岭桐元原生态休闲区、斑竹园金山休闲度假、小南京休闲旅游提升、沙河楼房银杏特色小镇、张冲滨水休闲小镇、汤家汇镇乡村旅游示范区等项目。

为帮助金寨革命老区加快乡村振兴步伐，国企华润集团投资兴建华润希望小镇休闲农旅，携程集团牵手大湾村打造度假农庄；围绕康养旅游，一批招商项目，如无锡逸仙居养老服务有限公司、印象邢湾、恒大养生谷、徽风皖韵在金寨村庄落地生根。

今天的金寨，景点纷呈，名目繁多，漂流、攀岩、飞行滑翔、森林栈道、玻璃栈道、天空之镜、汽车营地、野外露营、农耕文化等体验型业态快速发展，以森林康养、运动康养、医疗康养为重点的"旅游康养"产业体系初步形成。金寨县以改革创新引领长寿之乡旅游经济高质量发展，形成了"红遍全域、绿盈山川、富满乡村"的"金寨实践"，有力推进了革命老区红、绿、蓝旅游融合发展和"长寿之乡　养心金寨"建设。

第十二章

大埔县：擦亮寿乡品牌与推动长寿事业高质量发展*

大埔县于 2013 年荣获"中国长寿之乡"称号。据统计，2021 年全县现有百岁以上老人 153 人，平均每 10 万人中有 27.70 人。长寿持续性方面，全县现有 80～89 周岁老人 13 203 人，占总人口的 2.39%；90～99 周岁老人 3 428 人，占总人口的 0.62%。

大埔县位于广东省东北部，居韩江中上游，地处闽粤两省，梅州、潮州、龙岩、漳州四市交界，素有"三区六乡"之称（中央苏区、革命老区、边远山区；文化之乡、华侨之乡、世界长寿之乡、中国青花瓷之乡、中国名茶之乡、中国蜜柚之乡）。大埔历史悠久。境内有古文化遗址、名胜古迹、革命旧址 212 处，其中，有父子进士牌坊、花萼楼、泰安楼、光禄第、肇庆堂、中山纪念堂等 6 处全国重点文物保护单位。大埔文韵深厚。大埔被誉为客家人文秀区，先后涌现了清朝"南洋首富"张弼士、深具影响力的世界名人之一新加坡前总理李光耀、中国首任驻日公使何如璋、中国共产党早期革命活动家罗明、中山大学首任校长邹鲁、大慈善家田家炳等名人，以及 6 名"两院"院士。大埔生态秀美。大埔山水秀美，是国家重点生态功能区，有自然保护区 6 个、森林公园 32 个，森林覆盖率达 78.87%，出境水质常年保持 Ⅱ 类以上。

近年来，大埔高举中国特色社会主义伟大旗帜，坚持以习近平新时代中国特色社会主义思想为指导，深入贯彻"绿水青山就是金山银山"的发展理念，深入实施"生态立县、实业富县、文旅兴县"发展思路，坚持生态优先，突出人文引领，推动绿色发展，打造梅州康养文旅融合之星，建设宜居宜业宜游生态县。

一、长寿大埔，山清水秀的宜居福地

大埔拥有优美的生态环境、温和的气候、得天独厚的光照，山林、空气、水土等自然要素形成最佳组合，被誉为"客家香格里拉"，是国家重点生态功能区。

（一）生态环境持续优化

近年来，共完成碳汇造林 5.4 万亩、森林抚育 71.7 万亩，森林覆盖率 78.99%。县城环境空气质量优良率连续 5 年居全市前列，出境水质常年保持 Ⅱ 类以上，韩江入选全国

---

* 广东省大埔县长寿事业发展中心供稿。执笔人：杨志业，广东省大埔县长寿事业发展中心副主任。

"最美家乡河"，成功创建阴那山国家森林公园，创建县级国家森林城市获得备案，西河镇北塘村、黄堂村评为"国家森林乡村"。

（二）城乡面貌全面提升

河（湖）长制全面落实，"五清""清四乱"成效明显。新建镇级污水处理厂19座、村级污水处理站30座、镇村污水管网83公里，新增污水治理能力2.13万吨/日。百侯镇、西河镇入选"广东旅游风情小镇"。深入实施乡村振兴战略，"三清三拆三整治"成效明显，农村基础设施和公共服务水平全面提升。深入推进农村"厕所革命"，完成无害化卫生户厕改厕数10.3万户、普及率达100％，建成公厕1 067个。

（三）保障体系愈加完善

大埔拥有越来越完善的养老优待、医疗保健优待、生活服务优待、免费乘坐公交车等多项惠老政策。近年来，全县每年80％以上的财政支出用于民生领域，积极办好十件重点民生实事，医疗、社会保障等重点民生项目持续改善。积极做好老年人优待证登记、业务办理等，确保老年人真正享受到各项社会优待政策。建立80周岁以上高龄老人补（津）贴制度，百岁老人按月享受政府发给的"长寿保健金"。拟于2021年将百岁以上老年人长寿保健金提高至每人每月3 000元，扎实做好"银龄安康行动"。为全县80周岁以上高龄老人及60周岁以上群体办理老年人意外伤害综合保险，使政府统保率达到100％。同时，将符合特困供养条件的老年人全部纳入特困供养，使群众获得感、幸福感、安全感不断提升。

二、长寿大埔，朝气蓬勃的宜业宝地

大埔是一片投资创业的热土，发展前景广阔。梅坎铁路、梅龙高速、大潮高速（含大漳支线）、国道G235线穿境而过，"对外大联通、对内大循环"交通网络逐步形成。大埔正构建完善的品牌体系，进一步保护、挖掘"世界长寿之乡"品牌价值，坚持生态产业化，产业生态化，着力发展特色现代农业、文化旅游产业、大健康产业、新型低碳工业和新兴产业"五大产业"，推动一、二、三产业融合发展，真正推动"绿水青山"成为"金山银山"。

（一）康养旅游蒸蒸日上

重点打造康养生态旅游，圆满完成首届中国农民丰收节梅州（大埔）分会场、梅州柚子宴暨2020大埔美食旅游季等系列活动。北塘村入选首批全国乡村旅游重点村。

（二）医养产业稳步推进

重点抓好大埔县中医健康养生产业园建设，在完成第一期中医医院、妇幼保健院公共卫生服务综合楼、慢性病防治院门诊及老年公寓等配套设施建设的基础上，全力加快第二期、第三期的建设，完善老年公寓、康复中心、老人护理院、老年大学、老年人活动中心、办公综合楼及文体配套设施，并打造南药种植、休闲旅游、养生康复的健康养生基地。医养重点项目建设扎实推进。中医药服务能力不断增强，推动县级中医特色专科建设；积极开展中医药健康服务，通过入村入户服务、健康体检、日常门诊等多种形式为65 岁以上老年人开展中医体质辨识、中医药保健指导等。迁（改、扩）建医院 15 间，新建乡镇卫生院保障房 7 间，完成村卫生站规范化建设 232 间。成功创建 9 个省卫生镇、160 个省卫生村。

（三）康养农业日新月异

大埔获评"全国重点产茶县""全国柑橘产业 30 强县""中国最美茶乡"，嘉应茶·大埔乌龙茶入选全国名特优新农产品名录、获得国家农产品地理标志登记保护，梅州柚·大埔蜜柚入选中欧地理标志、获评"中国气候生态优品"，大埔县被认定为"大埔蜜柚广东省特色农产品优势区"。成功举办第一届"供销 e 家"全国采销大会和"世界长寿乡·中国大埔　梅州柚·大埔蜜柚"推介会、2020 年广东梅州柚·大埔蜜柚开采节暨产销对接会、"长寿之乡嘉应茶　一芽一叶吐芳华"第三届广东茶叶产业大会等，扩宽了销售渠道，提升了农业品牌影响力。

三、长寿大埔，五彩纷呈的宜游胜地

大埔，是"客家民居大观园"，是"中国最美丽县""中国小吃名县"之一，是广东省首个"中央苏区县"。古色文化的浸染、绿色生态的滋养、红色精神的熏陶，共同组成了大埔五彩纷呈的画卷。全县有 4A 级景区 3 个、3A 级景区 8 个。2020 年，大埔县成功创建广东省全域旅游示范区，入选 2020 年"中国候鸟旅养小城百佳榜"；"三河坝红色主题历史文化游径"上榜第一批广东省历史文化游径名单，红色历史文化乡村游入选第二批省级乡村旅游精品线路，陶瓷文化之旅线路入选广东省级工业旅游精品线路；西河镇入选第二批广东省旅游风情小镇，县博物馆成功晋升为国家二级博物馆，三河中山纪念堂入选全国重点文物保护单位革命文物名录。近年来，大埔以创建国家全域旅游示范区为抓手，用"第一景区"的理念打造县城，用"美丽乡村"的理念打造农村，用"景观长廊"的理念打造景区主干道沿线，积极培育旅游新型业态，加快城区景区化、镇场景点化、农村景观化进程，抓好现有旅游产品的转型升级，着力整合好名人名居游、名镇名村游、生态养生游、红色热上游、陶瓷文化游五条精品线路，进一步提升客家文化之旅、生态休闲之旅、红色之旅、美丽乡村之旅四个旅游品牌影响力，逐步形成以县城湖寮为旅游服务与集散中心，以客家文化休闲游为主线，完善汀江—韩江旅游风光带、梅潭河旅游风光带，建设客家历史文化体验区、生态休闲区、客家文化旅游特色区、生态农业观光区、工业旅游体验区五个精品旅游区域大格局。

习近平总书记指出，没有全民健康，就没有全面小康。健康长寿是人类永恒的探索和追求。优美的生态环境、厚重的历史文化、完善的保障体系、日新月异的人居环境和尊老养老的优良传统，一道构成了支撑长寿大埔的立体化体系。我们将立足大埔青山绿水、民俗文化、养生长寿、宜居环境等优势，用活、用足、用好长寿之乡品牌，做好文旅、养旅、农旅融合文章，把大埔的生态优势、文化优势转化为经济优势、发展优势，把大埔建设成为宜居宜业宜游之地，为促进我国健康长寿事业作出贡献。

麻阳县：以柑橘产业促进寿乡绿色经济发展[*]

麻阳苗族自治县是我国第一届中国长寿之乡之一，也是中国老年学学会认定的第一批3个中国长寿之乡之一。十几年来，麻阳县以本地特色产品——冰糖橙推进柑橘产业发展，也促进了长寿之乡绿色经济的发展。

麻阳苗族自治县地处武陵山脉边缘地带，位于湖南省西北端，东邻辰溪，南接怀化、芷江，西毗贵州铜仁，北抵凤凰，是一个以少数民族为主要居民的典型山区农业县。麻阳县的冰糖橙曾得到多位中央领导的高度评价，袁隆平院士也对麻阳冰糖橙给予了高度肯定，并亲笔题词"中国冰糖橙之最——湖南麻阳"。

近年来，在县委县政府的高度重视下，柑橘产业长足发展，种植面积、产量、产值均居全市首位。麻阳县紧紧围绕种苗繁育体系、标准果园建设、示范基地建设促进产业的整体发展。目前，柑橘产业已成为国内规模最大、品种最多、品质最优、效益最好、麻阳县群众最满意的绿色长寿支柱产业之一。

一、加强组织领导，出台优化政策

县委、县政府把柑橘产业化建设作为产业精准扶贫的抓手，纳入县直相关部门、主产乡镇绩效考核范畴，并出台了《柑橘产业发展条例》《关于进一步加快柑橘产业提质升级的实施意见》等一系列优惠政策，成立了由县委书记任顾问，县长任组长，县委、县人大、县政府、县政协分管和联系农业的领导为副组长，14个相关职能部门负责人为成员的县柑橘提质升级工作领导小组，强化了组织领导和部门分工，健全了应急机制和奖惩机制，确保工作落实到位。

二、强化发展意识，加大资金投入

近年来，县委、县政府带领全县上下做到认识到位、政策到位、措施到位、责任到位、工作到位、资金到位。落实了领导责任制，成立了柑橘产业化办公室，负责全县柑橘的发展、科研、推广等；每年财政安排专项资金不低于1 000万元，用于柑橘产业建设，

＊ 湖南省麻阳苗族自治县人民政府供稿。执笔人：黄平，湖南省麻阳苗族自治县长寿办主任。

促进了全县柑橘产业化的发展。

三、强化企业培育，发挥引领作用

县内有从事柑橘生产的龙头企业、专业合作组织等新型经营主体 326 家。其中，冰糖橙产业龙头企业 9 个（省级 2 个、市级 7 个），农民专业合作社 131 个，家庭农场 314 个，社会化服务组织 4 个。有种植面积千亩以上的柑橘生产企业、专业合作社 16 个，种植面积 30～100 亩的种植大户 813 户。

四、强化产业规模，提升生产产值

麻阳县全县柑橘种植面积 38.5 万亩，总产量 62.8 万吨，年产值 17.67 亿元，其中冰糖橙 28.5 万亩，总产量 46.8 万吨，年产值 12.5 亿元，种植面积占全省的 1/3，种植面积与产量均居全国首位，为全国著名的冰糖橙主产区，被湖南省列为优势农产品区域建设重点县，是名副其实的"中国冰糖橙之都"。仅柑橘一项全县农民平均年收入增加 3 200 元，直接和间接创财政收入达 3 000 多万元，柑橘产业不仅成为麻阳县农村经济发展和农民收入增加的一大支柱产业，而且极大地带动了农资、运输、包装、劳务、餐饮、通信等相关产业的发展和繁荣。

五、强化结构调整，提高市场竞争力

为适应市场发展需要，麻阳县通过引导、带动、科技推广、示范拉动等措施，实现总规模控制下的面积优化和合理化，从单纯追求规模扩张转向结构调整、品种改换、技术改造，提高品质、档次和市场竞争力。建立了优质柑橘无病毒苗木繁育基地，年出圃优质苗木 5 万株，使柑橘品种结构逐步优化。此外，结合产业项目的实施，积极推动农村土地流转，引导农业企业和专业合作社积极参与柑橘产业发展，不断探索"龙头企业＋农民专业合作社＋基地＋农户"的经营模式，鼓励龙头企业以订单种植模式和与周边种植大户以保护价签订收购合同的方式，拓展柑橘产业发展新渠道，增强抵御市场风险的能力。

麻阳县以冰糖橙为主的柑橘产品，由于品质优良，具有较强的市场竞争力，多年来，不仅在省内周边县（市、区）享有盛誉，畅销上海、北京、广州、杭州、成都、重庆、长沙、香港、澳门等 100 多个国内大中城市，而且还远销俄罗斯、越南、蒙古国等国家，产品供不应求。

六、强化品牌战略，提高产业效益

"麻阳柑橘"先后被农业农村部水果苗木检测中心评为极优产品，多次在部、省级优质水果评比中被评为金奖。2004 年，"麻阳柑橘"商标成功注册为证明商标；2008 年，"麻阳"被认定为湖南省著名农产品商标称号；2011 年，获得了中国驰名商标称号，成为怀化市第一个农产品驰名商标、湖南省第一个柑橘类驰名商标、全国第二个柑橘类驰名商标。

2018年，麻阳冰糖橙列入湖南省"一县一特"发展目录、入选中央电视台"国家品牌计划"推介产品和"国家品牌计划-广告精准扶贫"项目，在央视各频道连续播放1个月，在第十六届中国国际农产品交易会暨第二十届中国中部（湖南）农业博览会上，麻阳冰糖橙被评为"湖南十大特产"，锦红冰糖橙获金奖。2019年，麻阳冰糖橙作为中国果品区域公用品牌，品牌价值18.77亿元。全县有10.8万亩柑橘基地通过了无公害农产品产地认定。冰糖橙获得"两品一标"认证11个。4个柑橘品牌通过了无公害农产品认证，3个柑橘品牌通过了绿色食品认证，11个柑橘生产基地获得国家出入境检验检疫局颁发的"柑橘出口基地登记证书"。

通过政府引导、大户带动、群众参与，中介组织如雨后春笋，龙头企业和合作组织不断壮大，有效地促进了全县柑橘产业的迅速发展。目前，全县有柑橘生产线22条、气调保鲜库4个，柑橘协会、合作社等组织125个，注册会员20 000余人，有效盘活了全县柑橘产业资源。此外，麻阳县建立了万亩冰糖橙精品示范园，实行"五统一"（统一规划、统一品种、统一培训、统一操作规程、统一品牌销售）品牌建设。同时，建立柑橘出口基地11个，总面积3万余亩，出口配额达85 000吨，并与怀化市出入境检验检疫局签订了柑橘出口合作备忘录，柑橘出口到了俄罗斯、蒙古国、越南、日本、朝鲜等多个国家。柑橘已真正成为麻阳县40万人民的致富果、长寿果。

第十四章

封丘县：凝聚多种资源打造长寿封丘品牌*

2014 年 6 月 19 日，中国老年学学会正式授予封丘县第一届"中国长寿之乡"称号，封丘成为河南省仅 5 个、新乡市唯一的长寿之乡。

封丘县地处河南省东北部，新乡市东南，与开封市隔黄河相望。区域面积 1 225 平方公里，耕地面积 130 万亩，辖 19 个乡镇（其中 1 个回族乡），609 个行政村。是全国农业综合开发策源地、全国粮食生产先进县、全国金银花原产地、全国树莓种植第一大县、国家扶贫开发重点县、中科院与省政府合作项目"高产高效现代农业示范工程"核心示范县、全国电子商务进农村示范县、全国休闲农业与乡村旅游示范县、全省农业综合开发重点县，是中国长寿之乡、中国树莓之乡、中国道地金银花之乡、中国相思文化之乡。

封丘县总人口 89.02 万人，现有百岁老人 103 人，平均每 10 万人中有 11.57 名百岁老人。封丘县对全县 60 周岁以上的老年人每月发放 108 元的基础养老金；对全县 90～99 周岁的老人发放 100 元/月的高龄补贴；对 100 周岁以上老人发放 300 元/月的高龄补贴。截至 2021 年 10 月，封丘县各类社会福利院、敬老院、养老院、居家养老服务中心、农村幸福大院以及老年康复中心等共有养老床位 5 179 张，每千名老年人拥有福利性老年机构床位数 33 张。

一、成立专门机构　凝聚长寿封丘发展合力

封丘县长寿之乡发展办公室于 2015 年成立，2016 年 1 月 18 日正式运转。2019 年，封丘县长寿之乡发展办公室正式更名为封丘县长寿之乡发展服务中心。主要职责调整为：组织协调相关科研机构进行科学调研，探索封丘长寿原因，解读封丘长寿密码；负责封丘"中国长寿之乡"品牌的培育、推介和维护工作；开展长寿品牌建设的宣传、表彰活动，负责长寿乡（镇）、村（社区）的评审工作；收集有关长寿学的最新信息、资料，组织长寿文化展示、长寿产品展览，开展长寿学术交流；完成上级交办的其他任务。

封丘县委、县政府高度重视"中国长寿之乡"这张金名片，长寿之乡发展服务中心紧紧围绕县委、县政府中心工作，以习近平新时代中国特色社会主义思想为指导，以建设"养生福地，田园梦想"为目标，以挖掘长寿文化、打造长寿品牌、培育长寿产业、助推

---

* 河南省封丘县人民政府供稿。执笔人：张楠，河南省封丘县长寿之乡发展服务中心副主任。

长寿经济为重点，坚持"保护生态、合理利用、强县富民、永续发展"的基本原则和"政府引导、部门协作、多方投入、市场运作"的基本思路，充分发挥长寿产业"承一启二""接二连三"的特殊作用，以长寿品牌促进一产、带动二产、融合三产，助力乡村振兴，推动县域经济高质量发展。

近年来，长寿之乡发展服务中心紧紧依托本县特有的区位优势、资源优势，利用"中国长寿之乡"名片效应，倾力打造"长寿封丘"品牌，推进长寿产业的深度发展，努力开创长寿产业绿色发展新格局，积极谋划乡村振兴新蓝图，探索城乡发展新路径，开拓民生福祉新领域。封丘的城市颜值愈加靓丽，人居环境不断优化，群众的幸福指数大幅提升。

二、维护生态环境　筑牢长寿封丘绿色根基

封丘自然风光优美，黄河流经县域内 56 公里，纵贯全境，1.4 万公顷的"国家级黄河故道湿地鸟类自然保护区"，水域滩涂广阔，芦苇荡一望无际，水草丰美，栖息有国家一级保护鸟类 7 种、国家二级保护鸟类 27 种，既有"黄河之水天上来，奔流到海不复回"的雄浑壮阔，又有"万类霜天竞自由"的自然灵动。置身曹岗险工，便有"久在樊笼里，复得返自然"之感。漫步黄河岸边，绿色涌动、翠意盎然，护堤林茂盛繁密，蒲苇丛生、高低错落，时与水鸟相嬉。绿荫空隙处，映入眼帘的是一望无际的浩瀚田野，山水城郭的闲情逸致，瞬间将城市的喧嚣与尘埃悉数荡涤。

封丘地理位置独特，地属暖温带大陆性季风气候，四季分明，降雨集中，日照时间长，热量较充足，年平均气温 15℃，大气质量良好天数每年在 300 天以上，适宜多种农林经济作物的生长，是国家级无公害小麦、优质水稻生产基地，主要农作物有小麦、玉米、水稻、花生、红薯等，特色农作物有金银花、芹菜、树莓等。其中，"封丘树莓"成为国家地理标志保护农产品；金银花人工种植面积最大、单位面积产量最高、管理技术最好、品质最优、效益最好，荣冠全国金银花生产第一县称号。地下水、土壤中富含多种有益人体健康的矿物质和微量营养元素，特别是被称为"生命之花"的锌和抗癌元素硒含量较高，能提高人体免疫力，是居住的理想之地。

县委、县政府坚决贯彻习近平总书记生态文明思想，坚持走生态为基、民生为本的绿色发展之路，秉持"涵生态、种风景"理念，全县共完成营造林 16 万亩，实现"绿满寿乡、花海封丘"。系统推进沿黄生态带、文岩渠生态带、天然渠生态带建设，构建辐射全域、特色鲜明的多层次生态走廊。建成陈桥湿地公园、嘉联生态园等 3 个 3A 级景区，陈桥湿地公园按国家 5A 级景区设计，目前正有序推进。抢抓黄河流域生态保护和高质量发展战略机遇，高标准谋划并强力推进"八个三"攻坚工程，推动 29 个重大项目落地实施。良好的自然生态环境，留住了一方净土、一汪清水、一片蓝天、一处乡愁，为长寿之乡的可持续发展奠定了坚实基础。

三、传承优秀文化　提升长寿封丘内在品质

宽仁厚德者长寿。厚重的历史与文化，滋养孕育出了封丘人坦荡豁达、坚韧包容、忠

义孝善、仁爱厚德等精神特质。封丘县是历史文化淳朴厚重的千年古县，古为封父国，置县于西汉，因汉高祖刘邦为答谢翟母在其落难时的赠饭之恩钦封"丘地"而得名。早在夏朝时，我们的祖先就在此繁衍生息，春秋时的黄池会盟、平丘会盟、虫牢会盟讲述着历史的沧桑。白居易的名句"在天愿作比翼鸟，在地愿为连理枝"中"连理枝"一词就来自留光镇青堆村青陵台韩凭夫妇的千古爱情绝唱。宋太祖赵匡胤的陈桥兵变结束了五代十国的乱局，开创大宋三百年基业。毛泽东主席于1958年在《红旗》创刊号上发表《介绍一个合作社》"穷则思变，要干，要革命。一张白纸，没有负担，好写最新最美的文字，好画最新最美的画图"，赞扬了封丘县应举合作社战天斗地、敢教日月换新天的壮志豪情。封丘是豫剧母体祥符调发源地，陈素真、马琪、李景萼等众多豫剧名家从这里走向全国各地，著名豫剧表演艺术家阎立品、金不换、范静和乒乓球世界冠军刘国梁传承着封丘的兴盛人文。封丘汴绣、洛寨杂技、李金梅制笔、夜来坊老粗布等原汁原味的传统工艺诠释着生活的智慧。

近年来，在县委县政府的正确领导下，各种惠民政策得以落实，封丘经济飞速发展，人民群众的生活质量得到极大提高。封丘每年都要举办广场舞大赛、民间艺术大赛、歌咏戏曲比赛、体育运动会等多种赛事活动；每年都要开展"感动封丘十大人物""十大孝星""十大健康长寿之星"等评选表彰活动。在封丘，强身健体、尊老爱老已经成为一种社会风尚，护老养老成为人们的一种自觉，热心公益、守望相助的优秀传统蔚然成风。

四、整合资源优势　唱响长寿封丘文化品牌

近几年，封丘依托中国长寿之乡的金名片，通过打造"长寿封丘"品牌，极大提高了知名度和美誉度，让封丘"对外有吸引力、对内有感召力"。

（一）着力构建大交通格局

封丘县兰原、长济、大广高速穿境而过；浮桥联结黄河两岸，联通开封、郑州、濮阳、菏泽，天堑变通途；国道G45、G327和省道S219、S220、S223、S310、S311交错纵横，境内省道以上公路里程达194公里；距新郑机场仅77.2公里。依托封丘的区位优势，县委、县政府正稳步推进"12345"交通规划，借势郑汴一体化、郑新融合，优化干线交通布局，全面改善县、乡、村道路建设水平，争创全国"四好农村公路"示范县。

（二）积极展示长寿封丘形象

在出入封丘主要路口及城区主要公共场所设置了长寿景观；制作出版发行《长寿记忆》画册，揭开了一方百姓长寿的秘密，保留了黄河儿女的生活记忆；组织拍摄制作了《养生福地　长寿封丘》宣传片，与中国中央电视台第七频道联合拍摄制作了《乡村振兴看中国——探寻长寿封丘奥秘》，与中央电视台第十二频道《夕阳红》栏目联合拍摄《寿宴》专题片3期，推介了封丘的金银花、树莓和封芹等特色产业，增强了长寿封丘"养生福地、田园梦乡"的宣传效果。重阳节及百岁老人生日之际，县四大班子领导都会带上礼物亲自上门送福祝寿，同时还为每位百岁老人发放永久性纪念品——宋绣制品及河南大华书画院名家"寿"字作品等。

（三）申请注册长寿封丘标识

封丘县向国家版权局申请注册了"长寿封丘"标识，并作为区域公益品牌对外宣传推介，授权 60 余家经营主体免费使用，进一步提升封丘"中国长寿之乡"品牌价值，推动长寿产业发展。

（四）打造长寿封丘旅游品牌

通过举办油菜花生态旅游节、"最美爱情　相思封丘"中原最美爱情文化节、"体彩·环中原"自行车赛、"趣封丘·过大年"、嘉联生态休闲观光游、陈桥特色生态游等一系列活动，让人们感受封丘厚重灵动的生态旅游、多姿多彩的民风民俗、底蕴深厚的文化，见证封丘的华丽蝶变。旅游品牌百花齐放，全域旅游初步形成，2019 年全年累计接待游客 133 万人次，增长 15.5%；拉动旅游消费 10.5 亿元，增长 18.9%。

（五）积极探索特色小镇建设

结合自身优势，布局湿地小镇、相思小镇、花海小镇、养生小镇等特色小镇，完成了陈桥国际康养度假区、青龙湖滨水观光区、青陵台相思文化园、王村乡小城村中医药养生小镇等规划设计，建设完成后将连点成线，以线带面，形成全域旅游格局。

五、发挥名片效应　加速长寿封丘高质量发展

近年来，县委、县政府立足于本地实际，始终不忘初心、牢记使命，勇于担当、狠抓落实，不断推进"诚信封丘、生态封丘、长寿封丘、幸福封丘"建设。先后获得"中国长寿之乡、中国金银花之乡、中国树莓之乡、中国相思文化之乡、全国休闲农业与乡村旅游示范县、全国首批电子商务进农村示范县"等多张金色名片，极大地推动了封丘社会经济的快速发展。

在当今经济发展进入新常态和人们对高品质生活追求成为主流的形势下，长寿之乡的品牌更加具有独特的影响力和竞争力。封丘县依托"名片"效应，发展长寿产业，相继开发生产出了一批具有地方特色的养生（养老）产品和文创产品：金银花茶、泡腾片、树莓酒、果汁、果片等，部分产品远销美国、俄罗斯、丹麦等国家；传统手工老粗布及工艺品、非物质文化遗产李金梅毛笔、宋绣、天然丝瓜植物化妆品、富硒黑小麦、红薯粉条、封芹等都具备一定的规模和知名度，有效拉长了产业链条，提升了产品附加值，带动了产业发展。

组织动员企业积极参加国内各种形式的相关研讨会议和产品博览会。博凯生物、生命果、高焱值等多家公司在博览会布展并成功签约订单。通过"走出去"与对外交流，加深了外界对封丘的了解，扩大了封丘的影响，为企业提供了一个开放的通道与平台，对封丘经济社会又好又快发展起到了积极推动作用。

在长寿封丘品牌的支撑下，封丘的历史人文、自然生态、农业资源、民间艺术等不断焕发出新活力，封丘日渐成为中原地区乃至全国的一张长寿文化名片。随着乡村振兴战略的全面实施，封丘长寿产业发展必将呈现出千帆竞发的喜人局面，封丘也必然在推进长寿产业发展的同时朝着"强县富民"的目标不断奋进。

第十五章
上林县：依托长寿之乡提升品牌效应*

2012年12月，上林县荣获"中国长寿之乡"荣誉称号，给上林县发展注入了新内涵、新动力。近年来，上林县依托宜居宜养的自然环境和深厚的人文资源优势，将"中国长寿之乡"招牌强力推出，以倾力打造"活力、富强、宜居、和谐、幸福"品牌，大力发展健康养老服务业，促进生态旅游、现代特色农业发展，推动县域经济持续健康发展，让上林县人民尽快享受"中国长寿之乡"带来的实惠，在完成脱贫攻坚和建成小康社会之后，迈向共同富裕之路。

一、基本情况

上林县位于广西中南部、大明山东麓，距广西首府南宁86公里，全县总面积1 892平方公里，辖11个乡镇。全县共有134个村委会、1 328个自然庄，总人口50万人，其中常住人口35.93万人。2020年有贫困人口12.38万人，已全部脱贫。上林县有壮、汉、瑶等多个民族，其中壮族占82%，是一个以壮族为主的多民族聚居县，属国家扶贫开发工作重点县，是国家卫生县城、中国长寿之乡、国家生态示范区、广西特色旅游名县，全国首批、目前广西唯一的生态文明建设示范县；被誉为"徐霞客最眷恋的地方"，首府南宁"后花园"；2018年荣获全国脱贫攻坚组织创新奖。

二、依托"中国长寿之乡"大打品牌效应

近年来，上林县综合实力大幅提升，全县经济发展稳中有进、进中向好。全县地区生产总值由2015年的50.33亿元增加到2020年的90.57亿元，突破90亿元大关，年均增长5.5%；财政收入年均增长3%；社会消费品零售总额年均增长3%；固定资产投资年均增长9.7%；居民人均可支配收入年均增长8.5%。一产、二产、三产的增加值比2015年分别增长24.2%、31.7%、39.1%，实现了第一产业稳步发展、第二产业提质增效、第三产业提速发展的预期目标。

---

* 广西壮族自治区南宁市上林县人民政府供稿。执笔人：凌爱玲，广西壮族自治区南宁市上林县老龄办主任。

（一）打造"中国长寿之乡"品牌

上林独特的气候地理条件、优质的水和土地资源，使得这里物产丰富、品质卓越，盛产优质米、八角、茶叶、黑山羊、清水河鱼等优质农产品；其中上林优质米、大明山大红八角闻名区内外，是国家地理标志保护产品。近年来，依托优质的自然环境，上林出现了"广老大"这样具有本地特色的食品品牌，卓越的产品质量、营养健康的理念，使得"广老大"的品牌价值一年比一年高，将"中国长寿之乡"上林县更多的特色食品推向全国市场。

（二）现代农业稳步发展

上林县粮食生产总体稳定，年平均种植 55.36 万亩，年均产量 17.7 万吨，优质稻、桑蚕、水产畜牧等产业发展良好。成功创建现代特色农业示范区 178 个，扶贫产业示范园 67 个。全县主要农作物机械化率达 66.4%，荣获全国"平安农机"示范县称号。创建国家级渔业健康养殖示范县取得成效，获评国家级水产健康养殖示范场 3 家。扎实推进农产品"三品一标"认证，"上林大米""杰乐菌"干香菇入选广西农业品牌目录。国家有机产品认证示范县创建工作稳步推进，全县有有机产品认证证书 30 张。

（三）生态工业稳中有进

深入实施"抓大壮小扶微"工程，农产品加工、新型建材、新型材料等工业企业实力不断壮大。全县规模以上工业企业数量 23 家，比 2015 年增加 8 家，产值超亿元企业 6 家。投入资金 2.24 亿元完善象山工业园区基础设施，园区入驻企业 56 家。投资 27.16 亿元，完成一批重大技改项目，推进传统产业优化升级。

（四）服务产业快速增长

2020 年服务业增加值 46.22 亿元，总量占全县 GDP 比重达 51%，比 2015 年提高 11.8%。商贸产业快速增长，线上商贸企业已达 20 家。生态旅游提档升级，成功创建国家 4A 级旅游景区 3 家、3A 级旅游景区 7 家。全县接待旅游人数、旅游收入连年攀升，年均增长位居全市前列。

三、"中国长寿之乡"品牌效应的做法和经验

（一）大力打造中医药生态康养产业

1. 打造中医药生态康养示范园   由广西中医药大学与上林县中医院策划合作，打造中医药生态康养示范园。该项目位于上林县城北面、大丰镇云蒙村八角山下，距离县城约 5 公里，面积约 450 亩。目前已完成征地 200 亩，并已签订征地合同；规划利用园区四面环水的地形地貌，将中药材种植、繁育与传统中医药文化相结合，把园区建设成为集传统中医药文化内涵和中国园林外貌，集种植、繁育、科普教育、健康养生功能于一体的中医药生态康养示范园，项目正在实施中。

2. 扎实推进中医农业产业项目 县委、县政府全力以赴，推进上林县中医农业产业项目建设，发展中医循环农业，利用中医农业技术盘活"一亩地"，发展"生态＋"循环种养模式，做强做大全县生态产业，对于巩固拓展脱贫成果、全面推进乡村振兴具有十分重要的意义，促进产业兴旺，助推农业产业振兴。计划今年冬季实现全县 10 000 亩第三季稻"稻鱼共作"中医生态循环农业种养项目建设目标。

（二）打造"寿乡品牌"，加快农业品牌化发展

实施农业品牌振兴计划，精心培育壮大上林大米、上林生态龙虾、上林沃柑、广西山水牛、大明山大红八角、大明山茶叶等农产品区域公用品牌，推进绿色食品、有机产品、富硒产品、地理标志农产品认证。加强农业品牌的经营管理和宣传推介，引进知名企业"品牌入股"提升乡村农产品知名度，打造高品质"菜篮子"基地，提升农业效益和农产品市场竞争力。力争到 2022 年，全县培育 10 个绿色食品、有机产品（工商），2 个地理标志农产品，入选国家级或自治区级品牌目录 1 个，打造 1 个以上品牌价值超过 10 亿元的地理标志农产品品牌，将上林县特色食品推向全国市场。

（三）大力发展健康养老服务事业

上林县将社会养老服务体系纳入总体经济和社会发展规划，大力发展健康养老服务事业，采取政府指导、社会筹资的方式，推动医疗和养老资源结合，促进社会养老机构的发展。在县委、县政府大力支持下，在有关部门协调配合下，2021 年 3 月份，上林县养老院建设项目第一期工程"后勤保障楼"已完成建设，该项目是南宁市政府下达给上林县的福利事业建设项目，项目要求建设成一所 500 张床位的公办养老院、一所 100 张床位的儿童福利院、一所 100 张床位的流浪乞讨人员救助站。三个项目总建设规模为 700 张床位，总建设面积约为 30 800 平方米，计划总投资 6 050 万元，其中养老院项目计划总投资 4 500 万元、建筑面积 22 500 平方米。

（四）加大旅游项目建设投入

2019 年，旅游项目固定资产投资累计完成约 3 500 万元。具体情况为：

1. 大龙湖 上级旅游发展补助资金 600 万元用于 2 号、3 号浮筒码头扩建、水上娱乐及夜游大龙湖项目建设。

2. 鼓鸣寨 度假酒店开展装修，环湖步道东段完成基础施工。

3. 大庙江 完成游客服务中心通水通电，园区电力管线下地，服务中心至景区漂流起漂点道路硬化，起漂点和落漂点基础服务设施建设，旅游厕所装修工作基本完工，服务中心厨房装修基本完成，初步形成接待能力。截至 2021 年 11 月中旬，旅游重大项目累计投资 8 285 万元，其中上林县旅游集散中心累计完成投资 5 894 万元，已完成主体工程，正在装修。

4. 徐霞客广场 已施工完成并开放使用。

5. 大龙湖景区 累计投资 239 万元，已完成大龙湖风景区旅游项目规划设计第三稿。

6. 广西上林县大庙江生态旅游景区 累计完成投资 1 692 万元，已完成景区大门及售

票厅建设等，完成漂流河坝基础建设及漂流河道的边坡防护，目前已对游客开放漂流服务。

7. 上林县多彩三角梅产业示范区 累计完成投资 550 万元，已完成主入口生态停车场、服务中心舞台、三角梅展示园厅、三角梅景观亭等。

8. 振林·澳溢渔耕新韵扶贫庄园 完成游客中心的配套设置以及垂钓区的建设。

9. 智慧旅游项目 投资 485 万元，完成大部分设备采购以及安装。

上林县获得"中国长寿之乡"称号后，中国 500 强企业正邦集团、牧原集团、海大集团、恒信东方公司、农夫山泉等公司和广西俊美集团等知名企业分别对接并根据上林县意向投资现代特色农业、大健康文旅业、食品、体育等产业项目。上林县分别于 2020 年 5 月 20 日、9 月 30 日与恒信东方、广西骏骑公司签订东方梦幻国际文旅康养项目、上林国际马术运动康养项目框架协议。恒信东方拟投资 250 亿开发大龙湖项目，投资期 10 年，主要建设国家 5A 景区、国际医疗康养基地、东方康养社区等；广西骏骑公司拟投资 30 亿元建设马术康养项目，主要建设内容包括国际马术赛事中心、国际学校、星级度假酒店、康养小镇等板块及相关配套设施。

（五）优化营商环境，建设服务型政府

对标国际一流、国内领先水平，坚持问题导向和目标导向，围绕建设服务型政府，贯彻落实《优化营商环境条例》，深化"放管服"改革，着力改善政务、投资、生产经营等环境，不断增强市场活力和社会创造力。持续深入推进行政审批制度改革，全面推行"马上办、网上办、就近办、一次办"，推进"互联网＋政务服务"，减少审批环节，不断提高行政审批效率。加大减税降费力度，持续完善融资、物流、信息、进出关等公共服务平台，大力规范涉企中介服务，着力降低企业用电、用水、用气、用地、用网、物流、融资等成本，切实减轻企业投资和运营负担。营造公开公平公正的市场环境，大力支持民营企业发展壮大，使营商环境迈向法治化、国际化、便利化。

（六）重视科研成果，揭示健康长寿规律

2019 年 10 月 30 日—11 月 10 日，由中国科学院昆明所、国家卫生健康委北京医院牵头，广西壮族自治区江滨医院等 18 家国内著名研究所、大学院校及医疗机构等共同实施的科技部国家重点研发计划项目——"广西长寿人群队列生物样本库规则构建和技术应用的研究"，以上林为研究区域，在知情同意的前提下，对所有年龄大于等于 90 岁的长寿人群进行横断面调查以及跟踪随访，收集包括个人信息、生活方式、生理心理状态、睡眠质量、家族史等有关人群资料，并采集调查对象的血液样本进行生化指标测定及长寿关联基因分型测序，构建全程的老年健康长寿数据库和生物标本库等。本次研究共调查和采样长寿老人 1 392 例，现场成功接触到长寿老人 1 246 例，已完成调查和采样的长寿人群（980 例）与对照人群（221 例）匹配率为 1∶0.23。2021 年 8 月，广西爱生科技有限公司对上林县 82 名百岁老人进行横断面调查以及跟踪随访，对生活方式、生理心理状态、居住环境、家族史等有关人群资料进行采集。两次项目研究顺应了国际和国内长寿研究潮流，探寻长寿秘诀，为推广上林县长寿经验走向全国乃至全世界提供了可借鉴的科学依据和实际

参考；在科学的基础上，充分挖掘上林县特色长寿基因及特点，积极研究和找出应对健康长寿的解决办法，发现长寿影响因素，揭示健康长寿规律，为缓解国家医疗卫生资源短缺状况、降低医疗卫生支出、构建和谐社会的创新模式提供帮助；同时促进健康理念、健康产品、健康产业等的发展，带动社会各种资源积极参与，催生全新的健康产业动力。

（七）开展老龄化培训，践行积极应对人口老龄化国家战略

2019年12月，上林县举办"老年学：积极老龄化与消除贫困国际培训班"。培训班邀请了联合国老龄所所长马文教授、查尔斯教授、原野教授为大家授课，受到学员们的欢迎。此次培训促进了上林县与国际机构的交往。

（八）弘扬孝老爱老敬老，传承寿乡文化

1. 弘扬孝善文化传统 上林县历史悠久，文化底蕴深厚，多年来这里的人通过种种方式对老者表达崇敬和怀念，其本质就是对先辈的敬仰和感恩，这一民俗文化增强了上林县作为"中国长寿之乡"的文化底蕴，也为上林县打造寿乡品牌提供了人文精神指引。每年的敬老月，上林县都会精心打造"孝老爱老敬老，传承寿乡文化"系列活动，除了举行文艺汇演外，还开展老年人法律法规、健康教育宣传；组织专家医生为老年人免费义诊；举办老年人书画展、气排球、气功、乒乓球和各种棋牌比赛，以提升城市文化品位。

2. 提升城市文化品位 围绕"壮族老家·养生上林""徐霞客最眷恋的地方"等文化元素，深入挖掘和传承地方文化与历史文化内涵，建设经典建筑、经典街道、经典景区，打造以山水交融的秀丽风光为依托，壮族风情浓郁的特色县城、特色集镇。扎实推动民族文化、群众文化、精品文化、传统文化、对外文化提档升级。进一步构建和完善上林县公共文化服务体系，加强公共文化基础设施建设，提升公共文化服务水平和服务质量，打造更具影响力的优秀公共文化服务品牌。大力推动文旅融合发展，积极培育文化＋旅游新业态，打造具有广泛影响力和强大带动力的文化旅游特色品牌。大力弘扬社会主义核心价值观，结合历史传承、区域文化、时代要求，教育引导广大干部群众因知而爱、因爱而行、因行而果，助力南宁城市精神在上林落地生根，对外树立形象，对内凝聚人心。

（九）加快出县大通道建设，提升对外交通能力

上林县主动服务首府南宁市强枢纽战略规划，重点推进好新柳南高速路的建设工作，2021年7月1日，按自治区明确的时间节点完成建设任务；开工建设上林—武鸣二级公路；从加快推进上林县经济社会发展和环大明山大健康产业示范带建设需要的角度，积极争取南宁至衡阳高铁采用经过上林县到达南宁北站方案；主动配合做好上林—横县高速公路、环大明山铁路等项目前期工作，力争早日开工，全面提升上林对外交通通达能力。

总之，长寿之乡品牌是一个无形资产。作为地方经济发展的新引擎，寿乡品牌蕴藏着很强的内生动力。充分挖掘和利用好寿乡品牌是上林县取得经济社会发展成果的重要经验。

第十六章

谯城区：整合历史传统和当代特色资源 推动寿乡谯城区的发展[*]

安徽省亳州市谯城区在 2011 年 7 月被中国老年学学会授予"中国长寿之乡"称号。十多年来，谯城区人民政府以整合当地历史资源和当代特色资源为推手，推动寿乡谯城区和经济社会发展。

一、优异的自然生态环境

谯城区地处北温带南部，属暖温带半湿润季风气候区，为热带海洋气团和极地大陆气团交替控制接触地带。气候湿润，雨量适中，季风明显，日照充足，无霜期 209 天。年平均气温为 14.5℃；年平均降水量 805 毫米。水、热资源优于北方，光资源优于南方，适宜各种作物生长。充足的阳光和湿度，使人心情畅快、心胸开阔，有利于健康长寿。2010年，中国中央电视台《经济生活大调查》栏目发布调查结果，亳州（谯城）从 104 个城市和 300 个县中脱颖而出，成为十大幸福省份中排名第一的城市。同时，谯城土壤肥沃、水质优良，是全国优质农副产品生产基地，盛产小麦、大豆、玉米、芝麻、棉花、中药材等，也是皖北最大的蔬菜生产基地。谯城境内涡河、杨河、包河、油河等河流纵横，地下水皆属于淡水，且属于优质的弱碱性矿泉水，有益于改善人们的酸性体质。这种水用于农田灌溉，也为农作物生长创造了一个优质环境。

二、健康天然的饮食之道

谯城人喜欢土生土长的绿色食物，长期以来形成了"饮食清淡，结构合理，营养平衡"的健康饮食生活习惯。这里出产的小麦，蛋白质含量很高。如果追溯谯城饮食文化的话，应该从定都于亳的商汤开始。辅佐商汤的伊尹不仅是一位治国能臣，也是一位技艺高超的厨师。如今，很多地方仍然把他作为厨师的祖师爷来供奉膜拜。老子名言"治大国如烹小鲜"，在一定程度上反映了饮食文化对这片土地上人们的影响。亳州之"亳"也与饮食有关。据考证，"亳"下面的"乇"指的就是农作物小麦。人们常说，"粗茶淡饭延年益寿"，而谯城人认为，"粗茶淡饭"并非大多数人所以为的各种粗粮和素食。正确的理解应

---

[*] 安徽省亳州市谯城区人民政府供稿。执笔人：屈广法，亳州市谯城区颜集中学高级教师。

是以植物性食物为主，注意粮豆混食、米面混食，并辅以各种动物性食品，做到平衡膳食、食物多样化。

三、全民练习五禽戏

"五禽戏"是我国后汉时期，名医华佗总结了前人模仿禽兽动作锻炼身体的经验，根据古代导引、吐纳之术，研究了虎、鹿、熊、猿、鸟的活动特点，结合人体脏腑、经络和气血等，从"熊经鸟伸"运动发展而来的，是一种行之有效的医疗体育和健身运动。五禽戏通过模仿不同动物的动作，能让身体各个部位得到针对性的锻炼，经常锻炼五禽戏不仅可以行气活血、舒筋活络、防治疾病，还有利于慢性病的康复。谯城区人民练习五禽戏由来已久，它广为流传，深为谯城人民所喜爱。谯城区有很多五禽戏晨练点，每天早晨都能在晨练点看到许多人在练习五禽戏，这种运动也在谯城农村中小学得到了推广。谯城作为中华武术之乡，全区人民还有踩高跷、打腰鼓、玩魔术、演杂技、打太极拳、舞刀、耍剑、跳健美操等习惯，尽管进行这些运动的人没有习练五禽戏的人多，但对于提升人们的健康长寿水平应具有积极的意义。

四、颇具特色的养生文化

谯城区自古即是久负盛名的"药都"。全区中药材种植面积达 75 万亩，171 科 400 多个品种，位居全国四大药都之首，被誉为"华佗故里，药材之乡"。素有"神医"之称的华佗出生于谯城。"药食同源"是中医提倡的重要养生理论，谯城民间以食物疗法为基础的药膳、药茶、药粥、药引等品种更是层出不穷。如今，谯城人做菜炖汤时放几味中药材，用中药材泡茶、泡酒……在传统中医药文化的熏陶下，谯城人每天都在不知不觉中遵循着养生之道。同时，谯城区是全国著名的"白酒之乡"，居中国八大名酒之列的古井贡酒，即产自谯城区古井镇。千百年来，谯城源远流长的养生文化和得天独厚的养生资源，给生活在这一方热土上的人们带来了健康长寿。

五、借力打造和谐幸福谯城

除了谯城区的天然禀赋资源之外，更重要的是谯城区委、区政府的领导和规划。区领导认为，没有丰厚的物质生活基础做保证，寿乡发展只能是无本之木。因此，谯城区一手抓经济、促发展，一手抓民生、促和谐，着力打造幸福谯城，提升群众幸福指数。

谯城区委、区政府把尊老、爱老、助老作为打造"天下道源、魏武圣地、华佗故里、千年酒乡、中华药都、养生亳州（谯城）"城市品牌的一项重要内容，落实了 70 周岁以上的老年人免费乘坐市内公交车、免费看市区景点的优待政策。全区 24 个镇乡街道均建有敬老院，城区建有光荣院、福利院、老年公寓、托老院等，使众多老人在这里安度晚年。自 2007 年以来，该区百岁以上的老年人每人每月可领取一定的健康保健金。从 2011 年 1 月 1 日起，该区建立了百岁老人健康保健金，并将保健金由每月 100 元逐渐增加至当前的

500 元。

此外，谯城区高度重视老龄工作，不但每年召开敬老日庆祝大会，积极开展"中华药都长寿之星"、福彩杯"十大福星和十大孝星"和孝老爱亲"谯城好人"评选表彰等各项敬老、爱老系列活动，还进一步健全了养老、医保、低保、精准帮扶和优抚、救济、救助等制度，积极发挥各职能部门的作用，切实维护好老年群体的合法权益，大力推进老龄工作的开展，不断提高全区老年人的安全感、幸福感、获得感。

第十七章

龙泉市：打造慈孝品牌　促进长寿事业发展[*]

"老吾老以及人之老"，是几千年来广大人民的美好梦想。如何让人人老有所养、老有所依、老有所乐、老有所安，是一个备受关注的话题。当前，全球老龄化趋势不可逆转，老龄化对经济社会的影响深远，对社会养老服务保障需求不断增长。

龙泉市城北乡是典型的山区乡、劳务输出乡，也是名副其实的"留守老人"之乡。随着青壮年的大量外出及农村老龄化的加剧，留在村里的人70%以上都是"下不了山，进不了城"的老人，90岁以上老人共96人，普遍存在生活缺"助"、安全缺"护"、健康缺"管"、精神缺"慰"等现象。该乡以"让留守老人舒心养老、外出人员安心创业"的"双心"工程为依托，率先推行山区老人居家养老服务工作，关注留守老人理发、洗衣、嘘寒问暖、血压血糖体温监控等"关键小事"，基本实现了"室外活动有场地、室内娱乐有场所、隔三岔五有人问、头疼脑热有人管、日常琐事有人帮"的"五有"目标，做到了情暖"幸福银龄"，打造"慈孝城北"品牌，促进了长寿事业发展。

一、主要做法

（一）实施精准化保障，解决"体系建设"问题

成立城北乡养老服务指导中心和村级养老服务日间照料中心，完成山区农村老人服务标准化试点项目建设，推动留守老人服务标准化运行。整合文化礼堂、体育锻炼场地、老年电视电大教学点等各类乡村文化阵地，开展读书月、门球赛等文娱活动，推动留守老人服务提质升级。目前，全乡14个行政村，已建成日间照料中心22个、文化礼堂9个、户外体育锻炼场所35个，农村留守老人服务实现工作有阵地、事情有人管、困难有人帮。

（二）实施精准化服务，解决"服务质量"问题

创新实施"1+X"特色服务，"1"即"专职保姆"服务模式，由"专职保姆"全程提供精神慰藉、保洁、代办、医疗、代购、送餐等各项养老服务事项；"X"即"专职保姆"服务模式延伸，以党员干部联心服务、"以老助老"互助服务、"好邻居帮帮团"爱心服务构建服务合力，帮助老人解决"急、难、愁"问题。目前，全乡已打造形成35人"专职保姆"服务团队，2020年开展走访2.1万余人次，提供服务1.1万余人次，实现留

＊　浙江省龙泉市人民政府供稿。执笔人：汤微，浙江省龙泉市城北乡人民政府通讯员。

守老人服务全覆盖。

（三）实施精准化聚合，解决"长治久效"问题

发挥党委、政府的领导力和凝聚力，整合各方力量，合力做好留守老人服务。组织猕猴桃慈善拍卖、乡贤联谊会捐助、慈善认捐等活动，累计筹集善款 63.5 万元，用于留守老人生活保障；设立免费理发室 35 个、爱心洗衣房 22 个，累计为全乡 60 周岁以上老人提供免费理发 3 万余人次，解决 1 700 余名留守老人被服换洗难问题，全面解决留守老人生活难题。同时，结合"最美专职保姆""最美六星文明户评选"等活动，选树慈孝典型，营造孝老爱亲氛围，打造出乡风文明闪亮"金名片"。

二、工作成效

（一）基本生活有保障，留守老人有了贴心"好儿女"

一是在制度引领上，创成了浙江省唯一省级山区农村老人服务标准化体系，根据《定期走访服务、帮扶慰问、生产生活帮扶、应急救援服务、经费保障、联动推进》等工作制度，统筹指导全乡的养老服务工作。二是在场所建设上，根据各村实际情况，整合村聚餐点、文化礼堂等，实现了村级养老服务日间照料中心的全覆盖和全天候开放，确保了全乡老人都能拥有基本的日常活动场所。三是在共性需要上，开展留守老人免费理发、义务洗衣活动，从根本上解决了老人的"头等大事"、细微琐事，从 2017 年开展至今为全乡老人提供免费理发 3 万余人次，换洗被褥、冬服 5 000 余次。目前，城北乡基本实现了"室外活动有场地、室内娱乐有场所、隔三岔五有人问、头疼脑热有人管、日常琐事有人帮"的"五有"目标，让每一个农村老人不再"留守"，都有了贴心的"好儿女"。

（二）文娱生活有享受，留守老人有了精神"好伴侣"

一是普及传播文化知识，结合主题党日活动、老年人协会日常活动，组织党员干部、专职保姆等定期为老人们上健康知识讲座，读报纸、讲新闻，每月坚持为老人们上好一堂"爱心课"。二是积极组织文体活动，结合春节、重阳节等传统节目，鼓励引导开展健步走、运动会、门球赛等老年人活动；充分利用好日间照料中心、文化礼堂等阵地，鼓励老人们走出家门，结伴打军鼓、拉二胡、下象棋等，共享幸福晚年。三是重视家人情感维系，由村两委干部、专职保姆定期帮助留守老人通过手机电话、网络视频等与其子女交流联络，互通情况，抚慰思念之情，在保障留守老人的基本生活无忧的同时，做到了用心用情，让留守老人从内心洋溢着幸福。

（三）孝老爱亲有氛围，乡风文明有了闪亮"金名片"

一是营造浓厚慈孝氛围。充分利用和整合文化礼堂、日间照料中心等宣传阵地，开展"好家风好家训""最美六星文明户评选"等文化活动，并设立宣传墙，大力宣传慈孝文化的格言、警句和慈孝先进人物事迹。二是选树慈孝典型。在全乡范围内开展"最美系列"评选活动，选出成立"微孝夕阳"慈善协会的"最美公益人"方建新，不遗余力照顾受伤

媳妇的"最美婆婆"王春连，暖心照料老人的"最美专职保姆"曹小凤等，发掘宣传村民身边的感人事迹，形成全民学习、共同宣传的良好氛围。三是建立监督约束机制。把"德孝"纳入村规民约，以村为单位与村民签订承诺书，并作为评优评先、入党及党员评议和村干部竞选的重要依据。把"德孝"民主评议作为党员干部的年度考核内容，监督党员干部带头尽慈孝。通过持续深耕乡风文明，把弘扬慈孝文化作为基础性工作来抓，确保"慈孝"化虚为实，"个人行孝"变"集体行孝"，"部分行孝"成"全民行孝"。

借鉴篇

第一章
健康长寿的国外研究进展与启示[*]

　　健康长寿是国外学术界的一项研究热点。老年学、社会学、人口学、健康学等多学科深度介入，聚焦高龄老人的规模、高龄老人的福祉、长寿的影响要素等具体问题，为健康长寿研究赋予了鲜明的多学科融合与跨学科探索的特征。在全球人口老龄化的宏观背景下，研判国外健康长寿研究的现实基础，总结国外健康长寿研究的前沿进展，归纳国外健康长寿研究的核心旨要，反思国外健康长寿研究的现实启示，具有重要的学术价值与实践意义。本章节基于全球高龄人口的发展趋势，对健康长寿的影响要素、实施策略、实践经验进行重点考察，期待为厚植"老有所养"的治理策略提供学理依据。

一、全球高龄人口的变化趋势

　　学术界一般认为，高龄老人是一个有着较深厚历史积淀的人口学概念。自古以来，世界各地的文史资料均有过关于高龄老人的记载，但大规模的"高龄人群"的出现则与现代社会建设、社会经济发展和医护条件的改善有着密切联系。平均预期寿命的增长，是国家硬实力与软实力提升的必然结果。

　　世界银行的统计数据显示，近10年来，全球80岁及以上的高龄老年人口一直呈现稳健增长态势。2011年全球80岁及以上的老年人口总数为1.08亿人，到2020年时已增长至1.44亿人。在高龄老年群体中，女性高龄老人居多，其数量从2011年的6 808万人增至2020年的8 900万人，男性高龄老人的数量从2011年的4 064万人增至2020年的5 558万人（图5）。

　　世界银行的统计数据亦表明，2011年中国80岁及以上的高龄老年人口约为1 808万人，到2020年时已增长至约2 592万人。男性高龄人口的数量从2011年的728万人增长至2020年的1 031万人，女性高龄人口的数量从2011年的1 080万人增长至2020年的1 561万人（图6）。从人口老龄化到人口高龄化，既是社会进步、经济发展、医护水平提升的必然结果，同时也和老年人的生活质量、生活习惯、生活理念密切相关。高龄人口数量的持续增长，为健康长寿研究的繁荣兴盛奠定了人口层面的基础。相关研究试图从健康老龄化、老年友好等学术视角入手，探索健康长寿的影响要素、实现机制等多项问题。

---

　　* 作者：陈昀，武汉大学社会学院讲师，武汉大学全球健康研究中心副研究员，武汉大学老龄科研基地综合科研办公室主任。

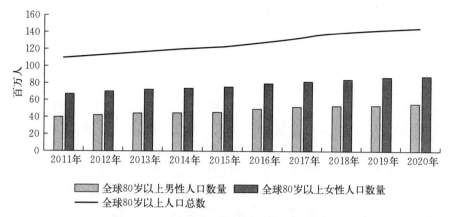

图5　2011—2020年全球高龄人口发展趋势图

数据来源：世界银行数据库（World Bank Open Data）

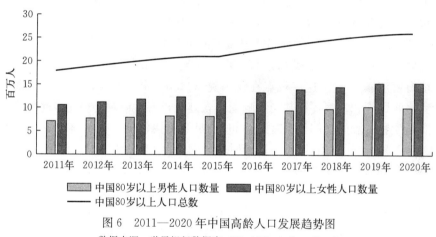

图6　2011—2020年中国高龄人口发展趋势图

数据来源：世界银行数据库（World Bank Open Data）

二、健康长寿的原因探究

健康长寿的影响要素与作用机制，一直是西方老年社会学、人口学与健康学所关注的焦点问题之一。半个多世纪以来，国外学术界围绕"为什么有的老人成功实现健康长寿、如何使老人健康长寿"这两项核心主题，形成了先天决定论、环境影响论、利基论、多元结构论四种不同的观点。

（一）先天决定论

先天决定论主张"健康长寿"与"人类基因"这一天赋的、刚性的条件有关，受到生活环境、社会经济地位等外力作用要素的影响较小。这一观点间接催生了"基因决定论"等观点。

1964 年，齐默拉（Kimura）等学者提出，人体内至少有 100 个基因和基因组可能与寿命有关，故每个人的寿命都可能有所不同[35]。这一观点在 50 年后得到证实，2013 年，布多夫斯基（Budovsky）首次提出并整理了多达 750 种可能影响人类寿命的基因[36]。分析因地区、民族不同而形成的基因差异，能够为探明寿命差异的影响机制提供可行的思路。"基因决定论"的观点对健康长寿研究产生了深远的影响。

基于基因决定论基础上所形成的"复合寿命观"，在进一步充实完善理论内涵的同时，也为相关研究开辟了新的视角。卡塞利（Caselli）认为，高寿应被视作一种"阈值"，它只适用极端少数人。换言之，社会发展与诊疗技术的进步或许可以解释"长寿"老人的增多，但以百岁老人为代表的"高寿"老人数量的增加，则在很大程度上是先天性的复合要素的作用结果。卡塞利认为性别、基因等要素都会影响老年人的寿命，而探明各要素之间的内在联系与深层机制将是一项艰巨的任务[37]。

（二）环境影响论

与先天决定论重视"内因"影响不同，环境影响论将自然环境、社会环境、文化环境等视作影响老年人寿命的关键要素。作为百岁老人研究的先行者，奎特雷（Quetelet）于 1842 年首次对比利时百岁老人的分布情况做了简单调查，发现在被调查的 16 名百岁老人中，有 14 名生活在海努尔特、纳穆尔和卢森堡三地，据此他认为人口寿命可能与老年人的生活环境有密切联系[38]。这一观点在汉考克（Hancock）等学者的研究成果中得到印证，汉考克主张微观和宏观环境共同影响老年人健康长寿，微观环境主要是指个人及其周遭环境，既是生物内涵的（例如家庭），同时也是文化内涵的（例如维系家庭关系的孝文化等）；宏观环境则包括自然环境、社会环境、文化环境等多个方面，深植于社会生活中，对人类的寿命起到潜移默化的影响效果[39]。加洛德（Garrod）等学者也认为，个体不仅天生具有独特的遗传和形态"个性"，同时受到这种"个性"的影响，个体从诞生到死亡，对微观和宏观环境要素的利用和反应也会有所差异[40]。因此，生活环境是影响个体寿命的重要外在要素，这也能解释为何高寿老人通常具有群集性的特征，并形成"长寿之乡""长寿之岛"等聚居地，例如日本冲绳、意大利撒丁岛等地人口的平均预期寿命普遍较高。

（三）利基论

"利基"即"niche"一词的音译，是相对于"大众"（mass）而言的"小众"范畴，同时也具有"适当、适切"的内涵。利基建筑（niche building）是指人们有意识地构建广泛而复杂的生活环境，这种生活环境包括了衣食住行等各方面，并对在环境中生活的人的寿命产生影响。欧洲的利基建设（niche construction）持续了 400 多年，而对老年人口寿命产生直接影响的要素，则包括早期城市建设、工业革命的诞生和发展、医疗卫生的进步等。一般认为，利基建设的持续推进对提升全球人口的平均预期寿命是有利的。

从 1996 年起，法尔科和麦凯（Falconer and Mackay）等学者尝试从利基建设的角度，对长寿机制的构建模式进行探索。法尔科并不完全赞同"先天决定论"所主张的"寿命天定"这一论断，而是就长寿的实施路径作了公式化的解读，即：

$$P＝G＋Er＋Enc＋G×Er＋G×Enc^{[41]}$$

公式中的 P 代表"寿命"，G 指代人的基因，Er 代表常规环境，Enc 即为基于利基结构而构造的环境，G×Er 是指在常规环境中基于基因交互而产生的影响效果，G×Enc 则代表在构造环境中基于基因交互产生的影响效果。不难发现，基于利基结构而形成的、关于环境与寿命关系的论断，尽管在形式上没有彻底摆脱"基因决定论"的影响，但开始采用整体论（holistic view）的视角来看待长寿的形成机制。弗洛尔（Furrow）认为，利基结构使探索健康长寿的构建机制成为可能，对生命过程的直观理解和感受，会直接作用于长寿的构建过程，从而使长寿的影响与形成机制有章可循[42]。

利基论的提出为解读健康长寿的影响要素提供了重要的参考依据。芬奇（Finch）等学者认为，从公元 16 世纪至今，是人类生命与生活质量大幅提升的时期，其原因有四：一是欧洲大陆和北美城市化进程的稳步推进，二是卫生条件和营养状况的显著改善，三是免疫接种技术的萌芽与普及，四是现代医学体系的建立与发展。这四类条件指向"寿命与健康"这一主题，为长寿人群的诞生与扩张，特别是自进入 20 世纪以来的长寿人群的增长奠定了重要的基础[43]。博伦斯坦（Borenstein）将这一过程形象地称之为"文化利基建设"，即生存与生活方式的变化，对健康的发展所可能产生的影响[44]。

（四）多元结构论

以贝卡（Becca）为代表的研究团队对老年人进行了长达 23 年的跟踪调查，发现拥有积极的生活态度、主动投身社会参与、以良好心态拥抱老年期的被访者，平均寿命比其他老年人长 7.5 年左右。积极的自我认知也会影响老年人对寿命的"期待值"，即重视生命、享受生命、对生命有期待的老人，其平均预期寿命也会更长[45]。贝卡等学者由此认为，健康长寿的核心前提条件就是身心健康，对老年人而言，通过适度锻炼、有规律的作息以实现身体健康，难度并不大，关键在于应始终保持积极的生活心态。以积极面对老龄化的态度，拥抱老龄期，是健康长寿的关键，也是实现健康长寿的攻坚点所在。

基于贝卡的观点，影响健康长寿的要素还包括五个方面：一是老年人的年龄，对"年轻的老人"而言，实现健康长寿的可能性高于耄耋老者；二是老年人的性别，女性老人的寿命通常比男性老人更长；三是老年人的社会经济地位，这一要素直接影响老年期的生活质量，衣食无忧、照护有助，对实现健康长寿大有裨益；四是精神慰藉，能否有效地消弭孤独寂寞等消极情绪，也在很大程度上影响老年人的平均预期寿命，应通过电话关爱、上门慰问等形式，帮助老年人疏解、排遣消极情绪；五是身体机能的健康状况。五项要素共同指向老年人的"积极心态"这一核心（图 7）。

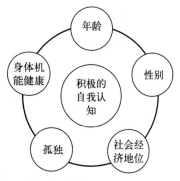

图 7　老年人"积极心态"要素结构图

在充分评估"积极心态"重要性的基础上，托恩斯坦（Tornstam）于 1994 年提出了"超越老年"（Gerotranscendence）的观点，认为老年期的终极目标是推动实现老年人与生命周期的融合，在帮助老年人形成科学、良好的生活习惯的同时，使老年人正确认识老年期、老年病与死亡。即老年人健康长寿的关键，是要推动老年人自身实现对自己的"超越",为取得"超越"的效果,老年人应做到五个方面:平静地接受死亡作为人生的终点,保持社会联系,维系代际和谐与交流,秉持开放包容的心态,解放思想[46]。

基于"超越老年"的学说,斯特斯曼（Stessman）等认为,老年期的社会参与是维持"积极心态"的重要途径,能有效地提升生命质量,并减轻老年人的孤独感和被抛弃感。积极参与社会活动的老年人,发生认知退化的比例不到一般老年人的四分之一[47]。老年人社会参与的实现形式是多样的,可以通过参加志愿服务、陪伴家人、参加力所能及的劳动、娱乐休闲、户外活动等实现,在这一过程中,他人的陪伴具有重要价值。"有陪护"的社会参与,将成为健康长寿最重要的推动机制。

三、实现健康长寿的策略与政策

如何借助实践策略与社会政策有效实现健康长寿的发展目标,是国外学者、研究团队、研究机构和国际组织所关注的重点问题。以布特纳（Dan Buettner）为代表的研究团队、经合组织（OECD）与世界卫生组织（WHO）分别从老年人生活方式、助老服务、老龄政策三个方面给出了相应的思路。

（一）以"老年赋能"引领健康的生活方式

布特纳研究团队所提出的"老年赋能"（Power 9）原则,总结了西方健康长寿研究的前沿观点,其中有6项内容涉及老年人生活方式、社会参与、老年心态等重要方面[48]:

1. 量力而行（move naturally） 高寿的老人通常不会从事剧烈的体育运动,例如马拉松、器械训练等,而是主要从事园艺、轻度运动等对身体素质要求相对较低的活动。

2. 要有生活目标（purpose） 明确的长期与短期生活目标,是确保老年人健康长寿的重要外部要素。老年人应明确老年期阶段性的生活目标,同时对每天应做的事情有较清醒的认识。

3. 减慢生活节奏（downshift） 通过有序的、相对缓慢的生活节奏,减轻老年人的生活负担与精神负担。

4. 归属感（belong） 通过参加老年互助组织、各种集会等,拓展老年人的交际圈,帮助老年人保持社会活跃。

5. 家人优先（loved ones first） 老人应时刻把家人的需求放在首位,倾听家人的心声,加强老人和家人的沟通与互动。

6. 志同道合（right tribe） 抽烟酗酒、暴饮暴食、孤独对老年人身心健康有害,因此老年人应与有着良好生活习惯的其他老年人共同交流,共筑良好的生活环境。"谈笑有鸿儒,往来无白丁"对老年健康有着良好的促进作用。

（二）以"三项建设"完善健康养老服务

经合组织认为,健康长寿目标的实现,与三方面的建设休戚相关,分别是健康发展、健康服务与健康保护[49]（图8）。

1. 推进健康发展 健康发展的实质，是增强经济发展与社会发展的有机整合。经合组织创新性地提出"延长工作年龄"的健康长寿发展路径，一方面鼓励老年人在身体状况允许的前提下参与日常工作，另一方面鼓励企事业部门为有就业愿望的老人提供相应的机会。以参加工作实现社会参与，以社会参与推动健康长寿，事实上是"健康老龄化"的一项基本要求。

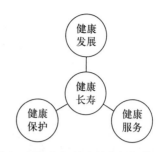

图 8 经合组织健康长寿框架模型图

2. 创新健康服务 经合组织认为应对健康体系作适当的调整和优化，以适应老年人的需求，重点在于坚持"老年人导向性"，并发展四种照护体系：

（1）慢性疾病跟进与照护体系。对在社区和机构中生活的老人应进行健康建档，并针对老年人的健康状况提出相应的照护与疗愈策略。以老年人健康状况为中心，根据老年人健康情况适时地优化照护措施，是"老年人导向性"照护体系建设的核心内容。

（2）发展高质量的、以预防为主的健康服务。经合组织认为，针对老年人的初级和次级预防（primary and secondary prevention）尤为重要，相关措施包括注射疫苗，防止药物滥用，防治包括癌症、高血压等在内的典型疾病，预防老年人跌倒，为老年人，特别是在机构中生活的老年人创造安全健康、和谐友好的养老环境。

（3）更加注重老年人的心理健康。以社会工作者、心理咨询师等作为服务主体，针对老年人社会隔离、贫困、歧视、无家可归等问题给予帮助。

（4）提倡发展老年人的自我照护。物联网、智能养老设备与设施建设的发展与完善，为生活基本能自理的老年人实现自我照护提供了可能。可以通过在家中、机构中安装个人报警设备、健康监控设备，实现老年人生活环境的适老化改造。经合组织认为，适老化改造能有效提升老年人的生活质量，增强老年人的应对力，在帮助老年人适应独立自主的养老生活的同时，维护老年人尊严。

3. 完善健康保护 尽可能消弭危害老年人健康的行为习惯、环境问题等，改正暴饮暴食、抽烟酗酒、缺少锻炼等不良生活习惯，解决出行不便、助老设施匮乏等问题。完善的公共服务、老年友好型环境建设是推动实现健康长寿的重要动力。

（三）以"四四原则"完善老龄政策的制定与实施

"四四原则"包含四项施政目标与四项工作重点。世界卫生组织（以下简称世卫组织）主张通过政策制定与实施的手段推进实现健康长寿，并提出了四项具体施政目标：

1. 应尽可能实现全生命周期的健康老龄化 关键在于控制与治愈非传染性疾病。世卫组织认为，非传染性疾病是导致老年人死亡最重要的病症原因之一，而发病与否则与老年人的生活环境休戚相关。因此，老年社会政策应聚焦社会环境、自然环境与文化环境的改善。营造老年友好型养老环境，是实现健康长寿的重要保障。

2. 政策制定应与老年人的实际需求相契合 社会政策的制定应以老年人的养老需求为导向，以老年人的异质性为考量，以鼓励发展长期照护为路径，以推动实现老年人健康长寿为目标。构建支持性的养老环境，从政策扶持和经济扶助两方面入手，大力推进老年友好型城市的创建工作。

3. 强化老龄研究，推进以证据为本的养老服务与实践　这要求政策的规划制定必须建立在数据统计、案例分析等例证的基础上，经反复论证方可予以施行。在这一过程中，基于"知识"的交流与沟通显得尤为重要。世界各地发展程度、民俗文化、养老习惯等均存在较大差异性，因此，以证据为本的政策支持也就具有了重要价值。

4. 推动老年学科体系建设，并鼓励发展健康照护与护理力量　在过去的 20 年中，欧洲老年病学研究获得了长足的发展。世卫组织经调查发现，欧洲开设老年病学教育的高校、机构的数量自 2000 年以来增长了 40％[50]，专业教育为老年人长寿健康提供知识支撑力，以专业教育为基础，良好的教育经历、高质量的照护服务客观上为老年人的健康长寿创造了条件。

基于以上四项条件，世卫组织欧洲分部于 2012 年正式提出健康长寿的主要干预措施，要求各级政府注重做好四方面的老年工作：一是做好老年安全工作，其核心是预防因老年跌倒等意外事故而造成伤害。这既要从公共设施建设入手，也要考虑居家老年人的养老安全。二是做好老年人社会参与渠道疏浚和参与激励工作，其核心是鼓励老年人在身体条件允许的前提下，积极参加各类文体活动。三是做好老年预防接种工作，其核心是为老年人及时接种疫苗，预防传染性疾病，保障老年人生命健康安全。四是做好非正式照护的支持工作，其核心是维系非正式照护体系的有效运作，并鼓励老年人发展自我照护。

世卫组织特别指出，欧洲各国近年来普遍采用居家养老的模式以应对"老有所养"难题，而照护者主要为女性，即使在老年照护产业较为发达的地区，居家照护亦获得了普遍青睐。以非正式支持为主要实现形式，居家照护为机构支持提供了重要的辅助作用，如何有效地推动非正式支持发展，并兼顾公共养老服务体系建设，成为老龄政策规划与制定的关键内容。

以政策助服务，以服务促健康，以健康保长寿，成为世卫组织在对待健康长寿问题时，所采取的典型策略。除社会政策、服务策略建设外，世卫组织也建议各种公共基金积极为老年人及其照护者提供必要的帮助，实现援助对象从养老机构向养老服务个体迁移。以政策落实为基础，确保"老有所养""老有所安"，是实现健康长寿的重要前提。

四、国外健康长寿地区的特点、发展策略与实践简述

（一）国外健康长寿地区的总体特征

2005 年，布特纳与《国家地理》（National Geographic）杂志社、美国老龄研究中心（National Institute on Ageing）合作，通过收集世界各地的人口普查数据并进行比较，最终确定意大利撒丁岛（Sardinia）、日本冲绳（Okinawa）、希腊伊卡利亚（Ikaria）、哥斯达黎加尼科亚地区（Nicoya）、美国加州洛马琳达（Loma Linda）地区为长寿人口最多的地区。2008 年，布特纳提出"长寿人口聚居地"（长寿之乡）是一个地理概念，特指长寿人口多、自然环境相似、生活习惯相近的地理区域。

布特纳的研究团队认为健康长寿地区的总体特征大致可以归纳为三类[51]：

1. "以动延寿"　以意大利撒丁岛为典型代表。撒丁岛因长寿老人众多而著称，而在

长寿老年人群体中，人数最多、平均年龄最大的当属牧羊人族群。牧羊人每天至少要走 8 公里山路，客观上起到了日常锻炼的效果。布特纳团队认为健康的生活方式，平和的生活态度，较轻的生活压力是导致撒丁岛高寿老人众多的关键原因。

2. "以助延寿" 以日本冲绳为典型代表。"我为人人，人人为我"是冲绳人的一项传统美德。自有文字史料记载以来，冲绳居民一直致力于建设名为"模合"（もあい）的非正式互助体系，该体系旨在纾解体系成员所面临的生活与精神负担，并对陷入窘境的成员及时施以援手。冲绳的传统习俗规定，凡年满 5 岁的居民，就必须加入到"模合"体系中。"模合"也为实现"老有所养"提供了重要的保障机制。布特纳团队还认为，冲绳居民"吃饭八分饱"的传统习俗，即反对暴饮暴食的生活习惯，也为冲绳居民的健康长寿奠定了重要的民俗基础。

3. "以信延寿" 以哥斯达黎加尼科亚为典型代表。布特纳团队发现，尼科亚地区有着浓厚的宗教信仰和家庭宗族观念，"劝人向善、团结向上"的"万能计划"（plan de viva）生活理念时刻鼓舞着尼科亚居民，使他们能够以较为积极的心态应对困难和挑战。因此，尽管尼科亚居民年均公共卫生健康方面的开支仅为美国人的 15% 左右，但该地区居民活到 90 岁的概率是美国人的 2 倍有余。

（二）国外健康长寿地区的发展策略

近年来，在美国退休者协会（America Association of Retired Persons，AARP）的呼吁下，美国多地开始重视老年人的福祉问题。以科罗拉多州为例，自 2010 年以来，该州一直是美国人口老龄化速度最快的州之一，从 2019 年开始，科罗拉多州将"确保健康老龄化"（healthy ageing promising practices）正式作为州政府的核心工作任务之一，旨在实现"活得更久更健康"（live longer and healthier lives）。科罗拉多州计划通过养老设施建设、市政改造等多种方式改善老年人的生活环境，达到"健康长寿"的目标，其主体内容可以形象地概括为"四二策略"，即"四项建设"与"两项目标"。

"四项建设"的内容包括：

1. 要推进可持续的老龄服务建设 政府应在老年照护津贴和养老服务体系建设方面予以支持，发挥养老兜底的功能。

2. 要推进对非正式照护者的支持建设 非正式照护者易面临身心健康和收入问题，因此对非正式照护者应及时给予帮助，提供喘息服务，或以专业照护团队逐渐替代非正式照护者。

3. 要推进合作式照护体系建设 养老服务体系的建设应尽可能吸收多元化的照护力量，为老年人提供完善的照护服务体系，特别注意要保护老年人，使其免受虐待。

4. 要推进高质量的居家和社区照护服务体系建设 特别要注重建设高质量的养老社区，完善高质量的养老生态环境，发展高水准的服务团队，为老年人提供更高质量的照护服务。

在四项建设的基础上，健康长寿的养老环境建设应注意达成"两项目标"：

一方面，要创造宜居社区（livable communities），即适合所有年龄段人员共同生活的社区。美国退休者协会认为，老年人实现健康长寿的前提条件，就是能长久地在"安全、适宜、可获得的、可负担的"环境中接受相应的助老服务。社区养老体系建设,是养老服务发展的重中之重,友好型服务的发展不仅能为老年人创造更多福祉,也有效地满足了老年人的养老需求,使延年益寿成为可能。

另一方面,要使助老覆盖到全体老年人。人口老龄化是全球人口结构变化的总体趋势,而助老服务应覆盖全体老年人,不因地域、民族等而区别对待,应实现助老服务均等化。助老服务的建设重点是满足老年人的多元化需求,并减轻老年人的脆弱性,使老年人享受自由、自主、自强、自立的晚年生活。

(三)国外健康长寿地区的建设实践

在"四二策略"的基础上,包括科罗拉多州在内的美国多地开始推进健康长寿社区的营造工作,最终确定将明尼苏达州的艾伯特利镇(Albert Lea)作为首个长寿试点区,并将道路建设、公共空间建设、消费文化建设、智慧养老作为改革的重点任务。在道路建设方面,艾伯特利镇政府原计划将经费用于拓宽城市主干道,之后改为实现无障碍化,全面铺设人行道,方便老年人出行。在公共空间建设方面,政府出资修建了6个社区花园,并将其打造为市民文体活动中心。在消费文化建设方面,超市专设"健康结账出口",在出口处放置新鲜水果、饮用水、坚果等食品,而不是摆放糖果、糕点等高热量食物。在智慧养老方面,艾伯特利全面采用"活力指南针"健康测评系统,该系统以简单的问答形式收集健康数据,并通过随身穿戴设备进行健康状况跟踪。在进行第一次测评后,活力指南针系统会针对老人的健康状况给予相应的建议,然后每3~6个月会再做一次检测。艾伯特利的社区营造取得了良好的成效,相关经验也为包括洛杉矶在内的美国大城市所引鉴。

五、启示

健康长寿承载着孝文化、老年友好、健康老龄化等养老理念的实践成就,是老年福祉的典型体现,是老年人生存权与发展权体系建设的结晶,是深度人口老龄化趋势的必然产物之一,也是中国老龄事业建设的一项重要目标。在归纳梳理西方国家健康长寿学研与实践成果的基础上,反思其相关经验对我国老龄事业的借鉴意义亦同样重要。健康长寿以老年群体的健康实现、老年服务的健康导向、老年产业的健康转型为主旨,为老年健康发展的基本目标提供新的注解。相关启示可以归纳为"三要五养",重点在于"五养"问题。

(一)"三要"的基本内涵

1. 要充分掌握国外健康长寿研究的最新动态与发展趋势 结合相关研究成果来看,随着健康长寿研究的不断深入,国外健康长寿研究逐渐聚焦到老年心态与老年友好型社区营造方面。老年心态反映老年人对晚年生活的期许,对老年期角色的反思,对老年人心理调适的认知等内容,良好、积极、乐观、敢于创新与尝试、积极拥抱老年期的生活心态,对健康长寿大有裨益。从老年友好型社区营造来看,越来越多的研究和实践将健康长寿的影响要素聚焦在"养老环境的营造"这一主题上,而其重点则在于社区的适老化改造,以及在社区硬件设施建设和服务内容与制度建设方面,充分考虑老年人的需求。换言之,在

"老年人中心性"视角下，探索日常生活的各要素对健康长寿的显性与隐性影响，已成为国外健康长寿研究的发展趋势与典型特征所在。

2. 要充分了解国外健康长寿服务的最新模式与创新机制　在肯定居家养老、社区养老等养老模式的价值的同时，国外健康长寿服务在形式上，注重建设合作性的照护体系，推动居家和社区照护服务高质量发展，在机制上，切实落实专业照护团队建设、助老服务全覆盖等，使"老有所养、老皆有养"成为养老服务的核心内容。从创新机制来看，基于"老年赋能""超越老年"等理论而建立的健康长寿创新机制，有效充实了健康长寿的学理内涵，并为健康长寿在助老服务、设施建设等方面的突破与创新奠定了坚实的基础。

3. 要充分学习国外健康长寿政策的最新变化与旨要　从积极老龄化到健康养老，从健康养老到"四二策略"，人们对健康长寿内涵的理解不断深化，对健康长寿实施路径的探索不断向前，对健康长寿政策原则的考量不断完善。作为人口建设的一项重要内容，西方在政策层面对健康长寿给予高度重视，以完善的政策为后盾，以明确的目标为指引，使健康长寿研究在学研、实践两方面均取得了较为突出的成就。

（二）"五养"的基本内涵

1. 推进"安养"宏大目标的实现　安养是老年人权保障的直接体现，在实践层面，老有安养指向老年人的养老安全得到有效保障这一主题，包括：老年人的健康安全，即老年人的身心健康应得到妥善维护，相关需求应得到有效满足；老年人的养老环境安全，即在贯彻就地养老（ageing in place）理念的基础上，为老年人打造适切的、以生存权为核心、以发展权为导向的养老环境；老年人的舆论安全，即坚持贯彻建设尊老、敬老、孝老的社会政策环境，强调老年人是社会发展的受益者与被关爱者。

2. 推进"易养"特色目标的实现　"易养"重视老年人服务的可获得性、便利性、易用性与普适性。养老服务体系建设要实现"雪中送炭"与"锦上添花"并重，既要通过高质量的机构照护、居家上门照护等服务满足老年人的养老需求，也要针对老年人所普遍面临的数字鸿沟（digital divide）等棘手问题提出应对方案。健康长寿不等于"闭门静养"，更不意味着"与社会生活脱节"，如何在智能化服务的宏观背景下，充分考虑满足老年人的养老需求，为老年人营造无障碍的、以健康为中心的支持体系，不仅是社区支持的一项工作重点，更应是以老年人需求为导向的智慧养老发展的重点目标。

3. 推进"有养"基础目标的实现　中国 60 岁及以上老年人口已突破 2.6 亿人，但社区养老照护机构和设施仅有 6.4 万个，社区互助型养老设施只有 10.1 万个[52]。健康长寿的普及与发展，需要专业服务的介入与支持。养老护理力量的紧缺是一个普遍的、迫在眉睫的问题。因此，一方面是要推进硬件设施与制度措施的建设，另一方面则是要高度重视养老护理人才队伍的建设，补齐养老服务在量与质方面的大缺口。

4. 推进"医养"重要目标的实现　医养结合是确保健康长寿长远目标得以实现的重要保障力量，探查医养结合的发展路径与"健康中国 2030"行动的契合点，是养老服务体系建设的一项重要任务。《关于深入推进医养结合发展的若干意见》第 1 项"强化医疗卫生与养老服务衔接"明确指出，要合力规划设置有关机构，实施社区医养结合能力提升工程。从"医治"到"养护"，老年人的生命权与健康权得到重视，老年人的养老需求得到满足，老年人的养老安全得到保障，老年人的养老环境得以完善，"医养结合，保障健康"为养老服务赋予了新的内涵。

5. 推进"智养"交流目标的实现　应积极推进全球养老研究与养老服务的经验交流共享，分享助老策略与应对措施，为实现老有所养的基本目标提供智力支持。总体而言，应当展开三方面对话：一是以依法治理为切入点，做好养老服务政策制定与完善等方面的对话；二是以创新路径为切入点，做好养老环境改善、老年友好型环境营造与养老研究创新等方面的对话；三是以基层服务为切入点，做好老年群众精神慰藉与生活支持工作经验等方面的对话。

国外健康长寿产业的发展及启示[*]

随着人口老龄化的全球化趋势，越来越多的国家和地区进入老龄社会。在此过程中，不仅形成了比较完善的法律制度、保障体系，而且在产品和服务供给方面逐步形成了成熟的产业体系。特别是在健康长寿产业方面，产品丰富、服务多元、市场发达，涵盖范围非常广泛，老年人的各种需求都能得到很好的满足。本部分围绕健康食品、用品，医疗器械与康复辅具、照护服务、健康服务以及老龄文化体育健康产业等，介绍部分国家在老龄健康长寿产业方面的发展现状，以期为研究和发展我国的老龄健康长寿产业提供一些启示与经验。

一、国外健康长寿产业发展现状

（一）健康食品、用品产业

在健康长寿产业中，健康食品、保健品是一个重要的行业，许多国家的功能性食品或辅助性用品市场都非常发达与完善。以日本为例，功能性食品被定义为有特殊健康用途的食品，并且在 1991 年就通过了相关法规，从法律上界定和规范了功能性食品的研发、评审与认证，极大地促进了功能性健康食品市场的发展和规范。目前，日本市场上已经有千余种功能性用品，并且许多公司可以先期进行研发，经过专门机构的审批认证，即可投入产品的生产和销售。韩国的老年食品市场发展也非常快，许多专卖店和便利店里都有专门的低盐、低糖、低能量的老年健康食品。此外，老年人的衣帽鞋袜等生活用品市场也非常发达，一些衣物在设计上注意做到多开口和多拉头，方便老年人在躺、卧时均可较为方便地更换，不受点滴及监测管线影响。另外，还有一些穿鞋、穿袜辅助器等用品，可以使老年人能够轻松地穿鞋和脱鞋。

（二）医疗器械与辅具用品产业

医疗器械和辅助用品是健康长寿产业的一个重要板块。特别是随着全球人口预期寿命的增加，老年人的带病余寿期也在不断增长，老年人的医疗健康服务需求不断增加，相关的产品、器械和辅助用品研发、生产、制造和销售市场也在快速发展。以美国为例，由于人口老龄化导致的心血管疾病患者数量非常庞大，因此，在电子医疗设备类产品中，心脏

---

　　* 作者：王莉莉；张秋霞，女，中国老龄科学研究中心副研究员；欧阳铮，女，中国老龄科学研究中心副研究员。

除颤器和起搏器、心电图仪器、电外科设备等的适应证主要为心血管疾病，心血管类产品将是医疗器械产业中最受关注的领域。

此外，随着长寿时代的到来，老年人带病余寿期不断延长，老年人对康复辅具的需求日益增长。在许多国家的健康长寿产业中，康复辅具产业的发展都是非常快速且完善的，并且种类齐全、科技含量不断提高。以日本为例，康复辅具包括行动类辅具、适老通信设备、护理型辅具、休闲娱乐辅具等多个种类。行动类辅具包括轮椅、拐杖、移动搬运设备、升降设备、家庭电梯、电动起身椅及其他交通和助行器材等。适老通信设备包括老年人手机，GPS 定位系统等。护理型辅具包括排尿器、护理床、移动滑垫、浴室安全产品、马桶增高器、洗浴椅、护理床等。日本辅具市场除了重视行动辅具、通讯辅具、护理型辅具外，对老年人的休闲娱乐生活也是很重视的，开发了一系列老年人电脑产品、助听器等视听读写用品。此外，为了协助老年人继续阅读和书写，日本相关企业还发明了很多轻便有效的小玩意，例如折光菱镜、笔固定架、写字座、万用旋钮手把、键盘拨杆等。整个市场产品定位与针对性强，产品设计人性化、科技化含量高，同时还有完善的康复辅具租赁制度，老年人仅需要较低的费用就可以租用到合适的辅具用品，极大地促进了相关产业的发展，同时也带动了诸如辅具清洗、消毒、租赁等相关市场的发展。

（三）照护服务产业

国外的照护服务市场发达，政府主要负责政策制定、法规完善以及监督评估等，照护服务资源则交由企业进行充分的市场化供给。比如在瑞典，87% 的老年照料服务是地方政府向营利企业购买而来，仅有 10% 的老年照料服务是地方政府向非营利组织购买而来。而英国作为欧洲第一个进行养老服务市场化改革的国家，无论是在居家养老服务还是在养老院、护理院的供给上，政府直接提供服务的比例都已经很低。2010 年，英国居家养老服务的提供者中，地方政府仅占 11.0%，由私人提供的比例则高达 74.0%；另外，由地方政府建设运营的护理院仅占 16.0%，由私人运营的护理院比例则高达 63.0%，还有 21% 的护理院是由慈善组织建设运营的。

国外照护服务市场发达，服务类型多元化，并且在服务中更加注重人性化。总体来讲，国外的照护服务类型可以分为以下几种。

1. 长住型养老院　第一种的服务对象是智力障碍和肢体障碍的老人，他们长期住在养老院中，由护工照看。第二种是日托型养老服务中心，服务对象也是有智力障碍和肢体障碍的老年人。老年人白天在养老机构生活得到照看，晚上让亲人接回自己家。第三种是辅助生活之家，即集中式的老人居住环境。数位老人共同居住在同一个套房内，各自拥有独立的房间，可以保证自己生活的隐私权。这类养老机构一般会聘用专业的服务人员帮助做日常家务，如做饭、打扫卫生等，此外也会配备专门的护理人员为有需要的老年人提供照护服务。还有一类是护理院，服务对象一般是需要深度护理的老年人，他们大多患有一些常见病，如脑退化症、尿失禁、多种硬化症、精神疾病、中风等。这种护理照顾型养老机构对护理的专业技术的要求很高，服务对象主要为需要 24 小时较为基础的医疗照顾，但又不需要医院所提供的复杂持续的医疗服务的老人。

2. 社区照护服务　美国、日本、加拿大等国家的社区和居家养老服务都比较完善。

加拿大所推行的老人社区照顾服务模式类似"居家养老社区综合服务中心"服务体系，是在每一个可操作的社区范围内，建立一个多元化的服务中心，为老人和家庭照顾者提供服务。日本一直致力于加强社区内的设施服务工作，利用社区内的设施为居家养老的老年人提供休息、娱乐、保健、康复和护理等服务，另一方面，则通过医生、护士，并培训专业的护理、康复人员，为社区内那些生活不能自理、需要生活护理的老年人提供上门服务。

3. 老年公寓 美国的老年公寓可以分为三大类。第一种是自住型公寓，这种公寓是为生活能够自理的老年人设计的。公寓只提供舒适的居住环境，但并不免费提供各种服务。这种公寓中，不仅设有完备的娱乐设施，如游泳池、健身房、图书馆、俱乐部等，还配套了老年人餐厅、洗衣房、接驳车等设施。而且还会经常组织各种集体活动。第二种是协助型公寓，主要服务对象是日常生活中需要一定的帮助但不需要专业医疗护理的老者。这类公寓为老年人提供日常起居的各类服务，如洗澡、穿衣、吃饭、吃药及洗衣等。第三种是特护型公寓，即持续护理公寓。它不仅协助老年人的日常起居，还提供相关健康服务，包括康复护理、健康监控等。此外，美国还有部分老年社区将自住型老年公寓和陪助型老年公寓组合在同一个社区里，便于老年人在不同的生活阶段选择不同的公寓进行入住。

（四）老龄健康服务

国外老龄健康服务的种类也比较丰富，基本上构建了一个融疾病预防、诊治、医疗、护理、临终关怀等于一体的健康服务体系与产业链条。

日本构建的"地域综合护理体系"，以市町村地方政府为运营主体，调动多种社会资源，通过向老年人提供包含预防保健、急救医疗、健康管理、理疗康复等多层次、多种类的"综合护理服务"，满足老年人多种居家养老服务需求，降低其对养老机构的依赖，从而降低长期护理保险支出规模[53]。另外，日本还有针对重度护理的居家老人的 24 小时巡回制度，护士和护理员负责定期巡回访问、夜间情况紧急时的通报等。针对独居的高龄体弱长者还设有家庭护理支持诊所，诊所与家访护士站、照护管理者合作，并且有充足的医疗护理设备，例如氧气吸入器、通风机、静脉注射营养液等。此外，日本还于 2018 年开始设立新的护理保险设施——"护理医疗院"，主要以需重度护理人员为对象，不仅提供日常医疗管理，还提供治疗、护理、康复训练及日常生活照料等医疗、护理相结合的综合服务[54]。

此外，针对越来越多老年人失能失智的问题，许多国家开始针对失智老年人展开一系列的健康干预与照护服务。如日本在 2012 年和 2015 年连续两次推出针对失智症的国家计划——"失智症对策五年计划"（橙色计划）和新橙色计划，将失智症预防与照护列为养老服务的重中之重。韩国于 2012 年制订《老年痴呆管理法》，强化老年照护资金扶持。澳大利亚健康部于 2006 年通过了《2006—2010 针对老年痴呆症行动框架》。另外，许多国家也在探索临终关怀服务。例如加拿大的临终关怀服务开始于 20 世纪 70 年代，目前加拿大已是世界上临终关怀发展比较成熟、受众比较广泛的国家之一，有医院临终关怀病房、长期照护中心、安宁疗养院、社区、家庭护理等多种形式。美国以及荷兰、比利时、卢森堡、瑞士等国家都相继在临终关怀以及医助死亡等方面出台具体的法律和制度措施，来规范相关服务标准和法律约束。

（五）老龄文化体育健康产业

文化体育休闲娱乐产业也是国外老龄健康产业中的重要内容。旅游业是许多国家的重要产业，在为老年人提供旅游产品和路线方面，市场供给服务非常完善。以日本为例，他们在推行《观光立国行动计划》过程中，创新性地针对老年人需求来开发乡村旅游、温泉旅游、医疗旅游、文化旅游等多元老年旅游产品。并且围绕老年旅游产业带动衍生出许多相关产业，包括餐饮、住宿、交通、娱乐、医疗、养生、文化、教育等多个产业链条。同时进一步拓展食品生产与加工、老年用品制造、旅游咨询服务、家政服务、信息咨询服务等多个产业领域。美国还创新了集中式旅游养老社区，比较典型的案例如位于美国佛罗里达西海岸的"太阳城中心"[55]。欧洲的许多国家则推行社会福利旅游项目，如进行持续不断的无障碍旅游设施建设和改造。同时，这些国家鼓励老年旅游者在旅游淡季出行，鼓励长期度假产品的推广，帮助老年旅游者在旅游淡季到政府指定的旅游场所（如酒店、餐馆等）进行消费以获得质优价廉的旅游产品和服务等。

二、国外发展老龄健康产业的经验

（一）完善政策制度体系

在老龄健康产业领域，许多国家有专门的推动相关产业发展的规划和文件，如英国政府在 2017 年发布了名为《产业战略：建设适应未来的英国》的白皮书，明确提出英国要在老龄用品、服务、健康、护理模式等方面确保优势地位[56]。同时，包括德国、日本、美国在内的许多国家都有专门的长期护理保险制度，为老龄健康产业的发展提供了充分的支付制度保障。此外，国外的老龄健康产业之所以能够健康快速发展，还与它们在此领域完善的法律和标准支撑体系密切相关。以英国为例，针对老年人的健康服务和社会服务需求，英国政府不断完善和出台相关的法律，包括《国民健康服务法》《国民保健法》《全民健康与社区照顾法案》《国家老年服务框架》等，同时，还有具体和详细的《国家黄金标准框架》来确保服务标准和服务质量。这些法律和标准，在养老机构的建设、养老服务的内容、管理与评估等方面均进行了详细的规定，为英国老年人享受养老服务提供了很好的法律保障。

（二）充分放开市场

多元化、市场化、专业化是国外老龄健康产业的重要特点。从 20 世纪 80 年代起，英国的社会服务领域就出现了一个最显著的特点，即混合经济型服务，也即服务供给主体的多元化。政府开始从直接的服务供给者中退出来，鼓励民营和慈善组织发展养老服务，政府更多地负责政策制定、监督管理和购买服务，这在很大程度上减少了政府的资金投入和服务压力，并且也丰富了养老服务的内容和种类。养老服务市场进一步细化，服务水平也更加专业，更好地满足了老年人的服务需求。同时，英国的老龄健康产业市场的参与主体也非常多元，有公共机构也有私营机构，但它们的价格差异完全是根据所提供的服务内容的不同来决定的[57]。

（三）重视个性化需求

日本的老年产品深受老年人的青睐，主要在于生产商真正做到了以老年消费者为中心，在产品设计和生产上充分考虑老年人的身心特点和生活场景。日本率先制造出专门解决卧床老人患尿失禁的问题的"老人尿裤"，这种商品在国际市场上畅销不衰。美国的企业在老年食品和用品的设计上独具匠心，有企业专门生产适合老年人假牙咀嚼的口香糖。老年用品的设计也更加人性化，如设计生产出脚踏式开关电冰箱、按钮式自动弹簧锁、简易开拆包裹器、自动配药服药定时器等，深受老年人的喜爱。此外，国外的许多照护服务机构都非常人性化。英国的养老机构规模都不大，50、60 张床位的就算是大规模的，一般都为 20 多张床位，并且在建设和服务中都秉承"以人为本"的原则，尽可能满足入住老人的需要。办公面积很小，会议室也不大，但供老人活动的多功能厅却很大，室内装修、墙面装饰都非常温馨、安全卫生，并且配备有非常专业化的设备，比如床垫可以根据老人的体重调节软硬度，自动化的洗浴设备可以大幅度降低护理员的工作强度，并且注重保护老人的隐私和个性化需要，非常温馨适用。服务人员的专业化程度也很高，会根据每位入住老人的家庭、身体状况以及兴趣爱好提供个性化的服务，"以人为本"的理念在很多细节方面都能充分体现。

（四）严格认证监督管理

国外老龄健康产业市场的质量监控非常严格。以老龄产品为例，日本、韩国都有专门的老龄产品认证制度来保证产品质量。它们通过老龄产品认证制度，针对老年消费者提供高质量的护理服务，满足老年人需求。在日本，认证制度已被认定为具有公信力，在控制和管理从事护理服务的企业提高服务质量、保护消费者等方面发挥了积极作用[58]。在服务方面，英国还有专门负责评估、监督和管理养老服务机构的组织，它们的主要任务就是监督和管理服务机构的服务质量，确保服务机构能够根据老年人的需求提供相应的服务。它们有完整的评估、监督和检查机制，有专业的人员队伍和专家队伍，每年都会对养老服务机构进行检查，并且公开检查结果、提出改进意见，同时还会根据老年人的需求以及投诉来提出完善服务的建议，确保为老年人提供服务的质量。此外，国外监督机构普遍非常重视虐待老年人问题。以加拿大为例，政府从 2008 年预算中支付 1 300 万元用来帮助社会识别虐待，并为受虐者提供帮助。一些地方专门成立虐待老年人问题工作组，还专门建立了老年人虐待支持热线，以获得全社会的关注和投诉。

（五）重视科技与人才

国外在老年人生活用品和服务上都有基于科技的大胆运用和创新。日本企业充分利用他们的科技优势，不断推出专门为老年人设计的产品，如机器人保姆、语音控制轮椅、遥控床、电控浴盆及机器人护士等。近年来，日本率先在护理行业引入新技术，促进护理机器人的开发与应用，目前已经开发出用于功能恢复的机器人，发布了功能恢复机器人安全性国际标准。此外，人才培养也是国外发展老龄健康产业时非常重视的内容。如日本在

20 世纪 80 年代末就通过相关法案并首次举行"介护福祉士""社会福祉士"的国家资格考试。截至 2017 年年底，已有 155.89 万人通过介护福祉士资格考试，22.13 万人通过社会福祉士考试，8.09 万人通过精神保健福祉士考试（宋悦，2019）。此外，为了解决医疗、护理从业人员不足以及地区间医疗资质不平衡的问题，日本从 2008 年开始增加医学部入学学生的定员数，2017 年达到了 9 419 人（比 2007 年增加了 1 794 人），确保医疗人才队伍稳定[59]。

三、对我国的借鉴与启示

国外老龄健康产业市场在漫长的人口老龄化过程和市场化经济快速发展的情况下，已经形成了成熟的产业模式，政府也已建立了比较完善的政策和制度体系，市场环境比较有序，老年人的有效需求明显，因此相关产业发展迅速。但不同国家有不同的国情与文化特点，有些国际经验可以借鉴，也有些无法完全照搬，我们在借鉴国外经验时要紧紧围绕中国国情和人文特点，建立起符合中国文化传统、生活习惯和经济水平的老龄健康产业发展模式。

（一）加快建立长期护理保险制度

目前困扰我国老龄健康产业发展的重要问题就是老年人的有效需求不足，其根本原因在于购买能力不足。我国老年人的收入来源主要是社会养老保障，虽然保障水平不断上涨，但整体收入水平较低。而国外老龄健康产业能够快速发展的原因就在于大多数国家都有专门的长期护理保险制度，从支付端解决了大部分老年人及其家庭的负担，因此能够很快地推动相关产业的发展。我国近年来也在不断进行长期护理保险制度的试点，但总体来讲，试点范围有限，可持续发展的困难较大。因此，需要迫切加快长期护理保险制度的研究设计与推行，可以分阶段、分步骤、分区域地推进长期护理保险的整体进展，根本性地解决老年人有效需求不足的问题。

（二）充分发挥市场力量的作用

要加快推进老龄健康服务的市场化进程，发挥政府在政策制定、管理监督、扶持引导以及满足困难老年人基本健康服务需求方面的作用，将一部分健康服务交给社会力量。引导市场力量进一步细分服务市场、进行市场调研、摸清老年人的服务需求、进行准确科学的市场判断，提供适合老年人不同需求的健康服务产品。特别是在健康预防、健康管理、营养膳食、术后护理、健康养生、健康旅游、健康文化产业等方面，可以着力引导与发展。

（三）创新产品与服务模式

国外老龄健康产品市场种类繁多、设计细腻，能够充分考虑老年人的身心特点。以日本为例，由于老龄化程度较重，因此许多行业都会考虑适老化的设计与改造。如食品业为老年人生产了营养美味、易开易煮的方便食品，休闲娱乐方面则专门研发出适合老年人使用的健身器材，一些玩具厂商还生产出专门针对老年人的玩具。此外，在一些日常生活细节上，一些超市调低货架高度、加大价格表和产品说明书字号等，也是一种创新。这些细节创新无不是建立在对老年人生理和心理特征正确理解和把握的基础之上。此外，在服务模式中，也应该根据老年人的实际需要，发展不同类型的服务机构。在建设上，应该着重在功能和服务上提高专业化的水平，针对失能、高龄、痴呆、术后康复、临终关怀等特殊需求群体，建立规模适当、功能齐全、专业化水平较高的照护服务机构。

（四）完善监督管理机制

我国的老龄健康服务发展较晚，因此在服务质量的评估、监督与管理方面还没有形成一个比较完善的体系。一方面是缺乏相应的评估标准和规范，另一方面也没有一个专门的机构或者组织来负责整个健康服务的监管，我们可以借鉴英国的模式，单独成立一个机构来负责，也可以由某个部门来牵头负责，或者委托第三方的社会组织来负责相关标准的制定、用品和服务评级、优秀品牌评选、龙头企业认定、市场监督评估等系列工作。

主 要 参 考 文 献

［1］"鼓励各地利用资源禀赋优势，发展具有比较优势的特色老龄产业"。见：《中共中央 国务院关于加强新时代老龄工作的意见》（2021 年 11 月 18 日）。

［2］Oeppen，J，2002. Broken Limits to Life Expectancy［J］. Science，296（5570）：1029 - 1031.

［3］乔晓春，2009. 健康寿命研究的介绍与评述［J］. 人口与发展，15（2）：53 - 66.

［4］李成福 1，刘鸿雁 1，梁颖 1，王晖 1，李前慧 2，2018. 健康预期寿命国际比较及中国健康预期寿命预测研究［J］. 人口学刊（1）：5 - 17.

［5］陈鹤，2020. 1990～2013 年中国健康调整预期寿命变化的分解研究［J］. 人口研究，第 44 卷（1）：26 - 38.

［6］盛亦男，顾大男，2020. 概率人口预测方法及其应用——《世界人口展望》概率人口预测方法简介［J］. 人口学刊（5）. 数据来源详见 https：//population. un. org/wpp/DataSources/156.

［7］许昕，赵媛，张新林，等，2018. 中国县域高龄人口地域分异特征及环境成因［J］. 地理科学，38（9）：1449 - 1457.

［8］李智，全星，倪俊学，等，2017. 中国 1953～2010 年百岁老人变化趋势及地理分布［J］. 中国老年学杂志，v. 37（22）：5698 - 5700.

［9］Obrizan M，Wehby G L，2017. Health Expenditures and Global Inequalities in Longevity［J］. World Development，101：28 - 36.

［10］Acemoglu D，Restrepo P，2017. Secular Stagnation? The Effect of Aging on Economic Growth in the Age of Automation［J］. SSRN Electronic Journal.

［11］Gehringer A，Prettner K，2017. Longevity and Technological Change［J］. Macroeconomic Dynamics，1 - 33.

［12］黄翌，2015. "长寿之乡"成因研究述评与展望［J］. 中国老年学杂志，35（7）：1977 - 1981.

［13］廖福霖，2012. 生态文明学［M］. 北京：中国林业出版社.

［14］陈俊华. 黄叶青，许睿谦，2015. 中国老龄产业市场规模预测研究［J］. 中国人口科学，（5）：67 - 80，127.

［15］王莉莉，2020. 新时期我国老龄服务产业发展现状、问题与趋势［J］. 兰州学刊，（10）：186 - 198.

［16］魏宸，2020. 高质量绿色发展理念的探讨［J］. 市场研究（1）：36 - 38.

［17］金乐琴，2018. 高质量绿色发展的新理念与实现路径——兼论改革开放 40 年绿色发展历程［J］. 河北经贸大学学报，39（6）：22 - 30.

［18］胡鞍钢，周绍杰，2014. 绿色发展：功能界定、机制分析与发展战略［J］. 中国人口·资源与环境，24（1）：14 - 20.

［19］习近平，2021. 扎实推动共同富裕［OL］. 求是：http：//www. qstheory. cn/dukan/qs/2021 - 10/15/c _ 1127959365. html.

［20］孙久文，2021. 新时代长三角高质量一体化发展的战略构想［J］. 人民论坛，（11）：60 - 63.

［21］孙久文，张皓，2020. 新时代西部大开发的主要问题研判［J］. 新疆财经（5）：5 - 14.

［22］中共中央宣传部，2019. 习近平新时代中国特色社会主义思想学习纲要［M］. 北京：学习出版社，

人民出版社，109.

［23］张子薇，等，2021. 中国居民预期寿命及其影响因素的空间差异分析［J］. 地球信息科学，23（9）：1-11.

［24］符宁，等，2020. 人均预期寿命影响因素研究——基于 193 个国家相关数据的分析［J］. 人口学刊，42（5）：47-56.

［25］龚胜生，等，2020.1990—2010 年中国人口预期寿命与人均 GDP 的相关关系及其变化特征［J］. 经济地理，40（2）：23-30.

［26］Daily G C，1997. Nature's Services：Societal dependence on natural ecosystems［M］. Washington D C.

［27］Perls T，2002. Genetic and environmental influences on exceptional longevity and the AGE nomogram［J］. Ann N Y Acad Sci. 959：1-13.

［28］陆杰华，等，2004. 中国县（区）人口长寿水平的影响因素分析［J］. 人口与经济，（5）：13-18.

［29］Perls T，Terry D，2003. Understanding the determinants of exceptional longevity［J］. Annals of Internal Medicine. 139（5）：445-449.

［30］刘旭辉，等，2007. 巴马区域长寿现象的初步探讨［J］. 河池学院学报，27（4）：46-50.

［31］杨荣清，等，2005. 江苏省如皋市长寿人口分布区土壤及其微量元素特征［J］. 土壤学报，42（5）：753-759.

［32］郑函，王梦苑，赵育新，2019. 我国"医养结合"养老模式发展现状、问题及对策分析［J］. 中国公共卫生，35（4）：512-515.

［33］中华人民共和国主席令（第七十八号）中华人民共和国标准化法，中国人大网。

［34］臧少敏，2015. "医养结合"养老服务的开展现状及模式分析——以北京市为例［J］. 老龄科学研究，3（12）：42-47.

［35］M. Kimura，J. F，1964. Crow，The Number of Alleles that Can Be Maintained in a Finite Population［J］. Genetics（49）pp. 725-738.

［36］Budovsky，T. Craig，2013. Longevity Map：a Database of Human Genetic Variants Associated with Longevity［J］. Trends Genet，（29），pp. 559-560.

［37］G. Caselli，M. Luy，2013. Determinants of Unusual and Differential Longevity：an Introduction［J］. Vienna Yearbook of Population Research，（11），pp. 1-13.

［38］M. A. Quetelet，1842. A Treatise on Man and the Development of His Faculties［J］. Einburgh：William and Robert Chambers.

［39］A. M. Hancock，D. B. Witonsky，etc，2011. v. PLoS Genet［J］.（4）pp. e1001375-e1001375.

［40］A. E. Garrod，1931. The Inborn Factors in Disease［M］. Oxford：Clarendon Press.

［41］D. S. Falconer，T. F. C. Mackay，1996. Introduction to Quantitative Genetics［M］. Benjamin Cummings.

［42］R. F. Furrow，F. B. Christiansen，M. W. Feldman，2013. Epigenetic Variation，Phenotypic Heritability，and Evolution［M］. in A. K. Naumova，C. M. T. Greenwood（Eds.），Evolution and Complex Traits，New York：Springer.

［43］Finch，R. E. Tanzi，1997. Genetics of aging［J］. Science，（278）pp. 407-411.

［44］E. Borenstein，J. Kendal，M. Feldman，2006. Cultural Niche Construction in a Metapopulation［J］. Theoretical Population Biology，（70）pp. 92-104.

［45］L. Becca，M. Slade，2002. Longevity Increased by Positive Self-Perceptions of Aging［J］. Journal of Personality and Social Psychology，（83）：261-70.

［46］ L. Tornstam，1994. Gerotranscendence：A Theoretical and Empirical Exploration ［M］. In L. Thomas & S. A. Eisenhandler（Eds.）. Aging and the Religious Dimension. CT：Greenwood.

［47］ J. Stessman，Y. Maaravi，2005. Candidate Genes Associated with Ageing and Life Expectancy in the Jerusalem Longitudinal Study ［J］. Mechanisms of Ageing and Development，（2），pp. 333 - 339.

［48］ D. Buettner，2010. The Blue Zones：Lessons for Living Longer from the People Who've Lived the Longest ［J］. National Geographic（Illustrated Edition），pp. 12 - 30.

［49］ Howard Oxley，2009. Policies for Healthy Ageing：An Overview ［J］. OECD Health Working Papers No. 42.

［50］ World Health Organization Europe，2012. Polices and Priority Interventions for Healthy Ageing ［J］. WHO REPORT.

［51］ D. Buettner，2010. The Blue Zones：Lessons for Living Longer from the People Who've Lived the Longest ［J］. National Geographic（Illustrated Edition），pp. 12 - 30.

［52］邱超奕. 居家和社区养老应无缝对接 ［N］. 人民日报，2020 年 11 月 6 日，第 9 版.

［53］邢鸥，张建，2020. 人口老龄化背景下日本健康产业发展现状、政策及启示 ［J］. 中国卫生经济，39（3）：94 - 96.

［54］马玉林，2020. 日本康养政策法规沿革对我国老龄产业发展的启示 ［J］. 健康中国观察（1）：92 - 95.

［55］［56］方陵生，梁偲，2018. 英国政府发布产业发展新战略——《产业战略建立适应未来的英国》白皮书 ［J］. 世界科学（1）：45 - 49.

［57］钱童心. 法国政府支持国内机构投资中国养老市场 ［N］. 第一财经日报，2014 年 8 月 21 日.

［58］田香兰，2015. 日本老龄产业制度安排及产业发展动向 ［J］. 日本问题研究，29（6）：37 - 49.

［59］丁英顺，2019. 日本老龄化的最新状况、社会影响与相关社会政策——2018 年版《老龄社会白皮书》解读 ［J］. 日本研究（1）：27 - 37.

附 录

FULU

附录一　中国长寿之乡大事记（2005—2021）[*]

2005 年

5月　中国老年学学会第四次会员代表大会在四川省眉山市召开，新当选会长李本公要求，进一步开展区域长寿研究，制定中国长寿之乡标准。

2006 年

4月　学会成立"区域长寿部"，萧振禹研究员任主任，筹建"区域长寿标准专家委员会"。

4月22—23日　首届"区域长寿标准专家研讨会"在湖北钟祥市召开。"区域长寿标准专家委员会"成立，于景元任主任委员，萧振禹、杜鹏、王鲁宁为副主任委员。赵宝华常务副会长作题为《关于区域长寿标准问题的若干思考》的报告。

同年　《"中国长寿之乡"标准》《"中国长寿之乡"评审办法》和《"中国长寿之乡"标准技术说明》经审议通过。

2007 年

1月　《"中国长寿之乡"标准》《"中国长寿之乡"评审办法》和《"中国长寿之乡"标准技术说明》向社会公布。

5月8日　《"中国长寿之乡"评审标准》发布，开始"中国长寿之乡"的认定工作。

11月25日　湖南省麻阳苗族自治县、四川省彭山县（现眉山市彭山区）、广西壮族自治区永福县获"中国长寿之乡"称号。

2008 年

6月10日　湖北省钟祥市、广东省佛山市三水区获"中国长寿之乡"称号。

9月20日　四川省都江堰市、河南省夏邑县、江苏省如皋市获"中国长寿之乡"称号。

10月23日　广西壮族自治区巴马瑶族自治县获"中国长寿之乡"称号。

2009 年

5月20日　山东省莱州市获"中国长寿之乡"称号。

6月8日　海南省澄迈县获"中国长寿之乡"称号。

＊　整理人：王五一，朱雪飞，刘光烁，周星汝。

12 月 11 日　江苏省太仓市、山东省文登市（现威海市文登区）获"中国长寿之乡"称号。

2010 年

1 月 11 日　广东省连州市获"中国长寿之乡"称号。

9 月 25 日　上海市崇明县（现崇明区）获"中国长寿之乡"称号。

10 月 3 日　广西壮族自治区东兴市获"中国长寿之乡"称号。

2011 年

7 月 15 日　广西壮族自治区昭平县、广东省蕉岭县、江苏省溧阳市、安徽省谯城区获"中国长寿之乡"称号。

10 月 10 日　江苏省如东县获"中国长寿之乡"称号。

2012 年

2 月 28 日　广西壮族自治区岑溪市、河南省永城市、河南省淮阳县获"中国长寿之乡"称号。

4 月　山东省文登市向中国老年学学会提出建立长寿之乡发展联盟的建议，并起草了《联盟章程草案》；学会决定召开长寿之乡联席会议。

6 月 8 日　重庆市江津区获"中国长寿之乡"称号。

6 月 10 日　贵州省石阡县获"中国长寿之乡"称号。

6 月 12 日　贵州省印江土家族苗族自治县获"中国长寿之乡"称号。

7 月 18 日　浙江省永嘉县获"中国长寿之乡"称号。

9 月 18 日　首届"中国长寿之乡"联席会议在文登市召开，20 多个长寿之乡代表约80 人就设立"中国长寿之乡联席会议"的必要性、任务、制度、机制达成共识。

10 月 8 日　山东省乳山市、江西省铜鼓县获"中国长寿之乡"称号。

11 月 21 日　广西壮族自治区上林县、广西壮族自治区金秀县获"中国长寿之乡"称号。

2013 年

年初　李本公会长召开办公会议，决定提高长寿之乡标准。萧振禹、杜鹏负责起草新标准。

1 月 14 日　广西壮族自治区东兰县获"中国长寿之乡"称号。

1 月 16 日　广西壮族自治区凌云县获"中国长寿之乡"称号。

3 月 8 日　广东省大埔县获"中国长寿之乡"称号。

3 月 10 日　四川省资阳市雁江区、河南省修武县获"中国长寿之乡"称号。

3 月 12 日　广西壮族自治区容县获"中国长寿之乡"称号。

3 月 14 日　广西壮族自治区扶绥县获"中国长寿之乡"称号。

3 月 16 日　福建省柘荣县获"中国长寿之乡"称号。

4 月 30 日　福建省泉州市泉港区获"中国长寿之乡"称号。

5月2日　浙江省丽水市获"中国长寿之乡"称号。

6月4日　江西省丰城市、江苏省启东市、广西壮族自治区蒙山县、浙江省桐庐县获"中国长寿之乡"称号。

7月15日　中国老年学学会公布第二届《中国长寿之乡认证标准》和《认证办法》，与中介机构签订新的核查协议。

10月8日　海南省万宁市获"中国长寿之乡"称号。

12月5日　广西壮族自治区阳朔县、广西壮族自治区凤山县、山东省单县获"中国长寿之乡"称号。

11月5—7日　中国长寿之乡第二次联席会议在浙江杭州桐庐县召开，各长寿之乡代表等380多人参加，会议旨在增强联席会议的凝聚力。

11月　《相约美丽与幸福——第一届中国长寿之乡名录》由中国国际广播出版社出版。

2014 年

1月5日　海南省文昌市获"中国长寿之乡"称号。

4月17日　广西壮族自治区天等县、广西壮族自治区富川县获"中国长寿之乡"称号。

6月16日　河南省封丘县、福建省诏安县获"中国长寿之乡"称号。

7月24日　广西壮族自治区恭城瑶族自治县、广西壮族自治区大新县、广东省丰顺县获"中国长寿之乡"称号。

7月28日　山东省高密市获"中国长寿之乡"称号。

11月5日　广东省梅州市梅县区获"中国长寿之乡"称号。

12月21日　中国老年学和老年医学学会在国家工商行政管理总局（现国家市场监督管理总局）商标局依法注册"寿"字商标。

2015 年

1月25日　广西壮族自治区宜州市（现河池市宜州区）、安徽省金寨县、广东省徐闻县获"中国长寿之乡"称号。

5月　广西壮族自治区大化县、广西壮族自治区马山县获"中国长寿之乡"称号。

6月　广西壮族自治区龙州县、广东省信宜市、浙江省文成县获"中国长寿之乡"称号。

7月10日　丽水市人民政府向中国老年学和老年医学学会发出《关于倡议建立中国长寿之乡绿色产业发展联盟的函》，提出建立长寿之乡联盟的迫切性、可行性和框架。

7月15日　浙江省丽水市委书记王永康、市长黄志平和省老年学学会会长徐鸿道分别致信李本公会长，表示要坚定走绿水青山就是金山银山的发展道路，联合各长寿之乡把长寿之乡联盟建设好，办出实效。

7月27日　贵州省赤水市、广西壮族自治区钟山县获"中国长寿之乡"称号。

7月28日　中国老年学和老年医学学会复函浙江省丽水市，同意支持丽水市牵头成立中国长寿之乡绿色产业发展联盟。

8月16—17日 中国长寿之乡绿色产业发展联盟第一次筹备会议在浙江省丽水市召开，发起单位浙江省丽水市、江苏省溧阳市、山东省文登区、贵州省赤水市政府分管领导以及广西老年学学会、中国老年学和老年医学学会、浙江老年学学会负责人出席。讨论联盟章程草案、筹建方案、组织机构、工作机制及计划。

9月9日 浙江省丽水市人民政府专题向省人民政府报告筹建"中国长寿之乡绿色产业发展联盟"，时任常务副省长袁家军批示"积极支持"。

9月16—18日 2015丽水生态精品农业博览会在杭州举行，丽水市政府首次邀请长寿之乡参展、观摩，共有16个长寿之乡参加。

9月17日 中国长寿之乡绿色产业发展联盟第二次筹备会议在杭州召开，浙江省桐庐县、文成县，福建省柘荣县，江西省丰城市，广西壮族自治区河池市、宜州市、天峨县、巴马县、大化县、凤山县、凌云县、钟山县，贵州省赤水市、印江县，山东省乳山市、文登区的代表参会并对筹建工作提出建议。

12月 广西壮族自治区天峨县、广西壮族自治区象州县、贵州省罗甸县获"中国长寿之乡"称号。

2016 年

1月20日 中国老年学和老年医学学会根据民政部意见，发布《关于停止受理第二届"中国长寿之乡"申报工作的公告》。

1月25日 贵州省兴仁县、山东省青州市、浙江省仙居市获"中国长寿之乡"称号。

2月26日 中国长寿之乡绿色产业发展联盟第三次筹备会议在北京召开，发起单位包括浙江省丽水市、江苏省溧阳市、山东省文登区、贵州省赤水市和10个拟任常务理事单位。江苏省如皋市、福建省柘荣县、湖北省钟祥市等政府分管领导、部门负责人，中国老年学和老年医学学会、浙江省老年学学会、广西老年学学会负责人参加。会议原则通过联盟章程草案、组织机构、工作计划等，并原则通过了召开联盟成立大会与高峰论坛的方案。

4月10日 中国长寿之乡绿色产业发展联盟网站、中国寿乡联盟微信公众号正式开通。

4月12日 《长寿之乡与金山银山》论文集印发。

4月12日 中国长寿之乡第三次联席会议暨中国长寿之乡绿色产业发展联盟成立大会在浙江省丽水市举行，51个长寿之乡政府、部门、企业及专家学者等各界代表350多人参加会议。大会推选徐洪道、郑度、陈可冀为联盟名誉理事长，选举李本公任联盟理事长，赵宝华任执行理事长，任淑女任常务副理事长。确认丽水市为常务副理事长单位，溧阳市、文登区、赤水市为副理事长单位，如皋市、钟祥市、桐庐县、柘荣县、丰城市、青州市、梅县区、龙州县、彭山区、罗甸县、东兰县、莱州市为常务理事单位，其余为理事单位。49个中国长寿之乡加入联盟。

同日 "长寿之乡与金山银山"（丽水）高峰论坛在浙江省丽水市举行。中国长寿之乡名优产品展示在联盟成立大会举办。

6月14—16日　中国长寿之乡绿色产业发展联盟在 G20 峰会丽水旅游宣传营销周开展长寿之乡旅游特色产品展示活动。

7月1日　中国长寿之乡绿色产业发展联盟启动中国长寿之乡特色服务业示范城市、养生（老）名优产品等品牌认定工作。

10月21日　中国长寿之乡绿色产业发展联盟公布 2016 年中国长寿之乡特色服务业示范城市等品牌认定结果，认定中国长寿之乡健康养生服务示范城市 2 个、旅游文化服务示范城市 3 个、乡情体验基地 2 个、乡贤人物 4 人、养生名优产品 31 个。

10月21—23日　丽水生态精品农博会暨中国长寿之乡养生名优产品博览会在杭州举行。来自全国 12 个省（市）22 个长寿之乡的 43 家企业参展。

10月21日　中国长寿之乡绿色产业发展联盟在杭州召开理事长扩大会议，决定设立联盟北京办事处。

10月22日　中国长寿之乡绿色产业发展联盟与北京二商集团战略合作签约仪式在杭州举行。

10月22日　中国长寿之乡绿色产业发展联盟在杭州举办首届中国长寿之乡"农旅结合"电商培训。

11月12—14日　中国长寿之乡绿色产业发展联盟在上海举行的丽水（上海）生态旅游推介会设展，宣传推介各寿乡旅游产品。

12月20日　中国长寿之乡绿色产业发展联盟在杭州举办的中华农业电商博览园设立寿乡联盟展览馆。

2017 年

5月18—19日　中国长寿之乡绿色产业发展联盟第一届理事会第二次（扩大）会议在贵州省赤水市召开，56 个长寿之乡的代表、有关专家学者、企业负责人、媒体记者约 300 人参加会议。增补重庆市江津区为联盟副理事长单位，浙江省永嘉县、山东省单县、四川省雁江区、贵州省兴仁县为联盟常务理事单位，广东省佛山市三水区，广西壮族自治区上林县、永福县为联盟理事单位。联盟成员增至 52 个。

当日　"长寿之乡康养旅游"（赤水）高峰论坛召开。

中国长寿之乡绿色产业发展联盟和中央电视台第七频道《美丽中国乡村行》栏目签订公益扶贫战略合作协议，共同推出《美丽中国乡村行——探寻长寿之乡奥秘》专题片，并举行开机仪式。

6月　中国长寿之乡绿色产业发展联盟组织开展第一届"长寿之乡"杯摄影比赛。

9月14日　中国长寿之乡绿色产业发展联盟公布 2017 年中国长寿之乡特色服务业示范城市等品牌认定结果，认定中国长寿之乡旅游文化服务示范城市 3 个、健康养生服务示范城市 1 个、乡情体验基地 4 个、乡贤人物 10 人、养生名优产品 18 个、康养示范基地 5 个。

9月21—24日　2017 丽水生态精品农博会暨中国长寿之乡养生名优产品博览会在杭州举办。共有来自全国 25 个长寿之乡的 47 家企业参展。

9月　中国长寿之乡绿色产业发展联盟在丽水（上海）生态旅游推介会设展、进社区推介宣传长寿之乡养生旅游。

10月　中国长寿之乡绿色产业发展联盟在首届中国休闲度假大会（丽水）设展，宣传推广长寿之乡旅游。中国长寿之乡绿色产业发展联盟对获授权有偿使用"寿"字商标主体进行扩注，注册31类图形商标。

11月　中国长寿之乡绿色产业发展联盟在丽水中国国际摄影节期间举办"长寿之乡养生福地——中国长寿之乡摄影展"。

同年　中国长寿之乡绿色产业发展联盟开展中国长寿之乡康养示范基地认定工作。

2018 年

1月1日　中国长寿之乡绿色产业发展联盟与湖北省钟祥市长寿文化研究会、湖北长寿文化研究所联合主办《长寿探秘》。

2月8日　中国长寿之乡绿色产业发展联盟启动开展一年一度的中国长寿之乡品牌建设十大亮点工作评选。

4月25—27日　中国长寿之乡绿色产业发展联盟第一届理事会第三次（扩大）会议在江苏省溧阳市召开。41个长寿之乡的代表、专家学者及企业负责人270多人参加会议。大会决定联盟更名为"长寿之乡绿色发展区域合作联盟"，选举赵宝华任联盟理事长、杜鹏为联盟副理事长、王小荣任执行理事长。增补海南省澄迈县为理事单位，联盟成员增至53个。

4月26日　"新时代寿乡绿色发展与美好生活"（溧阳）高峰论坛在江苏省溧阳市举行。

4月　《中国百岁老人传奇故事》由中国社会出版社出版发行。

6月　长寿之乡绿色发展区域合作联盟与中央电视台第七频道《美丽中国乡村行》栏目组合作完成浙江省丽水市青田县、云和县，河南省封丘县等中国长寿之乡专题片的拍摄制作和播放。

7月　长寿之乡绿色发展区域合作联盟举办"情牵长寿之乡"主题征文比赛活动。

8月20日　"弘扬长寿文化 办好《长寿探秘》杂志"研讨会在湖北省钟祥市举行。

8月28日　中国老年学和老年医学学会获得在全国团体标准信息平台发布团体标准的资质。

9月4日　中国老年学和老年医学学会会长办公会议决定启动《中国长寿之乡评定标准》申报团体标准立项工作；当月完成立项申报书。

9月17日　长寿之乡绿色发展区域合作联盟公布2018年中国长寿之乡养生名优产品认定结果，认定中国长寿之乡养生名优产品12个。

9月21—23日　2018丽水生态精品农博会暨中国长寿之乡养生名优产品博览会在杭州举行。

11月8—10日　长寿之乡绿色发展区域合作联盟首次和保利锦汉展览有限公司合作，在广州第5届中国老龄产业博览会设置中国长寿之乡特色展区。20多家长寿之乡的企业参展，18个长寿之乡及合作单位、政府等100余人参会。

11月23日　《长寿之乡评定准则和方法》征求意见稿在全国团体标准信息平台发布。

2019 年

1 月 4 日　长寿之乡绿色发展区域合作联盟公布 2018 年中国长寿之乡特色服务业示范城市等品牌认定结果，认定健康养生服务示范城市 1 个、敬老养老服务示范城市 1 个、乡情体验基地 4 个、乡贤人物 6 人、康养示范基地 5 个。

1 月 10 日　《长寿之乡认定准则和方法》送批稿完成。

1 月 24 日　《长寿之乡认定准则和方法》通过国家标准委审核，并在全国团体标准信息平台正式发布。

4 月　长寿之乡绿色发展区域合作联盟举办第二届"长寿之乡杯"全国摄影比赛。

5 月 27—29 日　长寿之乡绿色发展区域合作联盟第一届理事会第四次（扩大）会议在威海市文登区举行。43 个县（市、区）的中国长寿之乡代表、专家学者、媒体记者及相关企业负责人近 240 人参会。广西老年学学会、江苏省启东市、山东省东明县以及中央电视台《美丽中国乡村行》栏目组、广州市保利锦汉展览有限公司成为联盟会员单位，联盟成员增至 58 个。会议同意赵宝华辞去联盟理事长职务，推选其为联盟名誉理事长，选举王五一任联盟理事长、卢彩柳任联盟执行理事长，同意撤销联盟北京办事处。

5 月 28 日　"两山理念与寿乡高质量发展"（文登）高峰论坛在山东省威海市文登区举行。

8 月 27—29 日　长寿之乡绿色发展区域合作联盟"弘扬长寿文化 加强长寿品牌建设"研讨交流会在广西贺州市召开。

9 月 16 日　长寿之乡绿色发展区域合作联盟在上海国际会议中心举办中国长寿之乡名优产品展示活动。10 余个中国长寿之乡、30 家企业的 90 余种产品参展。

9 月　长寿之乡绿色发展区域合作联盟协调支持合作单位上海尚耕农业科技发展有限公司在上海设立长寿之乡养生名优产品形象展示店（中心），开发"上海尚耕服务中心"线上商城运营小程序。

10 月 4 日　四川省西充县、广西壮族自治区藤县、广西壮族自治区乐业县、广西壮族自治区合浦县、广西壮族自治区浦北县获"长寿之乡"认定。

10 月 31 日—11 月 2 日　长寿之乡绿色发展区域合作联盟与保利集团再度合作，组织长寿之乡参加广州第六届中国国际老龄产业博览会，设立"中国长寿之乡特色展区"。期间举行中国长寿之乡专场推介会暨连锁商超采购对接洽谈会、广州连锁经营协会商务配对专场等活动。

11 月　长寿之乡绿色发展区域合作联盟在丽水国际摄影节期间举办"魅力长寿之乡·健康养生福地"摄影展。

12 月 11 日　云南省金平县获"长寿之乡"认定。

2020 年

1 月 13 日　长寿之乡绿色发展区域合作联盟启动"健康中国我代言——中国长寿之乡百位健康百岁老人"推选活动。

1 月 20 日　长寿之乡绿色发展区域合作联盟公布 2019 年中国长寿之乡特色服务业示

范城市等品牌认定结果，认定中国长寿之乡健康养生服务示范城市 1 个、旅游文化服务示范城市 1 个、乡情体验基地 3 个、乡贤人物 8 人、养生名优产品 14 个、康养示范基地 5 个。

4 月　长寿之乡绿色发展区域合作联盟启动编制中国长寿之乡特色服务业示范城市、养生名优产品、乡情体验基地、乡贤人物、康养示范基地等品牌认定团体标准制订工作。

6 月　长寿之乡绿色发展区域合作联盟发布《长寿之乡 2020》视频。

10 月 21—23 日　长寿之乡绿色发展区域合作联盟第一届理事会第五次（扩大）会议在重庆市江津区举行。48 个长寿之乡的代表、专家学者、相关企业负责人、媒体记者共 280 余人参会。吸收湖南麻阳、山东蒙阴为理事单位，联盟成员增至 60 个。

10 月 22 日　"长寿之乡与健康产业"（江津）高峰论坛在重庆市江津区举行。

10 月　广西壮族自治区平桂区、广西壮族自治区八步区获"长寿之乡"认定。广西壮族自治区贺州市获"全域长寿市"认定。

11 月 6 日　长寿之乡绿色发展区域合作联盟第三次组织长寿之乡和长寿之乡企业参加中国国际老龄产业博览会，设立"长寿之乡特色展区"。其间举办广州连锁经营协会商务配对专场、中国长寿之乡专场洽谈会暨苏宁易购说明会。

12 月　广西壮族自治区苍梧县、江苏省东台县（现东台市）、福建省寿宁县获"长寿之乡"认定*。江苏省溧阳市、福建省柘荣县成立联盟企业家委员会分会。

2021 年

4 月　河南省封丘县、夏邑县，安徽谯城区成立联盟企业家委员会分会。

5 月　广东省大埔县、广西壮族自治区龙州县成立联盟企业家委员会分会。

5 月 20 日　《中国长寿之乡子品牌认定和管理：通用要求》《中国长寿之乡养生名优产品认定规范：初级农产品》《中国长寿之乡养生名优产品认定规范：加工食品》《中国长寿之乡养生名优产品认定规范：环境体验类产品》等 10 项团标在全国团体信息平台发布。

5 月 22 日　长寿之乡绿色发展区域合作联盟公布 2020 年中国长寿之乡特色服务业示范城市等品牌认定结果，认定中国长寿之乡健康养生服务示范城市 1 个、敬老养老服务示范城市 2 个、乡贤人物 1 人、养生名优产品 14 个、康养示范基地 4 个。

5 月 24—26 日　长寿之乡绿色发展区域合作联盟二届一次会员代表大会在浙江省丽水市举办。48 个长寿之乡的代表，有关专家和企业家共 360 多人参会。大会审议通过联盟章程修改草案、第一届理事会工作报告草案、财务报告草案，第二届理事会、专家委员会、企业家委员会人事建议草案，吸收新会员草案。增补广东大埔县为副理事长单位，吸收河南省修武县、四川省西充县、陕西省镇坪县为理事单位，联盟成员单位增至 63 个。与中科院地理所、中国环境监测总站、中国老龄产业协会等签订战略合作协议。聘请国际地理联合会健康与环境委员会主席托马斯·克罗夫特教授，加拿大女王大学地理学、公共健康科学教授马克·沃伦·罗森博格为联盟顾问。

---

* 福建省寿宁县、广西壮族自治区苍梧县、江苏省东台市在 2020 年 11 月和 12 月先后通过专家组认定，在 2021 年 2 月 25 日发布认定文件。

5 月 25 日 "长寿之乡与高质量绿色发展"（丽水）高峰论坛在浙江省丽水市举行。

6 月 16—18 日 长寿之乡绿色发展区域合作联盟在江苏省溧阳市召开《长寿之乡发展蓝皮书》编撰工作部署会议。

6 月 广西壮族自治区贵港市港南区获"长寿之乡"认定。

7 月 浙江省丽水市成立联盟企业家委员会分会。

8 月 25 日 长寿之乡绿色发展区域合作联盟启动长寿之乡推文制作大赛活动。

11 月 15—17 日 长寿之乡绿色发展区域合作联盟第四次组织长寿之乡参加第八届中国国际老龄产业博览会。期间举办长寿之乡专场推介暨供需对接洽谈会、联盟企业家委员会各长寿之乡分会研讨会。16 个长寿之乡的部门及各企业共 200 多人参加。

11 月 17—21 日 长寿之乡绿色发展区域合作联盟在丽水国际摄影节期间举办 2021 "长寿之乡摄影展"。

12 月 23 日 广西壮族自治区来宾市武宣县获"长寿之乡"认定。广西壮族自治区防城港市防城区获"长寿之乡"认定。

附录二 中国长寿之乡名录*

第一届中国长寿之乡名单（46个）

（截至 2013 年 7 月 按授予称号时间排序）

序号	第一届中国长寿之乡		授予称号日期
	所在省份	名称及所属市	
1	湖南省	（怀化市）麻阳苗族自治县	2007 年 11 月 25 日
2	四川省	（眉山市）彭山县（现彭山区）	2007 年 11 月 25 日
3	广西壮族自治区	（桂林市）永福县	2007 年 11 月 25 日
4	湖北省	（荆门市）钟祥市	2008 年 6 月 10 日
5	广东省	佛山市三水区	2008 年 6 月 10 日
6	四川省	（成都市）都江堰市	2008 年 9 月 20 日
7	河南省	（商丘市）夏邑县	2008 年 9 月 20 日
8	江苏省	（南通市）如皋市	2008 年 9 月 20 日
9	广西壮族自治区	（河池市）巴马瑶族自治县	2008 年 10 月 23 日
10	山东省	（烟台市）莱州市	2009 年 5 月 20 日
11	海南省	澄迈县	2009 年 6 月 8 日
12	江苏省	（苏州市）太仓市	2009 年 12 月 11 日
13	山东省	（威海市）文登区	2009 年 12 月 11 日
14	广东省	（清远市）连州市	2010 年 1 月 11 日
15	上海市	崇明县（现崇明区）	2010 年 9 月 25 日
16	广西壮族自治区	（防城港市）东兴市	2010 年 10 月 3 日
17	广西壮族自治区	（贺州市）昭平县	2011 年 7 月 15 日
18	广东省	（梅州市）蕉岭县	2011 年 7 月 15 日
19	江苏省	（常州市）溧阳市	2011 年 7 月 15 日
20	安徽省	（亳州市）谯城区	2011 年 7 月 15 日
21	江苏省	（南通市）如东县	2011 年 10 月 10 日

---

* 整理人：翟静娴，中国老年学和老年医学学会秘书长。

（续）

序号	第一届中国长寿之乡		授予称号日期
	所在省份	名称及所属市	
22	广西壮族自治区	（梧州市）岑溪市	2012 年 2 月 28 日
23	河南省	（商丘市）永城市	2012 年 2 月 28 日
24	河南省	（周口市）淮阳县	2012 年 2 月 28 日
25	重庆市	江津区	2012 年 6 月 8 日
26	贵州省	（铜仁市）石阡县	2012 年 6 月 10 日
27	贵州省	（铜仁市）印江土家族苗族自治县	2012 年 6 月 12 日
28	浙江省	（温州市）永嘉县	2012 年 7 月 18 日
29	山东省	（威海市）乳山市	2012 年 10 月 8 日
30	江西省	（宜春市）铜鼓县	2012 年 10 月 8 日
31	广西壮族自治区	（南宁市）上林县	2012 年 11 月 21 日
32	广西壮族自治区	（来宾市）金秀瑶族自治县	2012 年 11 月 21 日
33	广西壮族自治区	（河池市）东兰县	2013 年 1 月 14 日
34	广西壮族自治区	（百色市）凌云县	2013 年 1 月 16 日
35	广东省	（梅州市）大埔县	2013 年 3 月 8 日
36	四川省	（资阳市）雁江区	2013 年 3 月 10 日
37	河南省	（焦作市）修武县	2013 年 3 月 10 日
38	广西壮族自治区	（玉林市）容县	2013 年 3 月 12 日
39	广西壮族自治区	（崇左市）扶绥县	2013 年 3 月 14 日
40	福建省	（宁德市）柘荣县	2013 年 3 月 16 日
41	福建省	（泉州市）泉港区	2013 年 4 月 30 日
42	浙江省	丽水市	2013 年 5 月 2 日
43	江西省	（宜春市）丰城市	2013 年 6 月 4 日
44	江苏省	（南通市）启东市	2013 年 6 月 4 日
45	广西壮族自治区	（梧州市）蒙山县	2013 年 6 月 4 日
46	浙江省	（杭州市）桐庐县	2013 年 6 月 4 日

第二届"中国长寿之乡"认定名单（30个）

（截至 2015 年 6 月 30 日）

序号	第二届中国长寿之乡		认定日期	认定文件号及授予日期
	所在省份	名称及所属市		
1	海南省	万宁市	2013 年 9 月 9 日—2013 年 9 月 11 日	中老学字〔2013〕51 号 2013 年 10 月 8 日
2	广西壮族自治区	（桂林市）阳朔县	2013 年 10 月 17 日—2013 年 10 月 19 日	中老学字〔2013〕61 号 2013 年 12 月 5 日
3	广西壮族自治区	（河池市）凤山县	2013 年 10 月 24 日—2013 年 10 月 26 日	中老学字〔2013〕62 号 2013 年 12 月 5 日
4	山东省	（菏泽市）单县	2013 年 11 月 3 日—2013 年 11 月 5 日	中老学字〔2013〕63 号 2013 年 12 月 5 日
5	海南省	文昌市	2013 年 12 月 8 日—2013 年 12 月 10 日	中老学字〔2014〕3 号 2014 年 1 月 5 日
6	广西壮族自治区	（崇左市）天等县	2014 年 3 月 2 日—2014 年 3 月 5 日	中老学字〔2014〕18 号 2014 年 4 月 17 日
7	广西壮族自治区	（贺州市）富川县	2014 年 3 月 23 日—2014 年 3 月 26 日	中老学字〔2014〕18 号 2014 年 4 月 17 日
8	河南省	（新乡市）封丘县	2014 年 5 月 15 日—2014 年 5 月 17 日	中老学字〔2014〕27 号 2014 年 6 月 16 日
9	福建省	（漳州市）诏安县	2014 年 5 月 21 日—2014 年 5 月 26 日	中老学字〔2014〕28 号 2014 年 6 月 16 日
10	广西壮族自治区	（桂林市）恭城瑶族自治县	2014 年 6 月 3 日—2014 年 6 月 5 日	中老学字〔2014〕36 号 2014 年 7 月 24 日
11	广西壮族自治区	（崇左市）大新县	2014 年 6 月 18 日—2014 年 6 月 21 日	中老学字〔2014〕37 号 2014 年 7 月 24 日
12	广东省	（梅州市）丰顺县	2014 年 6 月 25 日—2014 年 6 月 28 日	中老学字〔2014〕38 号 2014 年 7 月 24 日
13	山东省	高密市	2014 年 8 月 31 日—2014 年 9 月 3 日	中老学字〔2014〕39 号 2014 年 7 月 28 日
14	广东省	（梅州市）梅县区	2014 年 9 月 19 日—2014 年 9 月 22 日	中老学字〔2014〕50 号 2014 年 11 月 5 日

（续）

序号	第二届中国长寿之乡		认定日期	认定文件号及授予日期
	所在省份	名称及所属市		
15	广西壮族自治区	（河池市）宜州市（现宜州区）	2014 年 11 月 30 日—2014 年 12 月 3 日	中老学字〔2015〕7 号 2015 年 1 月 25 日
16	安徽省	（六安市）金寨县	2014 年 12 月 12 日—2014 年 12 月 14 日	中老学字〔2015〕6 号 2015 年 1 月 25 日
17	广东省	（湛江市）徐闻县	2014 年 12 月 20 日—2014 年 12 月 23 日	中老学字〔2015〕7 号 2015 年 1 月 25 日
18	广西壮族自治区	（河池市）大化县	2015 年 3 月 17 日—2015 年 3 月 20 日	中老学字〔2015〕25 号
19	广西壮族自治区	（南宁市）马山县	2015 年 4 月 12 日—2015 年 4 月 15 日	中老学字〔2015〕26 号
20	广西壮族自治区	（崇左市）龙州县	2015 年 5 月 5 日—2015 年 5 月 8 日	中老学字〔2015〕30 号
21	广东省	（茂名市）信宜市	2015 年 5 月 10 日—2015 年 5 月 13 日	中老学字〔2015〕31 号
22	浙江省	（温州市）文成县	2015 年 5 月 27 日—2015 年 5 月 30 日	中老学字〔2015〕38 号
23	贵州省	（遵义市）赤水市	2015 年 6 月 10 日—2015 年 6 月 13 日	中老学字〔2015〕39 号 2015 年 7 月 27 日
24	广西壮族自治区	（贺州市）钟山县	2015 年 6 月 24 日—2015 年 6 月 27 日	中老学字〔2015〕40 号 2015 年 7 月 27 日
25	广西壮族自治区	（河池市）天峨县	2015 年 10 月 27 日—2015 年 10 月 30 日	中老学字〔2015〕53 号
26	广西壮族自治区	（来宾市）象州县	2015 年 11 月 24 日—2015 年 11 月 27 日	中老学字〔2015〕53 号
27	贵州省	（黔南州）罗甸县	2015 年 12 月 15 日—2015 年 12 月 18 日	中老学字〔2015〕53 号
28	贵州省	（黔西南州）兴仁县（现兴仁市）	2016 年 1 月发布公告	中老学字〔2016〕5 号
29	山东省	（潍坊市）青州市	2016 年 1 月发布公告	中老学字〔2016〕5 号

（续）

序号	第二届中国长寿之乡		认定日期	认定文件号及授予日期
	所在省份	名称及所属市		
30	浙江省	（台州市）仙居市	2016 年 1 月发布公告	中老学字〔2016〕5 号

新一届长寿之乡认定名单（15 个）

序号	省名	名称及所属市	专家组认定时间	认定文件号及公告时间
1	四川	（南充市）西充县	2019 年 7 月 20 日	中老学字〔2019〕41 号 2019 年 10 月 4 日
2	广西	（梧州市）藤县	2019 年 8 月 2 日	中老学字〔2019〕41 号 2019 年 10 月 4 日
3	广西	（百色市）乐业县	2019 年 8 月 31 日	中老学字〔2019〕41 号 2019 年 10 月 4 日
4	广西	（北海市）合浦县	2019 年 9 月 8 日	中老学字〔2019〕41 号 2019 年 10 月 4 日
5	广西	（钦州市）浦北县	2019 年 9 月 22 日	中老学字〔2019〕41 号 2019 年 10 月 4 日
6	云南	（红河州）金平县	2019 年 11 月 20 日	中老学字〔2019〕64 号 2019 年 12 月 11 日
7	广西	（贺州市）平桂区	2020 年 9 月 10 日	中老学字〔2020〕25 号 2020 年 10 月 21 日
8	广西	（贺州市）八步区	2020 年 9 月 10 日	中老学字〔2020〕25 号 2020 年 10 月 21 日
9	广西	贺州市（全域长寿市）	2020 年 9 月 16 日	中老学字〔2020〕26 号 2020 年 10 月 21 日
10	福建	（宁德市）寿宁县	2020 年 11 月 24 日	中老学字〔2021〕9 号 2021 年 2 月 25 日
11	广西	（梧州市）苍梧县	2020 年 12 月 27 日	中老学字〔2021〕11 号 2021 年 2 月 25 日
12	江苏	（盐城市）东台县（现东台市）	2020 年 12 月 15 日	中老学字工〔2021〕10 号 2021 年 2 月 25 日

（续）

序号	省名	名称及所属市	专家组认定时间	认定文件号及公告时间
13	广西	（贵港市）港南区	2021年4月29日	中老学字〔2021〕31号 2021年6月29日
14	广西	（来宾市）武宣县	2021年11月5日 （线上）	中老学字〔2021〕63号 2021年12月23日
15	广西	（防城港市）防城区	2021年11月5日 （线上）	中老学字〔2021〕62号 2021年12月23日

　　长寿之乡分省汇总（以认定时间先后排序）：

　　广西（36个）：永福县、巴马瑶族自治县、东兴市、昭平县、岑溪市、上林县、金秀瑶族自治县、东兰县、凌云县、扶绥县、容县、蒙山县、凤山县、阳朔县、天等县、富川瑶族自治县、恭城瑶族自治县、大新县、河池市宜州区、大化瑶族自治县、马山县、龙州县、钟山县、天峨县、象州县、藤县、乐业县、合浦县、浦北县、贺州市平桂区、贺州市八步区、贺州市（认定为"全域长寿市"）、苍梧县、贵港市港南区、武宣县、防城港市防城区

　　广东（8个）：佛山市三水区、连州市、蕉岭县、大埔县、丰顺县、信宜市、梅州市梅县区、徐闻县

　　山东（6个）：莱州市、威海市文登区、乳山市、单县、高密市、青州市

　　江苏（6个）：如皋市、太仓市、溧阳市、如东县、启东市、东台市

　　浙江（5个）：永嘉县、丽水市、桐庐县、文成县、仙居县

　　河南（5个）：夏邑县、永城市、周口市淮阳区、修武县、封丘县

　　贵州（5个）：石阡县、印江县、赤水市、罗甸县、兴仁县

　　四川（4个）：眉山市彭山区、都江堰市、资阳市雁江区、西充县

　　海南（3个）：澄迈县、万宁市、文昌市

　　福建（4个）：柘荣县、泉州市泉港区、诏安县、寿宁县

　　江西（2个）：铜鼓县、丰城市

　　安徽（2个）：亳州市谯城区、金寨县

　　上海（1个）：崇明区

　　湖北（1个）：钟祥市

　　湖南（1个）：麻阳县

　　重庆（1个）：江津区

　　云南（1个）：金平县

附录三　历届"长寿之乡"认定标准*

第一届"中国长寿之乡"评审标准

（2007 年 5 月 8 日）

一、前提条件

1. 评定地区为县级以上行政区划单位（简称区域）；
2. 县域户籍人口在 10 万人以上。

二、必达指标

1. 长寿的代表性。区域现存活百岁及以上老年人占总人口比在 7/10 万以上；
2. 长寿的整体性。区域人口平均预期寿命比全国水平高 3 岁；
3. 长寿的持续性。80 岁以上高龄老人占总人口的比例在 1.4% 以上。

三、考核指标

考核指标是决定区域长寿的重要原因，要有三分之二以上的项目达标。

1. 近些年经济稳定发展，人均年收入不断增加；
2. 居民收入差距适中，基尼系数在 0.4 以下；
3. 实行基本养老保险制度覆盖面超过全国平均水平；
4. 实行基本医疗保险制度覆盖面超过全国平均水平；
5. 农村新型合作医疗制度覆盖面超过全国平均水平；
6. 每千名老年人拥有老年福利类收养单位床位数超过全国平均水平；
7. 贫困老年人都能获得政府的社会救助；
8. 每千人拥有卫生床位数超过全国平均水平；
9. 每千人卫生技术人员数超过全国平均水平；
10. 森林覆盖率或城镇人均公共绿地面积超过全国平均水平；
11. 大气质量达到或超过国家二级标准；
12. 生活饮用水达到国家规定的 GB/T5750—2005 标准。

附：2012 年申报"中国长寿之乡"评审指标统计口径说明

---

* 整理人：张兵兵，中国老年学和老年医学学会学术部干事。

2012 年申报"中国长寿之乡"评审指标统计口径说明

(2012 年 4 月 16 日修改稿)

根据我国经济社会发展的新情况，对"中国长寿之乡"指标统计口径做如下说明：

一、前提条件

1. 评定地区　我国境内所属的县级（市、区、旗）级行政区划单位。台湾、香港和澳门特别行政区暂不包含在评审范围内。

2. 区域人口　区域总人口，系指该区户籍人口，不包括外来流动人口。申报地区户籍总人口须达 10 万人以上，

户籍人口指申报地区在规定的时点，按户进行登记的有姓名、出生日期、亲属、婚姻状况、身份编码等自然信息的人口总数。

二、必达指标

1. 长寿的代表性　百岁及以上老年人占总人口比在 7/10 万人以上，且连续 3 年达标。

百岁及以上老年人，应为存活且年满 100 周岁的老年人，原则上应以申报时前一年年底为统计时点。例如，2012 年申报，百岁老人数应以 2011 年 12 月 31 日存活，并且是 1911 年 12 月 31 日前出生的老年人数为准。符合上述条件，但在统计时点 2012 年 1 月 1 日后死亡的老人仍然有效。

百岁及以上老年人的年龄应有户口、身份证和原始户籍底册作为证明。在上述凭证中，应没有改动过姓名和出生日期的情况。申报的百岁及以上老年人要有名单、照片、居住地址、子女年龄、生活习惯、身体状况等翔实情况。

连续 3 年达标，系指 2009 年年底、2010 年年底、2011 年年底前存活且年满一百周岁的老年人，连续 3 年占总人口的比例都达到 7/10 万人以上。其中，2011 年百岁老人名册，要提供翔实的证明材料，2012 年后死亡的要提供死亡证明。

2. 长寿的整体性　申报地区人口平均预期寿命比全国水平高 3 岁。

以 2000 年全国第五次人口普查平均预期寿命 71.4 岁（男性为 69.63 岁，女性为 73.33 岁）为准，申请地区（不分城乡）提交的 2000 年第五次人口普查人口平均预期寿命，应为 74.4 岁以上。

3. 长寿的持续性　80 岁及以上老年人，占总人口的 1.4％以上。

该数据主要考察未来百岁人口是否有稳定的高龄后备资源。上报材料要包括按乡镇统计的《80 岁及以上高龄老人花名册》。

三、考核指标

12 项考核指标是影响地区长寿的重要因素，要求有三分之二以上的指标达标。

1. 近些年经济稳定发展，人均年收入不断增长　申请地区应提供近 3 年（指 2009 年、2010 年、2011 年）的 GDP 及增长率，近 3 年城乡居民人均年收入及增长比例（城镇

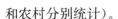

和农村分别统计）。

2. 居民收入差距用基尼系数表示，要求在 0.4 以下 基尼系数是国际上用来综合考察居民内部收入分配差距状况的分析指标，通常认为 0.3～0.4 时表示收入分配比较合理，超过 0.5 则意味着出现两极分化。申请地区基尼系数应该在 0.4 以下。

3. 城镇职工基本养老保险制度覆盖面超过全国平均水平 应提供申报地 2011 年底城镇职工参加基本养老保险的人数占城镇人口总数的比例。（2010 年全国平均水平为38.57%。2011 年全国平均水平为 41.1%）

4. 城镇职工基本医疗保险覆盖面超过全国平均水平 应提供申报地 2011 年年底城镇职工参加基本医疗保险的人数与城镇居民总数的比例。（2010 年全国平均水平为 64.91%。2011 年全国平均水平为 68.46%）

5. 农村新型合作医疗覆盖面超过全国平均水平 应提供申报地 2011 年底参加农村新型合作医疗的人数占该地农村人口总数的比例。（2010 年全国平均水平为 96.3%。2011年全国平均水平为 97.5%）

6. 老年人拥有养老床位数超过全国平均水平 应提供申报地 2011 年末拥有老年福利类养老床位数同该地 60 岁及以上老年人总数的比例。床位数包括：城镇社会福利院、民办老年公寓、农村乡镇敬老院等各类养老床位数的总和。（2010 年全国每千名老人拥有养老床位数为 1.83%。2011 年为 1.98%）

7. 贫困老年人都能获得政府的社会救助 贫困老年人应都能获得政府的社会救助，包括享受最低生活保障和临时性救助。

8. 每千人拥有卫生床位数超过全国平均水平 应提供申报地 2011 年年末拥有的卫生床位数。卫生床位数包括：医院、卫生院、社区卫生服务中心（站）等卫生机构的床位数总和。（2010 年全国每千人拥有卫生床位数为 0.356%。2011 年为 0.382%）

9. 每千人卫生技术人员数超过全国平均水平 应提供申报地 2011 年年末拥有的卫生术人员总数。卫生技术人员包括：医院、卫生院、社区卫生服务中心（站）、疗养院（所）、门诊部（所）、妇幼保健院（所/站）、专科疾病防治机构、其他卫生机构的技术人员，不包括行政管理人员和服务工作人员。（2010 年全国每千人拥有卫生技术人员数为0.437%。2011 年为 0.461%）

10. 森林覆盖率或城镇人均公共绿地面积达到全国平均水平 2011 年年末全国森林覆盖率为 20.36%（第七次全国森林资源清查资料 2004—2008）；全国城镇人均公共绿地面积为 8 平方米。

11. 大气质量达到或超过国家二级标准 申报地 2011 年年末大气质量达到国家环保GB 3096—93 标准。该指标应由地方环保部门提供正式监测报告副本或复印件。

12. 生活饮用水达到或超过国家规定标准 指标要求申报地 2011 年年末达到国家规定的 GB/T 5750—2006 标准。该指标应由地方卫生部门或疾病预防控制中心提供正式检验报告副本或复印件。

说明：

1. 申请评定"中国长寿之乡"的地区，必须认真填写"中国长寿之乡"评审达标表，如发现有一项谎报，则永远取消参加评审资格。

2. 申报地区除人口平均预期寿命为 2000 年全国第五次人口普查数据外，其他指标值规定的时点，均以申报时上一年年底实际发生的统计数据为准。

第二届"中国长寿之乡"认证标准

（2013 年 7 月）

为促进中国长寿之乡科学认证工作向更高水平发展，中国老年学学会本着与时俱进的原则，根据我国经济社会发展的进程，特制定第二届"中国长寿之乡"认证标准，有效时间约为 5 年（2013—2018）。

一、认证范围

中华人民共和国境内户籍人口 15 万以上的县级（县、市、区、旗）以上基层行政区划单位。台湾、香港和澳门特别行政区暂不包含在认证范围内。

二、基本标准

1. 百岁老人占总人口的比例　区域户籍人口中存活实足百岁及以上老人占总人口的比例达到 10/10 万人，该指标体现长寿的代表性。

2. 人口平均预期寿命　2010 年区域人口平均预期寿命达到 76.8 岁，该指标体现长寿的整体性。

3. 人口长寿比例　80 岁及以上高龄老人在 60 岁及以上人口占的比例达到 14%，该指标体现长寿的持续性。

三、参考标准

参考标准是决定区域长寿的重要原因，共设立 12 项指标，须有 8 项以上（含 8 项）达标视为符合标准：

1. 城镇居民年人均可支配收入达到或超过全国平均水平；
2. 农村居民年人均纯收入达到或超过全国平均水平；
3. 恩格尔系数小于或等于 0.4；
4. 基尼系数小于或等于 0.4；
5. 15 岁以上人口平均受教育年限达到 9 年；
6. 百岁老人获得的政府补贴达到每人每月 300 元；
7. 每千名老人拥有养老床位数达到或超过全国平均水平；
8. 每千人拥有卫生技术人员数达到或超过全国平均水平；
9. 森林覆盖率达到 21%，或人均公共绿地面积达到 10 平方米/人，其中一项达标即视为达标；
10. 环境空气质量达到国家规定标准；
11. 生活饮用水达到国家规定的标准；
12. 建有老年学学会或长寿研究会等相关机构。

四、统计要求

1. 统计数据时点　人口平均预期寿命以 2010 年全国第六次人口普查的结果为准；其

他各项数据均以申报时上一年底的统计数据为准，或以能获取的最近期官方统计数据为准。

2. 佐证材料 各项数据均须提供有翔实统计表支撑的佐证材料，具体按《第二届"中国长寿之乡"认证办法》要求执行。

附：《第二届"中国长寿之乡"认证标准技术说明》

第二届"中国长寿之乡"认证标准技术说明

（2013 年 7 月）

第二届中国长寿乡认证标准，是一个综合评价体系，分为认证范围、基本标准、参考指标三个部分。

一、认证范围

有两项主变量指标：

1. 认证区域范围 区域是以自然地理、历史沿革、经济社会发展等长期稳定的行政区划。本指标指我国正式的县级（县、市、区、旗）以上行政区划单位。台湾、香港和澳门特别行政区暂不包含在认证范围内。

2. 区域户籍人口 指申报上一年年底按户籍进行登记并有姓名、出生时间、亲属、婚姻状况、身份编码等信息的自然人口总数，不包括外来非户籍人口。区域户籍人口是测评认证各项指标水平的基数，户籍人口总数须达到 15 万人以上。

二、基本标准

基本标准有三项变量指标，是认证指标体系的核心内容：

1. 百岁老人占总人口的比例 体现区域人口长寿水平的代表性特征，以每 10 万人中百岁老人数的比例来反映。要求以申报上一年 12 月 31 日为统计时点的存活并满 100 周岁的老年人口占户籍总人口的比例≥10/10 万人。

2. 人口平均预期寿命 指分年龄组死亡率保持不变的情况下，同一时期出生的人预期能继续生存的平均年数。0 岁人口平均预期寿命是最常用的预期寿命指标，它表明新出生人口平均预期可存活的年数，是考察衡量一个地区社会的经济发展水平、医疗服务水平及人口年龄结构和生命质量的重要指标。要求 2010 年人口平均预期寿命≥76.8 岁。

3. 人口长寿比率 表示一定时期百岁老人后续可持续增长的相对稳定程度。要求 80 岁及以上高龄老人占 60 岁及以上人口中的比例≥14%。

三、参考指标

参考指标共有 12 项，涉及经济、社会、文化、自然环境等，是支持区域人口长寿的重要条件，列为参考指标，要求有三分之二的项目达标：

1. 城镇居民年人均可支配收入 是衡量当地城镇居民经济生活质量的重要评价标准，该指标应达到或超过全国平均水平。

2. 农村居民年人均纯收入 是衡量当地农村居民经济生活质量的重要评价标准，该指标应达到或超过全国平均水平。

3. 恩格尔系数（Engel's Coefficient） 是国际上通用的衡量居民生活水平高低的一项重要指标，主要表示食品支出占总消费支出的比例，生活越富裕则恩格尔系数越小，恩格尔系数取值为 0～1。根据联合国粮农组织提出的标准，恩格尔系数在 0.6 以上为贫困，低于 0.3 为最富裕。本指标数值要求小于或等于 0.4。

4. 基尼系数 是国际上用来考察和判断居民收入分配差异程度和收入分配公平程度的一个重要指标。它的经济学含义是：在全部居民收入中用于不平均分配的百分比。基尼系数最小等于 0，表示收入分配绝对平均；最大等于 1，表示收入分配绝对不平均；实际的基尼系数介于 0 和 1 之间。联合国有关组织规定：基尼系数若低于 0.2 表示收入高度平均；0.2～0.3 表示比较平均；0.3～0.4 表示相对合理；0.4～0.6 表示收入差距较大；0.6 以上表示收入差距悬殊。本指标数值要求小于或等于 0.4。

5. 人口平均受教育年限 是指某一区域 15 岁及以上人口平均接受学历教育的年数，本指标数值要求达到或超过 9 年。

6. 政府补贴数 每位百岁老人获得的政府补贴达到或超过每月 300 元。

7. 每千名老人拥有养老床位数 表示一个地区机构养老服务水平，数值要求达到或超过全国平均水平。养老床位数是指各种所有制形式的为老年人提供养护、康复、托管等服务的养老床位数的总和。

8. 每千人拥有卫生技术人员数 表示一个地区卫生资源状况，要求达到或超过全国平均水平。卫生技术人员数，指各类正规医疗单位中有行医执照的卫生技术人员的总和，包括执业（助理）医师，注册护士。

9. 森林覆盖率或人均公共绿地面积 是生态环境中影响人口长寿水平的重要指标之一。森林覆盖率计算公式是：（有林地面积＋大片灌木林面积＋"四旁"树与农田防护林带折算面积）/土地总面积×100％，数值要求达到或超过 21％。人均公共绿地面积要求达到或超过 10 平方米/人。公共绿地面积包括：公共人工绿地、天然绿地，以及机关、企事业单位绿地。

10. 空气质量 是生态环境因素中影响人口长寿水平的基础性指标之一，本指标以环境保护部和国家质量监督检验检疫总局于 2012 年 2 月 29 日联合发布的《环境空气质量标准》（GB 3095—2012）为依据。该文件明确全国县级单位实施日期为 2016 年 1 月 1 日，在新标准正式实施日到来之前，要求空气质量达到《环境空气质量标准》（GB 3095—1996）的二级标准。

11. 生活饮用水质量 是生态环境因素中影响人口长寿水平的重要基础性指标之一。本指标以卫生部和中国国家标准化管理委员会于 2006 年 12 月 29 日发布的《生活饮用水卫生标准》（GB 5749—2006）为依据，要求水质各项常规指标（42 项）和非常规指标（64 项）及限值，都符合规定标准。

12. 建有老年学学会或长寿研究会 须以当地民政局正式注册为准。

长寿之乡认定准则和方法

（2019－01－20 发布　2019－03－01 实施）

一、范围

本标准规定了术语、认定原则、认定指标体系的构成及权值、认定表、认定程序、统计要求等具体要求。

本标准适用于中华人民共和国境内户籍人口 15 万（含）以上的县、区、市或行政区划单位（台湾、香港和澳门特别行政区暂不包括在认定范围）的认定，区域内近 2 年曾出现过生态环境、公共卫生、养老服务等方面重大事故的，不予受理。

二、术语和定义

下列术语和定义适用于本标准。

1. 长寿之乡 Longevity area　指人口平均预期寿命、百岁老人和高龄人口比例均高，生态环境质量、老年照料条件等多项指标均优于全国较高水平的县、区、市和行政区划单位。

2. 平均预期寿命 Average life expectancy　指达到某一确切年龄 x 岁的一批人（lx），按照某一种死亡水平计算的该人口在未来可能存活的平均时间长度。

3. 百岁老人 Centenarians　指实足年龄达到或超过 100 岁的人。

4. 高龄人口比例 The ratio of oldest old　指 80 岁及以上人口占 60 岁及以上人口的比例。

5. 森林覆盖率 Forest cover rate　指有林地面积占土地总面积的百分比。

6. 环境空气质量 Ambient air quality　指依据国家环境空气质量标准辨识的地域内空气质量优劣的状况。

7. 地表水环境质量 Environmental quality standard for surface water　指依据国家地表水环境质量标准辨识的地域内地表水质量优劣的状况。

8. 收入公平性 Income equity　指社会成员之间收入分配相对平等情况。

9. 健康管理率 Health management rate　指接受健康管理服务的老年人数比率。

《"十三五"国家老龄事业发展和养老体系建设规划》要求到 2020 年，65 岁以上老年人健康管理率达到 70%。

三、认定原则

1. 自愿原则　坚持地方自愿申报，学会按条件受理，做好专业服务。

2. 公开原则　坚持标准公开，程序公开，数据公开，接受社会监督。

3. 公正原则　坚持实事求是，维护认定工作的严肃性。

4. 规范原则　坚持标准为本，严格按照本准则开展活动。

四、认定指标体系的构成及权值

1. 核心指标（60 分）

（1）人口平均预期寿命（20 分）

（2）百岁老年人口占总人口的比例（20分）

（3）高龄人口比例（20分）

2.支撑指标（40分）

（1）生态环境建设（5分）

（2）森林覆盖率（5分）

（3）环境空气质量（5分）

（4）地表水环境质量（5分）

（5）经济收入及收入公平性（5分）

（6）老年人优待和补贴制度（5分）

（7）老年人健康支持与养老服务（5分）

（8）养老孝老敬老社会环境（5分）

五、认定表

指标类别	具体指标	权值（分）	指标含义及说明	认定分值	备注
核心指标	总计	60			
	1. 人口平均预期寿命	20	区域内人口平均预期寿命超过全国平均水平2岁及以上。该指标体现长寿的整体性。		
	2. 百岁老年人口占总人口的比例	20	区域内户籍人口中存活实足百岁及以上老年人口占总人口的比例不低于每10万人中11人。该指标体现长寿的代表性。		
	3. 高龄人口比例	20	80岁及以上高龄老年人口占60岁及以上人口的比例不低于15%。该指标体现长寿的可持续性。		
支撑指标	总计	40			
	4. 生态环境建设	5	制定了相关专项规划、政策和措施。		
	5. 森林覆盖率	5	区域内森林覆盖率高于全国平均水平5%及以上。		
	6. 环境空气质量	5	区域内空气质量优良天数达标率90%及以上。		
	7. 地表水环境质量	5	区域内主要河流断面水质监测达到或优于国家Ⅲ类水质标准。		
	8. 经济收入及收入公平性	5	（1）区域内人均收入水平达到或超过全国平均收入水平；（2）城镇居民人均可支配收入与农村居民人均纯收入的差距小于全国平均水平。		

（续）

指标 类别	具体指标	权值 （分）	指标含义及说明	认定分值	备注
支撑 指标	9. 老年人优待和补 贴制度	5	（1）认真落实国家老年人照顾服务项目 等老年人优待政策；（2）结合实际建立本 区域老年人优待政策体系和不断完善的机 制；（3）对高龄老人、百岁老人的补贴达 到较高水平。		
	10. 老年人健康支 持与养老服务	5	（1）当地人民政府建立本区域健康养老 服务保障制度；（2）当地人民政府制定了 推动医养结合的相关政策；（3）护理型养 老床位占比达到国家要求；（4）65岁以上 老年人健康管理率达到国家要求。		
	11. 养老孝老敬老 社会环境	5	（1）当地人民政府已颁布有关推动养老 孝老敬老的文件；（2）政府举办养老孝老 敬老表彰活动达3年以上；（3）老年人参 加老年教育比例占老年人口20％以上。		
各指标认定分项权值总分		100			

六、认定程序

1. 申请 有认定要求的县、区、市人民政府或行政区划行政单位自愿提出申请，提交申请表（加盖公章）、申请报告和相应统计资料。

2. 受理 中国老年学和老年医学学会对提交的申请报告和统计资料进行初审。初审合格后，通知申报的县、区、市人民政府和行政区划行政单位，并进入组织认定阶段。

3. 组织认定 中国老年学和老年医学学会成立认定专家工作组，确定认定工作组主委和委员，由主委负责。按照认定原则和认定指标逐项打分。各参考指标数据由地方政府相关部门提供，认定组进行核实。有聘请第三方核实和进行实地调查核实需要的，将委托第三方核实，并由认定专家工作组进行实地调研。对于提交虚假材料和数据的，将撤销申请，并在3年内不得再次申报。

4. 认定结论及发布 最终结果由各指标认定总分、两大类指标分值、认定组最终决议共同决定。总分分值不低于90分，其中，核心指标分值等于60分，支撑指标分值不低于30分。通过认定的，将在学会网页上公示一个月。没有异议的，报学会常务理事会审议通过并正式对外发布。

七、统计要求

1. 人口数据 所有人口数据均为户籍人口。

2. 统计数据时点 人口平均预期寿命和高龄人口比例以最近一次全国人口普查或抽样调查数据为准；其他各项数据均以申报时上一年年底的统计数据为准。

3. 信息来源　有关信息均来自政府公布的文件，包括如下信息：

（1）人口基本信息，包括平均预期寿命、老年人口构成、老年人健康信息等。

（2）区域自然环境、人文环境状况，包括森林、空气、水等环境质量数据。

（3）社会经济基本状况，包括前 1 年人均 GDP 等数据。

（4）近 1 年来政府在推进老龄事业和产业发展等方面的重要政策和举措。

（5）养老孝老敬老文化发展基本状况及主要特征。

4. 佐证材料　各项数据均须提供有翔实统计表支撑的佐证材料，具体要求按《"长寿之乡认定准则和方法"实施细则》执行。

5. 评分方法　各指标权值为最高分值，认定组专家的评分应根据客观数据信息和判断酌情进行评分，各指标得分应小于或等于权值分。

参考资料

1.《中国长寿之乡认证标准》第一版，第二版

2.《中国长寿之乡认证办法》第一版，第二版

附录四 中国长寿之乡特色服务业示范城市（县）认定规范等社团标准^①

（一）中国长寿之乡子品牌认定和管理通用要求
（二）中国长寿之乡健康养生服务示范城市（县）认定规范
（三）中国长寿之乡旅游文化服务示范城市（县）认定规范
（四）中国长寿之乡敬老养老服务示范城市（县）认定规范
（五）中国长寿之乡乡情体验基地认定规范
（六）中国长寿之乡康养示范基地认定规范
（七）中国长寿之乡乡贤人物认定规范
（八）中国长寿之乡养生名优产品认定规范：初级农产品
（九）中国长寿之乡养生名优产品认定规范：加工食品
（十）中国长寿之乡养生名优产品认定规范：环境体验类产品

---

① 整理人：联盟秘书处周星汝，李树桂。

ICS 03.120.20
CCS A 00

SXLM

团　　　　体　　　　标　　　　准

T/SXLM 001—2021

中国长寿之乡子品牌认定和管理通用要求

2021-05-20发布　　　　　　　　　　　　　　　　　　2021-09-01实施

丽水中国长寿之乡绿色产业发展联合会　　发 布

目　　次

前　　言

本文件按照 GB/T 1.1—2020《标准化工作导则　第 1 部分：标准化文件的结构和起草规则》的规定起草。

请注意本文件的某些内容可能涉及专利。本文件的发布单位不承担识别专利的责任。

本文件由丽水中国长寿之乡绿色产业发展联合会提出并归口。

本文件起草单位：丽水中国长寿之乡绿色产业发展联合会秘书处、丽水市生态休闲养生（养老）经济促进会、杭州职业技术学院。

本文件主要起草人：刘志龙、柯乐芹、邱云美。

引 言

　　为引领和推动中国长寿之乡绿色产业健康快速发展，促进中国长寿之乡产业结构转型升级，扩大中国长寿之乡产品的影响力和市场占有率，满足人们对绿色、健康、美好生活的需求，提高中国长寿之乡子品牌规范化水平，打造特色服务业示范城市、养生名优产品、康养示范基地、乡情体验基地、乡贤人物等品牌，特制定本规范。

中国长寿之乡子品牌认定和管理　通用要求

1　范围

本文件确立了中国长寿之乡品牌认定和管理的术语和定义、基本原则、基本要求、认定的程序和方法、品牌与标识管理。

本文件适用于中国长寿之乡范围内的中国长寿之乡子品牌，包括特色服务业示范城市、养生名优产品、康养示范基地、乡情体验基地、乡贤人物等品牌的认定和管理活动。

2　规范性引用文件

本文件没有规范性引用文件。

3　术语和定义

本文件没有需要界定的术语和定义。

4　基本原则

4.1　自愿申请

坚持自愿申报、按条件受理的原则。

4.2　规范认定

坚持公开、公平和公正的原则，有序规范地进行中国长寿之乡各子品牌的认定。

4.3　动态管理

对通过中国长寿之乡品牌认定的城市、基地、企业或个人实行动态管理，发现问题及时处理，确保中国长寿之乡各子品牌的影响力。

5　基本要求

5.1　申报主体要求

5.1.1　申报中国长寿之乡子品牌认定的主体应是在中华人民共和国境内已取得"中国长寿之乡"称号的县级或以上行政区划单位内的城市、基地或企业；个人应是祖籍或出生地或户口所在地或常驻所在地在该区域的人士。

5.1.2　申报中国长寿之乡子品牌认证的企业或基地，应具有独立法人资格，有生产经营许可证等证照，注册经营 3 年以上且并无不良记录，是县级及以上龙头或示范企业。

5.2　环境要求

申报主体所处的县域生态环境状况应突出中国长寿之乡生态环境资源禀赋优势，在空气质量、地表水质量和森林覆盖率方面明显优于国家规定标准。

5.3　质量要求

应确保中国长寿之乡各子品牌的特色和质量优势，对体现品牌质量、安全等重要指标应做出具体规定，同时要凸显中国长寿之乡各子品牌的养生特点。

5.4　评价要求

以市场优先，在选择申报主体和评价考核时，同等条件下，优先考虑其社会影响力、市场需求和消费者满意度等。评价指标的设立应有代表性，数据易获取，并利于分级比较。

6　认定程序和方法

6.1　申报

6.1.1　由申报主体向认定单位递交申报材料，说明申报主体的相关情况，并提交相关证书、证明资料等。

6.1.2　应递交县级人民政府业务主管部门的推荐函或推荐意见。

6.2　初审

认定单位收到申请后组织相关专家对申报材料进行初审。

6.3　现场评价

6.3.1　成立评审组

在专家库或行业人员中抽选评审组成员，成立评审组，确定评审组组长。

6.3.2　现场评审

评审组到现场后，通过查验书面证明材料、样品鉴定、现场调查和查询网络信息、信用查询等方法核实材料的真实性。

6.3.3　完成认定报告

评审组按认定评分表逐项打分，得出总评分，并根据现场考证情况完成认定报告。

6.4　审定

认定报告提交审议，审议通过后进行为期七天的公示。

6.5　发文公布认定结果

公示结束后，发文公布认定结果，对通过认定的子品牌颁发证书并授牌。

7　品牌与标识管理

7.1　品牌管理

7.1.1　应自觉维护中国长寿之乡子品牌的声誉，确保该品牌不失控、不流失，不得向他人转让、出售和馈赠。

7.1.2　不定期组织有关人员对中国长寿之乡子品牌使用情况进行抽查，发现违规违法使用该品牌的主体，取消其使用资格，并追究其侵权行为和违法行为。

7.1.3　通过中国长寿之乡子品牌认定的城市、基地和产品等，可在宣传、展示和推介等活动时使用该品牌。

7.1.4　中国长寿之乡子品牌在授权使用期内进行更名、重组或其他重大事项时，应向长寿之乡联盟进行报备。

7.1.5　中国长寿之乡子品牌的使用期为3年，3年后应重新认定。

7.1.6　中国长寿之乡子品牌使用期间，发生以下情况，将撤销或收回该品牌的使用资格：

    a）发生违法违纪行为对品牌信誉产生影响的；

    b）发生重大质量安全、生产安全、环境保护等事故；

    c）到期申请未通过；

    d）提出书面申请，停止使用该品牌。

7.2　标识管理

7.2.1　中国长寿之乡"寿"字标识可授权使用，"寿"字标识应符合附录 A。

7.2.2　长寿之乡绿色发展区域合作联盟（丽水中国长寿之乡绿色产业发展联合会）负责中国长寿之乡"寿"字标识的管理工作。

7.2.3　中国长寿之乡养生名优产品在获得"寿"字标识使用权后，可使用该标识。

7.2.4　使用"寿"字标识应规范。使用时，可根据需要按比例放大或者缩小，不应更改图形、文字及颜色。

7.2.5　中国长寿之乡"寿"字标识的使用期限为 3 年，3 年期满须重新申报，经授权后继续使用。

附 录 A

（规范性）

中国长寿之乡"寿"字标识式样及尺寸

ICS 03.020

团 体 标 准

T/SXLM 002—2021

中国长寿之乡健康养生服务示范城市（县）认定规范

Standard of model city（county）for healthcare service
In Chinese Longevity Areas

2021-05-20发布   2021-09-01实施

丽水中国长寿之乡绿色产业发展联合会　发布

目　　次

前　言

本文件按照 GB/T 1.1—2020《标准化工作导则　第 1 部分：标准化文件的结构和起草规则》的规定起草。

请注意本文件的某些内容可能涉及专利。本文件的发布单位不承担识别专利的责任。

本文件由丽水中国长寿之乡绿色产业发展联合会提出并归口。

本文件起草单位：中国科学院地理科学与资源研究所、中国人民大学、中国社会科学院旅游研究中心、中国人民解放军空军总医院、中国老龄协会、浙江省丽水市卫生健康委员会等。

本文件主要起草人：王五一、姚远、虞江萍、高和、朱雪飞、赵宝华、张义丰、李明德。

本文件为首次发布。

中国长寿之乡健康养生服务示范城市（县）认定规范

1 范围

本文件规定了中国长寿之乡健康养生服务示范城市的术语、认定原则、指标及赋值、认定程序及一般要求等。

本文件适用于近 2 年未出现过生态环境、公共卫生、养老服务等方面重大责任事故的中华人民共和国境内已取得"中国长寿之乡"称号的县、区、市或行政区划单位的认定。

2 规范性引用文件

下列文件中的内容通过文中的规范性引用而构成本文件必不可少的条款。其中，注日期的引用文件，仅该日期对应的版本适用于本文件；不注日期的引用文件，其最新版本（包括所有的修改单）适用于本文件。

GB 3095 环境空气质量标准

GB 3838 地表水环境质量标准

T/LXLY 0001 长寿之乡认定准则和方法

3 术语和定义

下列术语和定义适用于本文件。

3.1

长寿之乡 longevity area

按 T/LXLY 0001《长寿之乡认定准则和方法》认定的县、区、市和行政区划单位。

3.2

环境空气质量 ambient air quality

依据国家环境空气质量标准辨识的地域内空气质量优劣的状况。

3.3

地表水环境质量 environmental quality standard for surface water

依据国家地表水环境质量标准辨识的地域内地表水质量优劣的状况。

3.4

卫生城市 hygienic city

由国家、省、地区等各级卫生健康部门为促进爱国卫生工作，依据相关卫生城市标准评定的国家、省及地区的达标市县。

4 认定原则

4.1 自愿原则

坚持自愿申报。

4.2　公开原则

坚持标准公开，程序公开，数据公开，结果公开。

4.3　公正原则

坚持客观中立，实事求是，充分尊重专家组的认定意见和核查意见。

4.4　规范原则

坚持标准为本，规范运作，严格按照程序认定。

5　指标构成及赋值

5.1　人口预期寿命达到或超过"健康中国 2030"纲要阶段性指标。（5分）

5.2　80 岁以上占 60 岁以上人口比例较高。（5分）

5.3　城乡居民达到《国民体质测定标准》合格以上的人数比例达到或超过"健康中国 2030"纲要阶段性指标。（5分）

5.4　空气质量优良天数达到或超过"十四五"规划目标。（5分）

5.5　地表水质量达到或好于Ⅲ类水比例达到或超过"十四五"规划目标。（5分）

5.6　植被覆盖率高。（5分）

5.7　拥有特色养生食品。（10分）

5.8　卫生城市达标。（10分）

5.9　全民健身有措施、设施和考核指标。（20分）

5.10　完善的医疗、康复与健康保健服务体系。（20分）

5.11　努力建设健康服务新业态。（10分）

6　认定程序

6.1　成立专家组，负责认定工作。

6.2　按照附录 A《中国长寿之乡健康养生服务示范城市（县）认定评分表》逐项打分。所有数据由地方政府相关部门提供，专家组进行核实。必要时，聘请第三方核实。发现提供虚假材料和数据的，将撤销申请，不予认定。

6.3　对于需要实地核实调查的指标，需由被调查方相关部门配合说明情况，提供相关材料。

6.4　最终结果基于总分和专家组考察意见共同形成，以总分 85 分以上和专家一致同意为通过。

6.5　通过专家组认定的，将报联盟审议。获批后在联盟官方网站进行为期一周的公示。公示无异议的在联盟的网站、微信公众号公布认定结果，并颁发证书和授牌。

7　一般要求

7.1　人口数据

所有人口数据均为户籍人口。

7.2　统计数据时点

所有数据均以申报时上一年底的统计数据为准。

7.3　信息来源

相关信息应来自政府公布的最新文件或信息。

7.4　佐证材料

各项数据均需提供有翔实统计表支撑的佐证材料。

7.5　各指标赋值

各指标赋值为最高分值，专家的认定应基于客观数据和实地考察判断，各指标得分应小于等于赋值分。

附 录 A
（规范性）
中国长寿之乡健康养生服务示范城市（县）认定评分表

一级指标	二级指标	三级指标	自评得分	专家评分
人口健康 （15分）	预期寿命 （三选一，5分）	人口预期寿命≥76.34岁。（2分）		
		人口预期寿命≥77.3岁。（4分）		
		人口预期寿命≥79.0岁。（5分）		
	高龄人口 比例 （三选一，5分）	80岁以上占60岁以上人口比例≥15%。（2分）		
		80岁以上占60岁以上人口比例≥18%。（4分）		
		80岁以上占60岁以上人口比例≥20%。（5分）		
	居民体质 测定合格率 （三选一，5分）	城乡居民达到《国民体质测定标准》合格以上的人数比例≥89.6%。（2分）		
		城乡居民达到《国民体质测定标准》合格以上的人数比例≥90.6%。（4分）		
		城乡居民达到《国民体质测定标准》合格以上的人数比例≥92.2%。（5分）		
生态环境 （15分）	空气质量 （三选一，5分）	空气质量优良天数比例≥80%。（2分）		
		空气质量优良天数比例≥85%。（4分）		
		空气质量优良天数比例≥87.5%。（5分）		
	地表水 （三选一，5分）	地表水质量达到或好于Ⅲ类水体比例≥80%。（2分）		
		地表水质量达到或好于Ⅲ类水体比例≥83.4%。（4分）		
		地表水质量达到或好于Ⅲ类水体比例≥85%。（5分）		
	植被覆盖 （三选一，5分）	森林覆盖率≥20%。（2分）		
		森林覆盖率≥50%。（4分）		
		森林覆盖率≥70%。（5分）		
健康养生 特产 （10分）	养生食品 （三选一，10分）	拥有特色养生食品种类达3种。（6分）		
		拥有特色养生食品种类4种。（8分）		
		拥有特色养生食品种类5种及以上。（10分）		
健康城市 建设 （10分）	卫生城市 （三选一，10分）	为地区级卫生城市。（6分）		
		为省级卫生城市。（8分）		
		为国家级卫生城市。（10分）		
全民健身 （20分）	健康活动与 条件（20分）	经常参加体育锻炼人数比例≥25%。（4分）		
		人均体育场地面积≥2.3平方米。（4分）		
		社区有15分钟健身圈。（4分）		
		有全民健身计划。（4分）		
		举办过大型健康主题活动。（4分）		

（续）

一级指标	二级指标	三级指标	自评得分	专家评分
医疗、康复与健康保健服务体系（30分）	设施与服务（20分）	每千人常住人口执业医师数≥2.2。（5分）		
		有完善分级医疗、康复机构。（5分）		
		有经常性健康科普教育活动。（5分）		
		有比较完善的老年健康服务体系。（5分）		
	健康服务新业态（10分）	有医疗康复产业基地。（2.5分）		
		有互联网健康服务业。（2.5分）		
		有区域特色的康复旅游服务业。（2.5分）		
		有健康养生的特色服务。（2.5分）		
合计		100分		

参考文献

[1]《"健康中国 2030" 规划纲要》

[2]《中华人民共和国国民经济和社会发展第十四个五年规划和 2035 年远景目标纲要》

ICS 03.020

团 体 标 准

T/SXLM 003—2021

中国长寿之乡旅游文化服务示范城市（县）认定规范

Standard of model city（county）for tourism culture service in Chinese Longevity Areas

2021-05-20发布　　　　　　　　　　　　　　　2021-09-01实施

丽水中国长寿之乡绿色产业发展联合会　发布

目　次

前　　言

本文件按照 GB/T 1.1—2020《标准化工作导则　第 1 部分：标准化文件的结构和起草规则》的规定起草。

请注意本文件的某些内容可能涉及专利。本文件的发布单位不承担识别专利的责任。

本文件由丽水中国长寿之乡绿色产业发展联合会提出并归口。

本文件起草单位：中国人民大学、中国科学院地理科学与资源研究所、中国社会科学院旅游研究中心、中国人民解放军空军总医院、中国老龄协会、浙江省丽水市卫生健康委员会等。

本文件主要起草人：姚远、王五一、虞江萍、李明德、朱雪飞、张义丰、赵宝华、高和。

本文件为首次发布。

中国长寿之乡旅游文化服务示范城市（县）认定规范

1 范围

本文件规定了中国长寿之乡旅游文化服务示范城市（县）的术语、认定原则、指标及赋值、认定程序及一般要求等。

本文件适应于近 2 年未出现过生态环境、公共卫生、养老服务、旅游安全和文化遗产保护等方面重大责任事故的中华人民共和国境内已取得"长寿之乡"称号的县、区、市或行政区划单位的认定。

2 规范性引用文件

下列文件中的内容通过文中的规范性引用而构成本文件必不可少的条款。其中，注日期的引用文件，仅该日期对应的版本适用于本文件；不注日期的引用文件，其最新版本（包括所有的修改单）适用于本文件。

GB/T 17775 旅游景区质量等级的划分与评定

GB/T 18973 旅游厕所质量等级的划分与评定

T/LXLY 0001 长寿之乡认定准则和方法

3 术语和定义

下列术语和定义适用于本文件。

3.1

长寿之乡 longevity area

按 T/LXLY 0001《长寿之乡认定准则和方法》认定的县、区、市和行政区划单位。

3.2

全域旅游示范区 all-for-one tourism demonstration area

以旅游业为优势主导产业，其增加值、从业人数、年游客接待人次、税收、当地农民收入等均在全国处于较高水平的县、区、市等行政区划单位。它是由文化和旅游部依据《国家全域旅游示范区验收标准（试行）》进行验收认定后确定。全域旅游示范区分为全域旅游示范县（含县级市）和全域旅游示范市（州）。

3.3

旅游景区 tourist attraction

以旅游及其相关活动为主要功能或主要功能之一的空间或地域，有统一的经营管理机构和明确的地域范围。包括风景区、文博院馆、寺庙观堂、旅游度假区、自然保护区、主题公园、森林公园、地质公园、游乐园、动物园、植物园及工业、农业、经贸、科教、军事、体育、文化艺术等各类旅游景区。

3.4

文化遗产 cultural heritage

历史留给人类的宝贵财富。从存在形态上分为物质文化遗产（有形文化遗产）和非物质文化遗产（无形文化遗产）。文化遗产是具有历史、艺术和科学价值的文物；非物质文化遗产是指各种以非物质形态存在的、与群众生活密切相关且世代相承的传统文化。

4 认定原则

4.1 自愿原则
坚持自愿申报。

4.2 公开原则
坚持标准公开，程序公开，数据公开，结果公开。

4.3 公正原则
坚持客观中立，实事求是，充分尊重专家组的认定意见和核查意见。

4.4 规范原则
坚持标准为本，规范运作，严格按照程序认定。

5 指标构成及赋值

5.1 文旅产业规模发展，当地政府非常重视（30分）。

5.2 文化和旅游服务设施齐全（25分）。

5.3 与文化和旅游相关的特色活动和产品较多（30分）。

5.4 文旅行业有健全的公共服务体系和管理制度，群众满意度高（15分）。

6 认定程序

6.1 成立专家组，负责认定工作。

6.2 按照附录A《中国长寿之乡旅游文化服务示范城市（县）认定评分表》逐项打分。所有数据由地方政府相关部门提供，专家组进行核实。必要时，聘请第三方核实。发现提供虚假材料和数据的，将撤销申请，不予认定。

6.3 对于需要实地核实调查的指标，需由被调查方相关部门配合说明情况，提供相关材料。

6.4 最终结果基于总分和专家组考察意见共同形成，以总分85分以上和专家一致同意为通过。

6.5 通过专家组认定的，将报联盟审议。获批后在联盟官方网站进行为期一周的公示。公示无异议的在联盟的网站、微信公众号公布认定结果，并颁发证书和授牌。

7 一般要求

7.1 统计数据时点
所有数据均以申报时上一年年底的统计数据为准。

7.2 信息来源

相关信息应来自政府公布的最新文件或信息。

7.3 佐证材料

各项数据均需提供有翔实统计表支撑的佐证材料。

7.4 各指标赋值

各指标赋值为最高分值，专家的认定应基于客观数据和实地考察判断，各指标得分应小于等于赋值分。

附　录　A

（规范性）

中国长寿之乡旅游文化服务示范城市（县）认定评分表

一级指标	二级指标	三级指标	自评得分	专家评分
产业地位（30分）	政策文件（5分）	在县、市党委或政府的文件中将文化产业、旅游产业列为县市发展的重点产业，对两项产业均有明确表述（5分），对一项产业有明确表述。（3分）		
	产业要素（10分）	有世界遗产或省级以上重点文物保护单位。（2分）		
		有4A级及以上旅游景区或各类国家公园。（2分）		
		有3A级景区。（1分）		
		有国家认定的旅游接待星级宾馆和各类特色民宿。（1分）		
		有专门接待老年人的旅行社，或旅行社中有专门接待老年人的业务。（2分）		
		整体产业体系基本完整，吃住行游购娱产业要素基本完善。（2分）		
	旅游接待（12分）	旅游年接待量达到百万人次（3分），以下（2分）。		
		旅游年收入达到2亿元以上（3分），以下（2分）。		
		文化产业、旅游产业的财政贡献达到5 000万以上（3分），以下（2分）。		
		文化产业和旅游产业占GDP总量的10%以上（3分）；以下（2分）。		
	体验消费（3分）	可供参观体验的养老健康产业成为旅游业重要的吸引物。（2分）		
		提供的健康养老产品可供旅游者消费体验。（1分）		
服务设施（25分）	适应需求（5分）	文化旅游设施能满足当地居民需要。（3分）		
		文化旅游设施能满足外来旅游者需要。（2分）		
	交通可达（5分）	有高速铁路或动车。（1分）		
		有高速公路。（1分）		
		飞机场距离市区小于3小时车程。（1分）		
		通往主要景区和参观点通达顺畅。（1分）		
		出租车服务快捷方便。（1分）		
	咨询服务（5分）	有旅游集散中心。（2分）		
		有咨询服务中心。（3分）		
	标识明晰（5分）	有道路指引系统。（3分）		
		有危险隐患警示。（2分）		
	文体设施（5分）	有博物馆。（2分）		
		有体育设施。（2分）		
		有文艺演出等设施。（1分）		

（续）

一级指标	二级指标	三级指标	自评得分	专家评分
特色产品与活动（30分）	特色当地产品（10分）	有特色农林果等产品。（3分）		
		有特色饮食产品。（3分）		
		有特色购物产品。（2分）		
		有地理标志物产品。（2分）		
	文化产品与活动（6分）	有文化遗产产品。（2分）		
		有非物质文化遗产产品。（2分）		
		举办过有影响力的活动。（2分）		
	特色乡村、街区（7分）	有乡村特色旅游点。（4分）		
		有城市特色街区。（3分）		
	休闲、健康旅游产品（7分）	有休闲旅游产品。（4分）		
		有健康旅游产品。（3分）		
行业服务（15分）	安全保障（3分）	2年内无重大旅游突发事件。（3分）		
	导游队伍（3分）	有解说、导游队伍，关心老人、儿童、残疾人。（3分）		
	游客反馈（2分）	有满意度调查、投诉电话等。（2分）		
	规章制度（2分）	有规章、制度、标准，对景区、饭店、旅行社等进行检查。（2分）		
	标准厕所（2分）	有符合 GB/T 18973 的旅游厕所。（2分）		
	网络宣传（3分）	有互联网、小程序等新技术应用。（3分）		
合计		100分		

ICS 03.020

团 体 标 准

T/SXLM 004—2021

中国长寿之乡敬老养老服务示范城市（县）认定规范

**Standard of model city（county）for elderly care service
in Chinese Longevity Areas**

2021-05-20发布 　　　　　　　　　　　　　　　　　2021-09-01实施

丽水中国长寿之乡绿色产业发展联合会　发布

目　　次

前　言

本文件按照GB/T 1.1—2020《标准化工作导则　第1部分：标准化文件的结构和起草规则》的规定起草。

请注意本文件的某些内容可能涉及专利。本文件的发布单位不承担识别专利的责任。

本文件由丽水中国长寿之乡绿色产业发展联合会提出并归口。

本文件起草单位：中国人民大学、中国科学院地理科学与资源研究所、中国社会科学院旅游研究中心、中国人民解放军空军总医院、中国老龄协会、浙江省丽水市卫生健康委员会等。

本文件主要起草人：姚远、王五一、虞江萍、赵宝华、朱雪飞、高和、张义丰、李明德。

本文件为首次发布。

中国长寿之乡敬老养老服务示范城市（县）认定规范

1 范围

本文件规定了中国长寿之乡敬老养老服务示范城市（县）的术语、认定原则、指标构成及赋值、认定程序及一般要求等。

本文件适应于近 2 年未出现过生态环境、公共卫生、养老服务等方面重大责任事故的中华人民共和国境内已取得"中国长寿之乡"称号的县、区、市或行政区划单位的认定。

2 规范性引用文件

下列文件中的内容通过文中的规范性引用而构成本文件必不可少的条款。其中，注日期的引用文件，仅该日期对应的版本适用于本文件；不注日期的引用文件，其最新版本（包括所有的修改单）适用于本文件。

T/LXLY 0001 长寿之乡认定准则和方法

3 术语和定义

下列术语和定义适用于本文件。

3.1

长寿之乡 longevity area

按 T/LXLY 0001《长寿之乡认定准则和方法》认定的县、区、市和行政区划单位。

3.2

敬老养老服务 respect and support for the elderly

政府和社会为老年人提供生活照料、家政服务、康复护理和满足精神心理需求的工作和活动。

3.3

居家养老服务中心 the service center for home‐based old‐age

指在城市和街道、社区等基层单位为居家老年人建立的提供养老服务信息和供需之间联系的机构。

3.4

每千名老年人平均养老床位数 average number of old‐age beds per 1 000 elderly

指每 1 000 名老年人平均拥有的养老床位数。这是目前衡量一个城市或地区养老能力的一种标准。

3.5

老年学校 school for the elderly

指专门建立的满足老年人对文化教育需求的学校。

3.6

社会资金 social funds

指民间资金或资本。

4 认定原则

4.1 自愿原则

坚持自愿申报。

4.2 公开原则

坚持标准公开，程序公开，数据公开，结果公开。

4.3 公正原则

坚持客观中立，实事求是，充分尊重专家组的认定意见和核查意见。

4.4 规范原则

坚持标准为本，规范运作，严格按照程序认定。

5 指标构成及赋值

5.1 敬老养老服务机构要素（40 分）

5.2 养老服务政策要素（20 分）

5.3 养老服务社会要素（30 分）

5.4 养老服务促进要素（10 分）

6 认定程序

6.1 成立专家组，负责认定工作。

6.2 按照附录 A《中国长寿之乡敬老养老服务示范城市（县）认定评分表》逐项打分。所有数据由地方政府相关部门提供，专家组进行核实。必要时，聘请第三方核实。发现提供虚假材料和数据的，将撤销申请，不予认定。

6.3 对于需要实地核实调查的指标，需由被调查方相关部门配合说明情况，提供相关材料。

6.4 最终结果基于总分和专家组考察意见共同形成，以总分85分以上和专家一致同意为通过。

6.5 通过专家组认定的，将报联盟审议。获批后在联盟官方网站进行为期一周的公示。公示无异议的在联盟的网站、微信公众号公布认定结果，并颁发证书和授牌。

7 一般要求

7.1 人口数据

所有人口数据均为户籍人口。

7.2 统计数据时点

所有数据均以申报时上一年底的统计数据为准。

7.3 信息来源

相关信息应来自政府公布的最新文件或信息。

7.4 佐证材料

各项数据均需提供有翔实统计表支撑的佐证材料。

7.5 各指标赋值

各指标赋值为最高分值，专家的认定应基于客观数据和实地考察判断，各指标得分应小于等于赋值分。

附 录 A

（规范性）

中国长寿之乡敬老养老服务示范城市（县）认定评分表

一级指标	二级指标	三级指标	自评得分	专家评分
敬老养老服务机构要素（40分）	社区养老服务机构（10分）	所有街道已建立具有综合功能的社区养老服务机构，社区日间照料机构覆盖率达到90%以上。（10分）		
		已建立具有综合功能的社区养老服务机构，社区日间照料机构覆盖率达到70%。（8分）		
		已建立具有综合功能的社区养老服务机构，社区日间照料机构覆盖率达到50%。（6分）		
	养老护理机构分类体系（5分）	建立了明确分类的养老、康复、失能（含半失能）护理、临终关怀等养老护理机构。（5分）		
		基本建立了分类养老护理机构，但不完整。（4分）		
		基本没有分类。（3分）		
	护理型床位在养老床位数量中占比（10分）	护理型床位在养老床位中占比达到或超过50%。（10分）		
		护理型床位在养老床位中占比低于50%。（8分）		
	二级以上综合医院设立老年病科比例（5分）	二级以上综合医院设立老年病科达到100%。（5分）		
		二级以上综合医院设立老年病科达到80%。（4分）		
	医养结合服务（10分）	养老服务机构已全部具有医养结合服务功能。（10分）		
		养老服务机构具有医养结合服务功能达到60%。（7分）		
养老服务政策要素（20分）	已建立全方位的分年龄的老年人优待政策（10分）	已建立兼顾老年人物质生活、精神文化生活、医疗保健、康复、出行和权益维护等多方面需求以及贫困、高龄、失能、病残、独居、农村等老年人特殊需求的优待政策。并随着经济社会文化发展调整优待水平。（10分）		
		有较完善的优待政策，但近2年没有进行调整。（8分）		
		优待政策体系建立，但不完整。（6分）		
	落实养老床位补贴（5分）	落实政府对养老床位建设的补贴。（5分）		
		部分落实养老床位补贴。（3分）		
	落实适老化改造规划和政策（5分）	落实社会和家庭适老化改造规划和政策。（5分）		
		部分落实社会和家庭适老化改造规划和政策。（3分）		

（续）

一级指标	二级指标	三级指标	自评得分	专家评分
养老服务社会要素（30分）	建有老年学校的乡镇（街道）比例达到国家标准。（10分）	县级层面至少建有一所老年大学，乡镇（街道）建立老年学校的比例达到50％。（10分）		
		县级层面没有建立老年大学，乡镇（街道）建立老年学校的比例达到50％左右。（8分）		
		乡镇（街道）建立老年学校的比例低于50％。（5分）		
	老年协会和老年社会组织的覆盖率（10分）	城乡社区基层老年协会覆盖率达到90％以上；老年社会组织在3种以上，并有实际活动的。（10分）		
		城乡社区基层老年协会覆盖率达到75％左右；具有实际活动的老年社会组织不低于3种。（8分）		
		老年协会覆盖率不足50％的。（5分）		
	孝亲敬老活动的社区覆盖率和活动持续性（10分）	孝亲敬老活动在乡镇和社区覆盖率达到100％，坚持重要节日举办活动达到100％。（10分）		
		孝亲敬老活动的覆盖率和重要节日举办活动持续性达到60％。（8分）		
		孝亲敬老活动的覆盖率和重要节日举办活动持续性低于50％。（5分）		
养老服务促进要素（10分）	社会资金已进入敬老养老服务领域（5分）	社会资金已全面进入本地区敬老、养老等领域。（5分）		
		社会资金进入本地区养老服务领域，但没有进入敬老服务领域。（3分）		
		均未进入。（1分）		
	创建老年友好社区和环境（3分）	创建老年友好社区和环境已取得明显成效。（3分）		
		初步创建老年友好社区和环境。（1分）		
	智慧养老试点（2分）	智慧养老建设已开展试点工作。（2分）		
		没有开展智慧养老建设试点。（1分）		
合计		100分		

ICS 03.020

团 体 标 准

T/SXLM 005—2021

中国长寿之乡乡情体验基地认定规范

Standard of nostalgia experience base
in Chinese Longevity Areas

2021-05-20发布   2021-09-01实施

丽水中国长寿之乡绿色产业发展联合会   发 布

目　　次

前　言

本文件按照 GB/T 1.1—2020《标准化工作导则　第 1 部分：标准化文件的结构和起草规则》的规定起草。

请注意本文件的某些内容可能涉及专利。本文件的发布单位不承担识别专利的责任。

本文件由丽水中国长寿之乡绿色产业发展联合会提出并归口。

本文件起草单位：中国人民大学、中国科学院地理科学与资源研究所、中国社会科学院旅游研究中心、中国人民解放军空军总医院、中国老龄协会、浙江省丽水市卫生健康委员会等。

本文件主要起草人：姚远、王五一、虞江萍、张义丰、赵宝华、朱雪飞、高和、李明德。

本文件为首次发布。

中国长寿之乡乡情体验基地认定规范

1 范围

本文件规定了中国长寿之乡乡情体验基地的术语、认定原则、指标构成及赋值、认定程序及一般要求等。

本文件适应于近 2 年未出现过生态环境、公共卫生、养老服务等方面重大责任事故的中华人民共和国境内已取得"中国长寿之乡"称号的县、区、市或行政区划单位内的乡、镇或相当区域的认定。

2 规范性引用文件

下列文件中的内容通过文中的规范性引用而构成本文件必不可少的条款。其中，注日期的引用文件，仅该日期对应的版本适用于本文件；不注日期的引用文件，其最新版本（包括所有的修改单）适用于本文件。

T/LXLY 0001 长寿之乡认定准则和方法

3 术语和定义

下列术语和定义适用于本文件。

3.1

长寿之乡 longevity area

按 T/LXLY 0001《长寿之乡认定准则和方法》认定的县、区、市和行政区划单位。

3.2

特色小镇 characteristic town

在文化等方面具有不同于其他地方色彩的独特性乡村小镇。

3.3

乡情体验 nostalgia experience

通过经历不同地区的自然环境、特色食物、特色文化等而回忆起自己家乡的味道。

4 认定原则

4.1 自愿原则

坚持自愿申报。

4.2 公开原则

坚持标准公开，程序公开，数据公开，结果公开。

4.3 公正原则

坚持客观中立，实事求是，充分尊重专家组的认定意见和核查意见。

4.4 规范原则

坚持标准为本,规范运作,严格按照程序认定。

5 指标构成及赋值

5.1 生态环境良好(25 分)。

5.2 自然与人文资源充裕(20 分)。

5.3 乡村旅游服务体系基本完善(15 分)。

5.4 乡村体验资源丰富(40 分)。

6 认定程序

6.1 成立专家组,负责认定工作。

6.2 按照附录 A《中国长寿之乡乡情体验基地认定评分表》逐项打分。所有数据由地方政府相关部门提供,专家组进行核实。必要时,聘请第三方核实。发现提供虚假材料和数据的,将撤销申请,不予认定。

6.3 对于需要实地核实调查的指标,需由被调查方相关部门配合说明情况,提供相关材料。

6.4 最终结果基于总分和专家组考察意见共同形成,以总分 85 分以上和专家一致同意为通过。

6.5 通过专家组认定的,将报联盟审议。获批后在联盟官方网站进行为期一周的公示。公示无异议的在联盟的网站、微信公众号公布认定结果,并颁发证书和授牌。

7 一般要求

7.1 统计数据时点

所有数据均以申报时上一年年底的统计数据为准。

7.2 信息来源

相关信息应来自政府公布的最新文件或信息。

7.3 佐证材料

各项数据均需提供有翔实统计表支撑的佐证材料。

7.4 各指标赋值

各指标赋值为最高分值,专家的认定应基于客观数据和实地考察判断,各指标得分应小于等于赋值分。

附 录 A

（规范性）

中国长寿之乡乡情体验基地认定评分表

一级指标	二级指标	三级指标	自评得分	专家评分
生态环境 （25分）	森林覆盖率	森林覆盖率高于23%（3分）；达到或接近23%（2分）。		
	林木绿化率	林木绿化率高于29%（3分）；达到或接近29%（2分）。		
	空气质量	空气质量优良天数比率高于85%（3分）；达到或接近85%（2分）。		
		空气负氧离子数大于2 000个/立方厘米（3分）；1 500～2 000个/立方厘米（2分）；小于1 500个/立方厘米（1分）。		
	水环境质量	地表水质量达到或好于国家Ⅲ类水体的比例高于85%（3分）；达到或接近85%（2分）。		
		饮用水源水达到国家地表水Ⅰ类水质标准（3分）；达到国家地表水Ⅱ类水质标准（2分）。		
	污水处理率	污水处理率高于90%（3.5分）；达到或接近90%（3分）。		
	垃圾无害化处理率	垃圾无害化处理率高于95%（3.5分）；达到或接近95%（3分）。		
自然与人文资源 （20分）	自然资源	有原生态的郊野公园和历史遗迹等。（5分）		
	旅游资源	有3A级以上旅游景区（包括地质公园、自然保护区、森林公园、文化公园）。（5分）		
	特色产品	有特色农业产品和传统农业项目。（5分）		
	遗产与保护	有世界遗产或省级以上文物保护单位。（5分）		
乡村旅游服务体系 （15分）	交通网络	有支持乡村旅游的交通网络。（5分）		
	服务体系	有保障乡村旅游的住宿、餐饮、文化、管理等服务体系。（5分）		
	医疗机构	有与乡村旅游配套的基层医疗服务机构。（5分）		
乡村体验资源 （40分）	家乡田园	有特色小镇、历史名镇、古村落、民俗村、新农村典型等。（10分）		
	乡情文化	有体现乡情文化（含孝德文化）的传统、节庆、体育、教育等重要活动及非物质文化遗产产品。（10分）		
	传统特色食品	有传统的本地特色绿色食品。（5分）		
	生活方式	有悠闲的慢生活方式。（5分）		
	名人名事	有文化名人和历史故事。（5分）		
	乡贤人物	有认定的乡贤人物。（5分）		
合计		100分		

（续）

ICS 03.020

团 体 标 准

T/SXLM 006—2021

中国长寿之乡康养示范基地认定规范

Standard on model base for healthy maintenance
in Chinese Longevity Areas

2021-05-20发布　　　　　　　　　　　　　2021-09-01实施

丽水中国长寿之乡绿色产业发展联合会　　发布

目　次

前　言

　　本文件按照 GB/T 1.1—2020《标准化工作导则　第 1 部分：标准化文件的结构和起草规则》的规定起草。

　　请注意本文件的某些内容可能涉及专利。本文件的发布单位不承担识别专利的责任。

　　本文件由丽水中国长寿之乡绿色产业发展联合会提出并归口。

　　本文件起草单位：中国科学院地理科学与资源研究所、中国人民大学、中国社会科学院旅游研究中心、中国人民解放军空军总医院、中国老龄协会、浙江省丽水市卫生健康委员会等。

　　本文件主要起草人：王五一、姚远、虞江萍、赵宝华、朱雪飞、高和、张义丰、李明德。

　　本文件为首次发布。

中国长寿之乡康养示范基地认定规范

1　范围

本文件规定了中国长寿之乡康养示范基地的术语、认定原则、指标构成及赋值、认定程序及一般要求等。

本文件适应于近 2 年未出现过重大安全责任事故的中华人民共和国境内已取得"中国长寿之乡"称号的县、区、市或行政区划单位内的独立法人单位或机构的认定。

2　规范性引用文件

下列文件中的内容通过文中的规范性引用而构成本文件必不可少的条款。其中，注日期的引用文件，仅该日期对应的版本适用于本文件；不注日期的引用文件，其最新版本（包括所有的修改单）适用于本文件。

GB 3096 声环境质量标准

T/LXLY 0001 长寿之乡认定准则和方法

3　术语和定义

下列术语和定义适用于本文件。

3.1

长寿之乡 longevity area

按 T/LXLY 0001《长寿之乡认定准则和方法》认定的县、区、市和行政区划单位。

3.2

康养示范基地 model base for healthy maintenance

指在全国长寿之乡范围内，健康养生方面服务完善，具有样板作用的服务机构（不含护理院、宾馆和养老社区）。

3.3

声环境质量 environmental quality for noise

指依据国家声环境质量标准辨识的区域内环境噪声优劣的状况。

3.4

园区林木绿化率 rate of woody plant cover

指园区绿地面积占土地总面积的百分比。

4　认定原则

4.1　自愿和推荐原则

机构或单位自愿申报，县（市、区）人民政府主管部门推荐。

4.2 公开原则

坚持标准公开，程序公开，数据公开，结果公开。

4.3 公正原则

坚持客观中立，实事求是，充分尊重专家组的认定意见和核查意见。

4.4 规范原则

坚持标准为本，规范运作，严格按照程序认定。

5 指标构成及赋值

5.1 必备指标（30分）

5.1.1 资质

申报主体应具有独立法人资格的机构，证照齐全；为当地政府重点扶持的康养服务项目。（15分）

5.1.2 规模与面积

占地面积应在50亩以上，规模在100张床位以上。（15分）

5.2 要素指标（70分）

5.2.1 生态环境

所处区域生态环境优良，声环境等符合国家规定标准；园区林木绿化率达到35％以上。（8分）

5.2.2 活动设施

设有体育、休闲、劳作、图书、娱乐、健身康复等活动场地。（12分）

5.2.3 服务设施

设有医务室、公共餐厅等配套设施，单元客房应有一定比例的简易家庭厨房；通讯、安全设施完备，标识标牌设置规范。（8分）

5.2.4 管理和服务

管理和服务完善，各项规章制度健全，有稳定的专业化管理团队和服务团队。（7分）

5.2.5 交通与医疗救助

交通便捷，20公里以内有50张床位以上的医院。（5分）

5.2.6 特色养生活动与产品

能够针对入住人群特点，开展养生养老特色服务活动。（25分）

5.2.7 惠老措施

对高龄老年人有优惠措施。（5分）

6 认定程序

6.1 成立专家组，负责认定工作。

6.2 按照附录A《中国长寿之乡康养示范基地认定评分表》逐项打分。所有数据由地方政府相关部门提供，专家组进行核实。必要时，聘请第三方核实。发现提供虚假材料和数据的，将撤销申请，不予认定。

6.3 对于需要实地核实调查的指标，需由被调查方相关部门配合说明情况，提供相关材料。

6.4 最终结果基于总分和专家组考察意见共同形成，以总分 85 分以上和专家一致同意为通过。

6.5 通过专家组认定的，将报联盟审议。获批后在联盟官方网站进行为期一周的公示。公示无异议的在联盟的网站、微信公众号公布认定结果，并颁发证书和授牌。

7 一般要求

7.1 统计数据时点
所有数据均以申报时上一年底的统计数据为准。

7.2 信息来源
相关信息应来自政府公布的最新文件或信息。

7.3 佐证材料
各项数据均需提供有翔实统计表支撑的佐证材料。

7.4 各指标赋值
各指标赋值为最高分值，专家的认定应基于客观数据和实地考察判断，各指标得分应小于等于赋值分。

附 录 A

（规范性）

中国长寿之乡康养示范基地认定评分表

一级指标	二级指标	三级指标	自评得分	专家评分
必备指标（30分）	资质（15分）	具有独立法人资格的机构，证照齐全。（7分）		
		列为当地政府重点扶持的康养服务项目。（8分）		
	规模与面积（15分）	占地面积应在50亩以上（包含50亩）。（7分）		
		规模在100张床位以上（包含100张床位）。（8分）		
要素指标（70分）	生态环境（8）	园区林木绿化率达到35%以上。（4分）		
		声环境质量应符合GB3096规定的1类标准。（4分）		
	活动设施（12分）	设有体育场地。（2分）		
		设有休闲场地。（2分）		
		设有劳作体验场地。（2分）		
		设有图书室。（2分）		
		设有娱乐室。（2分）		
		设有健身康复室。（2分）		
	服务设施（8分）	设有医务室。（2分）		
		设有公共餐厅，单元客房内有一定比例简易厨房设备。（1分）		
		通讯、安全设施完备。（1分）		
		无障碍设施、标识规范。（1分）		
		公共区域夜间照明充足。（1分）		
		有公共停车场地。（1分）		
		有公共会客空间。（1分）		
	管理制度与服务队伍（7分）	规章制度健全。（3分）		
		服务队伍稳定、专业。（2分）		
		有志愿服务人员。（2分）		
	交通与医疗救助（5分）	距离20公里内有50张床位以上的医院。（5分）		
		有药食气水等健康养生特色服务。（5分）		
	特色养生活动与产品（25分）	有特色康养产品。（5分）		
		有康养文化体验活动。（5分）		
		有老年健康营养膳食。（5分）		
		有利于老年心理健康的活动。（5分）		
	惠老规定（5分）	对65岁以上老人有15%以上收费价格优惠。（5分）		
合计		100分		

ICS 03.020

团　　体　　标　　准

T/SXLM 007—2021

中国长寿之乡乡贤人物认定规范

Standard on the virtue person from Chinese Longevity Areas

2021-05-20发布　　　　　　　　　　　　　2021-09-01实施

丽水中国长寿之乡绿色产业发展联合会　　发　布

目　　次

前　言

本文件按照 GB/T 1.1—2020《标准化工作导则　第 1 部分：标准化文件的结构和起草规则》的规定起草。

请注意本文件的某些内容可能涉及专利。本文件的发布单位不承担识别专利的责任。

本文件由丽水中国长寿之乡绿色产业发展联合会提出并归口。

本文件起草单位：中国科学院地理科学与资源研究所、中国人民大学、中国社会科学院旅游研究中心、中国人民解放军空军总医院、中国老龄协会、浙江省丽水市卫生健康委员会等。

本文件主要起草人：王五一、姚远、虞江萍、张义丰、赵宝华、朱雪飞、高和、李明德。

本文件为首次发布。

中国长寿之乡乡贤人物认定规范

1 范围

本文件规定了中国长寿之乡乡贤人物的术语、认定原则、指标及赋值、认定程序及一般要求等。

本文件适应中华人民共和国境内已取得"中国长寿之乡"称号的县、区、市或行政区划单位内的乡贤人物认定,被认定人应为祖籍或出生地或户口所在地或常驻所在地的人士。

2 规范性引用文件

下列文件中的内容通过文中的规范性引用而构成本文件必不可少的条款。其中,注日期的引用文件,仅该日期对应的版本适用于本文件;不注日期的引用文件,其最新版本(包括所有的修改单)适用于本文件。

T/LXLY 0001 长寿之乡认定准则和方法

3 术语和定义

下列术语和定义适用于本文件。

3.1

长寿之乡 longevity area

按 T/LXLY 0001《长寿之乡认定准则和方法》认定的县、区、市和行政区划单位。

3.2

乡贤人物 the virtue person

指为家乡做出重要贡献、热心公益、德高望重的人士。

4 认定原则

4.1 自愿和推荐原则

机构或单位自愿申报,县(市、区)人民政府主管部门推荐。

4.2 公开原则

坚持标准公开,程序公开,数据公开,结果公开。

4.3 公正原则

坚持客观中立,实事求是,充分尊重专家组的认定意见和核查意见。

4.4 规范原则

坚持标准为本,规范运作,严格按照程序认定。

5 指标构成及赋值

5.1 带动当地社会发展、经济效果显著(40分)。

5.2 对当地的精神文明、文化建设作用巨大（20 分）。

5.3 贤能善行、深受乡民拥护爱戴（40 分）。

6 认定程序

6.1 市（县）人民政府向联盟提出申请，说明申报理由和已具备的条件，并提供相关证明文件；提交申报表及推荐机构评分表。

6.2 联盟初审合格后成立专家组，按照附录 A《中国长寿之乡乡贤人物认定评分表》逐项打分。所有数据由地方政府相关部门提供，专家组进行核实，发现提供虚假材料和数据的，将撤销申请，不予认定。

6.3 对于需要实地核实调查的指标，需由被调查方相关部门配合说明情况，提供相关材料。

6.4 最终结果基于总分和专家组考察意见共同形成，以总分 85 分以上和专家一致同意为通过。

6.5 通过专家组认定的，将报联盟审议。获批后在联盟官方网站进行为期一周的公示。公示无异议的在联盟的网站、微信公众号公布认定结果，并颁发证书和授牌。

7 一般要求

7.1 统计数据时点

所有数据均以申报时上一年底的统计数据为准。

7.2 信息来源

相关信息应来自政府公布的最新文件或信息。

7.3 佐证材料

各项数据均需提供有翔实统计表支撑的佐证材料。

7.4 各指标赋值

各指标赋值为最高分值，专家的认定应基于客观数据和实地考察判断，各指标得分应小于等于赋值分。

附 录 A
(规范性)
中国长寿之乡乡贤人物认定评分表

一级指标	二级指标	推荐单位评分	专家评分
社会作用 (20分)	推动乡村城镇化建设贡献大。(8分)		
	对乡村生态环境保护贡献大。(5分)		
	促进乡村社会稳定。(5分)		
	提升乡村幸福感。(2分)		
经济贡献 (20分)	带动乡村整体经济发展效果显著。(6分)		
	对地方经济建设贡献大。(6分)		
	带动村民人均收入增长比例较高。(5分)		
	安置村民就业人数多。(3分)		
文化影响 (20分)	带动乡村文化建设效果显著。(6分)		
	对乡村文化教育贡献突出。(8分)		
	对乡村文化宣传贡献大。(4分)		
	受过政府表彰。(2分)		
德才素养 (20分)	品德修养优秀。(6分)		
	孝老爱幼敬邻。(4分)		
	具有一定的政治、文化素养。(4分)		
	具有突出的致富能力及经验。(4分)		
	具有某方面的专长技艺。(2分)		
个人魅力 (20分)	深受乡民拥护爱戴。(5分)		
	是当地文化的传承者、推动者。(5分)		
	是当地脱贫致富带头人。(5分)		
	是乡村发展的引路人、创造者。(5分)		
合计	100分		

ICS 03.120.20
CCS B 00

SXLM

团 体 标 准

T/SXLM 008—2021

中国长寿之乡养生名优产品认定规范
初级农产品

2021-05-20发布　　　　　　　　　　　　　　2021-09-01实施

丽水中国长寿之乡绿色产业发展联合会　　　发 布

目　次

前　言

本文件按照 GB/T 1.1—2020《标准化工作导则　第 1 部分：标准化文件的结构和起草规则》的规定起草。

请注意本文件的某些内容可能涉及专利。本文件的发布单位不承担识别专利的责任。

本文件由丽水中国长寿之乡绿色产业发展联合会提出并归口。

本文件起草单位：丽水中国长寿之乡绿色产业发展联合会秘书处、丽水市生态休闲养生（养老）经济促进会。

本文件主要起草人：柯乐芹、何国庆、刘志龙、陈国宝、马军辉。

引　言

为了践行"绿水青山就是金山银山"战略指导思想，充分发挥"中国长寿之乡"特色品牌效用，培育和打造中国长寿之乡名牌产品、名牌企业，进一步扩大和提升长寿之乡产品的影响力和市场占有率，把"中国长寿之乡"生态环境和资源优势转化为产业优势、市场优势，提高"中国长寿之乡"产品的规范化水平，制定本标准。

中国长寿之乡养生名优产品认定规范——初级农产品

1 范围

本文件规定了中国长寿之乡名优产品——初级农产品的术语和定义、认定内容和产品评价指标。

本文件适用于中国长寿之乡名优产品——初级农产品的认定和管理活动。

2 规范性引用文件

下列文件中的内容通过文中的规范性引用而构成本文件必不可少的条款。其中，注日期的引用文件，仅该日期对应的版本适用于本文件；不注日期的引用文件，其最新版本（包括所有的修改单）适用于本文件。

GB 7718 食品安全国家标准预包装食品标签通则

NY/T 391 绿色食品　产地环境质量

NY/T 393 绿色食品　农药使用准则

NY/T 394 绿色食品　肥料使用准则

NY/T 471 绿色食品　畜禽饲料及饲料添加剂使用准则

NY/T 472 绿色食品　兽药使用准则

NY/T 658 绿色食品　包装通用准则

NY/T 2112 绿色食品　渔业饲料及饲料添加剂使用准则

3 术语和定义

下列术语和定义适用于本文件。

3.1

初级农产品 Primary Agricultural Products　是指在农业活动中直接获得以及经过分拣，清洗，去皮，剥壳，粉碎，切割，冷冻，打蜡，分级，包装等场地初加工，但未改变其基本自然性状和化学性质的产品。

4 认定内容

4.1 申报主体资格

4.1.1 应是具有独立法人资格的企业或合作社或家庭农场等，且证照齐全。

4.1.2 注册满 3 年，有固定的生产基地，具有必备的生产条件和技术装备，并且批量生产已满 3 年。

4.1.3 近 3 年内产品质量经监督抽查及检验检疫合格的。

4.1.4 近 3 年内应无农产品安全事件。

4.1.5 应是县级龙头企业或示范合作社或示范性家庭农场。

4.2 生产环境

4.2.1 生产基地所处的县域生态环境状况指数（EI）≥85。地表水水质的省控断面Ⅰ～Ⅲ类水质比例≥95%。城市集中式饮用水水源地水质达标率＝100%。日空气质量达标天数（优良率）≥95%，细颗粒物（PM 2.5）年平均浓度≤35 微克/立方米。

4.2.2 生产基地应选择在生态条件良好、无污染的地区，远离工矿区和公路、铁路干线 3 千米以上，避开污染源，同时保证基地具有可持续生产能力。

4.2.3 生产基地空气、农业（灌溉、养殖）用水和土壤环境质量应符合 NY/T 391 的要求。

4.3 生产过程

4.3.1 生产品种宜选用通过国家或省级部门审（鉴、认）定或登记的品种，不应使用转基因品种。

4.3.2 种植过程中，应选用低风险且在该作物上获得使用登记的农药品种。必要时，可选用 NY/T 393 中 A 级绿色食品的生产允许使用的农药。肥料使用应符合 NY/T 394 中 A 级绿色食品的生产用肥料使用规定。

4.3.3 畜禽养殖过程中，饲料及饲料添加剂的使用应符合 NY/T 471 的要求；疾病防治应符合 NY/T 472 中 A 级绿色食品的兽药的使用原则。

4.3.4 水产养殖过程中，饲料及饲料添加剂的使用应符合 NY/T 2112 的要求；预防和治疗用药参照 NY/T 755 中生产 A 级绿色食品水产品的渔药使用规定。

4.3.5 生产废弃物应按规定妥善处置、回收，不对环境及其他生物产生污染。

4.3.6 食用种植产品应根据其特性和贮藏要求，综合考虑可溶性固形物含量、生育期、硬度、色泽等因素，可通过仪器检测或生产者经验确定最佳采收时机，宜成熟一批采收一批，确保产品的品质达到最佳。

4.4 产品流通

4.4.1 应根据不同产品的类型、性质、形态和质量特性等，选用适宜的包装材料，并使用合理的包装形式确保产品在运输和贮藏过程中的质量安全。包装材料的质量应符合 NY/T 658 的规定。

4.4.2 产品标示应包括产品名称、重量和规格、生产者和（或）经销者的名称、地址和联系方式、生产日期、贮存条件及其他需要标示的内容。具体要求应符合 GB 7718 的规定。

4.4.3 应根据产品的特点和卫生要求选择适宜的运输条件，必要时应配备保温、冷藏、保鲜等设施。不应将食品与有毒、有害或有异味的物品一同贮存运输。

4.5 产品质量

4.5.1 产品生产过程的各项监测数据应及时上传至县级以上部门建立的产品质量安全追溯体系。

4.5.2 申报的产品应通过绿色食品或有机食品认证并获得绿色食品或有机食品标志或诚信管理体系使用权，且在有效期限内。

4.5.3 应提供申报产品的营养成分检测报告，该检测报告应由具有资质的检测单位出具。产品应富含营养，满足人们的养生需求。

4.5.4 近 3 年内无农产品安全事件。

4.6 产品社会影响力

4.6.1 申报的产品应具有浓郁的地域特色。获得农产品地理标志登记保护或国家地理标志产品保护的产品可提供相关证书。

4.6.2 可提供产品在区域内的消费者满意度调查结果。

4.6.3 有地市级、省级或国家媒体报道的，可由申报单位提供佐证材料。

4.6.4 可提供在有效期限内的 GAP 体系或 HACCP 体系认证证书。

4.6.5 可提供在有效期限内的市级、省级或中国名牌农产品、名牌产品、著名商标等荣誉证书。

5 产品评价指标

涵盖申报主体评价、产品要求评价、产品生产评价和产品社会评价等四个方面，具体评价指标及分值应符合附录 A 的规定。

附 录 A

（规范性）

中国长寿之乡养生名优产品——初级农产品认定评分表

产品名称：

单位：

项目	序号	评分细则		计分	备注
申报 主体 评价	1	应是具有独立法人资格的企业或合作社或家庭农场等，且证照齐全。		5	*
	2	注册满 3 年，有固定的生产基地，具有必备的生产条件和技术装备，并且批量生产已满 3 年。		5	*
	3	近 3 年内产品质量经监督抽查及检验检疫合格的。		5	*
	4	近 3 年内应无农产品安全事件。		5	*
	5	县级龙头企业或示范合作社或示范性家庭农场。		5	*
产品 要求 评价	1	高质量	产品应通过绿色食品认证并获得绿色食品标志使用权，且在有效期限内。	5	* 二选一
	2		产品应通过有机食品认证并获得有机食品标志使用权，且在有效期限内。	7	
	3	可追溯	产品生产过程的各项监测数据应及时上传至产品质量安全追溯体系，该追溯体系应是市级及以上部门建立的。	5*	
	4	富营养	产品应富含营养，满足人们的养生需求。应提供申报产品相关营养成分的检测报告，该检测报告应由具有资质的检测单位出具。	5	
	5	有特色	获农产品地理标志登记保护，并提供相关证书。	5	二选一
	6		获国家地理标志产品保护的产品，并提供相关证书。	5	
产品 生产 评价	1	生产 基地	基地所处的县域生态环境状况指数（EI）≥85。地表水水质的省控断面Ⅰ～Ⅲ类水质比例≥95％。城市集中式饮用水水源地水质达标率＝100％。日空气质量达标天数（优良率）≥95％，细颗粒物（PM2.5）年平均浓度≤35 微克/立方米	5	
	2		生产基地应选择在生态条件良好、无污染的地区，远离工矿区和公路、铁路干线 3 千米以上，避开污染源，同时保证基地具有可持续生产能力。	5	
	3		基地空气、农业（灌溉、养殖）用水和土壤环境质量应符合绿色食品产地质量标准（NY/T 391）。	5	
	4		生产品种宜选用通过国家或省级部门审（鉴、认）定或登记的品种，不应使用转基因品种。	5	

（续）

项目	序号		评分细则	计分	备注
产品生产评价	5	生产过程	种植过程中，应选用低风险且在该作物上获得使用登记的农药品种。必要时，可选用 NY/T 393 中 A 级绿色食品的生产允许使用的农药。肥料应符合 NY/T 394 中 A 级绿色食品的生产用肥料使用规定。	10	三选一
	6		畜禽养殖过程中，饲料及饲料添加剂的使用应符合 NY/T 471 的要求；疾病防治应符合 NY/T 472 中 A 级绿色食品的兽药的使用原则。	10	
	7		水产养殖过程中，饲料及饲料添加剂的使用应符合 NY/T 2112 的要求；预防和治疗用药参照 NY/T 755 中生产 A 级绿色食品水产品的渔药使用规定。	10	
	8		农业生产废弃物应按规定妥善处置、回收，不对环境及其他生物产生污染。	5	
	9		食用种植产品应根据其特性和贮藏要求，综合考虑可溶性固形物含量、生育期、硬度、色泽等因素，可通过仪器检测或生产者经验确定最佳采收时机，宜成熟一批采收一批，确保产品的品质达到最佳。养殖产品应在肉质达最佳状态时收获。	5	
	10	产品流通	应根据不同产品的类型、性质、形态和质量特性等，选用适宜的包装材料，并使用合理的包装形式确保产品在运输和贮藏过程中的质量安全。包装材料的质量应符合 NY/T 658 的规定。	5	
	11		产品标示应包括产品名称、重量和规格、生产者和（或）经销者的名称、地址和联系方式、生产日期、贮存条件及其他需要标示的内容。具体要求应符合 GB 7718 的规定。	5	
	12		应根据产品的特点和卫生要求选择适宜的运输条件，必要时应配备保温、冷藏、保鲜等设施。不应将食品与有毒、有害、或有异味的物品一同贮存运输。	5	
产品社会评价	1	社会影响力	有地市级媒体报道（由申报单位提供证明材料）。	5	三选一
	2		有省级媒体报道（由申报单位提供证明材料）。	8	
	3		有国家媒体报道（由申报单位提供证明材料）。	10	
	4	市场评价	产品定位清晰，有一定的市场占有率和消费群体。	5	
	5		顾客满意度较高，无不良反馈。	5	
	6	质量管理体系	GAP 体系（在证书有效期限内）。	5	二选一
	7		HACCP 体系（在证书有效期限内）。	5	
	8	荣誉	产品获地市级各类奖项（在证书有效期限内）。	5	三选一
	9		产品获省部级各类奖项（在证书有效期限内）。	7	
	10		产品获国家级各类奖项（在证书有效期限内）。	10	
	11	其他	获得的其他有关认证、奖励、荣誉等，经评审组认定后可参照上述条款执行。		
合计					

注1：备注栏中带"*"的，为满分；备注中带"* 几选一"的为该项目中要有一条满分，如未得满分，一票否决。备注中带"几选一"的，表示该项目选其中一条打分，如多条都符合的选其中的最高分。表格中每条所列的分值为该条可得到的最高分，实际评分中可依据实际情况给分。

注2：入选产品总分≥110 分。

ICS 03.120.20
CCS X 00

SXLM

团 体 标 准

T/SXLM 009—2021

中国长寿之乡养生名优产品认定规范
加工食品

2021-05-20发布

2021-09-01实施

丽水中国长寿之乡绿色产业发展联合会　　发 布

目　　次

前　　言

本文件按照 GB/T 1.1—2020《标准化工作导则　第 1 部分：标准化文件的结构和起草规则》的规定起草。

请注意本文件的某些内容可能涉及专利。本文件的发布单位不承担识别专利的责任。

本文件由丽水中国长寿之乡绿色产业发展联合会提出并归口。

本文件起草单位：丽水中国长寿之乡绿色产业发展联合会秘书处、丽水市生态休闲养生（养老）经济促进会。

本文件主要起草人：柯乐芹、应跃跃、应铁进、刘志龙、陈国宝、马军辉。

引　言

　　为了践行"绿水青山就是金山银山"战略指导思想，充分发挥"中国长寿之乡"特色品牌效用，培育和打造中国长寿之乡名牌产品、名牌企业，进一步扩大和提升长寿之乡产品的影响力和市场占有率，把"中国长寿之乡"生态环境和资源优势转化为产业优势、市场优势，提高"中国长寿之乡"产品的规范化水平，制定本标准。

中国长寿之乡养生名优产品认定规范——加工食品

1 范围

本文件规定了"中国长寿之乡"养生名优产品——加工食品的认定内容和产品评价指标。

本文件适用于中国长寿之乡名优产品——加工食品的认定和管理活动。

2 规范性引用文件

下列文件中的内容通过文中的规范性引用而构成本文件必不可少的条款。其中，注日期的引用文件，仅该日期对应的版本适用于本文件；不注日期的引用文件，其最新版本（包括所有的修改单）适用于本文件。

GB 7718 食品安全国家标准　预包装食品标签通则

GB 14881 食品安全国家标准　食品生产通用卫生规范

GB 28050 食品安全国家标准　预包装食品营养标签通则

NY/T 391 绿色食品产地环境质量

NY/T 392 绿色食品食品添加剂使用准则

NY/T 658 绿色食品包装通用准则

NY/T 1056 绿色食品贮藏运输准则

3 术语和定义

本文件没有需要界定的术语和定义。

4 认定内容

4.1 申报主体资格

4.1.1 应是具有独立法人资格的企业，有生产许可证及其他需要行政许可的证照。

4.1.2 注册满 3 年，有固定的生产厂房，具有必备的生产条件和技术装备，并且批量生产已满 3 年。

4.1.3 近 3 年内产品质量经监督抽查合格的。

4.1.4 近 3 年内应无食品安全事件。

4.1.5 应是县级及以上龙头企业。

4.2 加工场所

4.2.1 所处的县域生态环境状况指数（EI）≥85。地表水水质的省控断面Ⅰ～Ⅲ类水质比例≥95%。城市集中式饮用水水源地水质达标率＝100%。日空气质量达标天数（优良率）≥95%，细颗粒物（PM2.5）年平均浓度≤35 微克/立方米。

4.2.2 厂房面积和空间应与生产能力相适应。生产设施、配套基础设施和生活设施应根据当地气候水文条件、厂区和周边环境、产品与工艺特点以及人流物流特点合理布局；厂房和车间应根据产品特点、生产工艺、生产特性以及生产过程对清洁程度的要求合理划分作业区，并采取有效分离或分隔措施，避免食品生产中发生外源污染和交叉污染。

4.2.3 加工企业的供水设施、排水设施、清洁消毒设施、废弃物存放与处理设施、个人卫生设施、通风设施、照明设施和仓储设施等配备应满足生产需要，并符合 GB 14881 的要求。

4.2.4 应配备与生产能力相适应的生产设备，并按工艺流程合理有序排列。与原料、半成品、成品接触的设备与用具，应使用无毒、无味、抗腐蚀、不易脱落的材料制作，并应易于清洁消毒、检查和维护。

4.2.5 厂区空气和生产加工用水质量应符合 NY/T 391 的要求。

4.3 生产过程

4.3.1 生产原料和辅料应符合绿色食品生产相应标准。食品添加剂的使用应符合 NY/T 392 中 A 级绿色食品的相关规定。

4.3.2 应根据食品原料的特点，合理确定食品加工工艺、流程、参数及产品的形式，确保产品品质符合养生特性。

4.3.3 食品生产卫生管理、加工人员健康管理与卫生要求应符合 GB 14881 的要求。

4.3.4 每批产品交收前，都应进行交收检验，检验内容包括包装、标志、标签、净含量、感官以及相应产品标准规定的部分理化项目和微生物学项目等。每年度至少进行一次型式检验，对产品标准规定的全部项目进行检验，以评定产品质量是否全面符合标准。

4.4 产品流通

4.4.1 应根据不同产品的类型、性质、形态和质量特性等，选用适宜的包装材料和合理的包装形式。包装应符合 NY/T 658 的要求。

4.4.2 产品标签应符合 GB 7718 规定，营养成分标示应符合 GB 28050 的规定。

4.4.3 产品的贮藏运输等环境应洁净卫生，不应与有毒有害、易污染环境等物质一起贮藏和运输。应符合 NY/T 1056 的要求。

4.5 产品质量

4.5.1 加工企业应将生产过程中的相关信息及时记录，记录内容应完整、真实、有效。应及时将记录内容上传至市级及以上部门建立的农产品质量安全溯源平台，确保对产品从原料采购到产品销售环节的可追溯性。

4.5.2 申报的产品应通过绿色食品或有机食品认证并获得绿色食品或有机食品标志或诚信管理体系使用权，且在有效期限内。

4.5.3 应提供申报产品的营养成分检测报告，该检测报告应由具有资质的检测单位出具。产品的成分构成应符合现代营养科学或中医养生理论的要求，满足人们的养生需求。

4.5.4 近 3 年内无食品安全事件。

4.6 产品社会影响力

4.6.1 申报的产品应具有浓郁的地域特色。

4.6.2 可提供产品在区域内的消费者满意度调查结果。

4.6.3 有地市级、省级或国家媒体报道的，可由申报单位提供佐证材料。

4.6.4 可提供在有效期限内的 ISO 9000、GAP 体系或 HACCP 体系认证证书。

4.6.5 可提供在有效期限内的市级、省级或中国名牌产品、著名商标等荣誉证书。

5 产品评价指标

涵盖申报主体评价、产品特点评价、产品生产评价和产品社会评价等四个方面，具体评价指标及分值应符合附录 A 的规定。

附　录　A

（规范性）

中国长寿之乡养生名优产品——加工食品认定评分表

产品名称：

单位：

项目	序号	评分细则		计分	备注
申报主体评价	1	应是具有独立法人资格的企业，有生产许可证及其他需要行政许可的证照。		5	*
	2	注册满3年，有固定的生产厂房，具有必备的生产条件和技术装备，并且批量生产已满3年。		5	*
	3	近3年内产品质量经监督抽查检验合格的。		5	*
	4	近3年内应无不良诚信记录且无食品安全事件。		5	*
	5	应是县级及以上龙头企业。		5	*
产品要求评价	1	高质量	产品应通过绿色食品认证并获得绿色食品标志使用权，且在有效期限内。	5	*　二选一
	2		产品应通过有机食品认证并获得有机食品标志使用权，且在有效期限内。	7	
	3	可追溯	应将生产过程中的相关信息及时记录，记录内容应完整、真实、有效。应及时将记录内容上传至市级及以上部门建立的农产品质量安全溯源平台，确保对产品从原料采购到产品销售环节的可追溯性。	5	*
	4	富营养	产品应富含营养，满足人们的养生需求。应提供申报产品的营养成分检测报告，该检测报告应由具有资质的检测单位出具。产品的成分构成应符合现代营养科学或中医养生理论的要求，满足人们的养生需求。	5	
	5	有特色	产品具有浓郁地域特色。（由申报单位提供证明材料）	5	
产品生产评价	1		所处的县域生态环境状况指数（EI）≥85。地表水水质的省控断面Ⅰ～Ⅲ类水质比例≥95%。城市集中式饮用水水源地质达标率＝100%。日空气质量达标天数（优良率）≥95%，细颗粒物（PM2.5）年平均浓度≤35微克/立方米。	5	
	2	生产场所	厂房面积和空间应与生产能力相适应。生产设施、配套基础设施和生活设施应根据当地气候水文条件、厂区和周边环境、产品与工艺特点以及人流物流特点合理布局；厂房和车间应根据产品特点、生产工艺、生产特性以及生产过程对清洁程度的要求合理划分作业区，并采取有效分离或分隔措施，避免食品生产中发生外源污染和交叉污染。	5	
	3		加工企业的供水设施、排水设施、清洁消毒设施、废弃物存放与处理设施、个人卫生设施、通风设施、照明设施和仓储设施等配备应满足生产需要，并符合GB 14881的要求。	5	

（续）

项目	序号		评分细则	计分	备注
产品生产评价	4	生产场所	应配备与生产能力相适应的生产设备，并按工艺流程合理有序排列。与原料、半成品、成品接触的设备与用具，应使用无毒、无味、抗腐蚀、不易脱落的材料制作，并应易于清洁消毒、检查和维护。	5	
	5		厂区空气和生产加工用水质量应符合 NY/T 391 的要求。	5	
	4	生产过程	生产原料和辅料应符合绿色食品生产相应标准。食品添加剂的使用应符合 NY/T 392 中 A 级绿色食品的相关规定。	5	
	5		应根据食品原料的特点，合理确定食品加工工艺、流程、参数及产品的形式，确保产品品质符合养生特性。	5	
	6		食品生产卫生管理、加工人员健康管理与卫生要求应符合 GB 14881 的要求。	5	
	7		每批产品交收前，都应进行交收检验，检验内容包括包装、标志、标签、净含量、感官以及相应产品标准规定的部分理化项目和微生物学项目等。每年度至少进行一次型式检验，对产品标准规定的全部项目进行检验，以评定产品质量是否全面符合标准。	5	
	10	产品流通	应根据不同产品的类型、性质、形态和质量特性等，选用适宜的包装材料和合理的包装形式。包装应符合 NY/T 658 的要求。	5	
	11		产品标签应符合 GB 7718 规定，营养成分标示应符合GB 28050 的规定。	5	
	12		产品的贮藏运输等环境应洁净卫生，不应与有毒有害、易污染环境等物质一起贮藏和运输。应符合 NY/T 1056 的要求。	5	
产品社会评价	1	社会影响力	有地市级媒体报道（由申报单位提供证明材料）。	5	三选一
	2		有省级媒体报道（由申报单位提供证明材料）。	8	
	3		有国家媒体报道（由申报单位提供证明材料）。	10	
	4	市场评价	产品定位清晰，有一定的市场占有率和消费群体。	5	
	5		顾客满意度较高，无不良反馈。	5	
	6	质量管理体系	GAP 体系（在证书有效期限内）。	5	三选一
	7		ISO 9000（在证书有效期限内）。	5	
	8		HACCP 体系（在证书有效期限内）。	5	
	9	荣誉	产品获地市级各类奖项（在证书有效期限内）。	5	三选一
	10		产品获省部级各类奖项（在证书有效期限内）。	7	
	11		产品获国家级各类奖项（在证书有效期限内）。	10	
	12	其他	获得的其他有关认证、奖励、荣誉等，经评审组认定后可参照上述条款执行。		
合计					

注 1：备注栏中带"＊"的，为满分；备注中带"＊几选一"的为该项目中要有一条满分，如未得满分，一票否决。备注中带"几选一"的，表示该项目选其中一条打分，如多条都符合的选其中的最高分。表格中每条所列的分值为该条可得到的最高分，实际评分中可依据实际情况给分。

注 2：入选产品总分≥110 分。

ICS 03.200
CCS A 12

SXLM

团 体 标 准

T/SXLM 010—2021

中国长寿之乡养生名优产品认定规范
环境体验类产品

2021-05-20发布   2021-09-01实施

丽水中国长寿之乡绿色产业发展联合会   发布

目　　次

前　言

　　本文件按照 GB/T 1.1—2020《标准化工作导则　第 1 部分：标准化文件的结构和起草规则》的规定起草。

　　请注意本文件的某些内容可能涉及专利。本文件的发布单位不承担识别专利的责任。

　　本文件由丽水中国长寿之乡绿色产业发展联合会提出并归口。

　　本文件起草单位：丽水中国长寿之乡绿色产业发展联合会秘书处、丽水市生态休闲养生（养老）经济促进会。

　　本文件主要起草人：邱云美、王莹、莫艳恺。

引　言

为引领和推动中国长寿之乡文旅与养生服务产业融合发展，促进中国长寿之乡养生文旅产业转型升级，满足人们对绿色、健康、美好生活的需求，打造和提升中国长寿之乡养生服务环境体验类名优产品品牌，特制定本文件。

中国长寿之乡养生名优产品认定规范
——环境体验类产品

1 范围

本文件规定了养生名优环境体验类产品的术语和定义、申报主体、养生产品及服务、质量监管、评价指标。

本文件适用于中国长寿之乡养生名优产品：环境体验类产品的认定和管理活动。

2 规范性引用文件

下列文件中的内容通过文中的规范性引用而构成本文件必不可少的条款。其中，注日期的引用文件，仅该日期对应的版本适用于本文件；不注日期的引用文件，其最新版本（包括所有的修改单）适用于本文件。

GB 3095 环境空气质量标准

GB 3096 声环境质量标准

GB 3838 地表水环境质量标准

GB/T 17775 旅游景区质量等级的划分与评定

GB/T 18973 旅游厕所质量等级的划分与评定

GB/T 26354 旅游信息咨询中心设置与服务规范

GB/T 26358 旅游度假区等级划分

GB 37487 公共场所卫生管理规范

GB 37488 公共场所卫生指标及限值要求

GB 37489.1 公共场所卫生设计规范

T/CAPPD 1 旅游无障碍环境建设规范

HJ 633 环境空气质量指数（AQI）技术规定（试行）

DB3311/T 60 养生气候适宜度评价规范

3 术语和定义

下列术语和定义适用于本文件。

3.1

环境体验类养生产品 Landscape health products

以优美的景观环境为基础，融合相关养生元素，通过文娱健体、修身养性、营养膳食等各种方式，使人增进健康、颐养身心、延年益寿的活动和服务。

4 申报主体

4.1 应具有独立法人资格的企业、合作社、协会等，且证照齐全。

4.2 应具备的主体资格

应为 3A 级及以上景区、省级及以上旅游度假区、市级及以上养生旅游基地（包括养生特色示范区、养生特色小镇或村落）等。

4.3 注册及经营时间

应满 3 年以上。

4.4 诚信记录

近 3 年内应无违法、违规、安全责任事故等不良行为记录，未受到各种行政处罚。

5 养生产品及服务

5.1 环境资源

5.1.1 环境空气质量应达到 GB 3095 的一类区和 HJ 633 规定的空气质量指数一级标准。

5.1.2 空气负氧离子浓度应达到 4 000 个/立方厘米以上，每个月应各随机检测一天，取其平均值。

5.1.3 全年体感"舒适"天数和"适宜"度假天数均应超过 6 个月，气候舒适度评价依照 DB 3311/T60。

5.1.4 应建有生活污水集中处理设施，生活污水集中处理率应达到 100%。地表水环境质量最低应达到 GB 3838 规定的Ⅲ类标准，视野范围内地表应无黑臭或其他异色异味水体。

5.1.5 固体垃圾分类收集，收集率和无害化处理率应达到 100%。

5.1.6 声环境应达到 GB 3096 规定的Ⅰ类以上声环境功能区环境噪声限值。

5.2 养生产品

5.2.1 应利用自然环境中的空气、水、动植物、地形地貌或综合生态环境要素等设计森林浴、SPA、温泉、药膳、体育健身等养生产品；或利用中医药、宗教、茶道、艺术等人文资源，设计中医理疗、养生药膳、禅修冥想、艺术修身等产品，以达到强身健体、修养身心和延年益寿的目的。

5.2.2 应因地制宜，充分挖掘当地的生态农业、生态工业等产业的养生旅游价值，通过"养生旅游+"或"+养生旅游"，促进养生旅游与相关产业融合，开发养生旅游活动和养生旅游用品。

5.2.3 应使用当地新鲜的无公害、绿色或有机原材料，为游客提供健康养生的地方特色餐饮。

5.2.4 养生旅游产品应主题明确、特色鲜明、档次合理。

5.2.5 养生旅游产品解说应科学易懂、内容完整、准确、有地方特色和针对性；解说设计美观，形式多样，体验效果好。

5.3 设施和服务

5.3.1 养生旅游服务应设施完善，数量充足，有不同档次和类型的符合养生旅游需求的住宿、餐饮、交通、购物和娱乐等设施。公共设施卫生应符合 GB 37487，GB 37488 和 GB 37489.1 要求。

5.3.2 应有导引和介绍标识，位置合理，文字准确，特色鲜明。公共信息图形符号规范，设置合理，应符合 GB/T 10001.2（或 GB/T 10001.4，GB/T 10001.5）的规定。

5.3.3 应充分考虑残障人士、老年人等特殊人群的需求，提供无障碍服务。无障碍设施应符合 T/CAPPD 1 的要求。

5.3.4 应建有可实时查询的养生旅游公共信息网站或手机小程序下载客户端服务，并提供二维码扫描服务。通过现场、电话和网络等，提供养生旅游产品和服务、安全风险等信息咨询服务。

5.3.5 申报区域范围应覆盖无线 4G 或 5G 或宽带网络，提供智慧导游导览等服务，提高游客体验质量。

5.3.6 养生服务从业人员应数量充足、结构合理，养生技术人员能根据游客的需求提供个性化的养生产品设计和指导服务。

5.3.7 应有针对从业人员的培训计划，培训经费有保障，培训内容包括养生知识和技能等。特种作业人员持证上岗。

6 质量管理

6.1 管理制度
应具有保障养生旅游产品质量的相关经营管理制度。

6.2 监督机制
应设立统一的投诉受理机构，对外公布质量投诉监督电话号码，及时处理投诉和建议。

6.3 技术支持
应与专业机构密切合作，并能开展养生的科学研究和评估。

6.4 产品社会影响力
6.4.1 应设计统一鲜明的、具有养生特征的主题养生旅游形象标志。

6.4.2 可提供产品消费者满意度调查结果。

6.4.3 有地市级、省级或国家媒体报道的可由申报单位提供佐证材料。

6.4.4 可提供在有效期限内的市级、省级或国家的相关认证材料或荣誉证书。

7 产品评价指标

涵盖申报主体条件、养生产品及服务、质量管理和产品社会影响力等四个方面，具体评价指标及分值应符合附录 A 的规定。

附 录 A

(规范性)

中国长寿之乡养生名优产品——环境体验类产品认定评分表

产品名称：

单位：

一级指标	二级指标	三级指标	自评得分	验收得分	备注
申报主体条件（20分）	申报主体资格（必备，2分）	申报主体必须是具有独立法人资格的企业、合作社、协会等，且证照齐全。(2分)			*
	类型与级别（10分）	5A级旅游景区、国家级旅游度假区、国家级养生旅游基地［或养生特色示范区、养生特色镇（乡）村（点）等］。(10分)			*三选一
		4A级旅游景区、省级旅游度假区、省级养生旅游基地［或养生特色示范区、养生特色镇（乡）村（点）等］。(7分)			
		3A级旅游景区、市级养生旅游基地［或养生特色示范区、养生特色镇（乡）村（点）等］。(5分)			
	注册时间（3分）	注册满10年。(3分)			*三选一
		注册满5年。(2分)			
		注册满3年。(1分)			
	诚信记录（5分）	近10年内没有违法、违规、安全责任事故等其他不良行为记录，未受到各种行政处罚。(5分)			*三选一
		近5年内没有违法、违规、安全责任事故等其他不良行为记录，未受到各种行政处罚。(3分)			
		近3年内没有违法、违规、安全责任事故等其他不良行为记录，未受到各种行政处罚。(2分)			
养生产品及服务（145分）	环境资源（45分）	环境空气质量全年优（AQI＜50），且AQI指数＜40的天数≥330天。(7分)			三选一
		环境空气质量全年优（AQI＜50）。(5分)			
		环境空气质量≥330天优，≤30天良（51≤AQI＜100）。(3分)			
		空气负离子浓度6 001个/立方厘米以上。(8分)			三选一
		空气负离子浓度5 001～6 000个/立方厘米以上。(6分)			
		空气负离子浓度4 000～5 000个/立方厘米以上。(4分)			

（续）

一级 指标	二级 指标	三级 指标	自评 得分	验收 得分	备注
养生产品 及服务 （145分）	环境资源 （45分）	体感"舒适"天数超过10个月，"适宜"度假天数超过10个月。（7分）			三选一
		体感"舒适"天数超过8个月，"适宜"度假天数超过8个月。（5分）			
		体感"舒适"天数超过6个月，"适宜"度假天数超过6个月。（3分）			
		建有生活污水集中处理设施，生活污水集中处理率达到100%。（5分）			
		地表水环境质量达到GB 3838规定的Ⅰ类标准，视野范围内地表无黑臭或其他异色异味水体。（8分）			三选一
		地表水环境质量达到GB 3838规定的Ⅱ类标准，视野范围内地表无黑臭或其他异色异味水体。（6分）			
		地表水环境质量达到GB 3838规定的Ⅲ类标准，视野范围内地表无黑臭或其他异色异味水体。（4分）			
		固体垃圾分类收集，且垃圾收集率和无害化处理率达到100%。（6分）			二选一
		固体垃圾收集率和无害化处理率达到100%。（4分）			
		声环境质量达到GB 3096的0类标准。（4分）			二选一
		声环境质量达到GB 3096的1类标准。（2分）			
	养生产品 （65分）	利用自然资源中的空气、水、动植物、地形地貌或综合生态环境要素等设计森林浴、SPA、温泉、药膳、体育健身等产品；或利用医药、宗教、茶道、艺术等人文资源，设计中医理疗、禅修冥想、艺术修生等产品，以达到修养身心、延年益寿的目的。（每项5分，最高20分）			* 二选一
		养生旅游与本地相关产业如生态农业、生态工业等融合发展，开发设计有当地特色的养生旅游活动和养生旅游用品。（每培育出1项得5分，最高不超过20分）			
		提供标准化和个性化、长中短期相结合的养生系列产品，满足游客的差异化需求。（5分）			
		使用当地新鲜的绿色或有机原材料，为游客提供健康养生的餐饮需求。（5分）			
		养生旅游产品主题明确、特色鲜明、档次合理。（5分）			
		有养生旅游产品解说，解说内容科学易懂、内涵丰富，解说设计美观，设置醒目，解说形式多样。（每项2分，最高10分）			

(续)

一级 指标	二级 指标	三级 指标	自评 得分	验收 得分	备注
养生产品 及服务 (145 分)	设施与服务 (35 分)	有数量充足、不同档次和类型，符合养生旅游需求的住宿、餐饮、交通、购物、娱乐等接待设施。(10 分)			
		考虑特殊人群的特殊需求，提供无障碍服务，无障碍设施符合 T/CAPPD 1 要求。(5 分)			
		建立多类型的信息咨询服务平台。应建有可实时查询的养生旅游公共信息网站或手机小程序下载客户端服务，并提供二维码扫描服务。(5 分)			
		申报区域范围应覆盖无线 4G 或 5G 或宽带网络，提供智慧导游导览等服务，提高游客体验质量。(5 分)			
		养生服务的技术人员数量充足、结构合理，能根据游客的需求提供个性化的养生产品设计和指导服务。(5 分)			
		有从业人员培训计划，定期对旅游从业人员开展培训，培训内容包括养生知识和技能，并提供相应的培训经费保障。(5 分)			
质量管理 (15 分)	管理制度 (6)	管理机构完善，具有保障养生旅游产品质量的相关经营管理制度。(6 分)			
	监督机制 (4 分)	设立统一的投诉受理机构，投诉渠道畅通、处理及时。(4 分)			
	技术支持 (5 分)	与专业机构有密切合作，并能开展养生的科学研究和评估。(5 分)			
产品社会 影响力 (20 分)	养生旅游 产品形象 (6 分)	拥有统一鲜明的、具有养生特征的主题形象标志、LOGO、主题形象口号和子品牌，年度有一定旅游促销宣传投入。(6 分)			三选一
		拥有统一鲜明的、具有养生特征的主题形象标志、LOGO、主题形象口号和子品牌。(4 分)			
		拥有统一鲜明的、具有养生特征的主题形象标志。(2 分)			
	消费者满意度 (6 分)	消费者满意度≥90。(6 分)			三选一
		消费者满意度≥80。(4 分)			
		消费者满意度≥70。(2 分)			
	媒体关注度 (8 分)	有与特色养生产品相关的节事活动，并被国家级媒体单独报道。(8 分)			四选一
		有与特色养生产品相关的节事活动，并被省级媒体单独报道。(6 分)			
		有与特色养生产品相关的节事活动，并被地市级媒体单独报道。(4 分)			
		有与特色养生产品相关的节事活动。(2 分)			
合计					

注 1：备注栏中带"＊"的，为满分；备注中带"＊几选一"的为该项目中要有一条满分，如未得满分，一票否决。备注中带"几选一"的，表示该项目选其中一条打分，如多条都符合的选其中的最高分。表格中每条所列的分值为该条可得到的最高分，实际评分中可依据实际情况给分。

注 2：入选产品总分≥130 分。